〔증보판〕
자치통감5

〔증보판〕
자치통감5 (권025~권030)

2019년 2월 11일 개정증보판 1쇄 찍음
2019년 2월 18일 개정증보판 1쇄 펴냄

지은이   사마광
옮긴이   권중달
펴낸이   정철재

펴낸곳   도서출판 삼화
등 록   제320-2006-50호
주 소   서울 관악구 남현1길 10, 2층
전 화   02)874-8830
팩 스   02)888-8899
홈페이지   www.samhwabook.com

도서출판 삼화, 2019, Printed in Seoul Korea

ISBN 979-11-5826-355-3 (94910)
       979-11-5826-498-7 (세트)

〔증보판〕

자치통감5

권025~권030

도서
출판 삼화

들어가면서

증보판《자치통감》출판에 붙여

《자치통감》을 완역해서 세상에 내놓은 다음부터 많은 독자로부터 원문도 함께 읽고 싶다는 요구가 있었다. 그러나 원문 작업이 그리 만만한 일은 아니었을 뿐만 아니라 그보다도《자치통감》에 대한 이해를 돕기 위한 책들을 정리하는 것이 먼저라고 생각하였다.

그래서 탄생한 책이《자치통감》에 실린 사론을 정리하여 해설한《자치통감사론강의》이고, 중국 역사의 전체적인 흐름을 보려는 새로운 시도가《중국분열》이며, 복잡하여 이해하기 힘들다는 위진시대를 쉽게 이해하도록 사상사적 측면에서 접근해 본 것이《위진남북조 시대를 위한 변명》이고, 황제제도의 구조적인 모습을 보기 위한 작업이《황제뽑기》였다. 그 외에도《자치통감》을 좀 더 깊이 이해하고자 하는 독자를 위하여《평설자치통감》을 집필해야 했고, 대중들을 위하여 명언을 모아 설명한《촌철활인》, 입문서《자치통감 3번 태어나다》,《생존》,《3권으로 읽는 자치통감 294》 같은 일반인들의 교양물도 출간하였다.

물론 이러한 작업을 하면서도 눈에 띄는 대로 이미 출간한 원고의 보정 작업을 계속하면서 번역문에도 조금씩 수정을 가한 부분이 있게 되었다. 이러는 동안에도 많은 독자가 원문을 볼 수 없는 아쉬움을 표하는 경우를 접하면서 이왕 이 작업을 하는 바에야 독자들에게 원문을 제공하는 것이 옳을 것 같다는 생각을 하였다.

그러나 원문을 교정 보는 작업은 그리 간단하지가 않았고 많은 시간이 필요하였다. 그러나 '자치통감 행간읽기'를 마친 독자라면 좀 더 깊이 알고자 할 것이고, 따라서 번역문과 원문이 동시에 필요할 것이라는 데까지 생각이 미쳤다. 그리하여 작업이 끝나는 대로 번역과 원문을 붙여 증보판이라는 이름으로 출간하기로 하였다.

증보판을 내는 또 다른 이유는 우리가 그동안 익숙하게 아시아의 역사를 '중국사 프레임'으로 보는 것을 깨 보고자 하는 생각도 있다. 즉 중국 문화는 아시아 문화의 중심이며 중국 문화의 동심원적 확산이 바로 아시아 문화인 것처럼 이해하였다. 그뿐만 아니라 중원 대륙의 주인은 한족(漢族)이고, 언필칭 정사라고 하는 25사가 마치 한족 왕조의 면면히 이어졌다는 오해를 풀어야 하기 때문이다.

《자치통감》은 사마광이 역사 사실을 객관적으로 정리한 역사책이다. 이 책의 집필 의도가 황제나 집정자에게 교육시키려는 것이었으므로 '있는 사실 그대로'를 전하려고 하였던 것이었다. 편견 없는 역사 사실만이 진정으로 자신을 돌아보고, 새로운 방향을 설정할 수 있기 때문이었다. 역사적 진실만이 가치가 있는 것으로 생각한 사마광은 한족(漢族)임에도 한족의 단점과 실패의 사실도 집어낼 수 있었고, 이른바 이적의 장점도 은연중에 드러나게 하였다. 그러한 점에서《자치통감》은 '중국사'가 아니라 '아시아사'이다.

그런데 숙황(叔皇) 금(金) 왕조에 쫓기어 남쪽으로 내려온 남송의 질황(侄皇) 치하에 살았던 주희는 몰락해 가는 한족을 목도하면서 한족에게 애국심을 고취하여야 했던 당시 시대적 상황에 맞추어 역사를 혈통 중심의 정통론이라는 허구적 이념을 세워《자치통감》을《자치통감강목》으로 만들어 중국 중심으로 역사를 보려고 하였다. 물론 이것은 시대적 상황에서 필요하였던 것이고 이념을 주장하기 위하여 역사를 이용한 것일 뿐이다.

그런데 우리나라에서는 주자학을 정치이데올로기로 받아들이고 이념서인《자치통감강목》을 역사라고 오도함으로써 부지불식간에 아시아 역사를 중국 중심으로 보는 왜곡된 시각이 형성되었다. 그리하여 우리도 모르는 사이에 '혈통'이라는 편견을 가지고 역사를 본《자치통감강목》의 영향으로 500여 년간 '중국사 프레임'에 갇히게 되었고, 그 영향은 오늘에까지도 미치고 있다.

'중국사 프레임'으로 보는 아시아 역사는 중원에 있는 나라는 한족(漢族)이 중심이고, 중원의 우수한 문화가 동심원적으로 사방으로 퍼져

나가 교화시킨 것이 아시아 문화이고, 화이(華夷)는 당연히 구별되고 이적은 배척되어야 하며, 중원에 세워진 왕조가 면면히 이어져 왔다는 것을 실재하였던 현실로 받아들였던 것이다.

《자치통감》은 주희가 이념으로 가공하기 전의 원본으로 '역사를 사실 그대로 이해할 수 있는' 것이 가능하지만 아직도 《자치통감》을 '중국사'로 생각하고 있는 사람이 대부분이다. 이제부터라도 《자치통감》을 1,362년간의 '아시아 역사'로 인식하기를 바란다.

대방재(待訪齋)에서
권중달 적음

목차

권026
한기18 : 완전히 성공한 흉노 정책

권027
한기19 : 내·외치에 성공한 선제

권028
한기20 : 참소에 시달리는 원제

권029
한기21 : 충신이 있을 수 없는 조정

권030
한기22 : 외척 왕씨의 전횡

부록

❖ 황제계보도

《자치통감》구성 : 총 294권 1,362년간

권차	기년 왕조	기록 기간	중 요 사 건
001~005	전국 주	기원전 403년 ~256년 (148년간)	■ 주나라의 권위가 무너지고 제후국들이 통일을 위해 각축전을 벌인 전국시대.
006~008	진(秦)	기원전 255 ~207년 (49년간)	■ 전국시대에 진나라가 통일을 준비하고, 통일을 완성하였다가 망하는 과정.
009~068	한	기원전 206 ~서기 219년 (425년간)	■ 진의 해체와 유방의 한 왕조가 중국을 재통일한 과정. ■ 황제체제의 성립과 왕망의 찬탈과정. ■ 왕망의 몰락하는 전한시대와 왕망의 멸망과 유수의 후한이 재통일한 과정. ■ 호족들의 등장과 후한의 몰락과정.
069~078	위	220~264년 (45년간)	■ 후한의 멸망과 위·오·촉한의 삼국시대와 위의 촉한 정벌과정.
079~118	진(晉)	265~419년 (155년간)	■ 위의 몰락과 진의 등장과 삼국 통일과정. ■ 북방 오호의 남하 북방의 분열과 진의 남천과 남북 대결과정.
119~134	남북조 송	420~478년 (59년간)	■ 남조의 송 왕조와 북방민족이 중국 유입하여 이룩한 남북조시대.
135~144	남북조 제	479~501년 (23년간)	■ 남조 송의 멸망과 제의 건국, 북조와의 대결과정.

권차	기년 왕조	기록 기간	중 요 사 건
145~166	남북조 양	502~556년 (55년간)	■ 남조 제의 멸망과 양의 건국, 북조와의 대결과정.
167~176	남북조 진(陳)	557~588년 (32년간)	■ 남조 양의 멸망과 진의 건국, 북조와의 대결과정.
177~184	수	589~617년 (29년간)	■ 수 왕조의 중국 재통일과 멸망과정.
185~265	당	618~907년 (290년간)	■ 당 왕조의 성립과 중국 고대문화의 완성과정과 당말 절도사의 발호와 당의 멸망과정.
266~271	오대 후량	908~922년 (15년간)	■ 당의 멸망과 후량의 건설 및 오대십국의 진행과정.
272~279	오대 후당	923~935년 (13년간)	■ 후량의 멸망과 후당의 건설 및 오대십국의 진행과정.
280~285	오대 후진	936~946년 (11년간)	■ 후당의 멸망과 후진의 건설 및 오대십국의 진행과정.
286~289	오대 후한	947~950년 (4년간)	■ 후진의 멸망과 후한의 건설 및 오대십국의 진행과정.
290~294	오대 후주	951~959년 (9년간)	■ 후한의 멸망과 송 태조 조광윤의 등장 및 오대십국의 진행과정.

《자치통감》 왕조 계통도

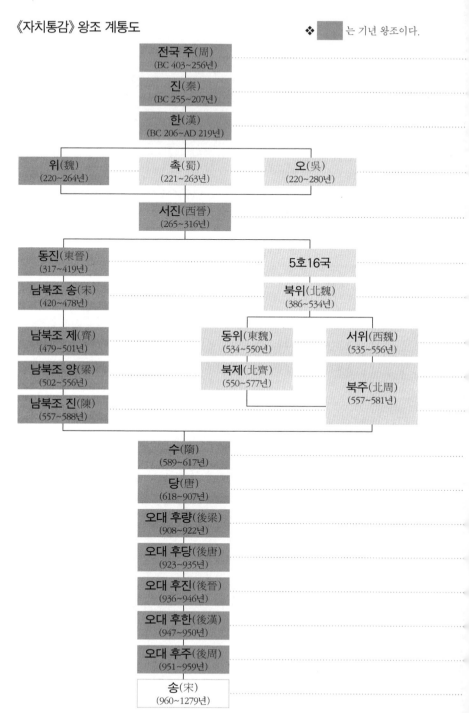

❖ ▨ 는 기년 왕조이다.

전국 주(周)
(BC 403~256년)

진(秦)
(BC 255~207년)

한(漢)
(BC 206~AD 219년)

위(魏)
(220~264년)

촉(蜀)
(221~263년)

오(吳)
(220~280년)

서진(西晉)
(265~316년)

동진(東晉)
(317~419년)

5호16국

남북조 송(宋)
(420~478년)

북위(北魏)
(386~534년)

남북조 제(齊)
(479~501년)

동위(東魏)
(534~550년)

서위(西魏)
(535~556년)

남북조 양(梁)
(502~556년)

북제(北齊)
(550~577년)

북주(北周)
(557~581년)

남북조 진(陳)
(557~588년)

수(隋)
(589~617년)

당(唐)
(618~907년)

오대 후량(後梁)
(908~922년)

오대 후당(後唐)
(923~935년)

오대 후진(後晉)
(936~946년)

오대 후한(後漢)
(947~950년)

오대 후주(後周)
(951~959년)

송(宋)
(960~1279년)

❀ 전국·진시대(★은 기년 왕조임)

★주(周, ~BC 256년) 노(魯, ~BC 249년) ★진(秦, ~BC 207년)
정(鄭, ~BC 375년) 송(宋, ~BC 287년) 초(楚, ~BC 223년)
제(齊, ~BC 221년) 진(晉, ~BC 376년) 위(魏, ~BC 225년)
한(韓, ~BC 230년) 조(趙, ~BC 222년) 연(燕, ~BC 223년)
위(衛, ~BC 209년)

❀ 5호16국시대(★은 16국에 포함하지 않음)

■ 흉노(匈奴)
전조(前趙·漢, 304~329년) 북량(北涼, 397~439년) 하(夏, 407~431년)

■ 갈(羯)
후조(後趙, 319~350년)

■ 선비(鮮卑)
전연(前燕, 384~409년) 후연(後燕, 337~370년) 남연(南燕, 398~410년)
서진(西秦, 385~431년) 남량(南涼, 397~414년) ★서연(西燕, 384~394년)
★요서(遼西, 303~338년) ★대(代·魏, 315~376년)

■ 저(氐)
성한(成漢, 302~347년) 전진(前秦, 351~394년) 후량(後涼, 386~403년)
★구지(仇池, 296~371년)

■ 강(羌)
후진(後秦, 384~417년)

■ 한(漢)
전량(前涼, 301~376년) 서량(西涼, 400~420년) 북연(北燕, 409~436년)
★위(魏, 350~352년) ★후촉(後蜀, 405~413년)

❀ 오대의 십국

■ 십국
전촉(前蜀, 891~925년) 후촉(後蜀, 925~965년) 오(吳, 892~937년)
남당(南唐, 937~975년) 오월(吳越, 893~978년) 민(閩, 893~945년)
초(楚, 896~951년) 남한(南漢, 905~971년) 형남(荊南, 907~963년)
북한(北漢, 951~979년)

〔일러두기〕

· 이 책은 사마광의 《자치통감》의 고힐강(顧頡剛) 외의 표점본을 저본으로 하여 전국시대부터 오대후주시대까지의 전권(294권)을 완역한 것이다.

· 번역의 기본 원칙은 원전이 갖고 있는 통감필법의 정신을 최대한 살린다는 의미에서 직역하되 의미가 불분명한 경우는 역자의 역주로 설명했다.

· 역자가 내용과 분량을 감안하여 문단을 나누고 각 문단마다 제목을 달았다.

· 필요한 한자어는 괄호 속에 병기했다.

· 인명, 지명, 관직명 등 고유명사는 외래어 표기법을 따르지 않고 한글 발음대로 표기했다. 인명 가운데 원문에 성이 기록돼 있지 않은 것도 이해를 돕기 위해 성을 추가하였다. 지명은 괄호 속에 현재의 지명을 넣었고, 주(州)·군(郡)·현(縣) 등 행정 단위가 생략되었지만 필요한 경우 이를 추가하였다. 관직명은 길고 그 업무가 생소하고 길게 느껴질 경우 관직명 자체를 우리말로 풀어주고 원 관직명은 각주로 설명을 보충했다.

· 간지로 된 날짜는 괄호 속에 숫자로 표시했다.

· 본문의 '帝'는 '황제'로, '上'은 '황상'으로 번역했다.

· 책이름이나 출전은 《 》, 편명은 〈 〉로 했다.

· 본문에서 전후관계를 알아야 할 사건이나 내용, 용어, 고사 등 설명이 필요한 경우 각주로 설명을 보충했다.

· 독자들의 이해를 돕기 위해 각주의 설명이 다소 중복 되게 하였다.

· 주어가 생략된 경우는 해당 연도의 기준을 삼은 황제가 주어이다.

· 음은 호삼성의 음주를 따랐다.

· 사마광의 평론은 사마광이 황제에게 아뢰는 것이므로 경어체로, 사마광 이외의 평론은 사마광이 인용한 것이므로 원전의 표현의 살려 평상체로 번역했다.

· 한글로 번역하여 말뜻이 분명하지 않을 경우 〔 〕 안에 한자를 넣었다.

권025

한기17

확대된 역사의 지평

선제 지절 3년(甲寅, 기원전 67년)

1   봄, 3월에 조서를 내려서 말하였다.

"대개 듣건대 공로를 세우고 상을 받지 못하고, 죄가 있는데도 주살되지 아니하면 비록 당(唐)과 우(虞)라도 천하를 교화시킬 수 없다. 이제 교동(膠東)의 재상인 왕성(王成)은 수고를 하면서도 게으르지 아니하여, 유민을 자점(自占)[1]한 것이 8만여 명인데, 잘 다스리어 특별한 효과를 내었다. 그러니 왕성에게 관내후(關內侯)로 작위를 내리고 녹질은 중이천석(中二千石)[2]으로 한다."

아직 불러 쓰지 않았는데 마침 병이 들어 관(官)에서 죽었다.

후에 조서를 내려서 승상·어사로 하여금 군·국의 상계(上計)하는 장사(長史)와 수승(守丞)[3]에게 정령의 득실(得失)을 묻게 하였다. 어떤

---

1   일정한 거주지가 없이 떠돌아다니던 유민이 이름을 등록하고 호적을 가지고 정착한 것을 말한다.

2   한대의 질봉(秩俸)은 1급이 1만 석이고, 2급은 2천 석인데, 그 안에서 1계(階)는 중이천석, 2계는 이천석, 3계는 비(比)이천석이다.

사람이 대답하였다.

"전 교동국(膠東國)의 승상인 왕성은 거짓으로 스스로를 증가시켜서 드러난 상을 받았습니다."

이 이후로 속리(俗吏)들이 대부분 허명(虛名)[4]이라고 하였다.

2   여름, 4월 무신일(22일)에 아들 유석(劉奭)을 세워 황태자로 삼고, 병길(丙吉)을 태부(太傅)로 하고, 어사대부 소광(疏廣)을 소부(少傅)로 삼았다. 태자의 외조부인 허광한(許廣漢)을 은평후(恩平侯)로 하였다. 또 곽광의 형의 손자인 중랑장(中郎將) 곽운(霍雲)을 책봉하여 관양후(冠陽侯)로 하였다.

곽현(霍顯)[5]은 태자를 세웠다는 소식을 듣고, 화가 나서 밥을 안 먹고 피를 토하며 말하였다.

"이 사람은 민간에 있을 때의 아들인데, 어찌 세울 수 있는가! 바로 황후[6]가 아들을 낳게 되어도 도리어 왕(王)이 되겠구나!"

다시 황후를 시켜서 태자를 독살하게 하였다.

황후가 자주 태자를 불러서 식사를 내렸는데 보모(保姆)와 아모(阿

---

3 상계(上計)란 군과 봉국에서 1년간의 회계(會計)를 조정에 보고하는 것을 말하고, 장사(長史)란 장급(長級) 관리 휘하의 관리 가운데 제일 높은 관리를 말하며, 수승(守丞)은 군의 태수 밑에 있는 관리를 말한다.

4 실제의 내용이 없는 명성을 말한다.

5 곽광의 처이다. 성을 모르기 때문에 곽광의 성을 따서 곽현이라고 부른 것이다. 앞에서는 성을 뺀 채 현(顯)이라고 하였는데, 여기서는 곽현이라고 하였다.

6 허광한의 딸인 허황후는 아들 유석을 낳고 몸조리하는 과정에서 독살되었고, 곽광의 어린 딸인 곽성군이 황후가 되었다.

母)[7]가 번번이 먼저 맛을 보니, 황후는 독약을 품고 있었으나 이를 사용할 수가 없었다.

3   5월 갑신일(29일)에 승상 위현(韋賢)이 늙고 병들었다 하여 해골(骸骨, 사임)할 것을 청하니, 이에 황금 100근·안거(安車)[8]·사마(駟馬)를 하사하고, 일을 그만두고 집으로 가게 하였다. 승상이 치사(致仕, 사임)하는 일은 위현에서 시작되었다.[9]

4   6월 임신일(7일)에 위상(魏相)을 승상으로 삼았다. 다시 신축일(16일)에 병길(丙吉)이 어사대부가 되고, 소광(疏廣)이 태자태부가 되며, 소광의 형인 소수(疏受)는 소부(少傅)가 되었다.
   태자의 외조부인 은평후(恩平侯) 허백(許伯)[10]은 태자가 어리다고 생각하여서 그의 동생인 중랑장 허순(許舜)으로 하여금 태자의 집을 감호(監護)하도록 말하였다.
   이에 황상이 소광에게 물었더니 소광이 대답하였다.
   "태자는 이 나라의 국저(國儲)이며 부군(副君)[11]이니, 스승이든 친구

---

7 유모나 보모를 말한다.

8 안거는 편하게 탈 수 있는 작은 수레이고, 사마는 말 네 필이 끄는 수레이다.

9 한 왕조가 고제 원년(기원전 206년)에 건설되어서 현재(기원전 67년)까지 140년간 재상이 된 사람은 모두 관직에 있으면서 죽었는데, 어떤 사람은 승상 직을 갖고 있다가 죽었고, 어떤 사람은 주살되었다. 따라서 승상으로서 사직을 한 것은 이것이 처음이다.

10 백은 원래 백작(伯爵)을 말하는 것이지만 여기서는 태자의 외조부인 허광한을 높여서 부르는 말이다.

든 반드시 천하에서 뛰어난 사람들이어야 하고, 다만 외가인 허씨(許氏)와만 친하게 지내서는 아니 됩니다. 또 태자에게는 태부(太傅)와 소부(少傅)가 있으며, 관속도 이미 갖추어져 있으므로 이제 다시 허순으로 하여금 태자의 집을 감호(監護)하는 것은 누추함을 보이는 것이어서 태자의 덕(德)을 천하에 넓게 펴는 방법이 아닙니다."

황상이 그 말을 옳다고 생각하여서 위상에게 말하니, 위상이 관(冠)을 벗고서 사죄하면서 말하였다.

"이러한 의견이야말로 신들이 미칠 수 있는 것이 아닙니다."

이로부터 소광은 그릇이 큰 것으로 보였다.

5　경사(京師)에 큰 우박이 내렸는데, 대행승(大行丞)[12]인 동해(東海, 산동성 郯城縣) 사람 소망지(蕭望之)가 상소를 올려서 대신들이 정치를 맡게 하면서, 한 성(姓)이 권력을 오로지하여 생긴 것을 말하였다. 황상은 평소에 소망지의 명성을 들었으므로 벼슬을 주어 알자(謁者)[13]로 하였다.

그때에 황상은 널리 똑똑하고 뛰어난 인재를 초청하니 민간에서 많은 사람이 편지를 올려서 편리하고 마땅히 해야 할 방법을 말하였는데, 번번이 소망지에게 내려 보내어 그 상황을 묻게 하였더니, 높은 수준의 것은 승상과 어사에게 청하고, 그 다음 것은 중이천석(中二千石)이 그

---

11 국저란 황제의 맏아들을 말하는 것이고, 부(副)는 두 번째라는 뜻이므로 부군(副君)은 두 번째 황제라는 말로써 모두 태자를 말한다.

12 번속에 관한 업무를 취급하는 책임자이다.

13 궁정에서 예의에 관한 업무를 담당하는 직책이다.

일을 시험해 보게 하고는 1년이 되어 그 상황을 보고하였고, 하급(下級)인 것은 보고만 하고 파기하였다. 이렇게 말하고, 상주한 것을 처리하는 것이 모두 옳았다.

6 겨울, 10월에 조서를 내려서 말하였다.

"앞서 9월 임신(19일)일에 지진이 일어났었는데, 짐은 대단히 두려웠다. 능히 짐의 과실을 잠언(箴言)해 줄 수 있는 사람과 현량(賢良)과 방정(方正) 가운데 직언하며 극간(極諫)을 할 인사(人士)로 짐이 챙기지 못한 것을 광정(匡正)할 사람은 유사(有司)를 꺼리지 마라![14]

짐은 이미 부덕하여 먼 곳에 있는 나라들을 귀부시킬 수 없으니, 이리하여서 변경에서 둔수(屯戍)하는 일을 아직도 쉬지 못한다. 이제 다시 병사를 정돈하여 다시금 둔병을 무겁게 하면, 오래 백성들을 수고롭게 하는 것이어서 천하를 안정시키는 것이 아니다. 그러니 거기장군(車騎將軍, 張安世)과 우장군(右將軍, 霍禹)의 둔병을 철폐하라."

또한 조서를 내려서 말하였다.

"연못과 연못 가운데에 만든 섬으로 아직 황제가 가지 않는 것은 빈민들에게 임시로 주고, 군국(郡國)의 궁실이나 관각(館閣)은 다시 수리하지 마라. 유민들 가운데 돌아온 사람들에게는 공전(公田)을 빌려주고 종자(種子)와 먹을 것을 빌려주며 부역(賦役)을 부과하지 마라."

7 곽씨(霍氏)는 교만하고 사치스러우며 멋대로 횡포하였었다. 태부

---

14 유사는 일을 주관하는 관원을 말하는 것으로 호삼성은 비록 유사로 높은 직책에 있다고 하여도 모두 그 허물을 말하며 이를 피하지 말라는 것이라고 해설하였다.

인(太夫人) 현은 자기의 집을 넓게 만들고 승여(乘輿)와 연거(輦車)[15]를 만들고 그림을 그려 넣었으며, 손잡는 곳에는 수를 놓고 황금으로 칠을 하였으며, 바퀴는 솜으로 쌌고, 시비(侍婢)들은 다섯 가지 색깔의 실을 수레에 매어 끌었고, 현은 자기 집에서 놀이를 하였다. 감노(監奴)인 풍자도(馮子都)와 음란하였다.

곽우(霍禹)와 곽산(霍山)도 역시 자기의 집을 잘 짓고, 말을 평락관(平樂館)으로 치달렸다. 곽운(霍雲)은 조청(朝請)을 맞아서 자주 병이 들었다고 하고 사사로이 나가서 대부분 빈객들을 좇게 하고 포위망을 설치하고 황산원(黃山苑, 황산궁에 소속된 황제의 花園)에서 사냥을 하면서 창두노(倉頭奴)[16]로 하여금 조회에 나아가서 알현하게 하였으나 감히 견책하는 사람이 없었다. 현과 여러 딸들은 주야로 장신궁(長信宮)에 출입하면서 기대하는 분수를 지키는 일이 없었다.

황제는 민간에 있을 때부터 곽씨(霍氏)들이 존귀하고 번성하게 된 날이 오래 되었다는 것을 들어 알고 있어서 속으로는 좋게 생각할 수가 없었다. 이미 몸소 친히 정치를 하게 되자 어사대부 위상(魏相)을 급사중으로 삼았다.

현(顯)이 곽우와 곽운과 곽산에게 말하였다.

"너희들이 대장군이 남겨놓은 기업을 받들지 아니하여, 이제 어사대부·급사중(給事中, 위상)이 되니, 그 사람이 한 번 너희들을 이간(離間)시킨다면 스스로 다시 구원할 수 있겠느냐?"

---

15 사람이 밀고 다니도록 정교하게 만든 수레를 말한다.

16 창두란 노복을 말하며, 노복은 머리에 창건을 쓰게 하여 일반 민간과 구별하였다. 조청(朝請)은 신하가 조회에 참여하는 것을 말하며, 이때에 황상을 알현하여야 하였지만 곽운은 자기 대신 창두를 보내어 황상을 알현하게 한 것이다.

그 후에 두 집안의 가노(家奴)들이 길에서 싸웠는데, 곽씨의 가노들이 어사부(御史府)에 들어가서 어사대부의 문을 발로 차려 하니, 이에 어사가 머리를 조아리며 사과하자 마침내 갔다. 어떤 사람이 이 사건으로 곽씨에게 알리니, 현 등은 비로소 걱정거리를 알았다.

마침 위대부(魏大夫, 魏相)가 승상이 되자, 자주 한가하게 알현하여 여러 가지 일을 말하였으며, 은평후(恩平侯)와 시중 금안상(金安上)도 지름길로 성중(省中, 금중)을 출입하였다. 이때에 곽산은 영상서(領尙書)[17]였는데, 황상은 이민(吏民)으로 하여금 봉사(封事)를 상주할 수 있게 하여 상서(尙書)에 관계하지 않고 여러 신하들이 나아가서 알현하고 홀로 왕래하게 하니, 이에 곽씨들은 이것을 아주 싫어하였다.

황상은 자못 곽씨들이 허(許)황후를 독살하였으나 아직 살피지 않았다는 소식을 듣고서 마침내 곽광의 사위인 도요(度遼)장군·미앙궁 위위(衛尉)·평릉후(平陵侯)인 범명우(范明友)를 광록훈(光祿勳)으로 삼고, 다음으로 사위이자 제이(諸吏)·중랑장(中郞將)·우림감(羽林監)인 임승(任勝)을 안정(安定, 甘肅省 固原縣) 태수로 삼았다.

몇 달 뒤에 다시 곽광의 자부(姊夫)이자 급사중(給事中)·광록대부(光祿大夫)인 장삭(張朔)을 내 보내어 촉군(蜀郡, 四川省 成都市) 태수로 삼고, 여러 곽광의 손녀사위 중에서 중랑장(中郞將) 왕한(王漢)을 무위(武威, 甘肅省 武威縣) 태수로 삼았다. 얼마 후에 곽광의 큰사위이며 장락궁(長樂宮) 위위인 등광한(鄧廣漢)을 소부(少府)로 삼았다.

무술일(14일)에 다시 장안세(張安世)를 위(衛)장군으로 삼아서 두 궁

---

17 영직(領職)으로 본래의 직책을 가지고 있으면서 다른 업무를 관장하는 관리 임용법이며, 여기서는 상서의 업무를 관장하는 직책이다.

궐[미앙궁과 장락궁]의 위위와 성문과 북문에 있는 병사들을 귀속시켰다. 곽우(霍禹)를 대사마(大司馬)로 삼아서 작은 관(冠)을 쓰게 하고 인수(印綬)도 주지를 않고[18] 그의 둔병과 관속을 철폐하고, 다만 곽우로 하여금 관직명이 곽광과 똑같은 대사마를 쓰게 한 것뿐이었다.

또 도요(度遼)장군 범명우(范明友)의 인수(印綬)를 거두고 다만 광록훈(光祿勳)으로만 삼고, 곽광의 중간 사위인 조평(趙平)에 이르러서는 산기(散騎)·기도위(騎都尉)·광록대부여서 둔병을 거느렸는데, 또 조평의 기도위 인수를 거두었다. 여러 호(胡)와 월(越)의 기병과 우림군(羽林軍) 그리고 두 궁궐의 위위 등 둔병을 거느리던 사람들을 모두 바꾸었는데, 가까이하고 믿는 허(許)씨와 사(史)씨의 자제들로 바꾸어 이를 대신하였다.

8   애초에, 무제시대에 징발하는 일이 번거롭고 자주 있어서 백성들은 가난해지고, 가난한 백성들이 범법하고 간사한 일을 벌이는 것이 헤아릴 수가 없었으니, 이에 장탕(張湯)과 조우(趙禹)의 무리로 하여금 법령을 조목조목 만들었는데, 보아 알고도 고의로 놓아주고, 감독하여 부(部)의 주관하는 사람에게 이르게 하는 법을 만들고, 심각하고 고의적으로 죄 주는 것을 느슨하게 하고, 놓아주고 내보내는 것을 급히 하여 죽이는 죄를 만들었다.[19]

---

18 대사마는 전국의 군사를 총괄하는 직책이지만 원래는 무변(武弁)의 큰 관을 썼는데, 곽우에게 작은 관을 쓰게 하여 그를 폄하한 것이다.

19 이 법조문에 관하여 안사고는 설명하였다. 어떤 사람이 범법을 한 것을 알고 드러내어 고발하지 아니한 것을 보면 이는 '고의적으로 놓아준 것'이 되고, 감독하는 사람이 부(部)의 주관하는 사람이 죄를 짓게 되는데 이르면 아울러

그 후에는 간사하고 교활하며 교묘한 방법이 돌고 돌아서 많아지니, 금지하는 법망은 더욱 조밀하여져서 문서는 책상과 관청에 가득하여 담당자가 한 번 지나쳐보기도 어려웠다.

이리하여서 군국에서 이어서 채용하는 것이 상충되어, 혹 죄는 같지만 판결이 다르게 되니, 간사한 관리들은 인연을 맺어가며 장사를 하여 살리고 싶으면 살리는 법조문으로 의논하고, 함정에 넣고자 하면 죽음을 주는 상황에 비유하여 의론하는 사람들은 모두 이를 억울하고 다치게 하였다.

정위사(廷尉史)[20]인 거록(鉅鹿, 河北省 平鄕縣) 사람 노온서(路溫舒)가 편지를 올려서 말하였다.

"신이 듣건대, 제(齊)에는 강무지(姜無知)의 화란이 있었으나, 환공(桓公)이 제를 부흥시켰고,[21] 진(晉)에는 여희(驪姬)의 어려움이 있었으나 문공(文公)이 패권을 쥐었으며,[22] 근세에는 조왕이 끝을 잘 맺지

이에 연좌시키는 것이다. 맹강은 효무제는 형벌을 급히 하니 형리는 깊이 해쳐 고의로 다른 사람에게 죄를 뒤집어씌우는 것은 모두 넓고 느슨하게 한 것이라 설명하고, 다시 안사고는 형리가 죄인을 풀어주고 놓아준 것으로 의심되니, 내 보내어 이를 급히 죽여서 역시 혹독한 것을 숭상한 것이라고 하였다.

20 정위의 부서에 소속된 관리를 말한다.

21 제의 14대 임금은 양공[강제아]이었는데 귀족인 강무지에게 피살되어 제는 혼란에 빠졌다. 그 후에 강제아[양공]의 동생인 강소백이 거국에서 귀국하여 즉위하니 이 사람이 15대 환공이다. 이때에 제국의 국세가 크게 진작되어 춘추시대의 5패 가운데 제일 먼저 패권을 누리는 국가가 되었다.

22 진(晉)의 19대 군주인 헌공인 희궤제는 후처인 여희의 참소하는 말을 믿고서 합법적인 후계자인 태자 희신생을 핍박하여 죽이고 다른 두 아들인 희중이와 희이오를 내쫓았다. 희궤제[헌공]가 죽고 나서 여희가 낳은 희해제가 군주의 자리를 계승하여 20대 군주가 되었으나 또 피살되었다. 그 다음에는 여희

못하고[23] 여러 여씨(呂氏)들이 난을 일으켰으나,[24] 효문제가 태종(太宗)[25]이 되었습니다.

이러한 것으로 보건대, 화란이 일어나는 것은 장차 성인의 길을 여는 것입니다. 무릇 변란을 이어받은 다음에는 반드시 옛날의 모습과 다른 은택(恩澤)이 있게 마련인데, 이는 성현(聖賢)이 천명을 밝히기 위함입니다. 과거에 소제는 후사가 없었는데, 창읍왕은 음란하였고, 마침내 황천(皇天)이 지성(至聖, 선제)이 나타나는 길을 열기 위함이었습니다.

신이 듣건대,《춘추(春秋)》에서는 즉위를 올바르게 하고, 대일통(大一統)은 신중하게 시작하였습니다. 폐하께서 처음으로 지존의 자리에 오르시어서 하늘과 부합하여 마땅히 전 시대에 잃어버린 것을 고치고, 천명을 받은 계통을 올바로 시작하고, 번거로운 법조문을 없애서 백성들의 질고를 제거하여 하늘의 뜻에 부응하였습니다.

의 여동생이 낳은 아들 희탁자가 그 뒤를 이어 21대 군주가 되었으나 여희와 함께 모두 피살되었다. 희이오가 귀국하여 군주의 자리를 계승하여 22대 군주가 되었다가 죽고, 그의 아들인 희어가 계승하여 23대 군주가 되었다. 진에서 희중이가 귀국하고서 희어가 다시 피살되고 희중이가 군주가 되니 이 사람이 24대 문공이다. 그는 힘써 국가의 부흥을 도모하여 드디어 춘추시대의 5패 가운데 두 번째로 패자가 되었다.

23 조왕인 유우가 핍박을 받아서 굶어 죽었다. 이 일은 소제 3년(기원전 181년)에 있었고, 내용은《자치통감》권13에 실려 있다.

24 이 일은 소제 공 원년에서 소제 홍 3년(기원전 187~180년)에 있었다.

25 제왕의 존호는 두 가지가 있다. 하나는 묘호로 태종과 같은 것으로 종묘에서 제사를 지낼 때에 사용되는 것이다. 다른 하나는 효문과 같은 것인데 그 사람의 품격과 업적을 형용하는 것이다.

　　신이 듣건대, 진(秦)은 열 개의 잘못[26]을 저질렀다고 하는데 그 중 하나는 아직도 있으니, 옥사를 처리하는 관리가 바로 그것입니다. 무릇 감옥이라는 것은 천하의 커다란 목숨인데, 죽은 사람은 다시 살 수 없으며, 절단된 것도 다시 이을 수 없습니다.

　　《서경(書經)》에서 말하였습니다. '죄 없는 사람을 죽이느니 차라리 일상적이지 않은 것을 놓아 주라.'[27] 이제 옥사를 처리하는 관리들은 그러하지가 않으니, 윗사람과 아랫사람이 서로 몰아가기를 각박(刻薄)하게 하면 밝다고 하며, 형벌을 깊게 하면 공적(公的)으로 처리를 하였다는 명성을 얻고, 공평하게 처리를 하면 대부분 뒤에 어려움을 만납니다.

　　그러므로 옥사(獄事)를 처리하는 관리들은 모두 사람이 죽기를 바라지만 사람을 증오하는 것은 아니고, 스스로 편안해지는 길이 다른 사람이 죽는데 있어서입니다. 이리하여서 사람을 죽인 피가 저자거리에 흘러가고, 형벌을 받은 무리가 어깨를 나란히 하며 서 있고, 대벽(大辟)을 받은 합계가 1년에 만 명을 헤아립니다. 이는 어질고 성스러움이 손상을 입는 이유이며, 태평이라고 하기에는 미흡한 것은 무릇 이것 때문입니다.

　　무릇 인정(人情)이란 편안하면 살기를 즐기려하고 고통스러우면 죽음을 생각하게 되니, 채찍으로 초달하는 아래에서는 무슨 대답을 구한

---

26 진의 10대 실책은 다음과 같다. ①봉건의 폐지, ②장성의 축성, ③금인의 제작, ④ 아방궁의 건설, ⑤분서, ⑥갱유, ⑦여산 진 시황 능묘의 건설, ⑧불사약을 구함, ⑨태자 부소에게 감군시킨 것, ⑩형리를 채용한 것.

27 사람의 목숨은 아주 중하니, 옥사를 처리하면서 신중히 하여서 차라리 일상적이지 않다는 허물을 잃더라도 죄 없는 사람을 함부로 죽이지 말라고 한 것은 관대하고 용서하는 것을 숭상하려는 때문이다.

들 얻어내지 못하겠습니까? 그러므로 수인(囚人)은 고통을 이기지 못하는데 수식하는 말을 가지고 이들에게 보여주고, 형리로 처리하는 사람은 그렇게 하는 것이 이롭다면 가리켜서 이끌면서 이를 밝히고, 상주하였다가 각하될 것을 두려워하여 단련하여 이를 두루 받아들입니다.

대개 마땅한 것을 완성하여 상주한다면 비록 고요모(皐陶謨)[28]가 이를 듣는다 하여도 오히려 죽여도 죄가 아직 남을 것이라고 여겨질 것입니다. 왜 그렇습니까? 단련하여 죄를 완성시킨 것은 많고, 법조문에 해당하는 죄는 분명합니다.

그러므로 속담에서 말하였습니다. '땅에다 금을 그어 놓고 감옥이라고 하여도 들어가지 말 것을 논의하며, 나무를 깎아 놓고 형리(刑吏)라고 하여도 반드시 마주하지를 마라.' 이는 모두 혹독한 형리들을 풍자한 것이고 비통한 말인 것입니다. 오직 폐하께서 법제를 줄여 주시고 형벌을 너그럽게 하신다면 태평스러운 기풍이 세상에서 일어날 것입니다."

황상이 그 말이 훌륭하다고 하였다.

9   12월에 조서를 내려서 말하였다.

"최근에 형리(刑吏)가 법을 사용하면서 법조문을 교묘하게 사용하여 아주 깊이 스며들어가니, 이는 짐의 부덕이다. 무릇 옥사(獄事)를 결정하는 것이 부당하여, 죄 있는 사람으로 하여금 사악함을 일으키게 하고, 죄 없는 사람은 죽임을 당하여 부자(父子)가 비통(悲痛)해 하고 한스러워하니 짐이 이를 심히 아파하노라!

---

28 전설에 나오는 인물로 총명하기가 신과 같은 법관이었다.

이제 정위사(廷尉史)를 파견하여 각 군(郡)과 더불어 감옥에 관한 사무를 추국(推鞫)하게 하였으나 맡은 일이 가볍고 녹봉도 박(薄)하니, 그래서 정위평(廷尉平)을 설치하고 녹질을 600석(石)으로 하여 4명을 두라. 그는 이를 공평하게 하도록 힘써서 짐의 뜻에 맞게 하라."

이에 매해 가을이면 최후로 옥사를 논의할 때에 황상은 항상 선실(宣室)[29]에 나아가서 재계(齋戒)를 하고 사건을 결재하니, 옥사와 형벌이 공평하다고 불렸다.

탁군(涿郡, 河北省 涿縣) 태수 정창(鄭昌)이 상소하였다.

"이제 밝은 임금께서 몸소 분명하게 들으시니, 비록 정위평(廷尉平)을 두지 않아도 옥사(獄事)는 장차 스스로 올바르게 될 것인데, 만약에 후사(後嗣)를 연다고 하면 율령(律令)을 산정(刪定)하는 것과 같지 못합니다.

율령이 한 번 정해지면, 어리석은 백성들도 피해야 할 것을 알고, 간사한 형리도 장난질을 칠 곳이 없습니다. 이제 그 근본을 바로하지 않고 정위평을 두어 그 지엽적인 것을 처리하면 정치가 쇠퇴하고, 듣는 일을 게을리 하면 정위평는 장차 권력을 불러 모아서 혼란의 괴수가 될 것입니다."

10   소제 때에 흉노가 4천의 기병으로 하여금 차사(車師, 新疆 吐魯番縣)에서 수렵을 하게 하였다. 다섯 명의 장군들이 흉노를 치게 되자[30]

---

29 미앙궁 안에 있는 정교를 펼치는 방인데, 형벌을 사용하는 것은 중요한 일이므로 재계를 하고서 사건을 결재한다.

30 선제 본시 3년(기원전 71년)에 있었던 일이고, 이 내용은《자치통감》권24에 실려 있다.

차사에서 수렵을 하던 사람들은 놀라서 떠났고, 차사는 다시 한과 왕래하였는데, 흉노는 화가 나서 그 태자인 군숙(軍宿)을 불러서 인질로 삼으려고 하였다.

군숙은 언기(焉耆, 新疆 焉耆縣)의 외손자인데, 흉노에 인질이 되고 싶지가 않아서 도망하여 언기로 도망하니 차사왕은 다시 아들 오귀(烏貴)를 태자로 세웠다. 오귀가 서서 왕이 되기에 이르자 흉노와 혼인을 맺고, 흉노를 시켜서 한이 오손으로 통하는 도로를 차단하게 하였다.

이 해에 시랑(侍郞)인 회계(會稽) 사람 정길(鄭吉)과 교위 사마희(司馬熹)가 형을 면죄 받은 사람을 거느리고 거리(渠犁, 新疆 輪臺縣)에서 둔전하여 곡식을 쌓아 두었는데, 성곽을 이루고 있는 여러 나라의 병사 1만여 명을 징발하고, 거느리고 있는 둔전(屯田)하는 병사 1천500명과 함께 차사를 공격하여 이를 격파하니, 차사왕이 항복을 받아달라고 청하였다.

흉노가 군사를 발동하여 차사를 공격하였고, 정길과 사마희도 병사를 이끌고 북쪽으로 나아가서 그들을 맞이하자 흉노가 감히 앞으로 나오지를 못하였다. 정길과 사마희가 한 명의 후(候, 척후)와 병졸 20명을 남겨두어 왕(王, 차사국왕)을 지키게 하고서 정길 등은 병사를 인솔하여 거리로 귀환하였다.

차사왕은 흉노의 병사가 다시 이르면 죽임을 당할까 두려워 마침내 경무장한 말을 타고 오손으로 달아났다. 정길은 그의 처자를 영접하여 전거(傳車)로 장안에 보냈다. 흉노는 차사왕의 형제인 두막(兜莫)을 바꾸어서 차사왕으로 삼고, 그들의 남은 백성을 거두어서 동쪽으로 옮겨 놓아 감히 옛날 땅에서 살지 못하게 하였고, 정길은 처음으로 관리와 졸병 300명으로 하여금 차사의 땅에 보내어 둔전을 하게 하고 그곳을 채웠다.

11   황상이 처음에 즉위하면서부터 자주 사자(使者)를 파견하여 외가의 사람들을 찾았지만 오래 되고 멀어서[31] 대부분 비슷하였지만 옳지는 아니하였었다.[32]

이 해에 외조모 왕온(王媼)과 왕온의 아들인 무고(無故)와 무(武)를 찾을 수 있었다. 황상은 무고와 무에게 관내후(關內侯)로 작위를 하사하였다. 열흘 남짓 사이에 상으로 내려준 것이 거만(鉅萬)을 헤아렸다.

선제 지절 4년(乙卯, 기원전 66년)

1   봄, 2월에 외조모에게 박평군(博平君)이라는 칭호를 내려 주고, 외삼촌 무고는 평창후(平昌侯)로 책봉하고, 무는 낙창후(樂昌侯)로 삼았다.

2   여름, 5월에 산양(山陽, 山東省 金鄕縣)과 제음(濟陰, 하남성 蘭封縣)에 우박이 떨어졌는데, 마치 달걀 만하였으며 2척(尺)5촌(寸)이나 깊이 들어갔고, 20여 명이 죽고, 날던 새는 모두 죽었다.

---

31 무제 정화 2년(기원전 91년)에 유거가 자살하였고, 유병이인 선제가 즉위한 것이 선제 원평 원년(기원전 74년)이므로 18년의 세월이 흘렀다.

32 당시 무고의 화가 얼마나 심각하였던가를 말해주는 것이다. 태자와 인척관계를 맺었기 때문에 거의 다 죽었고, 도망갔더라도 감히 고향으로 연락할 수가 없었을 것이다.

3   조서를 내렸다.

 "이제부터 아들이 부모를 숨겨주고, 처가 지아비를 숨겨주고, 손자가 조부모를 숨겨준 것은 모두 다스리지 않는다."

4   광천혜왕(廣川惠王)의 손자인 유문(劉文)[33]을 세워서 광천왕으로 삼았다.

---

33 잔인한 사람으로 이름이 난 유거의 동생이다.

곽씨의 멸망과 선제의 관리들

5   곽현(霍顯)과 곽우(霍禹)·곽산(霍山)·곽운(霍雲)은 스스로 날로 권력이 침삭되는 것을 보고 자주 서로 마주하여 눈물을 흘리며 스스로를 원망하였다. 곽산이 말하였다.

"지금은 승상이 용사(用事)하는데, 현관(縣官, 황제)이 그를 신임하여 대장군 시절의 법령은 모두 바뀌었고, 대장군의 과실을 들추어내고 있습니다. 또 여러 유생(儒生)들은 대부분이 가난한 사람의 아들이고, 먼 곳에서 온 손님이어서 주리고 춥게 지내지만 망령된 말과 미친 소리를 하기 좋아하는데, 아무런 기휘(忌諱)가 없어서 대장군을 항상 원수처럼 하고 있습니다.

지금 폐하는 여러 유생(儒生)들과 이야기하기를 좋아하니, 사람들마다 스스로 사건에 대하여 편지를 쓰는데 대부분 우리 집안을 말하고 있는 사람입니다. 일찍이 편지를 올려서 우리 집안의 형제들이 교만하고 방자하다고 말한 일이 있는데, 그 말이 아주 절통하며, 저 곽산은 가리어 상주를 하지 않고 있습니다.

그 뒤로 편지를 올리는 사람들은 더욱 교활하여서 모두 봉사(封事)[34]로 상주하여 번번이 중서령(中書令)으로 하여금 나와서 이것을 가져가게 하고 있으니, 상서(尙書)[35]에게는 관계가 없게 되고, 더욱 사람을 믿지 않고 있습니다. 또한 듣건대 민간에서는 여러 사람이 '곽씨(霍氏)가 허황후를 독살하였다.'[36]고 지껄여대고 있으니, 정녕코 이러한 일이 있습니까?"

곽현은 두렵고 급하여 바로 모든 것을 사실대로 곽우, 곽산, 곽운에게 알렸다.

곽우·곽산·곽운은 놀라서 말하였다.

"이와 같다면 어찌하여 일찍 곽우 등에게 이야기를 안 하였습니까? 현관(縣官, 황제)이 여러 사위들을 이산시키고 배척하여 쫓아 보낸 것은 이러한 연고입니다. 이것은 큰일이니, 주살되는 벌이 작지 않을 텐데 어떻게 하겠습니까?"

이에 비로소 간사한 음모가 시작되었다.

곽운의 장인인 이경(李竟)이 잘 지내고 있는 장사(張赦)가 곽운의 집안사람들의 초췌한 모습을 보고 이경에게 말하였다.

"지금의 승상과 은평후(恩平侯)[37]가 용사하고 있는데, 태부인으로 하여금 태후[38]에게 이야기를 하게 하여서, 먼저 이 두 사람을 주살하고 나면 폐하를 옮겨 앉히는 것은 태후에게 있을 뿐입니다."

---

34 황제만이 직접 볼 수 있도록 봉함하여 올린 주문을 말한다.

35 곽산은 상서령이어서 궁정의 기밀을 관장하였다. 따라서 상주문에 대하여서는 아무런 권한이 없었다.

36 이 일은 본시 3년(기원전 71년)에 있었고, 그 내용은 《자치통감》 권24에 실려 있다.

37 승상은 위상이고, 안평후는 허광한이다.

38 태부인은 곽광의 처인 현을 말하고, 태후는 곽광의 딸인 상관태후이다.

장안에 사는 남자인 장장(張章)[39]이 이 사실을 고발하니, 이 사건이 정위와 집금오(執金吾)에게 내려가자 장사 등을 체포하였다. 뒤에 가서 조서를 내려서 중지하고 체포하지 말게 하였다.

곽산 등은 더욱 두려워하여 서로 말하였다.

"이는 현관(縣官, 황제)이 태후를 어렵게 하는 것으로 여기는 고로 끝까지 하지 않았습니다. 그러나 악(惡)의 실마리가 이미 보였으니, 오래되면 오히려 드러날 것이고, 드러나면 바로 족주(族誅)될 것이니, 먼저 나서는 것과 같지 못합니다."

드디어 여러 딸들로 하여금 각기 돌아가서 그 지아비에게 보고하게 하니, 모두 말하였다.

"어느 곳에 피할 곳이 있겠는가!"

마침 이경이 제후왕들과 왕래한 것에 연루되었는데, 말을 하다가 곽씨에게까지 미치니, 조서를 내렸다.

"곽운과 곽산이 숙위하는 것은 적당하지 않으니 면직하여 집에 가게 하라."

산양(山陽, 山東省 金鄕縣) 태수 장창(張敞)이 봉사(封事)를 올려서 말하였다.

"신이 듣건대, 공자(公子) 계우(季友)는 노(魯)에 공로를 세웠고,[40]

---

39 원래 장장은 영천[하남성 우현] 사람인데 장안에 와서 곽씨 집안의 마구간에서 기숙하였다. 밤중에 마부들이 서로 한담하는 소리를 들었는데, 그 이야기가 곽씨 집안에서 모반을 기도한다는데 이르렀던 것이다. 그래서 다음날 바로 고변한 것이다.

40 계우(季友), 즉 희우(姬友)는 노 16대 군주인 장공인 희동(姬同)의 동생이다. 기원전 662년에 장공이 죽자, 그 아들인 희반(姬般)이 계위하였다. 그런데

조쇠(趙衰)는 진(晉)에 공로를 세웠으며,[41] 전완(田完)은 제(齊)에 공로를 세웠는데,[42] 모두 그들의 공로에 따른 보수를 받았고, 그들의 자손에게까지 이어졌습니다.

끝내 뒤에 가서 전씨(田氏)는 제를 찬탈하였고, 조씨(趙氏)는 진을 나누었으며, 계씨(季氏)는 노에서 전권을 행사하였습니다. 그러므로 중니(仲尼, 공자)는 《춘추》를 지어서 그러한 성쇠(盛衰)의 자취를 쓰고, 경(卿)이라는 벼슬이 대대로 이어지는 것을 비난한 것이 가장 심하였습니다.

옛날에 대장군은 커다란 계책을 결정하였고, 종묘를 안정시키고 천하를 평정하였으니 공로가 역시 작지는 않습니다. 무릇 주공도 7년뿐이었는데, 대장군은 20년[43]이어서 해내에서의 운명은 그의 손에서 결

3개월 뒤에 장공의 다른 동생인 희경보(姬慶父)에게 죽었고, 장공의 다른 아들 희계(姬啓)가 계위하였다. 이 사람이 민공이다. 뒤에 민공의 숙부인 희경보가 다시 민공을 죽였다. 이때에 희우가 기원전 660년에 장공의 다른 아들인 희신을 옹립하여 계위하게 하고 희경보를 죽였다. 이로부터 희우는 '계(季)'라고 성을 고치고 대대로 전횡하였다.

41 진의 19대 군주인 헌공 희궤제(姬詭諸)는 그의 두 아들을 내쫓았는데, 그 가운데 하나인 희중이(姬重耳)가 유랑하고 있는 동안 조쇠가 시종하였다. 드디어 기원전 636년에 희중이가 귀국하여 진의 군주가 되자[문공] 조씨 집안이 대대로 승상을 지냈고, 드디어 기원전 403년에 그 후손인 조적에 이르러서는 진을 셋으로 나누어 가졌다.

42 전완은 진(陳)의 14대 군주인 여공의 아들인데 진에서 내란이 나자 제로 도망하여 성을 전(田)으로 바꾸었다. 그런데 제의 환공은 그를 예우하였으나, 기원전 359년에 이르러서 그 후예인 전화(田和)가 제를 찬탈하였다.

43 주공이 성왕을 보필한 것이 7년이지만 곽광이 한의 황제를 보필한 것이 20년이라는 말로 무제 후원 2년(기원전 87년)부터 선제 지절 2년(기원전 68년)까지이다.

단되었습니다. 바야흐로 그가 융성할 때에는 천지를 감동시켰고, 음양
(陰陽)[44]을 침범하여 핍박하였습니다.

조신(朝臣)들은 마땅히 분명히 밝혀 말한 것이 있는데, 말하였습니
다. '폐하께서 옛날의 대장군을 포상하고 총애하여 그의 공덕에 보답한
것은 충분합니다. 근자에 보정하는 신하가 독단하는 정치를 하고, 귀척
(貴戚)들이 대단히 번성하게 되고, 군신(君臣)의 구분이 분명하지가 아
니합니다.

청컨대 곽씨의 세 후작(侯爵)은 파직시켜 모두 집에 가게 하시고, 위
(衛)장군 장안세(張安世)에게는 마땅히 궤장(几杖)을 하사하여 귀휴(歸
休)하게 하시다가, 때로 물을 일이 있으면 불러서 보셔서 열후(列侯)로
서 천자의 스승을 삼으십시오.'

분명하게 조서를 내려 은혜를 가지고 들어주지 말고, 여러 신하들이
의(義)를 가지고 다투고 난 다음에 이를 허락하면 천하 사람들은 반드
시 폐하를 공덕을 잊지 않는 사람이며, 조신(朝臣)들도 예를 안다고 여
길 것이고, 곽씨들도 세세토록 근심거리가 되는 고통이 없을 것입니다.

이제 조정에는 곧은 소리가 들리지 않아서 스스로 친히 그 글을 써
서 조서를 내렸으니 올바른 계책을 취한 것은 아닙니다. 이제 두 후작
(侯爵, 곽운과 곽산)들은 이미 나갔는데, 사람의 마음이란 서로 먼 것은
아니니, 신이 이를 헤아려 보건대 대사마(大司馬)와 그 지속(枝屬)들은
반드시 두려운 마음을 가질 것입니다.

무릇 가까운 신하가 스스로 위험을 느끼게 하는 것은 완전한 계책이
아닙니다. 신 장창이 바라건대 넓은 조정에서 그 실마리가 드러난 것을

---

44 천지란 전국을 말하고 음양은 황제와 황후를 말한다.

널리 말하기를 바라며, 다만 멀리 떨어져 있는 군(郡)을 지키고 있어서 말미암을 길이 없습니다. 오직 폐하께서 성찰하여 주십시오."

황상은 그 계책을 아주 훌륭하다고 하였으나 그러나 그를 부르지는 않았다.

곽우와 곽산 등의 집에는 자주 요사스럽고 괴이한 일들이 일어났는데, 온 집안이 근심하고 걱정하였다. 곽산이 말하였다.

"승상이 멋대로 종묘의 제사에 쓰는 작은 양과 집토끼와 개구리를 줄였으니, 이것으로 죄(罪)[45]를 줄 수 있다."

태후로 하여금 박평군(博平君, 황제의 외조모)을 위하여 술자리를 마련하고, 승상과 은평후(恩平侯, 허황후의 아버지인 허광한) 이하의 사람들을 부르게 하고 범명우(范明友)와 등광한(鄧廣漢)으로 하여금 태후의 제(制)를 이어받아서 끌어다가 목을 베게 하고, 이어서 천자를 폐위하고 곽우를 세우기로 모의하였다.

약속을 확정하였으나 아직 발동하지 아니하였는데, 곽운이 현토(玄菟) 태수에 임명되고, 태중대부(太中大夫) 임선(任宣)이 대군(代郡, 河北省 蔚縣) 태수가 되었다. 마침 사실이 발각되었고, 가을, 7월에 곽운, 곽산, 범명우가 자살하였다. 곽현과 곽우, 등광한 등이 체포되었고, 곽우는 요참(腰斬)에 처해졌고, 현과 여러 딸들과 형제들은 모두 기시(棄市)되었고, 곽씨 집안과 서로 연좌되어 주멸된 사람이 10여 집이었다. 태복(太僕) 두연년(杜延年)은 곽씨의 옛날 친구여서 역시 연좌되어 관직에서 면직되었다.

---

45 여후가 권력을 쥐고 있을 때에 멋대로 종묘 문제를 토론하면 기시한다는 조령이 있었던 것을 예로 생각하고 말한 것이다.

8월 기유일(1일)에 황후 곽씨(霍氏)는 폐위되고 소대궁(昭臺宮)에 살게 하였다. 을축일(17일)에 조서를 내려서 곽씨의 반란모의를 고발한 남자인 장장(張章)과 기문(期門) 동충(董忠), 좌조(左曹) 양운(楊惲)과 시중 금안상(金安上)과 사고(史高)를 책봉하여 모두 열후(列侯)로 삼았다.[46] 양운은 승상 양창(楊敞)의 아들이고, 금안상은 거기장군 금일제의 동생의 아들이며, 사고는 사량제(史良娣)의 오빠의 아들이다.

애초에, 곽씨가 사치하자, 무릉(茂陵, 陝西省 興平縣) 사람 서생(徐生)이 말하였다.

"곽씨는 반드시 망할 것이다. 무릇 사치스럽게 되면 불손하게 되고, 불손해지면 황상을 모욕하게 된다. 황상을 모욕하는 것은 도(道)를 거역하는 것이고, 다른 사람의 위에 있으니 많은 사람들이 그를 해칠 것이다.

곽씨가 권력을 쥐고 잡은 날이 오래 되어서 그를 해치려는 사람이 더욱 많아지니, 천하가 그를 해치려고 하는데, 또한 행하는 것이 도(道)를 거역한다면 망하는 것이 아니면 무엇이 기다리겠는가?"

마침내 상소를 올려서 말하였다.

"곽씨가 대단히 번성한데, 폐하께서 그들을 두텁게 아끼고 계시지만 마땅히 때에 따라서 그들을 억제하여서 망하는데 이르지 아니하게 하십시오."

편지가 세 번 올라갔는데, 번번이 그 소식을 들었다고 회보하였다.

그 후에 곽씨가 주멸되고, 곽씨를 고발한 사람은 모두 후(侯)에 책봉

---

46 장장(張章)은 박성후(博成侯)가 되었고, 동충(董忠)은 고창후(高昌侯), 양운(楊惲)은 평통후(平通侯), 금안상(金安上)은 도성후(都成侯), 사고(史高)는 낙릉후(樂陵侯)로 하였다.

하니, 어떤 사람이 서생(徐生)을 위하여 편지를 올려서 말하였다.

"신이 듣기로는 어떤 손님이 주인집을 지나가고 있었고 그 아궁이와 굴뚝이 곧게 나 있고, 그 옆에 땔감이 쌓여 있는 것을 보고 손님이 주인에게 말을 하였습니다. '바꾸어서 굽은 굴뚝을 만들고 그 땔감들을 멀리 옮겨 놓아야 하는데, 그리하지 아니하면 또한 화재(火災)의 걱정이 생길 것입니다.' 주인이 잠자코 있으면서 응답을 하지 않았습니다.

얼마 후에 그 집에 과연 화재가 일어났고, 그 이웃에서 함께 그것을 구원하여 다행히도 꺼졌습니다. 이에 소를 잡고 술을 마련하고는 그 이웃 사람들에게 감사하였고, 그을리고 데인 사람이 윗줄에 앉게 하고 나머지는 각기 공로에 따라서 차례로 앉게 하였으나, 굽은 굴뚝을 만들라고 말한 사람은 등록하지 않았습니다.

어떤 사람이 주인에게 말하였습니다. '전에 손님의 말을 들었더라면 소 잡고 술을 준비할 필요도 없었을 것이고, 끝내는 화재로 인한 걱정거리도 없었을 것입니다. 이제 공로를 논하고 손님들을 청하는데, 굴뚝을 굽게 만들고 땔감을 옮기라고 한 사람에게는 아무런 은택이 없고, 머리가 타고 이마가 그을린 사람을 상객(上客)으로 삼는단 말입니까?' 주인이 마침내 깨닫고 그를 청하였습니다.

이제 무릉 사람 서복(徐福)이 자주 편지를 올려서 곽씨가 또 변고를 일으킬 것이니 마땅히 막아서 이를 끊어버리라고 하였습니다. 전에 서북이 말한 것이 실천될 수 있었다면 나라에는 땅이 찢기고 작위를 주는 비용이 들지 않았을 것이고, 신하에게는 역란을 일으키다가 죽게 되는 실패함은 없었을 것입니다.

지나간 일은 이미 끝났다고 하지만, 서복만 홀로 그의 공로를 입지 못하니 오직 폐하께서 이를 살펴주시고, 땔감을 옮기고 굴뚝을 굽게 만드는 정책을 귀하게 생각하셔서 머리카락을 태우고 얼굴을 데인 사람의 위에 있게 하십시오."

황상이 마침내 서복에게 비단 10필(匹)을 내리고 뒤에 낭(郎)으로 삼았다.

황제가 처음 즉위하면서 고묘(高廟)를 알현하였는데, 대장군 곽광이 참승(驂乘)[47]하니, 황상은 속으로 그를 엄하고 꺼리는 마음이 있었던 것이 마치 등 뒤에서 칼로 찌르는 것 같았다. 후에 거기장군 장안세가 곽광을 대신하여 참승하였는데, 천자는 조용하고 편안하여 심히 안전하고 친근하였다.

곽광 자신이 죽기에 이르고 그 종족(宗族)도 끝내 다 죽게 되니, 그러므로 세속에서는 곽씨의 화(禍)는 참승하였던 것에서 싹이 텄다는 말이 전해졌다. 그 뒤로 12년이 되어 곽황후도 다시 운림관(雲林館)으로 옮겨지자 마침내 자살하였다.

❖ 반고(班固)가 찬(贊)하였습니다.

"곽광은 무제로부터 강보(襁褓)에 싸여있는 부탁을 받았고, 한 왕조의 기탁을 맡아서 국가를 광정하고, 사직을 안정시키고는 소제(昭帝)를 옹립하였다가 다시 선제(宣帝)를 세웠으니, 비록 주공(周公), 아형(阿衡)[48]이라고 하여도 어찌 이보다 더하였겠는가?

---

47 한대에는 황제의 대가에는 대장군이 황제를 모시고 같은 수레를 타게 되어 있다. 황제를 모시고 같은 수레를 타는 것을 참승이라고 한다.

48 은의 원훈인 이윤을 말한다.

그러나 곽광은 배우지도 못하였고, 술책도 없어서 커다란 이치 (理致)에는 어두웠으며, 속으로 처가 사악한 꾀를 내어 딸을 세워서 황후로 삼고 가득하여 넘치는 욕심에 빠져버려서 전복될 수 있는 화(禍)를 보태어 갔고, 죽은 지 겨우 3년에 종족(宗族)이 주멸 (誅滅)되었으니, 슬프다."

❈ 신 사마광이 말씀드립니다.

"곽광이 한 왕조를 보필한 것을 보면 가히 충성스러웠다고 할 수 있지만, 그러나 끝내 그 종족(宗族)을 비호할 수 없었는데, 무엇입니까? 무릇 위엄을 갖고 복(福)을 주는 것은 임금이 갖는 그 릇인데, 신하가 이것을 잡고서 오래 있으면서 돌려주지 않고도 화 (禍)가 미치지 않는 경우는 드뭅니다.

효소제(孝昭帝)는 밝음을 가지고 열네 살이었는데도 벌써 상관 걸(上官桀)의 속임수를 알아차렸으니 정말로 친히 정치를 할 수 있었습니다. 하물며 효선제(孝宣帝)는 열아홉 살에 즉위하였으니, 총명하고 굳은 의지를 갖고 있으면서 백성들의 질고를 다 알았고, 곽광은 오랫동안 대권(大權)을 오로지하며 피해갈 줄을 몰랐고, 사당(私黨)을 많이 만들어 조정을 꽉 채워 두어서, 인주(人主)로 하여금 위에서 분(憤)을 쌓게 하고, 이민(吏民)은 아래에서 원망하는 마음을 쌓아서 이를 갈고 눈을 흘기면서 때를 기다리다가 발동 (發動)하려고 하였으니, 그 자신은 화를 면할 수 있었던 것이 다행스러운데, 하물며 자손들이 교만하고 사치스러운 곳으로 달려가는 데에 있어서이겠습니까?

　비록 그러하나 전에 효선제(孝宣帝)는 오로지 녹질(祿秩)로써 상을 내려주어서 그 자손들을 부유하게 만들어서 그들로 하여금 커다란 현(縣)의 부세를 받아먹고 살게 하고, 봉조청(奉朝請)[49]을 하게 하였으니, 또한 성덕(盛德)에 충분히 보답한 것입니다.

　마침내 다시 정치를 담임하게 하고 병사를 그들에게 주어서 사건이 모여지고 틈이 쌓여지게 되니, 다시 그들의 권한을 잘라서 빼앗으려고 하여서 드디어 원망하고 두려움을 갖게 되어 간사한 음모를 낳게 한 것인데, 어찌 다만 곽씨 집안이 스스로 화(禍)를 당한 것이겠습니까? 역시 효선제(孝宣帝)가 이를 길러서 만든 것입니다.

　옛날 투초(鬪椒)가 초(楚)에서 난을 일으켰는데, 장왕(莊王)은 그 종족을 다 죽이면서도 잠윤(箴尹)[50] 투극황(鬪克黃)을 사면하였으니, 투자문(鬪子文)이 후사가 없게 한다면 어떻게 좋은 일을 권고할 수 있을까라고 생각하였기 때문입니다.[51]

　무릇 현과 곽우·곽운·곽산의 죄로는 비록 마땅히 이멸(夷滅)될 것이지만 곽광이 충성스러운 공훈을 세운 것에는 제사 지낼 수 없

---

49 훈구에게 정기적으로 조회에 참석하게 하는 것을 말한다.

50 초의 관직명(官職名)이다.

51 투자문(鬪子文)은 초의 저명한 재상(영윤)이었다. 그런데 투자문의 동생인 투자량(鬪子良)이 아들을 낳았는데, 그가 투초(鬪椒)이다. 기원전 605년에 이미 재상(영윤)이 된 투초가 모반을 하여 투씨 집안을 이끌고 초의 6대 군주인 장왕과 고호(皐湖, 湖北省 當陽縣)에서 싸웠으나 투초가 대패하여 투씨 집안사람들은 전부 족멸되었다. 초의 장왕은 특별히 투자문의 손자인 투극황(鬪克黃)을 사면하였다. 이 사건은《춘추좌전(春秋左傳)》선공 4년조에 보인다.

게 되었습니다. 드디어 곽씨 집안에는 아무도 없게 하였으니, 효선제 역시 은혜를 적게 베푼 것입니다."

6   9월에 천하의 소금 값을 깎아 주도록 조서를 내렸다. 또한 군국들로 하여금 해마다 옥에 갇혀서 태장(笞杖)을 맞아 죽은 사람을 병들거나 굶어 죽은 사람을 보고하는데, 관련된 현(縣)·이름·관작(官爵)·거주지를 적게 하고, 승상과 어사는 전최(殿最)[52]를 보고하게 하였다.

7   12월에 청하(清河, 河北省 清河縣)왕 유년(劉年)이 안으로 문란함[53]에 연좌되어 방릉(房陵, 湖北省 房縣)으로 옮겨 놓았다.

8   이 해에 북해(北海, 山東省 昌樂縣) 태수인 여강(廬江, 安徽省 廬江縣) 사람 주읍(朱邑)이 정치적 업적과 행적에서 1등이 되어, 들여다가 대사농(大司農)을 삼았고, 발해 태수인 공수(龔遂)[54]가 들어와서 수형(水衡)도위[55]가 되었다.

이보다 먼저 발해의 좌우에 있는 여러 군들에 기근이 들어서 도적들이 나란히 일어나니 이천석이 이들을 잡거나 통제할 수가 없었다. 황상이 잘 다스릴 수 있는 사람을 뽑으려하니 승상과 어사가 옛날 창읍(昌邑, 山東省 金鄕縣)의 낭중령인 공수를 천거하였고, 황상은 벼슬을 주어

---

52 관리의 치적 가운데 제일 좋은 것을 최라 하고 가장 낮은 것은 전이라고 한다.

53 유년(劉年)은 그의 친누이동생인 유칙(劉則)과 간통하여 아들을 낳았다.

54 공수에 관한 것은 선제 원평 원년(기원전 74년)에 있었다.

55 수리를 책임지는 관직이다.

발해 태수로 삼았다.

불러보고 물었다.

"어떻게 발해를 다스려서 그 도적들을 잠재우겠는가?"

대답하였다.

"해변은 먼 곳에 있어서 성스런 황제의 교화가 스며들지를 아니하여서 그 백성들은 추위와 굶주림에 곤란을 당하고, 관리[吏]들도 그들을 긍휼(矜恤)히 여기지를 않으니, 그러므로 폐하의 적자(赤子)들로 하여금 폐하의 무기를 훔쳐서 황지(潢池, 작은 연못) 가운데서 장난질 치게 하였을 뿐입니다. 이제 신으로 하여금 그들을 이기게 하려 하십니까? 장차 그들을 안정시키려 하십니까?"

황상이 말하였다.

"현명하고 훌륭한 사람을 뽑아 쓰려는 것은 본디 그들을 안정시키려는 것이오."

공수가 말하였다.

"신이 듣기로는 반란을 일으킨 백성들을 다스리는 것은 마치 엉킨 줄을 푸는 것과 같아서 급하게 할 수는 없는 것이고, 다만 느슨하게 한 다음에야 잘 다스려질 수 있습니다. 신이 바라건대 승상과 어사가 또한 신을 법조문(法條文)을 가지고 구속하지 말게 하여, 모든 것을 편하고 마땅하게 일에 종사할 수 있게 하여 주십시오."

황상은 이를 허락하고 황금을 더 내려 주어서 보내었다.

전거(傳車)를 타고 발해(渤海)의 경계로 가는데, 군에서는 새로운 태수가 도착한다는 소식을 듣고 군사를 발동하여 그를 영접하였다.[56] 공

---

56 도적이 많은 지역이어서 신임 태수의 안전을 보장하기 위하여 군사를 동원한

수는 그들을 모두 돌려보냈다. 소속된 현(縣)에 편지를 보내서 말하였다.

"도적을 쫓아 잡으려는 관리들은 모두 철수시키고 여러 호미나 낫, 그리고 농기구를 가진 사람은 모두 양민(良民)이니, 관리[吏]들은 그들에게 물을 수 없으며 무기를 가진 사람만이 도적이다."

드디어 한 대의 수레를 타고서 혼자서 군부(郡府)에 이르렀다.

도적들은 공수의 교령(敎令)을 듣고 즉시 해산하여 그 무기와 노(弩)를 버리고 호미와 낫을 잡게 되니, 이에 모두가 편안하게 되어 백성들은 그 땅에서 편안히 지내며 자기 직업을 즐겼다. 공수는 마침내 창름(倉廩)을 열어 가난한 백성에게 빌려주고, 선량한 관리[吏]와 위(尉)를 뽑아서 편안하게 다스리도록 하였다.

공수는 제(齊)의 습속이 사치하고, 말기(末技, 상업의 기술)를 좋아하며, 농사를 짓지 않는다는 것을 보고, 마침내 몸소 솔선하여 검약하면서 백성들에게 농업과 잠상(蠶桑)에 힘쓰도록 권하고, 각 집의 식구에 비례하여 나무를 심고 가축을 기르게 하였다.[57]

백성들 가운데 도검(刀劍)을 갖고 있던 사람은 검(劍)을 팔아서 소를 사게 하고, 칼을 팔아서 송아지를 사게 하고, 말하였다.

"왜 소를 데리고 송아지를 차고 다니는가?"

수고를 하고 순행하자 군(郡)에는 모두 축적한 것이 있었고, 옥송도 그치고 쉬었다.

것이다.

57 공수는 백성들은 1명 당 한 그루의 유(楡, 느릅나무), 1휴(畦, 밭의 두렁)의 구(韭, 부추)를 심게 하고, 집집마다 세 마리의 암퇘지와 다섯 마리의 닭을 키우게 하였다.

9   오손공주의 딸이 구자왕(龜玆王; 구자국, 新疆 庫車縣) 강빈(絳賓)의 부인이 되었다. 강빈이 편지를 올려서 말하였다.

"한의 외손녀(外孫女)를 모실 수 있게 되었으니, 바라건대 공주의 딸과 더불어 들어와서 조현(朝見)하게 해주십시오."

선제 원강 원년(丙辰, 기원전 65년)

1   봄, 정월에 구자왕과 그 부인이 와서 조현(朝見)하였는데, 모두에게 인수(印綬)를 하사하고 부인을 공주라고 호칭하고, 상으로 내려준 것이 아주 후하였다.

2   처음으로 두릉(杜陵)⁵⁸을 만들었다. 승상, 장군, 열후, 이(吏)이천석, 재산이 100만 전(錢) 이상인 사람을 두릉으로 이사시켰다.

3   3월에 조서를 내려서 봉황이 태산(泰山)과 진류(陳留, 河南省 陳留縣)에 모여들었고, 감로(甘露)가 미앙궁(未央宮)에 내렸으므로 천하를 사면하였다.

4   유사가 다시 도원(悼園)⁵⁹은 마땅히 황고(皇考)라고 존칭하여야 한다고 말하였더니, 여름, 5월에 황고묘(皇考廟)⁶⁰를 세웠다.

---

58 선제의 능으로 섬서성 서안시에 있다.
59 본시 원년(기원전 73년)에 선제는 자기 아버지의 시호를 도(悼)라고 하였었다.

5   겨울에 건장궁(建章宮)의 위위(衛尉)를 두었다.[61]

6   조광한(趙廣漢)은 대대로 관리를 지낸 집안의 자손 가운데 신진 (新進)의 젊은 사람들을 채용하기를 좋아하여 오로지 강장한 기백을 힘쓰도록 하였으며, 어떤 사건을 보면 바람을 일으키고 회피(回避)하 는 바도 없으며, 대부분이 과감한 행동을 하여 어려운 일을 갖지 않았 는데, 끝내는 이것으로 실패하였다.

조광한이 사사로운 원한으로 남자인 영축(榮畜)을 판결하여 죽였다. 어떤 사람이 편지를 올려서 이 사실을 이야기 하니, 이 사건을 승상과 어사에게 내려가서 조사하게 하였다. 조광한은 승상의 부인이 시비(侍 婢)를 죽였다고 의심하고 이것을 가지고 승상을 위협하고자 하니, 승 상은 이 사건을 더욱 급하게 처리하였다.

조광한은 마침내 이졸(吏卒)을 거느리고 승상부(丞相府)에 들어가 서, 그 부인을 불러서 마당에 꿇리고 진술을 받고, 노비 10여 명을 잡아 가지고서 갔다. 승상이 편지를 올려서 스스로 진술하자, 사건을 정위에 게 내려 보내서 처리하게 하니, 실제로는 승상이 스스로 허물을 가지고 시비(侍婢)를 견책하고, 다시 태장(笞杖)을 때려서 밖에 있는 집으로 내

---

60 죽은 아버지를 고(考)라고 하고 황제의 아버지는 당연히 황고(皇考)라고 하여 야 할 것이다. 선제는 아버지로부터 황제의 자리를 물려받은 것이 아니고 숙 조부(叔祖父)로부터 받은 것이므로 아버지에게 황고를 붙이지 못하고 지금까 지 지연되었다. 글에 부언(復言)이란 말이 있는 것으로 보아 이전에도 자주 이 러한 건의가 있었으나 선제는 이것을 받을 만큼 정치적 역량이 없어서 감히 이를 수용하지 못하였을 것이다.

61 이리하여 미앙궁·장락궁·건장궁·감천궁 등 네 궁궐에 위위를 두어 해당 궁 궐의 호위를 맡게 되었다.

어 보내어 마침내 죽었던 것으로, 조광한의 말과는 같지가 아니하였다.

그리하여 황제는 이를 미워하여 조광한을 정위(廷尉)가 관장하는 감옥에 내려 보냈다. 이민(吏民)들이 대궐(大闕) 앞에 나와서 울부짖는 사람이 수만 명이었고 말하였다.

"신은 살아도 현관(縣官, 황제)께 이로움이 없으니, 바라건대 조경조(趙京兆)[62]를 대신하여 죽어서 보잘 것 없는 백성들을 잘 기르게 하여 주십시오."

조광한은 끝내 연좌되어 요참(腰斬)되었다.

조광한은 경조윤(京兆尹)이 되어서 청렴하고 밝으며 위엄으로 호강을 통제하고 보잘 것 없는 백성들이 직업을 갖게 하였으니, 백성들이 그를 추념하여 생각하고 이를 노래하였다.

7 이 해에 소부(少府) 송주(宋疇)가 '봉황이 팽성(彭城, 江蘇省 徐州市)에 내려오고, 경사(京師)에 오지 않은 것은 아름답다고 하기에는 부족하다.'라고 의론을 한데에 연루되어 사수(泗水, 江蘇省 宿遷縣)의 태부(太傅)[63]로 좌천되었다.

8 황상이 박사와 간대부(諫大夫) 가운데 정사(政事)에 능통한 사람을 선발하여 군국(郡國)의 수상(守相)[64]으로 보임하였는데, 소망지(蕭

---

62 조광한을 말하는데, 이때 조광한은 경조윤이어서 성과 직함을 붙여서 부른 것이다.

63 사수왕 유종(劉綜)의 사부로 된 것이다.

64 군국은 군(郡)과 봉국(封國)을 말하며, 군은 조정의 직접 관할 지역이고, 봉국은 제후를 임명한 제후국을 말하는데, 실제로 군과 봉국의 규모나 위상은 비

望之)를 평원(平原, 山東省 平原縣)의 태수로 삼았다.

소망지가 상소를 올려서 말하였다.

"폐하께서 백성들을 애달프고 불쌍히 여기는데 덕(德)이 끝까지 가지 못할까가 걱정이 되어 간관(諫官)을 모두 내 보내어 군의 관리로 보임하였습니다. 조정에는 간쟁(諫爭)하는 신하가 없게 된다면 허물을 알지 못하게 되니, 이른바 그 지말(枝末)을 걱정하다가 그 근본을 잊는다고 하는 것입니다."

황상이 이에 소망지를 징소(徵召)하여 들어와서 소부(少府)의 일을 맡게[65] 하였다.

9   동해(東海, 山東省 郯城縣) 태수인 하동(河東) 사람 윤옹귀(尹翁歸)가 군(郡)을 다스린 성적이 높아서 들어오게 하여 우부풍(右扶風)[66]으로 삼았다.

윤옹귀는 그 사람됨이 공정하고 청렴하며 밝게 관찰하여 군(郡)에 있는 이민(吏民)들의 현명함과 불초함과 간사한 무리의 죄명을 모두 알았다. 각 현(縣) 별로 각각 기록한 장부가 있고, 스스로 그 정사를 처

숫하여 이를 합쳐서 부르는 경우가 많다. 수는 군의 태수를 말하고, 상은 봉국의 승상을 말하며, 실제로 봉국의 제후왕은 어린 경우가 많아서 다스리는 일은 봉국의 승상이 맡았으며, 그 위상은 역시 태수와 비슷하여 보통 수상을 연칭(連稱)한다.

65 수직(守職)을 말한다. 이는 관리를 임용하는 방법의 하나로 임시로 직책을 맡게 하여 시험해 보는 제도이고, 이 경우의 관직명은 수소부이다.

66 장안은 대장안과 소장안이 있는데, 대장안은 소장안과, 동부장안 즉 좌풍익과 서부장안 즉 우부풍으로 되어 있으므로 우부풍은 바로 서부 장안의 책임자에 해당하는 관직이다.

리하였는데, 너무 급하게 일을 서두른다는 말이 있으면 이를 조금 완화하도록 조치하였다. 이민(吏民)들이 조금 풀어지면 번번이 장부를 들춰 보았다.

사람을 잡는데 반드시 가을과 겨울철의 '과이대회(課吏大會)'[67]를 하는 중이거나 현으로 나아가면서 하였으며, 일이 없을 때에는 하지 않았다.[68] 그가 사람을 체포하는 것은 한 명으로 100명에게 경고하려고 하였다. 이민(吏民)들은 모두 복종하고 두려워하여 행동을 고쳐서 스스로 새롭게 되었다.

그가 부풍이 되자 청렴하고 공평하며, 간사한 관리를 싫어하는 사람을 뽑아 채용하여 높은 자리에 앉혔으며, 맞이하고 대할 때에는 예의(禮儀)를 갖추고 좋아하는 사람에게나 싫어하는 사람에게나 똑같이 하며, 그래서 윤옹귀에게 잘못을 하면 벌도 또한 반드시 내려졌다. 그러나 온화하고 선량하며 겸손하여 나서지 않고, 행동으로 다른 사람에게 교만하게 할 수 있지 않으니, 그러므로 조정에서 이름과 칭찬을 얻게 되었다.

---

67 연말에 관리들을 고핵하는 모임을 갖는다.

68 한대의 규정에 따르면 연말에 범죄자를 처결하도록 되어 있다. 따라서 겨울이나 가을에 체포한다는 것은 처리를 신속히 하려는 것을 의미한다. 만약에 봄이나, 여름에 체포해 두었다가 사면령이 내리면 석방해야 한다. 중간 순시 때에 체포하는 것은 일종의 경고 조치라고 볼 수 있다.

어릴 때의 은혜를 갚은 선제

10 　애초에, 오손(烏孫)공주의 어린 아들인 만년(萬年)[69]이 사차왕(沙車王; 沙車, 新疆 沙車縣)에게 총애를 받았다. 사차왕이 죽었는데, 아들이 없었고, 그때에 만년은 한(漢)에 있어서, 사차국의 사람[귀족]들이 계획을 세웠는데, 스스로 한에 의탁하고 또 오손의 환심도 얻으려고 편지를 올려서 만년을 청하여 사차국의 왕으로 삼았다.

　한에서는 이를 허락하고, 사자 해충국(奚充國)을 파견하여 만년을 호송하게 하였다. 만년이 처음으로 섰는데, 포악하여 그 나라 사람들이 좋아하지 않았다.

　황상이 여러 신하들로 하여금 서역에 사자(使者)로 갈 만한 사람을 천거하게 하니, 전장군 한증(韓增)이 상당(上黨, 山東省 長子縣) 사람 풍봉세(馮奉世)를 천거하자 위후(衛候)[70]로서 부절(符節)을 가지고 대완(大宛)의 여러 나라에 빈객으로 가게 하여 이순성(伊循城)에 이르렀다.

　마침 옛날 사차왕의 동생인 호도징(呼屠徵)이 이웃 나라와 더불어

---

69 이에 관한 사건은 선제 본시 2년(기원전 72년)에 있었다.

70 황성의 경비를 맡은 부대의 지휘관에 해당하는 사람이다.

그의 왕인 만년과 한의 사자인 해충국을 죽이고, 스스로 서서 왕이 되었다. 그때에 흉노가 또 병사를 발동하여 차사성(車師城)을 공격하였으나, 이를 떨어뜨릴 수 없어서 갔다.

사차에서는 사자를 파견하여 겉으로 말하였다.

"북도(北道, 신강 고비사막의 북쪽으로 서역에 통하는 길)의 여러 나라들은 이미 흉노에 속하게 되었다."

이에 남도(南道, 고비사막의 남쪽으로 서역에 통하는 길)를 공격하고 겁탈하면서 더불어 삽혈(歃血)을 하고 맹세하고서 한(漢)을 배반하니, 선선(鄯善, 옛날의 樓蘭國이고, 羅布泊 湖畔)의 서쪽부터는 길이 모두 끊어져서 통행되지 않았다.

도호(都護) 정길(鄭吉)과 교위(校尉) 사마희(司馬憙)가 모두 북도의 여러 나라 사이에 있었는데,[71] 풍봉세와 그의 부사(副使)인 엄창(嚴昌)이 계책을 세워서 재빨리 공격을 하지 않으면 사차국은 날로 강해져서 그 형세를 제어하기가 어려울 것이고, 반드시 서역[新疆과 중앙아시아 동부]을 위태롭게 할 것이라고 생각하고, 드디어 부절(符節)을 가지고 여러 나라의 왕들에게 이야기를 하고 이어서 그들의 병사들을 발동하게 하여 남북도를 합하여 1만5천 명이 되자, 사차로 진격하여 그 성을 공격하여 뽑았다.

사차왕이 자살하니 그의 수급(首級)을 전하여 장안으로 보냈고, 다시 그 형제의 아들을 세워서 사차왕으로 삼았다. 여러 나라들이 모두 평정되니, 서역에 위엄을 떨쳤으며, 풍봉세는 마침내 군사를 철수하고 보고를 하였다. 황제가 한증을 불러서 접견하고 말하였다.

---

71 선제 지절 3년(기원전 67년)에 있었던 일이다.

"장군이 천거하여 그 적당한 인재를 얻었으니 축하하오."

풍봉세는 드디어 서쪽으로 가서 대완에 이르렀는데, 대완에서는 그가 사차왕의 목을 베었다는 소문을 듣고, 그를 다른 사자들보다 특별하게 공경하였고, 그들의 명마(名馬) '상룡(象龍)'을 얻어 가지고 돌아왔다. 황상은 아주 기뻐하여 풍봉세를 책봉하려고 논의하였다.

승상과 장군들이 모두 좋다고 여겼지만 홀로 소부(少府) 소망지만이 생각하였다.

"풍봉세는 사자(使者)의 일을 받들어 지정된 임무가 있었는데, 제(制)[72]를 멋대로 하고 명령을 위반하여 여러 나라의 병사를 발동하였으니, 비록 공로와 효과가 있었다고는 하지만 뒤에 본받게 할 수는 없습니다.

바로 풍봉세를 책봉한다면, 후에 사자가 풍봉세처럼 하는 것이 이롭다고 하여 다투어 병사를 발동하여 만 리 밖에서 공을 세우려고 할 것인데, 국가를 위하여 이적(夷狄)들에게 사건을 일으키게 될 것이니, 점차로 이런 풍조가 자라나게 할 수는 없습니다. 풍봉세는 책봉 받는 것이 마땅치 않습니다."

황상은 소망지의 논의가 훌륭하다고 하고서, 풍봉세를 광록대부(光祿大夫)로 삼았다.

선제 원강 2년(丁巳, 기원전 64년)

---

72 황제의 명을 말한다. 원래는 명(命)으로 되어 있었는데, 진 시황이 명을 제(制)로 하고, 령(令)을 조(詔)라고 용어를 고친 이후로 계속하여 이 방법을 사용하고 있다.

1　봄, 정월에 천하를 사면하였다.

2　황상이 황후를 세우고자 하였는데, 당시에 관도(館陶)공주의 어머니인 화첩여(華倢伃)와 회양헌왕(淮陽憲王, 劉欣)의 어머니인 장첩여(張倢伃), 초효왕(楚孝王, 劉囂)의 어머니인 위첩여(衛倢伃)를 모두 총애하여 행행(行幸)하였다.

　황상은 장첩여를 황후로 삼고자 하였는데, 한참 있다가 곽씨가 황태자를 해치려고 한 것을 거울삼아 마침내 후궁 가운데 아들이 없고, 근신하는 사람을 뽑았는데, 2월 을축일(16일)에 장릉(長陵, 陝西省 咸陽) 사람 왕첩여(王倢伃)[73]를 세워서 황후로 삼고서 어머니로서 태자를 기르도록 명령하였고, 그 아버지 왕봉광(王奉光)을 공성후(邛城侯)로 책봉하였다. 황후는 총애를 받지 못하고, 찾아 알현하는 것도 드물었다.

3　5월에 조서를 내려서 말하였다.

　"감옥이란 만민(萬民)의 생명이 관계된 것이다. 산 사람으로 하여금 원망하지 않게 하고, 죽은 사람은 한을 품지 않게 할 수 있다면 문리(文吏)[74]라고 할 수 있다.

　지금은 그렇지 아니하다. 법률을 적용하는데, 혹 교묘한 마음을 가지고 법률을 쪼개어 두 끝을 만들어서 무겁거나 가볍게 하여 고르지 않게 하니 상주하는 것들이 사실과 같지 않아서 위에서[황제]는 또한 말

---

73 무제 초기에는 1급 비를 부인이라고 칭하였다가 무제 후기부터 원제 초기까지는 첩여라고 불렀다. 다시 원제 후기부터는 소의라고 불렀다.

74 법조문을 다루는 관리를 말한다.

미암아 알 방법이 없으니 사방(四方)의 여민(黎民)들이 장차 어디를 향하여 우러러 호소할 것인가!

이천석은 각기 그 관속들을 살펴서 이러한 사람을 채용하지 말 것이다. 관리[吏]가 혹은 멋대로 요역을 일으켜 주방과 전사(傳舍)를 수식하고서 지나가는 사자와 손님을 핑계대어, 직책을 넘고 법을 뛰어 넘어 명예를 취하는 경우가 있으니, 비유하건대 얇은 얼음을 밟고서 밝은 해를 기다리는 것과 같으니 어찌 위태롭지 아니하겠는가?

이제 천하는 자못 질병의 재해를 입어서 짐이 아주 이를 가련하게 생각하니, 군국 가운데 재해를 입은 것이 심한 곳으로 하여금 금년의 조부(租賦)를 내지 말게 하도록 하라."

4   또 말하였다.

"듣건대 옛날 천자의 이름은 알기 어려워서 쉽게 기휘(忌諱)하게 되어 있었으니 휘(諱)를 유순(劉詢)[75]이라고 고친다."

5   흉노의 대신이 모두 생각하였다.

"차사의 땅은 비옥하고 흉노에 가까운데, 한으로 하여금 이곳을 갖게

---

75 원래의 이름은 유병이(劉病己)이다. 기휘란 황제의 이름자가 들어가는 글자는 감히 다른 사람이 쓰지 못하게 되어 있다. 예컨대, 수재(秀才)와 같은 경우에 후한 광무제의 이름이 유수(劉秀)임으로 수(秀) 자를 쓸 수 없어서 수(秀) 자와 같은 의미의 무(茂) 자로 바꾸어 쓰고, 수(秀) 자를 피하여 쓰지 않는 것이다. 그리하여 수재(秀才)를 무재(茂才)라고 쓰는 경우가 생긴 것이다. 그러므로 황제의 이름자가 많이 쓰이는 글자라면 일반인들에게 대단히 불편을 주게 되는 것이다. 그러므로 보통은 잘 쓰지 않는 글자를 이름으로 쓰는 것이 일반적인데, 이 경우에 병(病)과 이(己)는 많이 사용하는 글자여서 이름을 바꾼 것이다.

한다면 둔전(屯田)을 많이 두어 곡식을 쌓아 놓게 되고, 반드시 다른 사람의 나라를 해롭게 할 것이니, 불가불 다투지 않으면 아니 될 것이다."

이로 말미암아서 자주 병사를 파견하여 차사의 둔전지대를 공격하였다.

정길(鄭吉)이 거리(渠犁, 新疆 輪台縣)에서 둔전하는 병졸 7천여 명을 거느리고 가서 이를 구하다가 흉노에게 포위된 바가 되었다. 정길이 말씀을 올렸다.

"차사는 거리에서 1천여 리 떨어져 있고, 거리에 있는 한의 군사는 적어서, 형세로 보아 서로 구제해 줄 수가 없으니, 바라건대 둔전하는 병졸을 늘려 주십시오."

황상은 후(後)장군 조충국(趙充國) 등과 논의하여 흉노가 쇠약해진 것을 이용하여 병사를 출동시켜서 그들의 오른쪽[서부]을 공격하여 다시 서역을 소란스럽게 하지 못하게 하고자 하였다.

위상(魏相)이 글을 올려서 간(諫)하였다.

"신이 듣건대, 어지러운 것을 구제하고 흉포한 것을 주살하는 것을 의병(義兵)이라 하고, 군사가 의로운 사람은 왕입니다. 적이 나에게 힘을 가해오면 부득이하여 일어난 것을 응병(應兵)이라 하는데 병사가 대응하게 되면 승리하며, 한스러움을 가지고 작은 이유를 대서 다투다가 그 분노를 참지 못하는 것은 분병(忿兵)이라 하는데 군사가 분함을 가지면 패하고, 다른 사람의 토지와 재물과 보배를 이롭다고 하는 것은 탐병(貪兵)이라 하는데 군사가 탐심을 가지면 격파되며, 국가가 크다는 것을 믿고서 민인(民人)이 많은 것을 자랑[76]하며 적에게 위엄을 보이

---

76 원문은 무(務)로 되어 있지만 다른 판본에는 긍(矜)으로 되어 있는 것도 있으

려는 것은 교병(驕兵)이라 하는데, 병사가 교만하게 되면 멸망합니다.

이 다섯 가지는 비단 사람의 일일뿐만 아니고 하늘의 도리입니다. 최근에 흉노는 일찍이 선의(善意)를 가지고 있어서 붙잡은 한의 백성들을 번번이 받들어서 이들을 돌려보냈으며, 아직도 변경에서 범한 일도 없는데 비록 차사에서 둔전(屯田)하는 병사들과 다툼이 있었다고는 하나 마음에 두기에는 부족한 일입니다.

이제 듣건대 여러 장군이 군사를 일으켜서 그들의 땅으로 들어간다고 하는데, 신은 어리석으나 이 병사가 어떤 명칭의 군사인지를 모르겠습니다. 이제 변방에 있는 군(郡)은 곤란하고 궁핍하여, 아버지와 아들이 함께 개나 양의 가죽으로 만든 옷을 입고, 풀의 열매를 먹어서 늘 스스로 살아갈 수 없을까 두려워하는데, 병사를 움직이는 것은 곤란합니다.

'군사를 일으킨 다음에는 반드시 흉년이 온다.'[77]고 하였는데, 백성들이 근심하고 고통 받은 기운으로 음양의 조화를 다치게 한다는 말입니다. 출병하여 비록 승리한다고 하여도 오히려 후에 걱정거리가 있을 것인데, 아마도 재해라는 변고가 이로 인하여 발생할까 걱정입니다.

이제 군국(郡國)의 수상(守相)들은 대부분 알차게 뽑히지가 못하여서[78] 풍속은 더욱 야박해지고 수재와 한재가 때 없이 들고 있습니다. 살펴 보건대 금년에 자제가 부형을 죽이고, 처가 지아비를 죽인 사람이 무릇 222명이니, 신은 어리석지만 이것을 작은 변고가 아니라고 생각

므로 문장의 앞뒤로 보아서 긍(矜)으로 해석하였다.

77 노자(老子)의 《도덕경(道德經)》에 나오는 말이다.

78 그 직책을 충실히 수행하기에 적합하지 않다는 말이다.

합니다.

지금 좌우에 있는 사람들은 이를 걱정하지 아니하고, 마침내 병사를 발동하여서 멀리 있는 이적(夷狄)들에게 터럭 같은 분노를 갚으려고 하니, 아마도 공자가 말한바, '나는 계손(季孫)이 만든 근심과 걱정은 전유(顓臾)에 있지 아니하고, 소장(蕭牆) 안에 있을까 걱정한다.'[79]고 한 말에 해당합니다."

황상이 위상(魏相)의 말을 좇아 중지하고, 장라후(長羅侯) 상혜(常惠)를 파견하여 장액(張掖)과 주천(酒泉)에 있는 기병을 거느리고 차사로 가서 정길과 그의 관리와 병사들을 영접하여 거리로 돌아오게 하였다.

옛날에 차사의 태자였던 군숙(軍宿)이 언기(焉耆)에 있는 것을 불러 세워서 왕으로 삼고 차사국의 백성을 전부 거리로 옮겨서 살게 하니 드디어 차사의 옛 땅을 흉노에게 주었다. 정길을 위(衛)사마로 삼아서 선선(鄯善, 원래의 누란국, 羅布泊의 서쪽) 서쪽에 있는 남도를 보호하게 하였다.

6   위상(魏相)은 한의 고사(故事)와 편리하였던 장주(章奏)를 보기를 좋아하였는데, 자주 한이 일어난 이래의 국가에 편리하였던 행사와 현명한 신하인 가의(賈誼), 조조(鼂錯), 동중서(董仲舒) 등이 말하였던 것을 가닥을 잡아서 주청(奏請)하여 이를 시행하게 하였다.

위상은 연사(掾史)[80]들에게 일러서 군국(郡國)에서 일을 조사하고,

---

79 소장(蕭牆)은 대문 안쪽에 있는 바람막이와 외부의 사람이 안을 들여다보지 못하게 하려고 만든 작은 담장을 말한다. 공자는 그의 제자들에게 이처럼 말하였다. 즉 계손씨를 망하게 하는 것은 외국이 아니고 내부에 있는 사람이라는 뜻이다.

쉬고 있는 사람에게 이르러서도 집에서부터 부(府, 官府)로 오게 하여
번번이 사방에서 일어난 기이한 소식들을 말하게 하였다.〔그 가운데
는〕혹 역적과 풍우로 일어난 재난이나 변고가 있었는데, 군(郡)에서는
보고하지 아니하였으나, 위상이 번번이 이를 상주하여 말하였다. 어사
대부 병길(丙吉)과 같은 마음으로 정치를 보필하고 황상도 이를 중히
여겼다.

　병길은 사람됨이 깊고 중후하고, 잘한 일을 자랑하지 않았다. 황증손
[81]을 만나면서부터 병길[82]은 입을 다물고 전에 베푼 은혜(恩惠)를 말
하지 아니하니, 그러므로 조정에서는 그의 공로를 밝혀낼 수가 없었다.
마침 액정(掖庭)의 궁비(宮婢)인 칙(則)이 민간 지아비로 하여금 편지
를 올리게 하고 스스로 일찍이 아보(阿保)[83]의 공로가 있다고 진술하
자, 장주(章奏)가 액정령에게 내려져서 상고하고 묻게 되고, 칙의 말에
서 사자였던 병길(丙吉)이 그 상황을 알 것이라고 인용하였다.

　액정령이 칙을 데리고 어사부에 가서 병길을 만나 보게 하니, 병길
이 알고 칙에게 말하였다.

　"네가 일찍이 황증손을 무양(撫養)하는 것을 삼가지 못하였다는 문
제에 연루되었고, 감독하다가 너에게 태장을 때려서 벌주었는데, 네가

80　위상은 이때에 승상이었으므로 승상부 소속의 연사들을 말한다. 관부의 관
　　리 가운데하나인 연리(掾吏)를 말한다.

81　현재의 황제인 유병이가 어렸을 때의 일이다.

82　본문은 언(言)으로 되어 있지만 어떤 판본에는 길(吉)로 되어 있는 것도 있는
　　데 길(吉)로 보아 병길로 해석하는 것이 합리적으로 보인다.

83　조심하여 잘 키운다는 뜻이다. 여기에서는 현 황제가 어렸을 때 잘 키웠다는
　　의미이다.

어찌 공로가 있단 말이냐! 다만 위성(渭城, 陝西省 咸陽市)의 호조(胡組)와 회양(淮陽, 河南省 淮陽縣)의 곽징경(郭徵卿)이 황증손을 양육하는 은혜를 베풀었을 뿐이다."

따로 호조 등이 함께 무양하며 수고하였던 상황을 상주하였다.

병길에게 조서를 내려서 호조와 곽징경을 찾도록 하였는데, 이미 죽었고 자손이 있어서 모두 후한 상을 내렸다. 조서를 내려서 칙에게는 노비를 면하여 서인으로 삼고, 전(錢) 10만을 하사하였다. 황상이 친히 만나보고 물어본 다음에 병길이 옛날에 은혜를 베푼 일이 있는데 끝내 말을 하지 아니한 것을 알고, 황상은 그를 크게 현명하다고 하였다.

7   황제는 소망지(蕭望之)가 경전에 밝고, 진중하며 의론하면서도 여유가 있어서, 그 재목으로는 재상을 맡을 만하여 그의 정사를 자세히 시험하고자 하고서 다시 좌풍익(左馮翊, 東部 長安)으로 삼았다. 소망지는 소부(少府)에서 나와서 좌천되었으니, 아마도 뜻에 합당하지 않은 것이 있었을까 두려워서 바로 편지로 병이 있다고 하였다.

황상은 이 소식을 듣고, 시중인 성도후(成都侯) 금안상(金安上)으로 하여금 뜻을 넌지시 말하게 하였다.

"쓰고자 하는 것은 모두 바꾸어서 백성을 다스리도록 하여 공적을 살펴보고자 함이다. 그대는 전에 평원(平原, 산동성 평원현) 태수가 되었으나 날짜가 아주 짧았으니, 그런 고로 이를 다시 삼보(三輔)에서 시험해 보고자 하는 것이니, 들은 바[84]가 있었던 것은 아니다."

---

84 소망지의 실수나 단점을 들은 것을 말한다. 관리의 실수를 들고서 좌천시키는 경우를 상정한 것이다.

소망지는 바로 일어나서 사무를 보았다.

8 애초에, 액정령 장하(張賀)는 자주 동생인 거기장군 장안세(張安世)에게 황증손은 재능이 아름답고 기이한 징조가 있다고 칭찬하니, 장안세가 번번이 끊어버리고 중지시켰는데, 젊은 주군[소제]이 위에 있어서 황증손을 칭찬하여 말하는 것이 마땅하지 않아서였다.

황제가 즉위하자 장하가 이미 죽었으니, 황상이 장안세에게 말하였다.

"액정령은 평생 동안 나를 칭찬하였고, 장군은 이를 중지시켰다는데, 옳은 일이오."

황상은 장하의 은혜를 추모하여 그를 은덕후(恩德侯)에 추봉(追封)하고 수총(守冢) 200호(戶)를 두었다.[85]

장하에게는 아들이 있었는데, 일찍 죽어서 장안세의 작은아들인 장팽조(張彭祖)를 아들로 하게 하였다. 장팽조 또한 어려서 황상과 같은 자리에서 공부를 하였으므로 그를 책봉하고자 하여 먼저 관내후(關內侯)[86]를 하사하였다.

장안세는 장하에게 추봉한 것을 깊이 사양하고, 또한 수총(守冢)하는 호수(戶數)도 점차로 줄여서 30호(戶)로 해달라고 청하였다. 황상이 말하였다.

---

85 추봉이란 죽은 다음에 작위를 주는 것을 말하며, 수총이란 무덤을 관리하는 것을 말한다. 여기의 200호에서 나오는 조부(租賦)로 무덤을 지키는 경비로 쓰게 한 것을 말한다.

86 후작에게는 식읍이 주어지지만 관내후는 명목상으로는 후작이기는 하지만 식읍이 주어지지 않는다.

"내가 스스로 액정령을 위하여 하는 것이지, 장군을 위하여서 하는 것이 아니요."

장안세가 마침내 중지하고 감히 다시는 말을 하지 아니하였다.

9   황상은 마음속으로 옛날에 창읍왕(昌邑王)이었던 유하(劉賀)를 꺼려서[87] 산양(山陽, 山東省 金鄕縣) 태수 장창(張敞)에게 새서(璽書)를 하사하여 삼가서 도적을 대비하게 하면서 왕래하는 사람과 지나가는 빈객들을 살피게 하고 하사한 새서를 내려 보내지 말게 하였다.[88]

장창은 이에 유하가 거처하는 상황과 그가 폐망한 다음의 정황을 조목조목 밝혀서 상주하였다.

"옛날 창읍왕의 사람됨은 푸르고 검으며, 작은 눈에 코끝이 날카롭고 낮으며, 눈썹은 적고 몸은 크고 키가 크며, 중풍을 만나서 행보가 불편합니다. 신 장창이 일찍이 그와 더불어 이야기를 하면서 그 뜻을 움직여 살펴보려고 하여서 바로 악명이 높은 새를 가지고 느끼도록 하였습니다.

그래서 말하였습니다. '창읍(昌邑)에는 올빼미[梟][89]가 많지요?' 창읍왕이 응답하였습니다. '그렇소. 전에 나 유하가 서쪽으로 가서 장안에 갔는데, 특히 올빼미가 없었으며, 다시 와서 동쪽으로 가서 제양(濟陽, 河南省 蘭封縣)에 가보니 마침내 다시 올빼미의 소리를 들을 수 있

---

87 이때는 창읍왕이 황제에서 폐위된 후 11년이 되는 시점이었다. 창읍은 봉국이 철폐되어 산양군으로 하였으므로 이곳을 다스리는 사람은 태수였다.

88 이는 유하를 감독하게 한 조치이며, 새서는 황제의 인새가 찍힌 편지이며 이것을 아랫사람에게 내려 보내서 밖으로 드러나지 않게 하라는 뜻이다.

89 전설 속에 이 효(梟)라는 새는 큰 다음에 자기 어미를 잡아먹는다고 되어 있다.

었소.'

옛 왕(王, 창읍왕)의 의복과 언어, 앉았다 일어났다 하는 모습을 살펴 보니 청광(淸狂)⁹⁰하여 혜택이 없었습니다. 신 장창이 앞으로 나아가 서 말하였습니다. '애왕(哀王)⁹¹의 가무자(歌舞者)였던 장수(張修) 등 10여 명은 아들이 없어서 남아서 애왕의 묘원(墓園)을 지키고 있는데, 청컨대 철수시켜서 집으로 돌려보내시지요.'

옛 왕은 이 말을 듣고 말하였습니다. '중인(中人)들이 묘원을 지키면 서 병든 자가 있어도 당연히 치료하지 말고, 서로 죽이거나 다치게 하 여도 마땅히 법으로 다스리지도 말게 하여 빨리 죽게 하고 싶소. 태수 는 어찌하여 그들을 철수시키고 싶어 하시오?'그의 천성은 혼란이 일 어나서 망하는 것을 좋아하니 끝내는 인의를 찾아보지 못하는 것이 이 와 같습니다."

황상은 마침내 유하는 꺼리기에는 부족하다는 것을 알았다.

선제 원강 3년(戊午, 기원전 63년)

1 봄, 3월에 조서를 내려서 옛 창읍왕인 유하를 책봉하여 해혼후(海 昏侯)로 하였다.

---

90 미치지는 않았으나 미친 것 같은 것을 말하기도 하고, 마음에 지혜롭지 못한 것을 말하여 백치와 같고, 득실을 판단하지 못하는 상태를 말하기도 한다.
91 창읍왕이었던 유하의 아버지인 유박(劉髆)을 말한다.

2　　을미일(2일)에 조서를 내려서 말하였다.

"짐이 미천하였을 때에 어사대부 병길(丙吉)·중랑장 사증(史曾)·사현(史玄)·장락궁(長樂宮)의 위위(衛尉)인 허순(許舜)·시중인 광록대부(光祿大夫)인 허연수(許延壽)가 모두 옛날에 짐에게 은혜를 주었고, 옛날의 액정령 장하의 경우에 이르러서는 짐의 몸을 보도(輔導)하여 문학과 경술을 닦게 하였으니 은혜가 뛰어났고, 그 공로가 아주 많다.

《시경(詩經)》에 말하지 아니하였는가? '보답하지 않을 덕(德)은 없다.' 장하가 아들로 삼은 동생의 아들이자 시중이며 중랑장인 장팽조를 양도후(陽都侯)로 삼고 장하에게 추후의 시호를 내려서 양도애후(陽都哀侯)로 하며, 병길을 박양후(博陽侯)로 하고, 사증(史曾)을 장릉후(將陵侯)로 하고, 사현(史玄)을 평대후(平臺侯)로 하고, 허순(許舜)을 박망후(博望侯)로 하고, 허연수(許延壽)를 낙성후(樂成侯)로 삼는다."

장하에게는 아버지가 일찍 죽은 손자 장패(張霸)가 있어서 나이가 일곱 살이었는데, 그를 산기(散騎)·중랑장(中郎將)으로 삼고 관내후(關內侯)로 작위를 하사하였다. 옛날에 관계를 맺었던 사람 가운데에서 내려가 군저옥(郡邸獄)[92]에서 복작(復作)[93]하였던 사람에 이르기까지 일찍이 아보(阿保)의 공로가 있는 사람들은 모두 관록(官祿), 전택(田宅), 재물(財物)을 받았는데, 각기 은혜를 베푼 것이 깊고 얕은 것에 따라서 이를 보답하였다.

병길(丙吉)이 봉작을 받게 되었는데 병이 들어 있어서 황상은 그가 일어나지 못할까 걱정하여 장차 사람들로 하여금 그에게 가서 인수(印

---

92 종친부에 있는 감옥이다.

93 진한시대에 죄를 범하여 강제 노역을 하게 하였던 일종의 형벌이다.

綏)를 주어 그를 책봉하도록 하여 그가 생존할 때에 이르게 되도록 하였다.

태자태부 하후승(夏侯勝)이 말하였다.

"이 사람은 아직 죽지는 않을 것입니다. 신이 듣건대, 음덕(陰德)을 가진 사람은 반드시 그 즐거움을 누리고, 자손에게도 이를 것이라고 하였습니다. 이제 병길은 아직 보답을 받지 않았으니 그가 죽을병은 아닐 것입니다."

후에 병은 과연 쾌유되었다.

장안세는 스스로 부자(父子)가 후작으로 책봉되었고, 지위가 대단히 왕성하여서 마침내 녹질을 사양하니, 조서를 내려서 도내(都內)[94]에 별도로 장씨의 무명전(無名錢)을 쌓아두게 하였는데, 백만을 헤아렸다. 장안세는 근신하는 것이 용의주도(用意周到)하여 매번 커다란 정치를 결정하는데 이미 확정을 하고서 번번이 병이 들었다고 하면서 자리를 옮겨서 나갔다.

조령을 내렸다[95]는 소식을 듣고는 마침내 놀라서 관리[吏]로 하여금 승상부에 가서 묻게 하였다. 조정 대신(大臣)들로부터 그가 함께 의논에 참여하였었는지를 모르게 하였다. 일찍이 추천한 바가 있었고, 그 사람이 와서 사의(謝意)를 표하면 장안세는 몹시 한(恨)스럽게 여겼다.

"현명한 사람을 천거하여 능력을 발휘할 수 있게 한 것인데, 어찌 사사롭게 사의를 표한단 말인가!"

---

94 〈백관표〉에 의거하면 대사농의 관속으로 도내령이 있었는데, 이는 저장하는 일을 주관하는 관직이다.

95 스스로 정치적 사건을 결정한 것이 조령을 통하여 발표되는 것을 말한다.

절대로 다시는 왕래하지 아니하였다.

어떤 낭관(郎官)이 공로가 높은데, 이것이 뽑혀지지 않자 스스로 장안세에게 말하니, 장안세는 응답하였다.

"그대의 공로가 높다는 것은 밝으신 군주께서 알 터인데, 신하가 된 사람이 일을 하고서 어찌하여 그 장단점을 스스로 말한단 말인가?"

절대로 허락하지 아니하였다. 이미 그리하였는데, 낭관(郎官)은 과연 승진하였다.

장안세는 스스로 부자(父子)가 존귀하여 드러나게 된 것을 보고는 스스로 편안하지 못한 생각을 품고서 아들 장연수(張延壽)를 위하여 외직(外職)으로 보임되기를 청구하였고, 황상은 북지(北地, 감숙성 寧縣) 태수로 삼았는데, 1년여 만에 황상은 장안세가 나이가 많음을 민망하게 여겨서 다시 장연수를 불러서 좌조(左曹)·태복(太僕)으로 삼았다.

소광 부자와 황패, 강족의 처리

3 　여름, 4월 병자일(14일)에 황제의 아들인 유흠(劉欽)을 세워서 회양왕(淮陽王)으로 삼았다. 황태자(皇太子, 劉奭)의 나이는 열두 살이었는데,《논어(論語)》와《효경(孝經)》에 능통하였다.

태부(太傅) 소광(疏廣)이 소부(少傅) 소수(疏受)에게 말하였다.

"내가 들건대 '만족할 줄 알면 욕된 일이 없을 것이고, 멈출 줄 알면 위태로워지지 않는다.'[96]고 하였으니, 이제 벼슬살이를 하여 이천석에 이르렀고, 관직도 높아졌고 명성도 이룩하였는데, 이와 같아도 물러가지 않으면 후회함이 있을까 걱정이다."

그날로 부자(父子, 소광과 소수)가 함께 병이 들었다고 상소하여 해골(骸骨)[97]하기를 빌었다. 황상은 모두 이를 허락하고 황금 20근을 덧붙여 하사하고 또 황태자도 50근을 증정하였다. 공경(公卿)과 옛 친구들이 동도문(東都門)의 밖에서 조도(祖道)[98]를 진설하고 함께 벌려 섰는

---

96 이 말은《노자(老子)》에 나온다.

97 해골은 원래 죽은 사람을 말하는 것인데, 관직에서 물러나는 것도 해골이라고 한다. 옛날에 관직에 있는 사람은 임금에게 소속되었다고 생각하기 때문이다.

데, 환송하는 수레는 수백 량이었다. 도로에서 이 광경을 보는 사람들
은 모두 말하였다.

"현명(賢明)하구나! 두 대부(大夫)여!"

혹 탄식하면서 그를 위하여 눈물을 흘렸다.

소광과 소수가 향리로 돌아와서, 매일 그 집의 사람들로 하여금 금
을 팔아서 갖추어 제공하면서 친족 사람들과 옛날 친구, 빈객을 초청하
여 더불어 서로 즐겼다.

어떤 사람이 소광에게 그 황금을 자손들을 위하여 자못 산업(産業)
을 일으켜 두라고 권고하였더니, 소광이 말하였다.

"내가 어찌 늙어서 어지럽다한들 자손을 생각하지 않겠는가? 생각
해 보건대 나 스스로 예전에 갖고 있던 밭과 여막(廬幕)이 있으니, 자손
들로 하여금 그 속에서 부지런히 힘을 쏟게 한다면 의식문제는 충분히
제공해 줄 것이어서, 보통사람들과 비슷할 것이다.

이제 다시 이를 늘리고 더 보태어 여유가 있게 한다면 다만 자손을
나태하고 타락하도록 가르칠 뿐이다. 똑똑하고 재물이 많으면 그들의
뜻[志]에 손해를 끼칠 것이고, 우둔한데 재산을 많이 갖게 되면 그들의
허물만 더 늘릴 것이다.

또 무릇 부(富)라는 것은 많은 사람의 원망이 되는 것인데, 나는 이
미 자손을 잘 교화시키지 못하였으니, 그 허물을 더 늘려 원망이 생기
게 하고 싶지가 않다. 또 이 황금은 성스러운 군주가 이 늙은 신하에게
은혜로 무양(撫養)하기 위하여 하사한 것이니, 그러므로 즐겨 향당과
종족과 더불어 그 하사하신 것을 함께 향유하면서 나의 여생을 다하려

---

98 길 떠나는 사람을 위하여 그 평안을 비는 제사를 말한다.

고 하는데, 이 또한 옳지 않소?"

이에 친족 되는 사람들이 기뻐하며 감복하였다.

4　　영천(潁川, 河南省 禹縣) 태수 황패(黃霸)가 우정(郵亭)과 향관(鄉官)[99]들로 하여금 모두 닭과 돼지를 기르게 하여서 홀아비와 과부, 가난한 사람들에게 보태어 주게 하였고, 그런 다음에 조교(條敎)를 만들어서 '부로(父老)'·'사수(師帥)'·'오장(伍長)' 등을 두고 민간에서 이러한 일을 나누어 시행하고, 선(善)한 일을 위하여 간사함을 방지하고자 하는 뜻을 가지고 권고하며, 농경과 양잠(養蠶)·절약과 재산의 증식·나무심기·가축 기르기·헛되고 음란한 일에 쓰는 돈을 없애기에 힘쓰기에 이르게 하였다.

그가 다스리는 것은 쌀이나 소금처럼 조밀(稠密)하여 처음에는 번쇄(煩碎)한 것 같았지만 그러나, 황패는 정력적으로 이러한 일을 추진하여 시행할 수 있었다. 이민(吏民)들로 만나본 사람이 말의 순서를 잘 잡아내서 그 속에 감추어진 생각을 묻고 서로 참고(參考)하며, 총명하여 사실을 잘 알아내어 이민들은 나온 곳을 몰라서 모두 그를 귀신(鬼神)처럼 밝다고 하고, 조금이라도 감히 속이는 바를 갖지 못하였다.

---

99 우정은 역참의 숙소를 관장하는 직책이다. 향관은 향(鄉)의 치소가 있는 곳이다. 한(漢)대에는 5가(家)를 오(伍)로 하고 오장(伍長)이 이를 주관하게 하며, 두 개의 오를 십(什)이라 하고 십장(什長)이 이를 주관하며, 열 개의 십(什)을 이(里)로 하고 이괴(里魁)가 이를 주관하게 하며, 10리를 정(亭)으로 하고 정장(亭長)이 이를 주관하며, 10개의 정을 향(鄉)이라 하는데, 향에는 향좌(鄉佐)와 삼로(三老), 유질(有秩), 색부(嗇夫), 유요(游徼)를 각기 한 명씩 두는데, 향좌와 유질은 부세(賦稅)를 주관하며, 삼로는 교화를 담당하고, 색부는 쟁송(爭訟)을 담당하고, 유요는 간비(姦非)를 담당하였다.

간사한 사람들은 떠나서 다른 군(郡)으로 들어가니, 도적이 날로 줄어들었다. 황패는 힘써 교화를 시행한 다음에 죽이거나 벌을 주었는데, 장리(長吏)¹⁰⁰들을 전부 편안하게 일을 성취하는데 있었다. 허(許, 하남성 許昌市)의 현승(縣丞)¹⁰¹은 늙고 병들고 귀머거리였는데, 독우(督郵)¹⁰²가 보고하여 그를 쫓아내고자 하였다.

황패가 말하였다.

"허승(許丞, 허현의 현승)은 청렴한 관리인데, 비록 늙었다고 하더라도 오히려 절하고 일어나며 보내고 영접할 수 있어서 바로 자못 듣는 것이 무겁다고 하여도 무슨 손해될 것이 있겠소? 또 잘 그를 도와주어서 현명(賢明)한 사람의 뜻을 잃지 않도록 하여주시오."

어떤 사람이 그 연고를 묻자 황패가 말하였다.

"자주 장리(長吏)를 바꾸면 옛 사람을 보내고 새로운 사람을 맞이하는 비용이 들고, 간사한 관리[吏]가 인연을 맺게 되어 장부를 중간에서 끊어 버리거나 재물을 도적질하게 되어서 공사(公私) 간에 소모되는 비용이 아주 많이 드는데 모두 백성들에게서 나와야 하는 것이오.

바뀐 새 관리가 또한 반드시 현명(賢明)한 것은 아닐 것이니, 혹 그 옛날 사람과 같지 아니하면 헛되이 서로 혼란만 더할 것이오. 무릇 다스리는 도(道)란 아주 심한 사람만 제거할 뿐이오."

황패는 겉으로는 관대하였으나 안으로는 분명히 알고 있어서 이민(吏民)들의 마음을 얻으니, 호구는 매해 증가하였고 치적(治積)은 천하

---

100 장급(長級) 관리를 말한다.
101 현승은 현령(縣令) 밑에서 행정사무를 집행하는 관직이다.
102 시찰관을 말한다.

제일이어서 징소되어 수경조윤(守京兆尹)[103]이 되었다.

조금 뒤에 법에 연좌되어 녹질(祿秩)까지 깎였지만 조서를 내려서 다시 영천(潁川)에 돌려보내서 태수로 삼고 800석(石)의 녹봉으로 있게 하였다.[104]

선제 원강 4년(己未, 기원전 62년)

1   봄, 정월에 조서를 내렸다.

"나이가 여든 살 이상의 사람은 무고(誣告)하거나 사람을 죽이거나 다치게 한 죄가 아니고서는 다른 것은 모두 연좌시키지 마라."

2   우부풍(右扶風) 윤옹귀(尹翁歸)가 죽었는데, 집에는 다른 재산을 갖고 있지 아니하였다. 가을, 8월에 조서를 내려서 말하였다.

"윤옹귀는 청렴하고 공평한 향정(鄕正)[105]이어서 백성들을 다스린 것이 뛰어나다. 그러니 윤옹귀의 아들에게 황금 100근을 하사하여 제사를 지내게 하라."

---

103 수직(守職)이다. 관리를 처음 임명하여 1년간 시보(試補)로 근무하게 하는 직책이며, 이를 잘할 경우에 정식의 관직을 받게 된다. 여기서는 경조윤의 직책의 수직을 받은 것이다.

104 원래 군의 태수는 녹봉이 2천 석이었지만 벌로 800석만 받게 한 것이다.

105 향정이란 어떤 곳에서는 향장(鄕長)이라고도 하는데, 《춘추좌전(春秋左傳)》의 양공(襄公) 9년조를 보면 두예(杜預)와 주우증(朱右曾)이 모두 향정은 향대부(鄕大夫)라고 주석을 달았다.

3   황상이 유사(有司)로 하여금 고조(高祖)의 공신들의 자손으로 후작(侯爵)을 잃은 사람을 찾아보게 하니, 괴리(槐里, 陝西省 興平縣)의 공승(公乘)[106]인 주광한(周廣漢) 등 136명을 찾았는데, 모두에게 황금 20근씩을 하사하고, 그 집안의 전부(田賦)와 부세(賦稅)를 면제하여 제사를 지내게 하고, 세세토록 끊어지지 않게 하였다.

4   병인일(11일)에 부평경후(富平敬侯) 장안세(張安世)[107]가 죽었다.

5   애초에, 부양절후(扶陽節侯) 위현(韋賢)이 죽었는데, 맏아들인 위홍(韋弘)이 죄를 지어 감옥에 갇혀있으니,[108] 그 집안사람들이 위현의 명령[109]을 고쳐서 둘째아들인 대하(大河, 山東省 東平縣) 도위(都尉) 위현성(韋玄成)을 후사로 삼았다.

위현성은 그것이 위현의 좋은 뜻이 아니라는 것을 깊이 알고서 바로 겉으로 병들어 미친 것처럼 하며 드러누워서 대소변을 보고, 망령되게 웃고 말하며 혼란한 짓을 하였다. 이미 장례를 치르고 나니 마땅히 작위를 세습하여야 하나, 미친 짓으로 부름에 응하지 아니하였다. 대홍려(大鴻臚)[110]에서 상황을 상주하니, 장주(章奏)를 승상과 어사에게 내려

---

106 공승은 8급의 작위로 공공의 수레를 탈 수 있는 자격을 가졌다는 의미이다.

107 장안세는 부평후였는데, 죽은 다음에 시호를 경후로 한 것이다.

108 위현은 부양후였는데, 죽은 다음에 시호를 절후라 하였으며, 그에게는 4명의 아들이 있었다. 맏아들인 위고산(韋高山)은 일찍 죽었고, 둘째는 위홍(韋弘)으로 동해 태수이고, 셋째 위순(韋舜)은 집에 있었고, 넷째가 위현성(韋玄成)이다. 이 사람은 후에 재상이 되었다.

109 위현이 죽으면서 자손들에게 내린 명령이므로 유언이다.

보내어 사실을 조사하게 하였다.

이 사건을 조사한 승상사(丞相史)가 마침내 위현성에게 편지를 보내서 말하였다.

"옛날에는 사양하면서 반드시 글과 의미를 가져서 볼 만한 것이 있었으니 그러므로 후세에 영광으로 드리워졌소. 지금 그대는 다만 용모를 깨뜨리고 치욕을 당하면서 미친 짓을 하니, 광채는 어두워서 드러나지 아니하고, 그대가 명성을 기탁하고자 하는 것은 미미하오!

저는 평소에 아둔하고 허물이 있는 승상부(丞相府)의 집사이지만 바라건대 풍문(風聞)을 좀 적게 듣게 하시오. 그렇지 아니하면 아마도 그대의 높은 명성은 상하게 되고, 나는 소인이 될까 걱정입니다."[111]

위현성의 친구이며 시랑(侍郞) 장(章)이 또한 상소를 올려서 말하였다.

"성왕(聖王)께서는 예(禮)와 겸양으로 나라를 다스리는 것을 귀히 생각하시는데, 마땅히 위현성을 우대하여 길러 주시고, 그의 뜻을 굽히게 하지 마셔서 스스로 형문(衡門)[112]의 아래에서 편안하게 살도록 하여주십시오."

승상과 어사는 드디어 위현성이 실제로 병이 들지 아니하였음으로 탄핵하기를 상주하였지만 조서를 내려서 탄핵하지 말고 그를 인도하여 받아들이게 하였더니, 위현성도 부득이하여 작위를 받았다. 황제는 그의 절개를 높이 보고 위현성을 하남(河南, 河南省 洛陽市) 태수로 삼았다.

---

110 번속 사무를 관장하는 기관이다.

111 거짓으로 미친 척 하고 있는 것을 알고 있으므로 체포하겠다는 뜻이다. 자기가 위현성을 체포하여 할 수 없이 소인이란 말을 듣게 될 것이라는 말이다.

112 문 위에 가로로 나무를 하나를 얹어 놓는데 이는 가난한 사람들이 사는 집을 의미한다.

6 차사왕 오귀(烏貴)가 오손(烏孫)으로 도망하였는데, 오손에서 머물게 하면서 보내지 않았다.[113] 한에서 사자를 파견하여 오손을 책망하니 오손에서 오귀를 송환하여 대궐까지 오게 하였다.

7 애초에, 무제가 하서(河西)의 네 군[114]을 개척하면서 강족(羌族)과 흉노가 서로 왕래하는 길 사이를 떼어 끊어서 여러 강족을 쫓아버려 황중(湟中)[115]의 땅에서는 살지를 못하게 하였다.

황제[선제]가 즉위하게 되자 광록대부(光祿大夫)인 의거안국(義渠安國)[116]이 여러 강족들에게 사신으로 갔는데, 선령(先零)[117]의 호족이 말하였다.

"바라건대 때때로 황수(湟水)를 건너 북쪽으로 가서 백성들을 쫓아서 경작을 하지 않는 곳에서 목축을 하고 싶습니다."

의거안국이 보고하였다.[118]

---

113 이것은 선제 지절 3년(기원전 67년)에 일어난 사건이다.

114 하서주랑에 있는 주천(酒泉)·장액(張掖)·돈황(敦煌)·무위군(武威郡)을 말한다.

115 황수(湟水)는 청해성 동북부에서 중요한 하천 가운데 하나인데, 이 하천은 청해호의 서북쪽에서 발원하여 서남쪽으로 흐르기 때문에 서녕하라고도 부른다. 이 하천은 감숙성으로 들어갔다가 황하로 유입된다. 황중이란 황수 유역을 말하는 것으로 청해호에서 황하와 황수가 만나는 곳까지는 약 4만㎢로 토지가 비옥하여 계속 강족들이 거주하였고, 서강의 여러 부락들이 이미 고토에서 축출되어 청해호의 서쪽으로 옮겨 살게 되었으므로 그들의 생활이 곤란하였다.

116 성이 의거이다. 전국시대에 서강(西羌)에 의거군(義渠君)이 있었는데, 진(秦)에게 멸망하였지만 그 후손들은 의거를 성으로 삼았다.

117 강인(羌人)들의 부락 가운데 하나이다.

후(後)장군 조충국(趙充國)이 의거안국을 사신으로서 불경한 일을 하였다고 탄핵하였다. 이 이후로 강족(羌族) 사람들은 앞에서 한 말에 의거하여 저항하여 무릅쓰고 황수를 건너오니, 군현(郡縣)에서는 이를 금지시킬 수가 없었다.

이미 그리하고서 선령(先零)과 여러 강족의 호족 200여 명이 원한관계를 해소하고 인질을 교환하면서 맹약을 하니, 황상은 이 소식을 듣고 조충국에게 물었고, 대답하였다.

"강인(羌人)들이 쉽게 제어될 수 있었던 까닭은 그 종족은 각기 스스로 호걸을 가지고 있다고 생각하고 자주 서로 공격하여 그 세력이 하나가 아니었기 때문입니다.

과거 30여 년 동안 서강(西羌)이 반란을 할 때에도 또 먼저 서로의 원한을 해소하고 합하고 약속하여 영거(令居, 甘肅省 番縣)를 공격하고 한(漢)과 서로 대치하기를 5~6년이 되어서야 마침내 평정되었습니다.[119] 흉노들은 자주 강인들을 유혹하여 그들과 더불어 장액(張掖)과 주천(酒泉)의 땅을 공격하고, 강인들로 하여금 그곳에 살게 하려고 하였습니다.

최근에 흉노는 서방에서 곤란하게 되자,[120] 그들이 다시 사자를 파견하여 강인들이 사는 곳에 가서 더불어 서로 연결될까 의심이 됩니다.

---

118 호삼성의 주석을 보면, 의거안국은 강족들이 흉노와 연합하여 노략질하려는 것인데 이 사정을 알지 못하고 그들의 말을 수용하였다고 하였다. 그러므로 그들의 말을 수용하고 이를 보고한 것이다.

119 한 무제 원정 5년(기원전 112년)에 서강의 10만 군이 공격해 왔다. 다음 해인 원정 6년(기원전 111년)에 바로 평정하였으므로 이 당시로서는 50년 전의 일이다. 그러므로 조충국의 이러한 말은 정확하지 않은 말이다.

신은 강인들의 변란은 여기에 머물지 않고 또 다시 다른 족속들과 연맹할까 걱정이니, 마땅히 아직 그렇게 되지 않았을 때에 이를 대비하여야 합니다."

그 후로 몇 달이 지나서 강후(羌侯) 낭하(狼何)[121]가 과연 사자를 파견하여 흉노에 이르러 병사를 빌려서 선선(鄯善, 원래는 누란국)과 돈황(敦煌)을 공격하여 한으로 통하는 길을 끊고자 하였다.

조충국은 생각하였다.

"낭하의 세력은 독립적으로 이러한 계책을 만들 수는 없었을 것이니, 흉노의 사자가 이미 강인들이 사는 곳에 이르러서 선령·한(罕)·견(幵)[122]이 마침내 원한을 해소하고 약속을 맺었을까 의심합니다.

가을이 되어 말이 살찌면 변란은 반드시 일어날 것입니다. 마땅히 사자를 변방의 병사들을 둘러보게 하여 미리 준비하게 칙령을 내리고, 여러 강인들을 살펴서 원한을 해소시키지 못하게 하여 그들의 모의가 발각되게 하여야 하겠습니다."

이에 양부(兩府, 丞相府와 御史府)에서는 다시 보고하여 의거안국을 파견하여 여러 강인들을 살펴보도록 하며 그 선악(善惡)을 분별하도록 하였다.

8   이때에 매년 풍년이 들어서, 곡식은 1석(石)에 5전(錢)이었다.*

---

120 선제 본시 3년(기원전 71년)에 오손왕국에게 격파되었다.

121 강후란 강족으로 후작인 사람을 말하며, 하서주랑(감숙성 돈황현의 양관 서남쪽)에 머물러 살고 있는 소월지의 우두머리로 보인다.

122 한(罕)과 견(幵)은 모두 강족(羌族)의 별종이다.

한기18

완전히 성공한 흉노 정책

선제 신작 원년(庚申, 기원전 61년)

1 봄, 정월에 황상이 처음으로 감천(甘泉, 甘泉宮, 陝西省 淳化縣)에
행차하여 태치(泰畤)에서 제사를 지냈고, 3월에 하동(河東, 山西省 夏
縣)에 행차하여 후토(后土)[1]에게 제사를 지냈다.

황상은 자못 무제의 고사(故事)를 익혀서 삼가서 재계(齋戒)하고 제
사 지내는 예(禮)를 시행하고, 방사들의 말에 따라서 신선들의 사당을
늘려 두었는데, 익주(益州, 雲南省 晉寧縣)에는 금마(金馬)와 벽계(碧
鷄)의 신이 있는데 초제(醮祭)[2]에 모셔올 수 있다는 소식을 들으니, 이
에 간대부(諫大夫)인 촉군(蜀郡, 四川省 成都市)의 왕포(王褒)를 파견하
여 부절(符節)을 가지고 가서 그것을 찾게 하였다.

애초에, 황상은 왕포에게 뛰어난 재주가 있다는 말을 듣고서 불러서

─────────

1 태치는 천신에게 제사를 지내는 곳이고, 후토는 토지신을 말한다.
2 금마는 금으로 만든 말이고, 벽계는 푸른색을 띤 닭의 신이 있다고 민간에서
   전해지고 있었는데, 초제는 성신(星辰)에게 지내는 제사를 말한다.

보고, 〈성주득현신송(聖主得賢臣頌)〉[3]을 만들게 하였다. 그 말에서 말하였다.

"무릇 현명한 사람은 국가에서 쓰일 그릇입니다. 맡은 사람이 현명하면 일을 취(取)하고 덜어내는 것을 줄여도 공로는 넓게 퍼질 것이며, 쓰이는 그릇이 날카롭다면 쓰는 힘이 적어도 효과는 클 것입니다. 그러므로 공인(工人)이 무딘 도구를 쓰게 되면 근육은 수고롭고 뼈마디는 아프며 종일토록 수고를 할 것이지만, 교묘한 것이 '간장(干將)'[4]을 벼리고 주조할 정도에 이르게 되면 이루(離婁)로 하여금 먹줄을 잘 치는지 감독하게 하고, 공수(公輸)[5]가 먹줄대로 깎기에 이르게 되어 비록 높은 대(臺)가 5층이고, 가로세로가 100장(丈)이어도 어그러짐이 없는 것은 공인(工人)과 용구(用具)가 서로 적당하여서입니다.

어리석은 사람이 열등(劣等)한 말을 몰면 또한 말의 입은 상처를 입고 채찍이 해진다고 하여도 앞으로 나아가지 못하지만, 설슬(齧膝)에 안장을 올리고 승단(乘旦)을 곁말로 두고서 왕량(王良)[6]이 채찍을 잡고 한애(韓哀)[7]가 수레를 붙이기에 이르면, 8극(極)[8]을 두루 다녀도

---

3 성스러운 임금이 똑똑한 신하를 얻은 것을 칭송하는 글이라는 뜻이다.

4 역사상 잘 알려진 보검(寶劍)이다. 이 칼은 춘추시대의 오 사람인 간장이 만들었다는 것인데, 이 보검으로 쇠를 자르면 마치 진흙을 자르는 것 같고, 예리하기가 비길 데 없었다.

5 이루(離婁)는 황제(黃帝)시대에 눈으로 정확히 측량할 수 있었던 사람이고, 공수(公輸)는 춘추시대의 노(魯)의 저명한 목공이다.

6 설슬(齧膝)이란 말은 머리가 무릎에 닿는다는 말로 좋은 말의 이름이며, 승단(乘旦)은 승차(乘且) 또는 승장(乘駔)이라고도 하는데 준마(駿馬)로 곁에 있는 말이다. 은 승차 왕량(王良)은 춘추시대의 유명한 말몰이꾼이다.

7 전해지고 있는 고대 말을 어거하는 기술을 발명한 사람이다.

1만 리를 한숨에 달릴 것인데, 얼마나 그것이 멀리 가겠습니까? 사람과 말이 서로 상득(相得)[9]한 것입니다.

그러므로 삼베와 갈포로 만든 시원한 것을 입은 사람은 무더운 여름의 답답한 더위에 고생스러워 하지 아니하고, 따뜻한 초호(貂狐)[10]로 만든 것을 입은 사람은 아주 추운 계절의 추위가 닥치는 것을 걱정하지 않습니다. 왜 그러합니까? 그 도구를 가진 사람은 그것에 대비하기 쉬운 것입니다.

현명한 사람과 군자 역시 성스러운 왕이 해내(海內)를 쉽게 다스리게 하기 위한 것입니다. 옛날에 주공(周公)은 몸소 토착(吐捉)의 수고[11]를 하였으니, 그러므로 감옥이 텅 비어버리는 융성함을 갖게 되었고, 제(齊) 환공(桓公)은 정원에 불을 밝혀 두는 예(禮)를 행하였으니, 그러므로 널리 합치는 공로를 이룩하였습니다.[12]

8　사면팔방의 끝을 말하는 것으로 온 세상을 의미한다.

9　서로 가장 적합한 상태로 만난 경우를 말한다.

10　초(貂)는 돈피로 검고 누런 색깔의 털을 가졌으며, 호(狐)는 여우이니, 초호란 아주 좋은 털옷을 말한다.

11　토(吐)는 밥을 토한다는 말이고, 착(捉)은 묶는다는 말로, 이는 주공이 한 그릇의 밥을 먹다가 손님이 오면 입에 넣었던 음식을 세 번 뱉고 만났으며, 머리를 감다가도 손님을 만나려고 머리 감는 것을 중지하고 세 번이나 머리를 묶었다는 고사를 말하는 것이다.

12　제의 환공이 송(宋)을 공격할 때에 길에서 영척(寧拓)을 만났는데, 이야기를 해보고 대단히 흠모하고 공경하게 되었다. 그날 밤에 제 환공은 정원에 불을 밝히고 그에게 관작을 주려 하였다. 이에 한 환관이 말하였다. '왜 먼저 사방으로 사람을 보내서 조사해 보지 않으십니까? 조사해 본 다음에 과연 그가 현명하고 능력이 있다면 그때에 봉작하여도 늦지 않을 것입니다. 그렇지 않으면 그에게 가려질 수도 있습니다.' 이때에 제 환공은 말하였다. '영척은 온 세

이것으로부터 보면, 임금이 된 사람은 현명한 사람을 찾는 일에 부지런해야 하고, 알맞은 사람을 얻는 것에서 편안해지는 것입니다. 신하가 된 사람도 역시 그러합니다. 옛날에 현명한 사람을 아직 만나지 못하면[13] 일을 도모하고 계책을 헤아린다 하여도 임금은 그 꾀를 사용하지 아니하였고, 정성을 진술하여 보인다 하여도 위에서 그렇다고 그것을 신용하지 않으니, 나아가서 벼슬을 한다고 하여도 효과를 볼 수 없고, 배척되어 쫓겨나도 또 그것을 허물로 여기지 않았습니다.

이러한 연고로 이윤(伊尹)은 정조(鼎俎, 부엌 일)에서 부지런하였고, 태공(太公)은 고도(鼓刀, 푸줏간 일)를 하면서 고단해 하였으며, 백리해(百里奚)는 스스로를 팔았고, 영자(寧子)[14]는 소를 먹이면서 이러한 환란(患亂)을 만났었습니다.

그들이 밝은 임금을 만나고 성스러운 군주를 만나게 되자 계획을 운영하는 것이 윗사람의 뜻에 합치되었고, 간쟁을 하면 바로 들어주고, 나아가거나 물러나더라도 그의 충성심과 관계되어 있고, 직책을 맡으

상의 천재이다. 이러한 사람은 적은 것에 얽매어서는 아니 된다. 모든 사람이 일치하여 좋은 말을 할 수 있는 것은 아니고 그의 과실을 조사한 다음에 봉작을 하면 빛이 나지 않는다. 그렇게 되면 나는 현명하고 능력 있는 사람을 잃게 된다.'라고 하고는 그를 승상으로 임명하였다.

13 훌륭한 군주를 만나지 못하였을 경우를 말한다.

14 이윤(伊尹)은 은의 유명한 재상이고, 정조(鼎俎)는 솥과 부뚜막이란 말로 주방 일을 말하는 것이고, 태공(太公)은 흔히 강(姜)태공으로 불리는 사람으로 주의 현명한 재상이며, 고도(鼓刀)는 소 잡는 칼을 말하는데 그가 조가에서 소를 잡은 일을 말하며, 백리해(百里奚)는 진(秦)의 현명한 재상으로 도망하여 다섯 마리의 양을 팔다가 공손지가 이를 만나서 기뻐하여 진 헌공에게 바쳤다는 것을 말하는 것이고, 영자(寧子)는 영척이라고도 하는데 제의 현명한 재상이다.

면 그의 정술(政術)을 시행하니 부절(符節)을 쪼개어 땅을 하사받고, 조상들을 빛냈습니다.

그러므로 세상에는 반드시 성스러운 지혜를 가진 임금이 있고 나서야 그 다음에 현명한 신하를 갖게 됩니다. 그러므로 호랑이가 포효(咆哮)하면 바람이 일고, 용(龍)이 일어나면 구름이 일어나며, 귀뚜라미는 가을이 되기를 기다려서야 울고, 하루살이는 음습(陰濕)한 데서 나옵니다.[15]

《주역(周易)》에서는 '나는 용(龍)은 하늘에 있어야 대인(大人)을 이롭게 찾아본다.'[16]고 하였습니다. 《시경(詩經)》에서는 '아름다운 많은 선비들아! 이 왕이 다스리는 나라에서 태어났구나!'[17]'라고 하였으니, 그러므로 세상이 평화롭고 임금이 성스러우면 준걸들은 곧 스스로 나타나고, 밝고 밝음은 조정에 있고, 아름답고 아름다움이 열 지어 늘어서며 정성과 신명(神明)을 다 모아서 서로 잘 만나서 더욱 빛나게 하니, 비록 백아(伯牙)가 체종(遞鐘)을 타고, 봉문자(逢門子)가 오호(烏號)[18]를 당긴다고 하여도 오히려 그 뜻을 다 비유해내기에는 모자랄 것입니다.

---

15 호랑이와 용은 군주를 말하고, 귀뚜라미와 하루살이는 신하를 의미하는 것이다.

16 《주역》의 건괘(乾卦) 구오(九五)의 효사(爻辭)이다. 건괘란 64괘 가운데 하나이고, 구오(九五)란 건괘의 여섯 효(爻) 가운데 밑에서 위로 다섯 번째 양효(陽爻)를 말하며, 효사란 이 효(爻)를 해설한 설명문이다.

17 이는 《시경》 〈대아(大雅)〉에 실린 문왕의 시(詩)이다.

18 백아(伯牙)는 고대의 유명한 음악가이고, 체종(遞鐘)은 이름 난 악기의 이름이고, 봉문자(逢門子)는 봉몽(逢蒙)을 말하는데 고대의 명사수이고, 오호(烏號)는 유명한 활의 이름이다.

그러므로 성스러운 임금은 반드시 현명한 신하를 만나야 공업을 넓힐 수 있고, 준걸한 인사는 역시 밝은 임금을 기다려서야 그의 덕(德)을 드러냅니다. 윗사람과 아랫사람이 함께 서로를 필요로 하여 즐겁게 교환(交驩)하여 천 년 만에 한 번 합치되니 논설하여도 의심할 바가 없을 것이니, 서로 돕는 것이 기러기의 깃털이 순풍을 만난 것과 같고, 시원하기가 커다란 물고기가 큰 골짜기를 종횡무진 하는 것 같을 것입니다. 그 뜻을 얻은 것이 이와 같다면, 어찌 금지하면 그치지 않겠으며, 어찌 명령하면 시행되지 않을 것이 있을 것이겠습니까! 교화는 사방으로 넘쳐흘러서 가로질러 무궁하게 덮어 나갈 것입니다.

이리하여서 성스러운 임금은 널리 살피고 바라보지 아니하여도 보는 것이 이미 밝고, 귀를 기울여서 듣지 아니하여도 듣는 것이 이미 똑똑하며, 또한 태평스러운 책임을 가득 채우며, 멋지게 지내려고 하는 희망이 얻어질 것이고, 휴식하는 징표가 저절로 이르고, 수명(壽命)은 무강(無彊)하게 될 것인데, 하필이면 올려보고 내려보며 굽혔다 폈다 하는 팽조(彭祖)처럼 하겠으며, 호흡하는 것이 왕교(王僑)와 적송자(赤松子)[19]처럼 하면서 묘연(渺然)하게 속세를 떠날 것입니까?"[20]

이때에 황상은 신선을 자못 좋아하였으니, 왕포(王襃)의 대책에서 이를 언급한 것이다.

경조윤(京兆尹) 장창(張敞)이 역시 상소를 올려서 간(諫)하였다.

---

19 팽조는 은대의 재상으로 800살을 살았다는 전설이 있고, 왕교와 적송자는 모두 신선의 이름이다.

20 팽조는 고개를 들었다 굽혔다 하거나 몸을 굽혔다 늘렸다 하는 동작을 통하여 오래 살았다는 것이며, 왕교와 적송자는 호흡을 조절하고 세속을 떠나는 수고로움을 하고나서야 신선이 되었다는 것을 말한다.

"바라건대 밝은 임금께서 때로 거마(車馬)에 대한 기호(嗜好)를 잊고, 방사(方士)들의 헛소리를 배척하여 멀리하며, 마음으로 제왕의 잘 다스리는 술책에서 노닐면 태평한 세월은 거의 일어날 수 있습니다."

황상이 이로 말미암아서 상방(尙方)의 대조(待詔)[21]를 전부 내쫓았다.

애초에, 조광한(趙廣漢)이 죽은 뒤에 경조윤(京兆尹)이 된 사람은 모두 알맞게 직책을 수행하지 못하였지만, 오직 장창(張敞)만이 그의 흔적을 이을 수가 있었는데, 그의 방략과 이목(耳目)은 조광한에 미치지는 못하였지만 그러나 자못 경술과 유가(儒家)의 아름다움으로 이를 빛냈다.

2   황상은 자못 수식(修飾)을 하여 궁실과 수레, 복장에서 소제(昭帝) 때보다 화려하였는데, 외척인 허씨(許氏)·사씨(史氏)·왕씨(王氏)[22]는 귀하게 되어 총애를 받았다.

간대부(諫大夫) 왕길(王吉)이 상소하였다.

"폐하께서는 몸소 성스러운 기질을 가져서 만 가지를 총괄하며 오직 세상일을 생각하니 장차 태평의 시대가 일어날 것이며, 조서를 내릴 때마다 백성들은 기뻐하여 다시 살아나는 것 같습니다. 신이 엎드려 이를 생각해 보니, 가히 지극한 은혜라고 할 수는 있지만 아직 본래의 정무(政務)라고는 말할 수 없습니다.

---

21 상방이란 물건을 만드는 상방이 아니고, 이 경우에 상(尙)은 주(主)이고, 방은 방술의 뜻이므로 방술약(方術藥)을 주관하는 사람이다. 대조는 황제의 조서가 있기를 기다린다는 의미의 관직이다.

22 허씨는 선제의 처가이며, 사씨는 선제의 할머니인 사량제의 집안이며, 왕씨는 선제의 어머니인 왕옹수(王翁須)의 집안이다.

잘 다스리고 싶어 하는 군주는 때마다 세상에 나는 것은 아닌데, 공경(公卿)들은 다행하게도 그러한 때를 만나니, 말씀을 드리면 들어주고 간(諫)하면 따라주지만 그러나 아직도 만세를 갈 장기적인 계책을 세워서 삼대(三代, 하·은·주)보다 융성할 밝은 임금을 드러내지 못하고 있습니다.

그 정무는 조회에 참여하고 장부를 정리하며 옥사(獄事)에 단안(斷案)을 내리고 소송 사건을 들어주는 것에 있을 뿐이니, 이것은 태평한 시대의 기틀이 아닙니다.

신이 듣건대, 백성이란 약하기는 하지만 이길 수 없고 어리석지만 속일 수 없다고 합니다. 성스러운 주군께서는 홀로 깊은 궁궐 안에서 일을 하시지만, 얻었다 하면[23] 천하가 이를 칭송하며 잃었다 하면 천하가 모두 이를 말하니, 그러므로 마땅히 삼가서 좌우에 있는 사람들을 뽑고 시킬 바를 살펴서 택하여야 합니다. 좌우에 두는 것은 몸을 바르게 하기 위한 것이며 부리는 것은 덕(德)을 선포하기 위한 것이니, 이것이 그 근본입니다.

공자가 이르되 '윗사람을 편안하게 하고, 백성을 잘 다스리는 데는 예(禮)보다 더 좋은 것이 없다.'[24]고 하였으니 이는 빈말이 아닙니다. 제왕 된 사람이 아직 예(禮)를 만들지 않았을 때에는 먼저 돌아가신 임금들의 예(禮) 가운데에서 오늘날에 마땅한 것을 인용하여서 이를 사용하는 것입니다.

신이 바라건대 폐하께서는 천심(天心)을 이으시고, 커다란 사업을

---

23 백성의 뜻을 얻은 것을 말한다.

24 《효경(孝經)》에 실린 공자의 말이다.

널리 들어내시는데, 공경(公卿)과 대신(大臣)과 더불어 하되 유생(儒生)에까지 이어가며 옛날의 예를 서술하고 왕제(王制)를 밝혀서 한 세대의 백성들을 몰아서 인수(仁壽, 어질게 하여 오래 살게 하는 것)의 영역으로 이들을 오르게 하면 풍속이 어찌 성왕(成王)과 강왕(康王)시절과 같지 않겠으며, 수(壽)하기가 어찌 고종(高宗)[25]과 같지 않겠습니까?

가만히 살펴 보건대 시대에 좇아야 할 정무(政務) 가운데 도(道)에 합치되지 않는 것을 삼가 조목조목 상주하겠으니, 오직 폐하께서 재정(裁定)하여 선택하여 주십시오."

왕길은 생각하였다.

"세속에서는 처(妻)를 예빙(禮聘)하고 딸을 시집보내는데 절도(節度)가 없으면 가난한 사람은 따라가지 못하니 그러므로 자식을 두려고 하지 아니합니다. 또 한가(漢家, 한의 황실)의 열후(列侯)는 공주(公主)를 모셔가고, 제후국라면 국인(國人, 제후국의 집안사람)들이 옹주(翁主)를 이어받아 가니[26] 남자로 하여금 여자를 섬기게 하는 것이며, 지아비가 지어미에게 굴종하는 것이어서 음양의 위치가 거꾸로 되는 것이니, 그러므로 많은 여자들이 문란합니다.

옛날에 의복과 거마(車馬)에는 귀천에 따라서 문장(紋章, 무늬)이 있었는데, 이제는 상하가 멋대로 참월(僭越)하고 사람마다 스스로 만들

---

25 은의 고종은 은의 23대 임금인데 백 살을 살았다고 하며, 인(仁)은 천하고 속이지 않는 것이고, 수(壽)는 요절하지 않는 것이니, 인으로 아랫사람을 어루만지면 여러 산 목숨들이 편안하고 오래 산다.

26 보통 결혼에서는 남자가 여자를 취(娶)한다는 용어를 쓰지만 공주와 결혼하는 경우에는 상(尙, 모셔온다)이라는 단어를 쓰며, 옹주와 결혼하는 경우에는 승(承, 이어받다)이라는 말을 쓴다. 이러한 경우에는 남비여존의 의미를 갖는다.

고 있으니, 이리하여서 재물을 탐하고 이익을 추구하다가 사망하는 것
도 두려워하지 않습니다.

주(周)가 능히 잘 다스리게 되어 형벌 조치가 있었지만 이를 사용하
지 않았던 것은 그 실마리가 나타날 때에 사악함을 금하고, 아직 싹이
나오지 않았을 때에 악한 것을 잘라버렸기 때문입니다."

또 말하였다.

"순(舜)과 탕(湯)은 삼공(三公)과 구경(九卿)의 후세(後世)를 채용하
지 아니하고, 고요(皐陶)와 이윤(伊尹)[27]을 천거하며 어질지 못한 자는
멀리하였습니다.

지금에는 속된 관리들로 하여금 자제를 임명할 수 있게 하니, 대부
분 교만하고 오만하지만 고금(古今)의 일에 능통하지 아니하여 백성들
에게 이익 됨이 없게 하니, 마땅히 분명하게 선발하고 현명한 사람을
찾아야 하고 임자지령(任子之令)[28]을 없애야 하고, 외가(外家)와 옛 친
구에게는 재물로 후하게 해줄 수는 있으나 자리에 있게 하는 것은 마
땅하지 않습니다.

각저(角抵)[29]를 없애고 악부(樂府)를 줄이며 상방(尙方, 궁정의 물품
창고)의 일을 절약하여 천하에 검약하는 것을 밝게 보이십시오. 옛날
에 공장(工匠)들은 정교(精巧)한 조각을 하지 않았고, 상인들은 사치품
을 유통시키지 아니하였으니, 공장(工匠)과 상인들이 오직 현명하였기

---

27 고요는 황제(黃帝)시대의 저명한 법관이며, 이윤은 은 왕조의 명재상이었다.

28 한 왕조에서는 임자령이 있어서 이천석으로 3년을 있게 되면 친형제나 자제
　　가운데 한 명을 낭관(郞官)으로 추천할 수 있다.

29 놀이의 일종으로, 힘내기를 하는 것이다.

때문이 아니고, 정치와 교육이 그들로 하여금 그러하게 하였던 것입니다."

황상은 그 말을 우활(迂闊, 멀리 돌아가는 것)하다고 생각하고 아주 은 총을 특별히 베풀어주지 아니하였다. 왕길은 드디어 병이 들었다고 사과하고 귀향하였다.

3   의거안국(義渠安國)이 강족(羌族)들이 사는 곳에 이르러서 선령(先零)의 여러 호족 30여 명을 소집하여 더욱 아주 굳세고 순종하지 않는 사람은 모두 목을 베었고, 병사를 풀어서 그 종족을 공격하여 머리 천여 급(級)을 베었다.

이에 여러 항복하였던 강족(羌族)과 귀의강후(歸義羌侯) 양옥(楊玉) 등이 원망하고 화가 나서 믿고 향할 바가 없다 하여 드디어 작은 부족들을 겁주고 노략하여서 배반하여 변새(邊塞)를 침범하며 성읍을 공격하고 장리(長吏)들을 죽였다.

의거안국은 기(騎)도위로서 기병 2천[30]을 거느리고 주둔하여 강족에 대비하였는데, 호미(浩亹, 靑海省 樂都縣)에 이르렀다가 야만인[강족]의 공격을 받아서 수레와 치중(輜重)과 병기를 잃어버린 것이 아주 많았다. 의거안국은 이끌고 돌아오다가 영거(令居, 감숙성 영등현 서쪽)에 이르자 보고하였다.

당시에 조충국(趙充國)은 나이가 일흔 살이 넘어서 황상은 그를 늙었다 하고 병길(丙吉)로 하여금 누가 거느릴 사람인지 묻게 하였다. 조충국이 대답하였다.

---

30 다른 판본에는 3천으로 되어 있는 것도 있다.

"노신(老臣)보다 나은 사람이 없습니다."

황상이 파견하여 물었다.

"장군께서는 강족 야만인이 어떻게 하리라고 헤아립니까? 마땅히 몇 명을 써야 하겠소?"

조충국이 대답하였다.

"백 번 듣는 것이 한 번 보는 것만 못합니다. 병사는 멀리서 헤아리기 어려우니, 신이 바라건대 달려가 금성(金城, 甘肅省 蘭州縣)에 이르러서, 지형을 그려 가지고 방략을 올리겠습니다. 강족 야만인은 작은 이적(夷狄)인데, 하늘을 거역하고 배반하였으니 멸망하는 것이 오래 남지 않았으므로, 바라건대 폐하께서 노신(老臣)에게 위촉하면 걱정거리를 없게 하겠습니다."

황상이 웃으면서 말하였다.

"허락(許諾)하오."

마침내 크게 군사를 내어 금성으로 가게 하였다. 여름, 4월에 조충국을 파견하여 이를 거느리고 서강(西羌)을 치게 하였다.

4   6월에 패성(孛星)이 동방에 나타났다.

조충국과 신무현의 강족 대책

5   조충국이 금성(金城)에 이르러서, 병사가 1만여 기병을 꽉 채우기를 기다려서 하(河, 황하)를 건너려고 하였으나, 야만인이 차단(遮斷)할까 두려워서 바로 밤에 세 명의 교위(校尉)를 함매(銜枚)[31]하여 먼저 건너게 하고, 건너서는 번번이 진영을 만들게 하였는데, 날이 밝을 즈음에는 드디어 차례로 모두 건넜다.

야만인[32] 수십 수백의 기병이 와서 군영 근처에 출입하였다. 조충국이 말하였다.

"우리의 병사와 말은 방금 피곤하여졌으니 달려가서 쫓을 수가 없고, 이들은 모두 날랜 기병이어서 제압하기도 어려우며 또 그들이 유인하는 병사들일까 걱정도 된다. 야만인들을 공격하는 것은 모두 진멸(殄滅)시키는 것을 기약한 것이니, 작은 이익은 탐할 것이 못된다."

---

31 군사가 이동할 때에 소리가 나지 않게 하기 위하여 입에 재갈을 물리는 것을 말한다.
32 원문은 로(虜)인데, 이는 상대를 낮추어 부르는 말로 예컨대, '그 녀석'에 해당한다. 그러나 그동안 이를 '오랑캐'로 이해하여 왔으나, 오랑캐는 특정 부족 혹은 특정 국가의 명칭이므로 이것으로 이해하는 것은 큰 오류이다.

군사들로 하여금 공격하지 말게 하였다.

기병을 파견하여 사망협(四望峽, 靑海省 樂都縣)을 엿보게 하였더니 야만인들이 없어서, 밤에 병사를 이끌고 올라가서 낙도(樂都, 靑海省 西寧市)에 이르러 여러 교위의 사마들을 불러서 말하였다.

"나는 야만인 같은 강족이 군사를 잘 부릴 수 없다는 것을 알겠구나! 야만인들이 수천 명을 내어서 사망협을 지키고 길을 두절시켰더라면 병사들이 어떻게 여기에 들어올 수가 있겠는가?"

조충국은 항상 척후병을 멀리까지 보내는 것에 힘썼고, 행군하면서는 반드시 전투에 대비하였고, 멈추면 반드시 진영과 성벽을 굳게 하고, 더욱이 진중(鎭重)할 수 있었고, 사졸들을 아꼈으며, 먼저 계획을 세운 다음에 싸웠다. 드디어 서쪽으로 가서 서부도위부(西部都尉府)[33]에 도착하여 군사들에게 매일 향응을 베푸니, 병사들은 모두 쓰이기를 바랐다. 야만인들은 자주 도전을 하였으나, 조충국은 굳게 지켰다.

산 사람을 포로로 잡았는데, 강족의 귀족들이 서로 자주 책망하면서 말하였다고 하였다.

"너에게 말하건대, 반란을 하지 않았어야 하였으니, 오늘날 천자가 조장군을 파견하였는데, 나이가 여든에서 아흔 살까지여서 병법을 잘 활용하여 이제 한 번 싸우다 죽겠다고 청하였으니, 할 수 있겠는가?"

애초에, 한(罕)과 견(开)[34]의 귀족인 미당아(靡當兒)가 동생 조고(雕庫)를 보내 와서 도위에게 말하였다.

---

33 서부 지역을 책임지는 도위의 군부를 말하며, 이때에 이것은 금성[감숙성 난주시]에 있었다.

34 한과 견은 모두 강족의 한 지파이다.

"선령(先零)이 반란을 일으키려고 한다."

그 다음 며칠이 지나서 과연 반란하였다. 조고의 족속들은 자못 모두 선령에 있었는데, 도위는 바로 조고를 머물게 하고 인질로 삼았다.

조충국은 그에게 죄가 없다고 생각하고 마침내 돌려보내면서 그 족속의 호족들에게 말하였다.

"대군(大軍)은 죄를 지은 사람만을 죽일 것이고, 분명히 스스로 구별할 것이니 함께 죽게 되는 일을 하지 마라. 천자께서 여러 강족(羌族)들에게 고하기를, '법을 범한 자는 능히 서로 잡아서 목을 베게 되면 죄를 면제하여 줄 것이고, 이어서 공(功)의 크고 작음을 가지고서 차별 있게 전(錢)을 하사할 것이고, 또 그 잡힌 사람의 처자(妻子)와 재물은 모두 그에게 줄 것이다.'"[35]

조충국의 계획은 위엄과 신의를 가지고, 한(罕)과 견(幵)과 접주어 약탈하게 한 사람들을 부르게 하여 야만인들의 모의를 풀어 흩으러 트리고, 그들의 피로가 극도에 이르렀을 때에 마침내 이를 치려는 것이었다.

이때에 황상은 이미 내지(內地)에 있는 여러 군(郡)의 병사를 발동하여 변방에 주둔(駐屯)시킨 것이 도합 6만여 명이었다. 주천(酒泉) 태수 신무현(辛武賢)이 상주하였다.

"군(郡, 주천군)의 병사들은 모두 주둔하며 남산을 방비하고 있어서 북쪽[기련산 북쪽]이 텅 비어 있으니, 형세로 보아 오래갈 수 없습니다. 만약에 가을과 겨울이 되어서 마침내 군사를 내보낸다면 이 야만인들이 변경의 밖에 있는 경우의 계책입니다.

---

35 당시에 한은 모반한 최고의 추장을 참한 사람에게는 40만, 중급을 참한 사람에게는 15만, 소두목을 참한 사람에게는 2만, 여인과 노약자를 참한 사람에게는 1천 전(錢)을 상금으로 내걸었다.

지금은 야만인들이 아침저녁으로 침구(侵寇)하며, 지대(地帶)는 차고 고생스러워서 한의 말은 겨울을 참아내지 못하는데, 7월 상순에 30일분의 양식을 싸 들고 병사를 나누어서 장액(張掖)과 주천(酒泉)을 출발하여 합쳐 가지고 선수(鮮水, 靑海湖)에서 한(罕)과 견(卅)을 공격함만 못합니다.

비록 모두 다 죽일 수는 없다고 하더라도 그러나 그들의 축산(畜産)을 빼앗고 그들의 처자를 포로로 잡아서 다시 병사를 이끌고 돌아왔다가 겨울에 다시 그들을 공격하는데, 많은 군사가 자주 나아가면 야만인들은 반드시 떨고 파괴될 것입니다."

천자가 그 편지를 조충국에게 내려 보내서 이를 의론하도록 하였다.

조충국은 생각하였다.

"한 마리의 말에는 스스로 30일분의 식량을 지게 되는데, 쌀로는 2곡(斛) 4두(斗), 밀로는 8곡(斛)이며, 또 의복과 장신구·병장기가 있으니 뒤쫓아서 추격하기가 어렵습니다. 야만인들은 반드시 군사들이 나아가고 물러나는 것을 계산하다가 점차로 이끌고 가는데, 수초(水草)로 쫓으면서 산림(山林)으로 들어갑니다.

따라서 깊이 들어가면 야만인들은 앞으로는 험한 곳을 점거하고, 뒤로는 좁은 통로를 지키면서 우리들의 양도(糧道)[36]를 끊을 것이니 반드시 다치고 위험스러운 근심거리가 있을 것이고, 이적(夷狄)의 웃음거리가 되어서 천 년 동안 회복할 수 없을 것입니다. 신무현은 그들의 축산을 빼앗을 수 있고, 그들의 처자를 포로로 잡을 수 있다고 하지만 이는 거의 헛된 소리어서 계책이 되지 못합니다.

---

36 군대가 전방에 나갔을 때에 군량미를 나르는 길을 말한다.

　선령(先零)이 제일 먼저 반역하여 다른 족속이 겁주어 노략질하였으니, 그러므로 신의 어리석은 계책으로는 한(罕)과 견(幵)의 어리석은 허물을 덜어주고 감추어 두어서 밝히지 아니하고, 먼저 선령(先零)에 대한 주살(誅殺)을 시행하여 그들을 떨고 움직이게 하여 마땅히 허물을 후회하고 돌이켜 선(善)하게 만들어야 하고, 이어서 그들의 죄를 사해 주고, 그들의 풍속을 잘 아는 좋은 관리들을 선택하여 순회하면서 화합하게 하여야 합니다. 이것이 군사를 온존하게 하고, 승리를 보장하며 변방을 편안하게 하는 계책입니다."

　천자가 그 편지를 내려 보내니, 공경(公卿)들 가운데 의논하는 사람들은 모두 생각하였다.

　"선령(先零)의 병사는 강성하고 한(罕)과 견(幵)의 원조를 짊어지고 있으므로 한과 견을 먼저 격파하지 않으면 선령을 도모할 수 없을 것이다."

　황상은 마침내 시중 허연수(許延壽)에게 벼슬을 주어 강노(強弩)장군으로 삼고, 바로 주천(酒泉) 태수 신현무에게 벼슬을 주어 파강(破羌)장군으로 삼고, 새서(璽書)를 하사하여 그의 계책을 좋게 받아들였다.

　조충국에게 서칙을 보내서 나무라며 말하였다.

　"이제 전운(轉運)과 수송을 함께 일으켜서 백성들은 번거롭고 시끄러운데, 장군은 1만 여의 무리를 거느리고, 일찍 가을이 되어 수초(水草)가 유리함을 함께 하여 그들의 가축과 식량을 빼앗지 아니하고 겨울이 되기를 기다리려고 하고 있으니, 야만인들은 모두 저축한 것을 먹고 대부분 산속에 감추어 두고는 험한 곳에 의거할 것인데, 장군의 병사들은 추위서 수족이 터지고 찢어지는데도 오히려 유리함이 있겠소! 장군은 중국(中國)[37]에서 지불할 비용을 생각하지 않고 세월을 헤아리면서 적을 이기려고 하니 장군이라면 누가 이러한 것을 즐기지 않는 사람이겠소! 이제 파강장군 신무현 등에게 조서를 내려서 병사를 거느리고 7월에 한강(罕羌)을 공격하라고 하였으니, 장군은 그 병사를 이끌고 나란히 진격하고 다시는 의심하지 마시오."

조충국이 상서하여 말하였다.

"폐하께서 전에 편지를 다행스럽게 내려 주셔서 사람을 시켜서 한(罕)에 유시하시기를 '많은 군사가 도착하여도 한은 한(罕)을 죽이지 아니한다.'고 하여 그들의 모의를 와해시키려고 하였습니다. 신은 그러므로 견(豜)의 호족인 조고를 보내서 천자의 지극한 덕을 선전하게 하였으니, 한(罕)과 견(豜)에 소속된 족속들은 모두 밝은 조서를 들어서 알고 있습니다.

이제 선령강(先零羌)의 양옥(楊玉)이 바위와 산과 나무에 의지하여 가로막으면서 편리하기를 엿보며 침구하나, 한(罕)과 견(豜)은 아직 범한 바가 없는데, 마침내 선령(先零)은 내버려두고 먼저 한(罕)을 공격한다면 죄지은 것은 풀어주고 죄 없는 족속을 죽이는 것이니, 한 번 곤란한 일을 일으켜 두 가지의 해로움이 생기는데, 진실로 폐하의 본래 계책이 아닙니다.

신이 듣건대 병법(兵法)에는 '공격하기에 부족한 사람도 방어한다면 여유가 있다.'라고 하였으며, 또 '잘 싸우는 사람은 다른 사람을 유인하지, 다른 사람에게 유인되지 않는다.'라고도 하였습니다. 이제 한강(罕羌)은 돈황(敦煌)과 주천(酒泉)을 침구하려 하고 있으니, 의당 병마를 모으고 전사(戰士)를 훈련시키며 그들이 오는 것을 기다려야 합니다.

---

37 중원 지방에 있는 나라라는 말로 여기서는 한을 가리킨다.

앉아서 적이 이르게 하는 술책이 편안함을 가지고 피로한 것을 공격하는 것이니, 승리를 얻는 길입니다.

지금 두 군(郡)의 군사는 적어서 지키기도 부족한데, 이를 발동하여 공격을 실행한다면 야만인들을 오게 하는 술책을 버리는 것이며, 좇아서 야만인들에게 유인 당하는 길이 되어 신은 어리석으나 편리한 것이 아니라고 생각합니다.

선령(先零)의 야만인 강족들은 배반하려고 하였으니, 그러므로 한(罕)과 견(汧)과 더불어 원한을 풀고 맹약을 맺었지만, 그러나 그 사사로운 마음은 한의 군사가 도착하면 한(罕)과 견(汧)이 그들을 배반할까 두려워함이 없을 수 없습니다.

신은 어리석으나 생각하기로는 그들의 계책은 항상 먼저 한(罕)과 견(汧)이 급하게 되어서, 그들의 맹약이 굳어지기를 바라고 있습니다.[38] 먼저 한강(罕羌)을 치면, 선령(先零)은 반드시 그들을 도울 것입니다. 지금은 야만인들의 말은 살찌고 양식도 바야흐로 넉넉한데, 그들을 쳐도 상해를 입힐 수 없을까 걱정이며, 선령으로 하여금 한강(罕羌)에게 덕을 베풀 수 있게 하기에 적당하며, 그들의 맹약을 굳게 하고 무리들을 합치게 하는 것입니다.

야만인들이 왕래하고 무리를 굳게 하면 합하여 정병(精兵)이 2만여 명이고, 여러 작은 종족들을 협박하면 붙는 것들은 더욱 많아져서 막수(莫須)[39]의 무리도 가볍게 떨어지게 할 수 없을 것입니다. 이와 같이

---

38 한(漢)이 한과 견을 급하게 치면 자연적으로 한과 견이 선령과 굳게 결합할 것이라는 말이다.

39 강족(羌族) 가운데 작은 종족을 말한다.

되면 야만인의 병사들은 점점 많아져서 이들을 죽이는데 쓰이는 힘은 몇 배일 것입니다. 신은 국가(國家, 황제)의 근심거리가 쌓여서 10년을 헤아리게 되므로 말미암아서 2~3년뿐만이 아닐까 걱정합니다.

신의 계책으로는 먼저 선령(先零)을 죽이고 나면 한(罕)과 견(幵)의 족속은 번거롭게 군사를 동원하지 않아도 굴복할 것입니다. 선령이 이미 죽었는데도 한(罕)과 견(幵)이 굴복하지 않는다면 정월을 건너서 그들을 공격하는 것이 합리적인 계책이며 또 그 시기입니다. 지금 병사를 진격시키는 것에서는 진실로 그 이로움이 보이지 않습니다."

무신일(28일)에 조충국이 상주하였다. 가을, 7월 갑인일(5일)에 새서(璽書)를 보내어 조충국의 계책을 좇았다.

조충국이 마침내 병사를 이끌고서 선령(先零)들이 있는 곳에 이르렀다. 야만인들은 오래 주둔하고 모여 있어서 해이하였고, 멀리서 많은 군사들을 바라보고 수레와 치중(輜重)을 버리고 황수(湟水)를 건너려고 하였는데, 길이 좁았으니, 조충국은 천천히 가면서 그들을 몰았다.

어떤 사람이 말하였다.

"승리하겠다고 쫓으면서 행군은 더디군요."

조충국이 말하였다.

"이들은 궁지에 빠진 구적(寇賊)인데 급박하게 할 수는 없다. 이를 천천히 하면 달아나면서 돌아보지도 않지만 그들을 급하게 하면 돌아서서 싸우다가 죽기에 이른다."

여러 교위(校尉)들이 모두 말하였다.

"훌륭합니다."

야만인들이 물이 있는 곳에 갔다가 익사한 사람이 수백이고, 항복하였거나, 참수된 수가 500여 명이었다. 노획한 말·소·양이 10만여 두였고, 수레는 4천여 량이었다. 병사가 한(罕)의 땅에 이르자, 군사들로 하여금 취락과 전무(田畝)에 있는 목초(牧草)를 태우지 못하게 하였다.

한강(罕羌)에서 이 소식을 듣고 기뻐서 말하였다.

"한은 과연 우리를 공격하지 않는구나!"

호족인 미망(靡忘)이 사람을 시켜 와서 말하였다.

"바라건대 옛 땅에 다시 돌아갈 수 있게 해주십시오."

조충국이 이 소식을 보고하였지만 아직 회답이 오지 않았다. 미망이 와서 스스로 귀부하자 조충국이 음식을 내려주고 그 족속들에게 유시(諭示)하고 돌려보냈다.

호군(護軍) 이하 모든 사람들이 이를 다투어 말하였다.

"이 사람은 반역한 야만인이니, 멋대로 돌려보낼 수 없습니다."

조충국이 말하였다.

"여러분은 다만 글자대로만 스스로 영위(營爲)하려고 하는 것이지 공가(公家)[40]에 충성하려는 계책은 아니오."

말을 다 마치지 아니하였는데, 새서(璽書)가 회보되었고, 미망은 속죄하는 것으로 판결하였다. 그 후에 한(罕)은 끝내 군사를 번거롭게 하지 아니하고 떨어트렸다.

황상은 파강(破羌)장군과 강노(强弩)장군에게 조서를 내려서 주둔하고 있는 곳[41]으로 가서, 12월에 조충국과 합류하여 나아가서 선령(先零)을 공격하였다. 이때에 항복한 강족(羌族)은 1만여 명이었고, 조충국은 그들이 반드시 궤멸될 것을 헤아리고, 기병(騎兵)을 철수하고

---

40 공적인 집안이라는 말이지만 실제로는 황실을 가리키는 말이다.

41 조충국이 주둔하고 있는 곳을 말한다. 이때에 조충국은 선수[청해호]에 있었다.

둔전하면서 그들이 피폐하기를 기다렸다.

상주문을 써 놓고 아직 올리지 않았는데, 마침 군사를 진격시키라는 새서(璽書)가 내려오니, 조충국의 아들인 조앙(趙卬)은 두려워서 객(客)으로 하여금 조충국에게 간(諫)하여 말하게 하였다.

"진실로 병사를 출동하게 하였다가, 군사가 격파되고 장수를 죽이게 되어 국가가 기울어진다면 장군께서 이를 지키는 것이 옳습니다. 바로 이로운지 해로운지이니, 또한 어찌하여 충분히 다툴 만합니까? 어느 날 황상의 뜻에 맞지 않아서 수의(繡衣)[42]를 파견해 와서 장군을 문책한다면 장군의 몸은 스스로 보존할 수 없을 것인데, 어찌 국가가 편안하겠습니까?"

조충국이 한탄하면서 말하였다.

"이 무슨 충성스럽지 못한 말을 하는가? 본래 나의 말을 채택하였더라면 야만인 강족(羌族)놈들이 이에 올 수 있겠는가? 과거에 먼저 강(羌)에 갈 수 있는 사람을 추천하면서 나는 신무현을 천거하였는데, 승상과 어사가 다시 의거안국(義渠安國)을 파견하자고 말을 하여 끝내는 강족(羌族)을 막는데 실패하게 하였다.

금성(金城)과 황중(湟中, 靑海湖 東湟水 부근)의 곡식이 1곡(斛)에 8전 하여 내가 경중승(耿中丞)[43]에게 말하였다. '300만 곡(斛)을 사들인다면 강족들은 감히 준동하지 못할 것이다.' 경중승은 1백만 곡(斛)을 사들이자고 청하여 마침내 40만 곡만을 사들였을 뿐이고, 의거안국

---

42 황제의 명령을 받은 어사를 말하는데, 이는 수놓은 옷을 입어서 수의어사라 부른다.

43 경수창(耿壽昌)을 말하는데 경수창의 벼슬이 중승이어서 성과 벼슬명칭을 합하여 부른 것이다.

이 다시금 사자로 가니 또 비용은 그 반이었다.[44]

이 두 가지 계책을 잃어서 강인(羌人)들이 감히 반역을 하기에 이른 것이다. 실책을 한 것은 터럭 만큼이지만 차이가 천리이니, 이것이 이미 그러하다.

이제 전쟁은 오래되어 결판내지 않으면 사이(四夷)들이 졸지에 동요하게 되어 서로 이어서 일어나니, 비록 아는 사람이 있다고 하더라도 그 뒤를 잘 처리할 수 없을 것이고, 강족(羌族)만이 홀로 근심거리가 되겠는가? 나는 진실로 죽음으로써 이를 지킬 것이며 밝은 주군은 충언이라고 할 수 있을 것이다."

드디어 둔전하여야 한다는 상주문을 올려서 말하였다.

"신이 거느리는 관리와 병사·말과 소가 먹는데 쓰이는 곡식과 초료(草料)를 조달하는 것이 아주 광범위하여 오래 해결하기가 어렵고, 요역(徭役)도 쉬지 않으면 다른 변고가 발생하여 밝으신 주군의 걱정거리가 될까 두려우니, 진실로 본디 묘승(廟勝)의 계책[45]을 확정할 일이 아닙니다.

또 강족(羌族)은 쉽게 계책으로 깨뜨리지만 병사를 사용하여 부수기는 어려우니, 그러므로 신의 어리석은 마음으로는 그들을 공격하는 것은 편하지 않습니다. 헤아리건대, 임강(臨羌, 靑海省 湟源縣)의 동쪽에서 호미(浩亹, 靑海省 樂都縣)까지는 야만인 강족(羌族)들의 옛 전지(田地)와 공전(公田)인데, 백성들이 아직 개간하지 않은 것이 2천 경(頃)

---

44 소제 시원 6년(기원전 81년)에 금성군을 설치하고 청해호까지 관할하도록 하였는데, 20년이 지난 이때에 이렇게 퇴락하였다.

45 전선에서 멀리 떨어진 조정에서 계책을 세워서 승리하고자 하는 것을 말한다.

이상이고, 그 사이에 있는 우정(郵亭)은 많이 파괴되었습니다.

신은 전에 소속되었던 사졸을 파견하여 산으로 들여보내서 나무를 베어서 6만여 매(枚)를 물가에 두었습니다. 신이 바라건대 기병을 철수시키고 보병을 1만281명을 머물게 하여 나누어서 요해처(要害處)에 주둔시키고, 얼음이 녹으면 아래로 떠내려 보내서 향정(鄕亭)을 고치고, 하거(河渠)를 준설하여 황협(湟峽)의 서쪽으로 길과 다리를 70여 곳을 만들어 선수(鮮水, 靑海湖)의 좌우에 이르게 할 수 있습니다.

농사일을 하러 나가는 사람에게는 한 사람 당 30무(畝)를 주고, 4월이 되어 풀이 나면 여러 군(郡)의 기병과 속국(屬國)에 있는 호족(胡族, 흉노) 기병을 각기 1천씩 징발하여 풀 있는 곳에 가서 둔전(屯田)하는 사람을 위하여 유병(遊兵)[46]하게 하여서 금성군(金城郡)에 충당해 넣어 더욱 저축을 한다면 큰 비용을 절약할 것입니다.

이제 대사농(大司農)에서 전운(轉運)한 곡식이 이르면 1만 명이 1년 먹기에 족하니, 삼가 둔전(屯田)하는 곳과 도구와 사용할 장부를 상신합니다."

황상이 회보하여 말하였다.

"바로 장군의 계책대로 한다면 야만인들은 어느 시기에 잡아서 죽이게 되겠소? 군사에 관한 일은 어느 시기에 가서 결판이 나겠소? 그 편리함을 익히 계상하여 다시 상주하시오."

조충국이 상황을 올려 말하였다.

"신이 듣건대 제왕의 군사란 완전하게 하여 승리를 거두어야 한다고

---

46 속국이란 다른 종족으로 한에 항복하여 속하게 된 나라를 말하며, 유병은 한군데에 머물러 있지 않고 돌아다니며 경비를 하는 군대를 말한다.

하니, 이로써 모략을 귀히 여기고, 전투를 천히 여기는 것입니다. '백 번 싸워서 백 번 이기는 것은 좋은 정책 가운데 좋은 정책이 아니니, 그러 므로 먼저 적이 이길 수 없게 하고서 적을 이길 수 있도록 기다리는 것 이다.'[47]라고 하였습니다.

만이(蠻夷)들의 습속은 비록 예의를 가진 나라와는 다르지만 그러나 그들이 해로운 것을 피하고, 이로운 것으로 나아가며 친척을 사랑하며 사망을 두려워하는 것은 한가지입니다. 이제 야만인들이 그들의 좋은 땅과 무성한 초원을 잃고서 더부살이하고 있는 것을 근심하고 멀리 도 망하였으니, 골육들의 마음은 흐트러지고, 어떤 사람은 배반할 뜻을 갖 고 있습니다.

그런데 밝은 주군께서는 군사를 철수하시고 1만 명으로 둔전(屯田) 을 하도록 남겨 놓고, 하늘의 때에 순응하고, 땅의 이로움을 이용하여 서 승리할 수 있는 야만인들을 기다린다면 비록 바로 다 잡아 죽이지 는 않는다고 하여도 군사행동의 결판은 몇 달 후에는 기대해볼 수 있 을 것입니다.

야만인 강족(羌族)들이 와해되어 앞뒤로 항복한 자가 1만700여 명 이며, 말을 듣고서 돌아간 사람이 70여 명이나 되니,[48] 이는 앉아서 야 만인 강족(羌族)들을 와해시키는 도구들입니다.

신이 삼가 출병하지 아니하고 머물러 농사짓게 하는 것이 이로운 점 12가지를 조목조목 말씀 드리겠습니다. 보병으로 9명의 교위(校尉)와

---

47 《손자병법(孫子兵法)》에 나오는 말이다. 먼저 스스로를 완전하고 굳게 하여 적 으로 하여금 나를 이길 수 없게 하고서 마침내 적을 이길 수 있다는 것이다.

48 조충국의 말을 받고서 돌아가 서로 알려 주는 사람들을 말한다.

이사(吏士) 1만여 명이 머물러 둔전을 하면서 무력으로 대비하고, 이어서 전지(田地)에서 곡식을 생산해내니, 이는 위엄과 덕행을 아울러 진행시키는 것인데, 첫 번째입니다.

또 이어서 야만인 강족(羌族)들을 물리쳐 꺾어서 비옥한 땅으로 돌아올 수 없게 하니 그 무리들을 빈곤하게 하여 파산에 이르게 하여서 야만인 강족(羌族)들이 서로 간에 반란하는 것이 점차 이루어지게 하니 두 번째입니다.

그곳에 사는 백성들이 나란히 농사를 짓게 하면 농업을 잃지 않으니 세 번째입니다. 군마(軍馬)가 1개월간 먹는 것으로 농사를 짓는 병사에게 1년간을 지급할 수 있으니 기병을 철수하여서 커다란 비용을 줄이게 되니, 네 번째입니다.

봄이 되면 갑사(甲士)와 졸병을 줄여서 하(河, 황하)와 황(湟, 황수)을 좇아서 곡식을 조운(漕運)하여 임강(臨羌)에 이르게 하여, 야만인 강족(羌族)들에게 보여주어서 위엄 있는 무력을 드높여 대대로 전해오는 절충(折衝)의 도구로 삼으니, 다섯 번째입니다. 한가한 시기를 이용하여 먼저 벌목해 두었던 목재를 내려 보내서 우정(郵亭)을 잘 수리하여 금성(金城)을 충실하게 만드니, 여섯 번째입니다.

군사가 나가면 위험을 타면 요행도 있으나,[49] 나가지 아니하면 반란할 야만인들로 하여금 바람 불고 추운 땅에 숨게 하여, 서리와 이슬을 맞고, 질병에 걸리며 동상(凍傷)에 걸리는 걱정에서 떠나게 하여 앉아서 반드시 승리를 취할 수 있는 길이니, 일곱 번째입니다.

장애물을 거치고 멀리 쫓아가서 죽고 다치는 해로움이 없게 하니,

---

49 반드시 승리할 수 있는 것은 아니라는 말이다.

여덟 번째입니다. 안으로는 위엄과 무력이 중(重)함에 손상 받지 않고, 밖으로는 야만인들로 하여금 빈틈을 엿볼 형세를 주지 않게 하니, 아홉 번째입니다.

또 황하 남쪽의 대견(大汧)을 놀라게 하여 움직여서 다른 변고가 생기지 않게 하니, 열 번째입니다. 황협(湟峽)에 길과 다리를 만들어서 선수(鮮水)에 이르게 하여 서역을 제압(制壓)할 수 있게 하여 천 리에 걸쳐서 위엄을 늘려나가서 누워 있는 자리에서 군사를 움직이게 되니, 열한 번째입니다. 커다란 비용이 이미 절약되니 요역을 쉴 수 있게 하여 생각지 못한 변고를 경계할 수 있으니, 열 두 번째입니다.

머물러 둔전(屯田)하는 것은 12가지의 이로운 것을 얻으며, 출병하게 되면 12가지의 이로움을 잃으니, 오직 밝은 조서를 내리시어 채택하여 주십시오.”

황상이 다시 회보를 내려 보내서 말하였다.

“군사행동이 결판나는 것이 몇 달이면 바라볼 수 있다고 하였는데, 그것은 이번 겨울을 말하는 것인가? 또 다른 시기를 말하는 것인가? 장군은 홀로 야만인들이 군사를 철수하였고 또 장정들을 집결시켰다는 소식을 듣고서 둔전(屯田)하는 사람들과 도로에 있는 둔병을 공격하여 소란을 일으키고, 다시 인민을 죽이거나 노략할 것을 계산하지 않은 것 같은데, 장차 어떻게 이를 중지시킬 것이오? 장군은 깊이 생각하여 다시 상주하시오.”

조충국이 다시 상주하였다.

“신이 듣건대, 군사에 관한 일은 계책 세우는 것을 근본으로 하니, 그러므로 많이 계산해 본 사람이 조금 계산한 사람을 이기게 되어 있습니다.[50] 선령의 강족 정병은 이제 남은 것이 불과 7천~8천 명이며, 땅을 잃고 멀리 객지에 가서 분산되었는데, 주리고 얼어서 배반하고 돌아오는 자가 끊이지 않고 있습니다.

신은 어리석으나 야만인이 파괴되는 것은 며칠 몇 달이면 바라게 될 것이며, 멀리 잡는다고 하여도 오는 봄까지일 것이니, 그러므로 군사행동의 결판은 몇 달이면 기대할 수 있다고 말한 것입니다.

가만히 보건대 북방의 변경은 돈황(敦煌)에서 요동(遼東)까지 1만 1천500여 리이고, 요새를 타고 땅에 늘어선 관리나 병졸은 수천 명인데 야만인들이 자주 큰 무리를 가지고 그곳을 공격하였으나 해할 수가 없었습니다.

이제 기병은 비록 철수하였다고는 하나 야만인들이 보기에는 둔전(屯田)하는 병사가 정병 1만 명이니, 지금부터 3개월이 다 가면 야만인들의 말들은 말라빠져서 반드시 감히 그들의 처자를 다른 종족 속에 있게 하면서 멀리 강과 산을 넘어 와서 침구하지는 않을 것이고, 또 감히 그들의 처자를 이끌고 옛 땅으로 귀환하려고 하지 않을 것입니다.

이것은 신의 어리석은 계책이며, 야만인들이 또한 반드시 그들이 사는 곳에서 와해될 것으로 헤아린 까닭이며, 싸우지 않고도 스스로 파괴하도록 하는 계책입니다. 야만인들이 소규모로 노략질하고 도둑질하고 때로 인민을 살해하는 문제에 이르러서는 그 근원은 갑자기 금지시킬 수는 없습니다.

신이 듣건대 싸워도 반드시 승리하지 못할 것이면 억지로 접전하는 것이 아니고, 공격하여도 반드시 빼앗지 아니하면 억지로 많은 사람을 수고롭게 하지 않는 것입니다. 진실로 군사를 출병시키면 비록 선령(先

---

50 《손자병법(孫子兵法)》에 있는 말이다.

零)을 멸망시킬 수는 없다 하여도 다만 야만인들로 하여금 절대로 소규모의 침구(侵寇)를 못하게 한다면 출병하는 것은 좋을 것입니다.

바로 이제 같은 것이라면 앉아서 승리하는 길을 풀어 놓는 것이고, 위험한 형세를 타고 가서도 끝내 이로움을 찾아 볼 수 없으면, 헛되이 속으로 스스로 피폐하여 무거운 것을 덜어내서 스스로 손해를 보는 것이니, 만이(蠻夷)에게 보일 것이 아닙니다.

또 많은 군사들이 한 번 출동하면 또 다시는 머무르게 할 수가 없을 것이며, 황중(湟中)도 역시 아직은 비워둘 수 없으니 이와 같이하면 요역을 다시 발동하여야 합니다.

신은 어리석으나 불편하다고 생각됩니다. 신이 가만히 스스로 생각해 보건대, 조서를 받들고 요새를 나와서 군사를 인솔하고 멀리 공격을 하다가 천자의 정병을 궁지에 몰아넣고 수레와 갑옷을 산야(山野)에 흩어놓고서, 비록 한 치의 공로를 세우지 못하고도 구차하게 혐의(嫌疑)를 피할 수 있는 이익을 차지하며, 뒤에도 잘못에 대한 책임을 지는 일을 없게 한다면 이는 신하 된 사람이 불충(不忠)하면서 얻는 이익이며, 밝은 주군과 사직의 복이 되지를 않습니다.”

조충국이 상주문을 올릴 때마다 번번이 공경(公卿)과 의논하는 신하들에게 내려 보냈다. 처음에는 조충국의 계책에 10분의 3이, 중간쯤에는 10분의 5가, 최후로는 10분의 8이 찬성하였다. 조서를 내려서 전에 불리하다고 말하였던 사람을 힐난하니, 모두가 머리를 조아려서 복종하였다.

위상(魏相)이 말하였다.

“신이 어리석어서 군사에 관한 일의 이해(利害)를 익히지 못하였습니다. 후(後)장군이 자주 군사정책을 계획하였는데, 그의 말이 항상 옳았으니, 신이 그의 계책에 맡기면, 반드시 채용할 수 있을 것입니다.”

황상이 이에 조충국에게 회보하여 그의 계책을 좇겠다고 받아들였고, 역시 파강(破羌)장군과 강노(强弩)장군은 자주 마땅히 공격하여야 한다고 말하니, 이로써 그들의 계책을 두 쪽으로 다 좇게 하여 두 장군과 중랑장(中郎將) 조앙(趙卬)에게 조서를 내려서 출격하게 하였다.

강노장군은 출격하여 4천여 명을 항복시켰고, 파강장군은 2천 급(級)의 목을 베었으며, 중랑장 조앙은 목을 베고 항복 받은 자가 2천여 급(級)이었으나 조충국이 항복시켜 얻은 사람이 다시 5천여 명이었다. 철병을 하도록 조서를 내리고 다만 조충국만 둔전(屯田)하면서 머물게 하였다.

흉노와 오손국, 좌풍익이 된 한연수

6 대사농(大司農) 주읍(朱邑)이 죽었다. 황상은 그를 순리(循吏)라고 여기고 민망하고 애석하게 생각하여 조서를 내려서 그 아들에게 황금 100근을 하사하며 그의 제사를 받들게 하였다.

7 이 해에 전(前)장군이며 용락후(龍額侯)[51]인 한증(韓增)이 대사마(大司馬)·거기(車騎)장군이 되었다.

8 정령(丁令, 시베리아 바이칼 호의 북쪽)이 계속하여 3년 동안 흉노를 노략질하고 도적질하여 수천 명을 죽이고 노략질하였다. 흉노가 1만여 기병을 파견하여 가서 공격하였으나 소득이 없었다.[52]

선제 신작 2년(辛酉, 기원전 60년)

---

51 어떤 판본에는 용액후(龍額侯)라고 되어 있는 것도 있으나, 액(額)은 잘못이고, 액(額)의 음은 락(洛)이라고 호삼성이 주를 달았다.

52 이로부터 흉노는 점차 쇠퇴하였다고 평가하고 있다.

1 봄, 정월에 경사(京師)에 봉황이 모여들고, 감로(甘露)가 내리니, 천하를 사면하였다.

2 여름, 5월에 조충국이 상주하였다.

"강(羌)은 본래 군사가 5만 명일 수가 있는데, 무릇 참수한 것이 7천 600급(級)이고, 항복한 사람이 3만1천200명이고, 하(河, 황하)와 황(湟, 황수)에 빠져 죽고 굶어 죽은 사람이 5천~6천 명이니, 정수로 계산해 보면[53] 전공(煎鞏, 그들의 우두머리)과 황저(黃羝)와 더불어 도망한 사람은 4천 명에 불과합니다. 강족의 미망(靡忘) 등이 스스로 책임지고 반드시 잡겠다고 하니 청컨대 둔병을 철수하고자 합니다."

상주한 것이 좋다고 하였다. 조충국은 군사를 떨치면서 돌아왔다.

잘 알고 지냈던 호성사(浩星賜)가 조충국을 영접하며 유세하였다.

"많은 사람들이 모두 파강(破羌)장군과 강노(强弩)장군[54]이 출격하여 많은 사람의 목을 베고 산 채로 항복시켰으므로 야만인들이 파괴되었다고 합니다. 그러나 아는 사람들은 야만인들의 형세가 곤궁하게 하여서 비록 병사를 출동시키지 않았다고 하여도 바로 스스로 항복하였을 것이라고 생각합니다.

장군이 바로 알현하여서 마땅히 공로를 두 장군이 출격하였던 것에 돌리고, 어리석은 이 신하가 미치지 못한 것이라고 하시오. 이와 같이 하면 장군의 계책에서 아무 것도 실패한 것이 없소."

---

53 이 숫자를 합하면 4만4천800명이고 굶거나 물에 빠져 죽은 사람까지 합치면 5만을 넘으니, 이 계산은 어떻게 한 것인지 분명하지 않다.

54 파강장군은 신무현이고, 강노장군은 허연수이다.

조충국이 말하였다.

"내가 나이 먹어 늙었고, 작위도 이미 극에 달하였으니, 어찌 한때의 일을 자랑하는 것을 싫다고 하여 밝은 주군을 속이겠는가?[55] 군사의 형세는 나라의 큰일인데 마땅히 후세에 모범이 되도록 해야 할 것이오. 늙은 신하는 남은 생명 하나를 가지고, 폐하를 위하여 군사행동의 이해 관계를 분명히 말하지 아니하다가, 마침내 죽게 되면 누가 마땅히 다시 이것을 말하겠는가?"

끝내 그가 생각한 뜻대로 대답하였다.

황상은 그의 계책을 그러할 것이라고 생각하고, 신무현을 파직시켜서 주천(酒泉) 태수로 돌려보냈고, 조충국에게 관직을 다시 주어 후장군으로 삼았다.

가을에 강족인 약령(若零)·이류(離留)·저종(且種)·아고(兒庫)가 함께 선령(先零)의 대호(大豪, 세력이 큰 추장)인 유비(猶非)와 양옥(楊玉)의 머리를 베고, 제호(諸豪, 일반적인 추장)인 제택(弟澤)·양조(陽雕)·양아(良兒)·미망(靡忘)에 이르러서는 모두 전공(煎鞏)과 황저(黃羝)에 속하는 4천여 명을 인솔하고 항복하였다.

한에서는 약령과 제택 두 사람을 책봉하여 솔중왕(帥衆王)으로 하고 나머지는 모두 후(侯)로 삼고 군(君)으로 삼았다. 처음으로 금성속국(金城屬國)을 설치하고 항복한 강족들이 거처하게 하였다.

조서를 내려서 호강(護羌)교위를 할 만한 사람을 천거하게 하였다. 그때에 조충국은 병이 들어 있었는데, 4부(府)[56]에서 신무현의 어린 동

---

55 일시적으로 군사를 사용한 일을 말하는데, '마땅히 사실대로 상주하여야 할 것이지 어찌 스스로 자랑하는 것을 싫어할 수 있겠는가'라는 뜻이다.

생인 신탕(辛湯)을 천거하였다. 조충국이 급히 일어나서 상주하였다.

"신탕은 사주(使酒)⁵⁷하니 만이(蠻夷)들을 관리할 수 없습니다. 신탕의 형인 신임중(辛臨衆)만 같지 못합니다."

그 때에 신탕은 이미 관직[護羌교위]을 배수하고 부절을 받았는데, 조서를 내려서 바꾸어 신임중을 임용하였다. 그 후에 신임중은 병이 들어서 면직되니, 5부(府)에서 다시 신탕을 천거하였다. 신탕은 자주 술에 취하여 강인(羌人)들에게 주정을 하자 강인들이 반란을 일으켰으니, 끝내는 조충국의 말과 같이 되었다.

신무현은 깊이 조충국에게 원한을 갖고 편지를 올려서 중랑 조앙(趙卬, 조충국의 아들)이 성중(省中, 금중, 즉 궁중)의 이야기를 누설하였다고 고발하여 이(吏, 형리)에게 내려 보내지게 되니, 자살하였다.

3   사예(司隷)교위⁵⁸인 위군(魏郡, 河南省 臨漳縣)의 개관요(蓋寬饒)는 강직하고 공정하며 청렴한 사람인데, 자주 황상의 뜻을 간범(干犯)하였다. 그때에 황상이 바야흐로 형법을 적용함에 있어서 중서관(中書官)⁵⁹들에게 맡기자 개관요는 봉사(封事)⁶⁰를 올려서 말하였다.

---

56 4부란 승상부(丞相府)·어사부(御史府)·거기장군부(車騎將軍府)·전장군부(前將軍府)를 말하며, 후장군부(後將軍府)를 합친다면 5부라고 한다.

57 술로 인하여 기분을 부리는 것을 말하며, 술주정이 심한 것을 의미한다.

58 무제시대에 처음 설치하였다. 부절을 가지고 중도관 1천200명을 거느리고서 무고를 체포하고 대간활을 감독하였다.

59 무제가 후정에서 연회를 베풀 때에 환관을 중서관(中書官)으로 삼았다. 보통 관직에서 중(中)이 들어가는 것은 궁중에서 일을 담당하는 직책이다.

60 상주한 글을 시중이나 다른 사람이 보지 못하고 직접 황제가 보도록 봉함하

"바야흐로 성스러운 도(道)가 침습하는 것이 미미(微微)하고, 유가학
술이 이행되지 않아서 형여(刑餘)하는 사람이 주공(周公)과 소공(召公)
이 되고, 법률을《시경(詩經)》과《서경(書經)》으로 하였습니다.[61]"

또한《역전(易傳)》을 인용하여 말하였다.

"오제(五帝)는 천하를 관(官)으로 삼았고, 삼왕(三王)은 천하를 가
(家)[62]로 생각하였습니다. 가(家)여서 자손에게 전해주며, 관(官)이어
서 현명한 성인에게 전해주었습니다."

편지가 상주되자 황상은 개관요가 원망하고 비방한 것이라고 생각
하고, 그 편지를 중이천석(中二千石)에게 내려 보냈다.

그때에 집금오(執金吾)가 의논하여 생각하였다.

"개관요의 뜻은 선양(禪讓)해 주기를 요구하는 것이니[63] 대역부도
(大逆不道)합니다."

간대부(諫大夫) 정창(鄭昌)은 개관요가 충성스럽고 정직하여 나라
를 걱정하였지만 언사가 그 뜻을 적당하게 표현하지 못한 것이나 문리

여 올린 글을 말한다.

61 환관을 가리킨다. 환관은 거세하였으므로 이는 형벌을 받은 사람처럼 되었다
는 의미로 부르는 것이다. 형벌은 사람이 주대에 성왕을 보좌한 주공이나 소
공처럼 되었다는 말이고 경전인《서경》등을 기준으로 정치를 해야 하는데 법
률을 경전처럼 생각한다는 말로 잘못되고 있다는 말이다.

62 관(官)은 관부(官府)라는 말로 이는 공적으로 일을 처리하는 것을 말하며, 가
(家)란 집안으로 사적으로 일을 처리하는 것을 말한다.

63 이 편지의 내용은 천하를 후대에 전하는 방법을 자기 가족에게 넘기는 것과
공적으로 훌륭한 사람에게 넘기는 것을 비교한 것이고, 결과적으로는 공적으
로 천하를 넘기는 것이 좋을 것이라는 의미를 내포하고 있다. 그러므로 이것
을 천자로 하여금 자기에게 선양하라는 뜻으로 해석한 것이다.

(文吏, 法條文을 다루는 형리)들에게 훼방되고 좌절되고 있음을 민망하고 아프게 생각하여 편지를 올려서 개관요가 억울하다고 호소하여 말하였다.

"신이 듣건대 산에는 맹수가 있기에 여곽(藜藿, 보잘 것 없는 나물)을 채취하지 못하며, 나라에도 충신이 있으니 간사한 것이 이 때문에 일어나지 못합니다.

사예교위 개관요는 거처하면서 편안한 곳을 찾지 않고, 먹으면서 배부르기를 구하지 않으며, 나아가서는 나라를 걱정하는 마음을 가졌고, 물러나서는 절개를 지키며 죽을 의로움을 지녔는데, 위로는 허씨(許氏)나 사씨(史氏)[64] 같은 무리도 없고, 아래로는 금씨(金氏)나 장씨(張氏)[65]처럼 의탁할 곳도 없는데, 직책이 살피는 일을 관장하며 곧은길로 가니, 원수를 많이 가졌지만 더불어 하는 사람은 적었습니다.

서신을 올려서 나라의 일을 진술하였는데, 유사(有司)들이 대벽(大辟)으로 탄핵하였습니다. 신은 다행하게도 대부의 뒤를 좇을 수 있었고, 관직이 '간(諫)한다'는 명칭을 갖고 있기에 감히 말씀드리지 않을 수 없습니다."

황상은 듣지 않았다.

9월에 개관요를 이(吏, 형리)에게 내려 보내니 개관요가 패도(佩刀, 차고 다니던 칼)를 꺼내서 북궐(北闕) 아래서 스스로 목을 찔렀는데, 많은 사람 가운데 그를 연민하지 않는 사람이 없었다.

---

64 허씨는 선제의 처가이며, 사씨는 선제의 외가이다.

65 금씨는 금일제의 후손을 말하고, 장씨는 장안세의 후손을 말한다.

4   흉노의 난제허려권거(欒提虛閭權渠) 선우[66]가 10여만의 기병을
거느리고 요새에 가까이하여 수렵을 하면서 변경으로 들어와서 침구
하려 하였다. 아직 이르지 않았는데, 마침 그 백성인 제제거당(題除渠
堂)이 한으로 도망하여 항복하고 그 상황을 말하니, 한에서는 그 사람
을 언병록해록로후(言兵鹿奚鹿盧侯)[67]로 임명하고, 후장군 조충국을
파견하여 병사 4만여의 기병을 거느리고 변경에 연해 있는 9개의 군
(郡)에 주둔시키고 야만인들을 대비하게 하였다.

한 달여 만에 선우가 병이 들어 피를 토하고 이 때문에 감히 들어오
지 못하고 돌아가자 바로 병사를 철수시켰다. 마침내 제왕(題王) 도리
호차(都犁胡次) 등으로 하여금 한에 들어와서 화친을 청하게 하였고,
아직 회보하지 않았는데 마침 선우가 죽었다.

난제허려권거 선우가 처음에 서서 전거연지(顓渠閼氏)를 축출하였
었다.[68] 전거연지는 바로 우현왕(右賢王) 도기당(屠耆堂)과 사사로이
통정하였는데, 우현왕이 용성(龍城, 蒙古 和碩柴木 湖 부근)에서 회의하
려고 갔다. 전거연지는 선우가 심하게 병들었다는 것을 말하여 멀리 가
지 말게 하였다.

그 뒤 며칠 있다가 선우가 죽었고, 용사(用事)하는 귀인인 학숙왕(郝
宿王) 형미앙(刑未央)이 사람을 시켜서 제왕(諸王)들을 소집하고, 아직

---

66 12대 선우이다. 흉노 선우를 보면, 10대는 난제호록고(欒提狐鹿姑)이고, 12대
는 난제허려권거(欒提虛閭權渠)이고, 13대는 난제도기당(欒提都耆堂)이다.

67 이러한 작위의 명칭은 《한서(漢書)》 공신표에는 없다. 실제로 후작의 대우를
한 것은 아니고 명칭만 작위를 준 것 같다.

68 이 일은 지절 2년(기원전 68년)에 있었고, 그 내용은 《자치통감》 권24에 실려
있다.

이르지 않았는데, 전거연지는 그의 동생인 좌대장(左大將) 차거도륭기(且渠都隆奇)와 모의하여 우현왕을 세워서 악연구제(握衍朐鞮) 선우로 삼았다. 악연구제 선우라는 사람은 오유 선우(烏維 單于, 6대 선우)의 이손(耳孫, 玄孫의 아들)이다.

악연구제 선우가 섰는데, 흉악하여 형미앙 등을 죽이고, 도륭기(都隆奇)를 임용하며, 또 허려권거의 자제와 가까운 친척들을 다 면직시키고, 스스로 그 자제로 이들을 대신하게 하였다. 허려권거 선우의 아들인 난제계후산(欒提稽侯狦)은 이미 설 수 없게 되자, 처의 아버지인 오선막(烏禪幕)에게로 도망갔다.

오선막이라는 것은 본래 강거(康居)와 오손(烏孫) 사이에 있는 작은 나라인데, 자주 침략과 폭압을 받자 그들의 무리 수천 명을 인솔하여 흉노에 항복하니, 호록고(狐鹿姑) 선우가 그의 조카인 일축왕(日逐王)의 누이로 처를 삼게 하여 그 무리를 인솔하여 장(長)이 되게 하고, 오른쪽[서부]에 살게 하였다.

일축왕 선현전(先賢撣)은 그의 아버지인 좌현왕이 당연히 선우가 되어야 하였으나, 호록고선우(狐鹿姑單于, 10대 선우)에게 양보하고 호록고선우는 그를 세우는 것을 허락하였다.[69] 국인(國人, 그 나라의 귀족)들은 이런 연고로 자못 일축왕이 당연히 선우가 되어야 한다고 말하였다.

일축왕은 평소에 악연구제 선우와 틈이 있어서, 바로 그 무리를 이끌고 한(漢)에 항복하려고 하여 사람을 시켜서 거리(渠犁, 新疆 輪臺縣)에 이르게 하여 기(騎)도위 정길(鄭吉)과 서로 보고하였다.

---

69 이 일은 무제 태초 원년(기원전 104년)에 있었고, 그 내용은 《자치통감》 권 22에 실려 있다.

정길이 거리와 구자(龜玆)의 여러 나라의 5만 명을 발동하여 일축왕의 인구 1만2천 명과 소왕장(小王將)[70] 12명을 영접하였더니, 정길을 좇아서 하곡(河曲, 靑海省의 동부)에 이르렀는데, 자못 도망간 사람이 있어서 정길은 쫓아가서 그들의 목을 베고 드디어 거느리고 경사(京師)에 도착하였다. 한에서는 일축왕을 책봉하여 귀덕후(歸德侯)로 하였다.

정길이 이미 차사(車師)를 격파하였고,[71] 일축왕도 항복시키니, 위엄이 서역을 뒤흔들었고, 드디어 차사 서쪽의 북도(北道)를 아울러[72] 보호하게 하니 그러므로 '도호(都護)[73]'라고 호칭하였다. 도호를 설치한 것은 정길에서부터 시작되었다. 황상은 정길을 책봉하여 안원후(安遠侯)로 삼았다.

정길은 이에 서역의 중간쯤 되는 지점에 막부(幕府)를 세우고, 오루성(烏壘城, 신강성 輪台縣의 동쪽, 渠犁의 둔전 근처)을 치소로 하니 양관(陽關)까지 2천700여 리였다. 흉노는 더욱 약해져서 감히 서역을 다투지 못하게 되고, 동복(僮僕)도위[74]는 이로부터 철수하였다.

---

70 소왕을 돕는 장수를 말하며, 소왕을 도와 군사를 거느린다. 흉노좌우왕, 좌우곡려왕, 좌우대장이라 무릇 24장(長)이 대왕장(大王將)이며, 나머지는 소왕장이다.

71 이 일은 지절 3년(기원전 67년)에 있었던 일이고, 이 내용은 《자치통감》 권25에 실려 있다.

72 선제 원강 2년(기원전 64년)에 정길은 선선국[누란국]의 서쪽에 있는 남도(南道)의 치안을 확보하였는데, 지금 북도까지 관장하게 되었다.

73 호(護)란 관직의 성격에 따라서 붙였었다. 예컨대 호강교위와 같은 것인데, 이 경우에 여러 호(護)라는 관직의 업무를 총괄하게 되어 도호라고 한 것이다.

74 서역의 여러 나라들은 모두 흉노에 복속되어서 일축왕이 동복도위를 설치하

도호는 오손(烏孫)과 강거(康居) 등 36개 나라의 동정을 감독하며 시찰하여 변고가 있으면 소식을 보고하였고, 안무할 수 있으면 이들을 안무하였고, 할 수 없으면 이들을 죽이고 토벌하니, 한의 호령은 서역까지 반행되었다.

악연구제 선우는 다시 그의 사촌형인 난제박서당(欒提薄胥堂)을 일축왕으로 세웠다.

5　　오손의 곤미(昆彌)인 옹귀미(翁歸靡)가 장라후(長羅侯) 상혜(尙惠)를 통하여 편지를 올려서 말하였다.

"바라건대 한의 외손자인 원귀미(元貴靡)[75]가 뒤를 잇게 하여주시고, 다시금 한의 공주를 모시고 살게 하여주시면 결혼하여 이중 친척이 되어 흉노를 배반하고 단절하겠습니다."

조서를 내려서 공경(公卿)들에게 내려 보내어 의논하게 하였다.

대홍려(大鴻臚) 소망지(蕭望之)가 생각하였다.

"오손국은 떨어진 곳이어서 변고를 보장하기 어려우니 허락할 수 없습니다."

황상은 오손이 새롭게 큰 공을 세웠고, 또 옛날 일을 어렵게 끊은 것을 아름답다 하여,[76] 마침내 오손의 공주 유해우(劉解憂)[77]의 동생인

였었다. 흉노는 동복도위로 하여금 서역 여러 나라를 감시하게 하였다.

75 초주(楚主)인 해우(解憂)의 맏아들이다.

76 흉노를 대파한 일은 본시 2년(기원전 71년)에 있었고, 오래 흉노와 혼인관계를 맺고 있었던 것을 끊은 것이다.

77 유해우는 초왕 유무(劉戊)의 손녀로 오손에 시집가서 큰아들 원귀미(元貴靡), 둘째아들 만년(萬年), 막내아들 대락(大樂)을 낳았다.

유상부(劉相夫)를 공주로 삼아서 많은 물자를 실어서 그를 파견하고, 상혜로 하여금 호송하도록 하여 돈황에 이르렀다.

요새를 아직 나가지 않았는데, 옹귀미가 죽었다는 소식을 듣고, 오손의 귀족들이 함께 본래의 약속을 좇아서 잠취(岑娶)의 아들인 니미(泥靡)를 세워서 곤미로 삼고[78] 광왕(狂王)이라고 호칭하였다.

상혜는 편지를 올려서 말하였다.

"바라건대, 어린 공주(公主)를 돈황에 머물게 하여주십시오."

상혜는 말을 달려 오손에 이르러서 원귀미를 세워서 곤미로 삼지 않은 것을 책망하여 나무라고 돌아와서 어린 공주를 영접하였다.

사건이 공경들에게 내려지니, 소망지가 다시 생각하였다.

"오손에서 두 끝을 쥐고 있으니[79] 약속을 맺기가 어렵습니다. 이제 어린 공주는 원귀미(元貴靡)가 세워지지 않았으므로 돌아오게 하는데, 신의(信義)에서도 이적(夷狄)에게 지는 것이 없으므로 이는 중국(中國, 한)의 복입니다. 어린 공주가 중지하지 않으면 장차 요역(徭役)을 일으켜야 할 것입니다."

천자가 이를 좇아서 어린 공주를 불러서 돌아오게 하였다.

선제 신작 3년(壬戌, 기원전 59년)

---

78 잠취가 죽을 때 그의 아들인 니미는 나이가 어려서 동생인 옹귀미에게 전위(傳位)하면서 그의 아들인 니미가 성장한 뒤에 그에게 전위하기로 한 것은 선제 본시 2년(기원전 72년)의 일이다. 그런데 옹귀미는 자기의 아들을 대신하여 중국에 구혼을 하였으며, 이것은 12년 전에 잠취와 약속한 것을 한의 공주의 힘을 빌려 없애려고 한 것이다.

79 양다리 걸치기를 하고 있다는 표현이다.

1   봄, 3월 병진일(16일)에 고평헌후(高平憲侯) 위상(魏相)이 죽었다.
여름, 4월 무진일(29일)에 병길(丙吉)이 승상이 되었다. 병길은 관대한
것을 우선으로 생각하였고, 예의와 양보를 좋아하며 작은 일에는 친히
가까이하지 아니하니 그 당시의 사람들은 대체를 안다고 생각하였다.

2   가을, 7월 갑자일(26일)에 대홍려(大鴻臚) 소망지(蕭望之)가 어사
대부가 되었다.

3   8월에 조서를 내려서 말하였다.
   "관리[吏]가 염치와 공평함이 없으면 정치의 도(道)는 쇠퇴한다. 이
제 소리(小吏, 하급 관리)들이 모두 부지런히 일을 하나 봉록이 박(薄)
하여 백성들의 것을 침탈(侵奪)하지 않으려 해도 어렵다. 그러니, 이
(吏)100석(石) 이하에게는 녹봉을 10분의 5를 더 주도록 하라."

4   이 해에 동군(東郡, 河南省 濮陽縣) 태수 한연수(韓延壽)가 좌풍익
(左馮翊)이 되었다. 애초에, 한연수는 영천(潁川, 河南省 禹縣) 태수였는
데, 영천은 조광한(趙廣漢)이 이민(吏民)들을 구회(搆會)하게 한 뒤를
이어받아서 풍속에는 원수를 삼은 일이 많았다.[80]
   한연수는 고쳐서 예의와 양보를 가르쳤고, 옛날 노인들을 불러서 함
께 시집가고 장가드는 것과 상례(喪禮)와 제례(祭禮)의 의식과 예물을
의논하고, 대략 옛날 예법에 의거하되 법도를 지나치지 못하게 하였다.

─────────
80 이민(吏民)들로 하여금 서로 고발하게 한 조치를 말하며, 이 사건은 본시 3년
   (기원전 71년)에 있었으며, 그 내용은《자치통감》권24에 실려 있다.

백성들은 그의 가르침을 높여 사용하였다.

우(偶)인 수레, 말 그리고 하리(下里)[81]의 가짜 물건을 파는 사람이 이것들을 저자 길거리에 버리게 하였다. 황패(黃覇)가 한연수를 대신하여 영천에 있게 되었는데, 그 족적을 이어서 크게 잘 다스렸다.

한연수가 관리가 되어서 예의를 높이고, 옛날의 교화하는 방법을 좋아하여 가는 곳에서는 반드시 그곳의 현명한 인사를 초빙하여 예(禮)로 대우하고, 널리 꾀를 내고 의논하게 하며, 간쟁(諫爭)을 받아들이고, 효제(孝悌)에서 행적이 있는 사람을 표창하고 학관(學官, 학교)을 잘 건축하여 춘추에 향사(鄕射)하면서, 종고(鐘鼓)과 관현(管絃)을 진열하고 오르고 내리며, 읍양하는 것을 성대하게 하였고, 강무(講武)를 전체로 시험하면서 부월(斧鉞)과 정기(旌旗)를 설치하고 활쏘기와 말 타는 일을 익히며, 성곽을 수리하고, 부세(賦稅)를 거두면서 먼저 분명히 그 날짜를 포고하는데 기한을 정한 것은 큰 일로 생각하였다. 이민(吏民)들은 경외하여 좇아 반향(反響)하였다.

또 정(正)과 오장(五長)[82]을 두어 서로 이끌면서 효제(孝悌)하게 하였고, 간사한 사람을 머무를 수 없게 하고 여리(閭里)의 천맥(阡陌)에 비정상적인 일이 있게 되면, 이(吏, 관리)는 번번이 소식을 보고하여 알게 하니 간사한 사람들이 감히 경계로 들어오지 못하였다.

그것은 처음에는 번거로운 것 같았으나, 뒤에는 이(吏, 관리)들이 쫓

---

81 문장의 내용으로 보아 실제로 쓰는 것이 아니고, 제사용으로 쓰는 인형과 종이로 만드는 수레와 말을 말하며, 하리는 무덤 속에 넣는 부장물 같은 것을 말한다. 인형인 우(偶)는 흙이나 나무로 만든다.

82 정(正)은 향정(鄕正)과 이정(里正)과 같은 것이며, 오장은 오장(伍長)으로 동오(同伍) 가운데 한 사람을 장(長)으로 두는 것이다.

아가 체포해야 하는 고생이 없게 되고, 백성들은 형장(刑杖)을 맞을 걱정이 없어져서 모두 이를 편안하게 생각하였다. 하급 관리들을 만나서 대하면서 은혜 베푸는 것이 아주 후(厚)하였고, 약속하고 서약한 것은 분명히 하였다.

혹 그를 속이는 사람이 있으면 한연수는 스스로 심각하게 책임이 있음을 아파하였다.

"얼마나 그에게 짐을 지워서 어찌하여 이 지경에 이르렀는가?"

이(吏, 관리)로 이 소식을 들은 사람은 스스로 상(傷)하고 후회하였고, 그 현위(縣尉)는 스스로 자신을 찔러 죽는데 이르렀다.

문하연(門下掾)[83]이 스스로 목매기에 이르렀는데, 다른 사람이 구해 주어서 절명하지 않으니, 한연수는 눈물을 흘리면서 이(吏)를 파견하여 의원이 치료하는 것을 살피게 하고 그 집안을 후하게 회복시켜 주었다. 동군(東郡)에 3년 있는 동안에 명령하면 시행되고 금지하면 중지하니, 옥사(獄事)가 크게 줄었는데, 이로 말미암아 들어오게 하여서 풍익(馮翊)으로 삼은 것이다.

한연수가 나가서 현(縣)을 순시하면서 고릉(高陵, 陝西省 高陵縣)에 이르니, 백성 가운데 형제가 서로 더불어 전지(田地)를 가지고 소송한다고 스스로 말하였다.

한연수는 크게 아파하며 말하였다.

"다행히도 준비된 자리를 얻게 되어 군(郡)의 표준이 되려고 하였는데, 교화를 분명히 밝히지 못하여 민간인 가운데 골육이 다투며 소송을 하기에 이르렀으니, 이미 풍속의 교화에 상처를 입은 것이고, 더욱 현

---

83 연리(掾吏)를 말한다.

명(賢明)한 장리(長吏)·색부(嗇夫)·삼로(三老)·효제(孝悌)⁸⁴들로 하여
금 그 치욕을 받게 하였으니, 허물은 이 풍익에게 있으므로 마땅히 먼
저 물러나야 할 것이다."

이날로 병이 낫다고 하면서 정사(政事)를 처리하지 아니하고 이어서
전사(傳舍)⁸⁵에 들어가서 누워서 문을 닫고 허물을 생각하였다.

온 현(縣)에서는 할 바를 알지 못하고, 현령(縣令)·현승(縣丞)·색부·
삼로들이 역시 모두 스스로 갇혀서 죄 받기를 기다렸다. 이에 소송을
한 사람의 종족들이 서로 전하여 힐책하고 나무라니, 이 두 형제는 깊
이 스스로 후회하여 모두 스스로 머리를 빡빡 깎고 육단(肉袒)하고 사
과를 하며, 전지(田地)를 서로 전해주기를 원하였고, 죽을 때까지 감히
다시는 다투지를 않았다.

군(郡)에서는 화목하고, 전하며 서로 경계하지 않는 사람이 없고, 감
히 범하지를 못하였다. 한연수의 은덕과 신의가 24현에 두루 퍼지니
감히 송사를 스스로 말하는 사람이 없었다. 그의 지성을 미루어 나가니
이민(吏民)들 가운데 차마 속이는 사람이 없었다.

5   흉노의 선우⁸⁶가 또 난제선현전(欒提先賢撣)의 두 동생을 죽이

---

84 장리(長吏)는 장급 관리를 말하므로 이 경우에는 현령이고, 색부(嗇夫)는 민
   정 담당관이며, 삼로(三老)는 교육담당관이고, 효제(孝悌)는 사회담당관에 해
   당하는 관직이다.
85 공무로 여행하는 사람이 전거(傳車)를 타도록 하거나 묵을 수 있도록 만든 집
   을 말한다. 태수이면서 전사에 머문다는 것은 스스로 태수가 아니라는 것을
   표하기 위한 것으로 보인다.
86 흉노의 13대 악연제 선우인 난제도기당을 말한다.

니, 오선막(烏禪幕)이 이를 부탁[87]하였는데, 들어주지 않자 마음으로 한스러워하였다.

그 뒤에 좌오건왕(左奧鞬王)이 죽자 선우는 스스로 그의 어린 아들을 세워 오건왕(奧鞬王)으로 삼아서 왕정(王庭)에 머무르게 하였다. 오건(奧鞬)의 귀인(貴人)들이 함께 옛날 오건왕의 아들을 세워 왕(王)으로 삼고서 더불어 동쪽으로 이사하였다. 선우의 우승상이 1만여 기병을 거느리고 가서 그들을 쳤다. 수천 명을 망실(亡失)하고서 이기지를 못하였다.＊

---

87 살려달라는 부탁이다.

권027

한기19

내·외치에 성공한 선제

선제 신작 4년(癸亥, 기원전 58년)

1   봄, 2월에 경사(京師)에 봉황이 모여들고, 감로(甘露)가 내리자,
천하를 사면하였다.

2   영천(穎川, 하남성 禹縣) 태수 황패(黃霸)가 군에 있은 것이 전후
8년에 정사(政事)는 더욱 잘 다스려졌는데, 이때에 봉황과 신작(神雀)
이 자주 군국(郡國)에 모여들었고, 영천에 더욱 많았다.
    여름, 4월에 조서로 말하였다.
    "영천 태수 황패는 조령을 선포하여 밝히고, 백성들을 교화시켜서
효성스런 자식과 우애 있는 동생, 정절(貞節) 있는 지어미, 순종하는
손자들이 날로 많아졌고, 농사짓는 사람은 전지(田地)의 경계를 양보
하고, 길에는 떨어진 물건을 줍지 않으며, 홀아비와 과부를 봉양하고
살피며, 가난한 사람을 도와주고 옥사(獄事)는 혹 8년간에 무거운 죄
를 지은 죄수가 없었으니, 그래서 작위로 관내후(關內侯)를 주고, 황금
100근을 하사하며 관질(官秩)은 중이천석(中二千石)으로 한다."

그리고 영천에 사는 효성스러운 사람, 우애 있는 사람, 의로운 행위를 한 백성과 삼로(三老) 역전(力田)[1]에게 모두 차등 있게 작위와 비단을 내려 주었다. 그 후 몇 달 있다가 황패를 징소하여 태자태부(太子太傅)로 삼았다.

3   5월에 흉노의 선우[2]가 그의 동생인 호류약왕(呼留若王) 난제승지(欒提勝之)를 파견하여 와서 조현(朝見)하게 하였다.

4   겨울, 10월에 봉황 11마리가 두릉(杜陵, 宣帝 劉詢의 陵)에 모여들었다.

5   하남(河南, 河南省 洛陽市) 태수[3] 엄연년(嚴延年)이 정사(政事)를 처리하는 것이 음험하고 혹독하고 매워서, 여러 사람들이 말하는바 마땅히 죽어야 할 사람은 하루아침에 이를 내보내고, 이른바 마땅히 살아야 할 사람은 궤변(詭辯)으로 그를 죽이니, 이민(吏民)들은 그 뜻의 깊고 얕음을 헤아릴 수가 없어서 전율(戰慄)하여 감히 금법(禁法)을 범하지 못하였다.
    겨울에 속현(屬縣, 군에 소속된 현)의 죄수들을 부(府, 郡府)에 모아서 판결한다고 전하였는데, 피가 몇 리를 흘러가니 하남에서는 호(號)를

---

1   관직명으로 농업을 장려하는 직책이다.

2   13대 선우인 악연구제 선우인 난제도기당을 말한다.

3   다른 판본에는 태수 다음에 동해(東海)가 더 들어가 있는 것도 있어서, 엄연년이 동해 출신임을 표시하고 있다.

붙여서 '도백(屠伯)'[4]이라고 말하였다. 엄연년은 평소 황패의 사람됨을 가볍게 보았는데, 옆 군(郡)의 태수[5]가 되어서 포상을 받은 것이 오히려 자기를 앞서게 되자 마음속으로 불복하였다.

하남의 경계 안에 또한 황충의 재해가 있자, 부승(府丞) 의(義)[6]가 나아가서 황충의 재해를 둘러보고 돌아와서 엄연년을 만났다. 엄연년이 말하였다.

"이 황충은 어찌하여 봉황(鳳凰)의 먹을거리인가?"[7]

의(義)는 늙었는데 자못 싫어하고, 평소에 엄연년을 두려워하여 중상을 당할까 걱정하였다.

엄연년은 본래 일찍이 의와 함께 승상사(丞相史)를 하였는데, 실제로 그를 가까이하고 후(厚)하게 하여서 음식을 대접하는 것이 아주 후하였다. 의는 더욱 두려워져서 스스로 점을 쳐 보니 죽을 괘(卦)가 나오자, 총총(悤悤) 즐겁지 아니하여 취고(取告)[8]하고 장안에 이르러서 엄연년의 죄명 열 가지를 들어서 편지를 올렸다.

이미 절하고 상주하고 이어서 약을 먹고 자살하여 속이는 것이 아

---

4 백(伯)은 우두머리를 가리키는 말이므로 이 경우에는 군(郡)에서 붙인 것이므로 태수를 의미하는 말이고, 도(屠)는 도살(屠殺)이라는 말이므로 '사람백정인 태수'라는 말이다.

5 황패를 말한다. 엄연년은 하남태수이고, 황패는 영천태수여서 두 군이 모두 하남성에 있으므로 엄연년의 입장에서는 황패는 옆 군의 태수이다.

6 부승이란 군의 관리를 말하며, 의(義)는 사람의 이름이나 성의 기록은 없다.

7 이 말은 황패가 태수로 있었던 영천에 봉황이 날아들어서 그가 후한 상을 받은 것에 대하여 풍자적으로 한 말이다. 그러나 의는 이 말을 알아듣지 못하였다.

8 휴가를 얻은 것을 말한다.

니라는 것을 밝혔다. 사건이 어사승(御史丞)에게 내려져서 조사를 하니, 그의 말에는 정치적 몇 가지 일을 원망하고 비방하는 말이 있었다. 11월에 엄연년은 대역부도(大逆不道)의 죄에 걸려서 기시(棄市)되었다.

애초에, 엄연년의 어머니가 동해(東海, 山東省 郯城縣)에서 와서 아들 엄연년을 좇아서 납제(臘祭)를 지내려 하였고, 낙양에 도착하여 바로 보수(報囚)[9]하는 것을 보고서 그의 어머니는 크게 놀라서 도정(都亭)[10]에서 머무르고 부(府, 郡府)로 들어가려고 하지 아니하였다. 엄연년이 나와서 도정에 가서 어머니를 뵈려 하였으나, 그의 어머니는 문을 닫고 만나지 않았다.

엄연년은 문 아래에서 관(冠)을 벗고 머리를 조아렸는데, 한참 만에 어머니가 마침내 그를 보고서 자주 엄연년을 책망하여 말하였다.

"다행히도 군(郡)의 태수가 될 수 있어서 천 리를 오로지 다스리는데, 네가 인애(仁愛)로 교화하여 어리석은 백성들을 모두 안전하게 하고 있다는 소식은 들리지 않고, 돌아보건대 형벌을 이용하여서 사람을 형벌로 죽이는 일을 많이 하여 위엄을 세우려고 한다니, 어찌 백성의 부모[11]가 되는 뜻이겠느냐?"

---

9 안사고는 시행하여 결정하고 보고하는 주문을 올리는 것이라고 해석하였고, 다른 사람은 검거하여 신문하는 전후로 직접 죄수를 판단하여 결정을 하고 보고하는 것이라고 보았다.

10 각 군과 현에는 모두 도정이 있는데, 진(秦)의 제도에 의하면 10리에 정(亭) 하나를 두게 되어 있고, 군과 현의 치소(治所)에는 도정을 두게 되어 있는데, 도정은 숙소를 말한다.

11 지방정부의 수령을 백성의 부모라고 표현한 곳은 《자치통감》에서는 이것이 첫 번째이다.

엄연년이 죄를 자복(自服)하고 거듭 머리를 조아려서 사과하였고, 이어서 그 어머니를 부사(府舍, 郡府에 마련되어 있는 숙소)로 모시고 갔는데, 어머니는 정납(正臘)[12]을 마치자 엄연년에게 말하였다.

"천도(天道)는 신령하고 밝아서 사람이 혼자서 죽일 수는 없다.[13] 나는 늙어서 장정인 아들이 형벌을 받아서 죽게 되는 것을 만날 뜻이 없다. 가겠다. 너를 떠나서 동쪽[동해][14]으로 가서 묘지를 소제할 뿐이다."

드디어 떠나서 군(郡, 동해)으로 돌아가서, 형제와 종인(宗人, 종친)들을 보고서 다시 이를 말하였다. 그 뒤 1년여에 과연 실패하니 동해(東海)에서는 그의 어머니를 현명하고 지혜롭다고 아니하는 사람이 없었다.

6   흉노의 악연구제(握衍朐鞮, 흉노의 13대 선우인 난제도기당) 선우는 포학하여 사람을 죽이거나 치기를 좋아하였기에 그 나라에서는 붙지 아니하였다. 태자와 좌현왕(左賢王)이 자주 왼편[동부]의 귀족들을 참소하기에 이르자 왼편의 귀족들이 모두 원망하였다.

마침 오환(烏桓)이 흉노의 동부 변경의 고석왕(姑夕王)을 공격하여 자못 인민들을 잡아가게 되니, 선우는 화가 났다. 고석왕은 두려워서 바로 오선막(烏禪幕)과 왼편의 귀족들과 더불어 난제계후산(欒提稽

---

12 납(臘)은 원래 엽(獵)에서 나온 말로 수렵을 하여 짐승을 잡아서 조상에게 제사를 지내는 의식이다. 이 의식이 끝나면 바로 새해가 되는데, 연말과 정초의 여러 가지 예의를 말하는 것이다.

13 다른 사람을 많이 죽인 사람은 자기도 역시 죽는다는 말이다.

14 아들 엄연년이 있는 하남에서 그 어머니가 사는 동해는 동쪽이다.

侯㳿)을 세워서 호한야(呼韓邪) 선우[15]라고 칭하고, 왼쪽의 병력 4만 ~5만 명을 발동하여 서쪽으로 나아가서 악연구제 선우를 치려고 고차수(姑且水)의 북쪽에까지 이르렀다.

아직 전투를 하지 아니하였는데, 악연구제 선우의 병사들이 패하여 달아나면서 사람을 시켜서 그 동생인 우현왕에게 통보하게 하였다.

"흉노들이 함께 나를 공격하니 그대는 병사를 발동하여 나를 도울 수 있는가?"

우현왕이 말하였다.

"그대는 사람들을 사랑하지 아니하고, 형제들과 여러 귀족을 죽였다. 각기 스스로 그대가 있는 곳에서 죽지, 와서 나 있는 곳을 더럽히지 마시오."

악연구제 선우는 화가 나서 자살하였다. 좌대차거(左大且渠) 도륭기(都隆奇)는 도망하여 우현왕이 있는 곳으로 가니 그 백성들은 모두 호한야 선우에게 항복하였다.

호한야 선우는 왕정으로 돌아갔고, 몇 달이 지나서 병사를 철수하고 각자 원래의 옛날 땅으로 돌아가게 하고 마침내 그 형인 호도오사(呼屠吾斯)를 백성들 사이에서 찾아서 세워 좌곡려왕(左谷蠡王)으로 삼고, 사람을 시켜서 우현왕의 귀족들에게 말하게 하고, 우현왕을 죽이게 하려고 하였다.

그 해 겨울에 도륭기(都隆奇)와 우현왕이 함께 일축왕(日逐王) 난제 박서당(欒提薄胥堂)을 세워서 도기(屠耆) 선우로 삼고 병사 수만 명을 발동하여 동쪽으로 가서 호한야 선우를 습격하니, 호한야 선우의 병사

---

15 14대 선우이다.

들이 패하여 달아났다. 도기 선우가 돌아와서 그의 맏아들인 난제도도오서(欒提都塗吾西)를 좌곡려왕(左谷蠡王)으로 삼고, 작은아들 난제고무루두(欒提姑瞀樓頭)를 우곡려왕(右谷蠡王)으로 삼아서 선우의 왕정에 머무르게 하였다.

선제 오봉 원년(甲子, 기원전 57년)

1 봄, 정월에 황상이 감천궁(甘泉宮)에 행차하여 태치(泰畤)에서 제사를 지냈다.

2 황태자의 관례(冠禮)[16]를 행하였다.

3 가을, 7월에 흉노의 도기(屠耆) 선우가 선현전(先賢撣)의 형인 우오건왕(右奧鞬王)으로 하여금 오자(烏藉)도위와 더불어 각기 2만의 기병을 가지고 동방에 주둔하여 호한야 선우를 대비하게 하였다.

이때에 서방의 호게왕(呼揭王)이 와서 유리당호(唯犁當戶)와 더불어 모의하여 함께 우현왕을 참소하며 자립하여서 선우가 되려고 한다고 말하였다. 도기 선우가 우현왕 부자를 죽였는데, 뒤에 가서 그것이 억울하였음을 알고 다시 유리당호를 살해하니, 이에 호게왕은 두려워서 드디어 배반하고 달아나서 자립하여 호게(呼揭) 선우가 되었다. 우오

---

16 이때에 황태자 유석(劉奭)이 열댓 살이어서 어른이 되는 형식인 관례를 행한 것이다.

건왕(右奧鞬王)은 이를 듣고 즉시 자립하여 거리(車犁) 선우가 되었다. 오자(烏藉)도위도 역시 자립하여 오자(烏藉) 선우가 되었다. 무릇 다섯의 선우였다.[17]

도기 선우는 스스로 병사를 거느리고 동쪽으로 가서 거리 선우를 치고, 도륭기(都隆奇)로 하여금 오자 선우를 공격하게 하였다. 오자 선우와 거리 선우는 모두 패하여 서쪽으로 달아나서 호게 선우의 병사와 합하니 4만 명이 되었다. 오자와 호게는 모두 선우라는 호칭을 없애고 함께 힘을 합하여 거리 선우를 높여서 보필하였다.

도기 선우는 이를 듣고 좌대장(左大將)·도위로 하여금 4만의 기병을 거느리고 나누어 동방에 주둔하면서 호한야 선우를 대비하게 하고, 스스로는 4만의 기병을 거느리고 거리 선우를 공격하였다. 거리 선우가 패하여 서북쪽으로 달아났다. 도기선우는 바로 병사를 이끌고 서남쪽으로 가서 탑돈(闒敦)의 땅에 머물렀다.

한에서 의논하는 사람들은 대부분 말하였다.

"흉노는 해가 된 지 오래 되었으니 그들이 파괴되고 혼란한 것을 이용하여 병사를 일으켜서 그들을 멸망시킬 수 있다."

조서를 내려서 어사대부에게 물었다.

어사대부 소망지(蕭望之)가 대답하였다.

"《춘추》에는 진(晉)의 사개(士匄)가 군사를 거느리고 제(齊)를 침략하다가 제후(齊侯)가 죽었다는 소식을 듣고, 군사를 이끌고 돌아오

---

17 도기(屠耆) 선우가 첫 번째 선우이고, 호게(呼揭) 선우는 5명의 선우 가운데 두 번째이고, 거리(車犁) 선우는 5명의 선우 가운데 세 번째이고, 오자(烏藉) 선우는 5명의 선우 가운데 네 번째이다. 그 위에 호한야 선우를 합치면 선우를 칭하는 사람이 다섯이다. 흉노가 분열되어 다섯 명의 선우가 있게 되었다.

니,[18] 군자는 그가 상란(喪亂)한 것을 정벌하지 않는 것을 크게 보는데, 은혜가 효자를 감복시키기에 충분하고, 의(誼)는 제후를 감동시키기에 충분하다고 생각한 것입니다.

전에 선우가 모화(慕華)하고 선(善)을 향하게 하며 칭제(稱弟)[19]하면서 사자를 파견하여 화친을 청구하여 해내(海內)가 모두 기뻐하였고, 이적들 가운데는 못들은 사람이 없습니다. 아직 약조 받들기도 끝내지 않았는데 불행하게 적신(賊臣)에게 피살되었던 것이었으니,[20] 이제 그들을 정벌한다면 이는 혼란한 틈을 타고 재앙을 다행으로 생각하는 것이어서 저들은 반드시 도망하여 멀리 가서 숨을 것입니다. 의(義)를 가지고 움직이지 않는다면 병사들은 아마도 수고롭기만 하고 공로를 세움이 없을까 두렵습니다.

마땅히 사자를 보내어 조문(弔問)하고 그들의 미약한 것을 도와주며, 그들의 재앙과 환란을 구해 주어야 하니, 사방의 이적(夷狄)들은 이를 듣고 모두 중국의 인의(仁義)를 귀히 여길 것입니다. 만약에 드디어 은혜를 입어서 그 직위를 회복할 수 있다면 반드시 칭신(稱臣)하고 복종할 것이니, 이것이 은덕이 풍성한 것입니다.”

---

18 《춘추공양전》에 실린 이야기로 이 일은 양공 19년(기원전 554년)에 제의 24대 영공(靈公, 姜環)이 죽자, 사개가 의(毅)에 이르렀다가 제의 영공이 죽었다는 소식을 듣고 돌아왔다. 이를 보고 《공양전》에서는 ‘돌아온 것은 무엇 때문인가?’ ‘훌륭한 말이고, 그가 벌상(伐喪)을 하지 않는 것을 크게 본 것이다.’라고 하였다.

19 모화는 한의 문화를 사모한다는 말이고, 칭제는 한에 대하여 스스로 동생을 호칭한다는 말이다.

20 선제 신작 4년(기원전 58년)에 있었던 일이다.

황상이 그 의견을 좇았다.

4   겨울, 12월 초하루 을유일에 일식이 있었다.

5   한연수가 소망지를 대신하여 좌풍익(左馮翊)이 되었다. 소망지는
한연수가 동군(東郡, 河南省 濮陽縣)에 있을 때에 관청의 돈 1천여만을
흐트러트렸다는 소식을 듣고, 어사로 하여금 이를 조사하게 하였다.[21]
한연수는 이 소식을 듣고 즉시 자기 부리(部吏, 부하 관리)에게 소망지
가 풍익(馮翊)에 있으면서 늠희(廩犧)[22]의 관청 돈 쓴 것을 조사하여
100여만 전을 소비한 것을 찾아냈다.
　소망지가 스스로 상주문을 올려서 말하였다.
　"직책은 천하를 전체적으로 관장하는 것이어서 사건의 소식을 들으
면 감히 묻지 않을 수가 없는데, 한연수에게 얽히게 되었습니다."
　황상은 이로 말미암아서 한연수를 곧지 않다고 생각하고, 각기 끝까
지 조사하게 하였다. 소망지는 끝내 그러한 사실이 없었다.
　그리고 소망지가 어사를 파견하여 동군을 조사하니 그가 기사(騎士)
를 시험하는 날에 사치하여 법제를 넘어섰었으며, 또 관부의 동기(銅
器)를 가져다가 월식(月食)하는 날을 기다려서 도검(刀劍)을 주조하였
는데, 상방(尙方)[23]의 일을 본받았으며, 관전(官錢)을 가져다가 사사로

21　이에 관하여 안사고는 소망지가 자기의 후임으로 온 한연수는 똑똑하다는
　　소문이 나 있어서 자기보다 더욱 명성이 날까 꺼려서 이와 같이 해코지하여
　　죄에 빠지게 하고자 하였다고 해석하였다.

22　좌풍익에 소속한 관직으로 제사를 담당한다.

23　금·은으로 그릇을 만드는 관청이다.

이 요역을 빌리고, 이(吏)를 부리는데 이르렀고, 수레와 갑옷을 만들고 수식하는데 300만 이상에 이르렀다. 한연수는 끝내 교활하고 부도(不道)한 죄에 걸려서 기시(棄市)되었다.

이민(吏民) 수천 명이 송별하며 위성(渭城, 陝西省 咸陽市)에 이르렀는데, 노소(老少) 간에 수레를 붙들고 다투어 술과 구운 고기를 주었다. 한연수는 이를 차마 거절하지 못하고 사람마다의 것을 마시니, 합하면 마신 술이 1석(石)이 넘었다.

연(掾)과 사(史)로 하여금 송별해준 사람들에게 감사하면서 말하였다.

"멀리 오느라고 고생한 이민(吏民)들, 저 한연수는 죽는다 하여도 여한이 없소."

백성 가운데 눈물을 흘리지 않는 사람이 없었다.

선제 오봉 2년(乙丑, 기원전 56년)

1 봄, 정월에 황상이 감천궁에 행차하여 태치에 제사 지냈다.

2 거기장군 한증(韓增)이 죽었다. 5월에 장군 허연수(許延壽)가 대사마·거기대장군이 되었다.

3 승상 병길(丙吉)이 나이가 많았는데 황상이 그를 중히 여겼다. 소망지는 속으로 항상 병길을 가벼이 생각하니 황상은 이로 말미암아서 기뻐하지 아니하였다.

승상사직(丞相司直)[24]이 상주하여 소망지가 승상을 만나서 예절이 거만하며 또 이(吏, 부하 관리)로 하여금 매매를 하게 하여 사사롭게 이익을 붙인 것이 무릇 10만3천이어서 체포하여 가두어 다스리기를 청하였다. 가을, 8월 임오일(2일)에 조서를 내려서 소망지를 태자태부(太子太傅)로 좌천시키고, 태자태부 황패(黃霸)를 어사대부로 삼았다.

4   흉노의 호한야 선우(呼韓邪 單于)가 그의 동생인 우곡려왕(右谷蠡王) 등을 파견하여 서쪽으로 가서 도기(屠耆) 선우의 둔병(屯兵)을 습격하여 1만여 명을 살해하고 노략질하게 하였다. 도기 선우가 이 소식을 듣고, 즉시 스스로 6만의 기병을 거느리고 호한야 선우를 공격하였다. 도기 선우의 병사들이 패하자 자살하였다.

도륭기(都隆奇)는 마침내 도기의 어린 아들인 우곡려왕(右谷蠡王) 난제고무루두(欒提姑瞀樓頭)와 더불어 도망하여 한에 귀부하였다. 거리(車犁) 선우도 동쪽으로 가서 호한야 선우에게 항복하였다.

겨울, 11월에 호한야선우의 좌대장(左大將)인 오려굴(烏厲屈)과 그의 아버지인 호속루(呼邀累)[25] 오려온돈(烏厲溫敦)과 함께 모두 흉노가 혼란스러운 것을 보고 그들의 무리 수만 명을 이끌고 한에 항복하였는데, 오려굴을 책봉하여 신성후(新城侯)로 하고 오려온돈(烏厲溫敦)을 의양후(義陽侯)로 삼았다.

이때에 이릉(李陵)의 아들이 다시 오자(烏藉) 도위를 옹립하여 선우로 삼으니, 호한야 선우가 이를 붙잡아 목을 베고 드디어 다시 선우의

---

24 승상부 소속의 사직으로 부승상에 해당하는 직책이다.

25 흉노의 관직명이다.

왕정에 도읍(都邑)하였지만 그러나 무리는 수만 명으로 줄었다. 도기 선우의 사촌동생인 휴순왕(休旬王)이 자립하여 윤진(閏振) 선우가 되어 서쪽 변경에 있었는데, 호한야 선우의 형인 좌현왕 난제호도오사(欒提呼屠吾斯)도 역시 자립하여 질지골도후(郅至骨都侯) 선우가 되어 동쪽 변경에 있었다.[26]

---

26 이 해에 흉노는 다섯 개의 선우가 병립하였다가 다시 한 번의 전쟁을 거쳐서 3개의 독립된 한국(汗國)이 성립되었다.

5 　　광록훈(光祿勳)인 평통후(平通侯) 양운(楊惲)은 청렴하며 사사로움이 없었지만 그러나 그 행위와 능력을 자랑하고, 또한 성품이 각박하고 해치며 다른 사람의 숨겨진 사실들을 끌어내기를 좋아하니, 이로 말미암아서 많은 사람이 조정에서 원망하였다.

　　태복(太僕) 대장락(戴長樂)과는 잘 맞지가 않았는데, 어떤 사람이 편지를 올려서 대장락의 죄를 고발하자, 대장락은 양운이 다른 사람을 시켜서 이를 고발한 것으로 의심하고, 역시 편지를 올려서 양운의 죄를 고발하여 말하였다.

　　"양운이 편지를 올려서 한연수를 변호하자, 낭중(郞中) 구상(丘常)이 양운에게 말하였습니다. '듣건대, 군후(君侯)께서 한풍익(韓馮翊)을 변호하였다는데, 마땅히 살릴 수 있을까요?' 양운이 말하였습니다. '일이 어찌 쉽겠소? 곧은 사람이라도 반드시 안전하지는 않소. 나는 스스로를 보존할 수 없으니, 진인(眞人)이 말한바 쥐가 굴에 들어가지 못하는 것은 구수(窶數)[27]를 입에 물고 있어서 이다.'라고 하였소."

---

27 구수는 분기(盆器)를 이면서 필요한 물건이다. 분(盆, 동이)에 물건을 가득 담

또 대장락에게 말하였다.

"정월 이래로 하늘에 구름이 끼었으나 비가 내리지 않으니, 이는《춘추(春秋)》에 기록한 바 하후군(夏侯君)이 말한 바입니다."[28]

사건을 정위에게 내려 보냈다.

정위 우정국(于定國)이 양운은 원망하며 요사스럽고 비방하는 말을 하였으니, 대역부도(大逆不道)[29]하다고 상주하였다. 황상은 차마 그를 죽이지 못하고 조서를 내려서 양운과 대장락을 면직시켜서 모두 서인으로 삼게 하였다.

선제 오봉 3년(丙寅, 기원전 55년)

1   봄, 정월 계묘일(26일)에 박양정후(博陽定侯) 병길(丙吉)[30]이 죽었다.

고 머리에 이고 갈 적에 물건과 머리 사이에 '똬리'를 받치는데 이를 구수라고 한다. 옛날에 희고 둥그런 떡을 파는 사람이 이를 머리에 이고 갈 때에도 이러한 똬리로 받친다.

28 하후승(夏侯勝)이 말하였다. '하늘이 오래 흐리고 비가 오지 않으면 반드시 신하가 윗사람을 범하여 난을 일으킬 것이다'라고 하였다. 이 말을 인용한 것은 양운이 선제를 저주하여 신하의 손에 죽을 것을 암시하는 것이라고 해석한 것이다. 이에 관한 일은 소제 원봉 6년(기원전 74년)에 있었다.

29 무릇 대역부도, 대역과 부도 등의 죄는 모두 사형에 해당하며 심지어는 전가족이 주멸될 수도 있는 죄목이다.

30 병길은 박양후였는데, 죽은 다음에 시호를 정후로 하여 이를 함께 쓴 것이다.

❖ 반고(班固)가 찬(贊)[31]하였습니다.

"고대에 명칭(名稱)을 만들면서 반드시 비슷한 것에서 말미암는데, 멀리 여러 물건에서 취하고, 가까이 몸에서 가져 왔다.[32] 그러므로 경전(經典)에서는 임금은 수(元首, 으뜸가는 머리)이고, 신하는 고굉(股肱, 팔과 다리)이라고 하며, 그 한 몸이 서로 기다리면서 완성하는 것을 밝혔다. 이러한 연고로 군신(君臣)은 서로 잘 배합하는 것이 고금(古今)의 일상적인 도(道)이며 자연스러운 형세이다.

가까이 한의 재상들을 보건대, 고조(高祖)가 기틀을 여니, 소하(蕭何)와 조참(曹參)이 으뜸이 되었고, 효선제(孝宣帝)가 중흥하니 병길(丙吉)과 위상(魏相)이 명성을 얻었다. 이때에 출척(黜陟)하면서 질서가 있고, 여러 직책은 이치에 맞게 만들어졌으며, 공경들도 대부분 그 자리에 걸맞게 일을 하여 해내(海內)에서 예의와 양보의 기풍을 일으켰다. 그들이 한 일을 보면 어찌 텅 빈 상태에서 이루어진 것이겠는가?"[33]

2   2월 임진일(25일)에 황패(黃霸)가 승상이 되었다. 황패의 재주는

---

31 문체(文體)의 한 종류이다. 이는 논평을 하는 글을 말하는데, 잡찬(雜贊)과 애찬(哀贊)과 사찬(史贊)의 세 종류가 있다. 잡찬은 아름다움을 칭찬하는 글을 말하며, 애찬은 다른 사람이 죽었을 때에 슬퍼하며 그를 칭찬하는 것이고, 사찬은 역사 사건의 포폄(褒貶)을 다 서술하는 것이다. 여기서 반고의 찬(贊)은 사찬이다.

32 이 말은 《역대전(易大全)》에 있는 말이다.

33 안사고는 이를 임금은 밝고, 신하는 현명하여서 치세에 이른 것이고, 헛되이 그리 된 것은 아니라고 해석하였다.

백성들 다스리기를 잘하였는데, 승상이 되고 나서 공명(功名)은 군(郡)을 다스리는 것보다 못하였다. 이때에 경조윤 장창(張敞) 집안의 갈작(鶡雀)[34]이 날아서 승상부에 모여들자 황패는 이를 신작(神雀)이라고 여기고 보고하려고 논의하였다.

장창(張敞)이 황패(黃霸)를 상주하여 말하였다.

"가만히 살펴 보건대, 승상은 중이천석(中二千石)과 박사들과 더불어 군국(郡國)에서 장부를 올린 장사(長史)와 수승(守丞)[35]들에게 백성들을 위하여 이로움을 일으키고 해로운 것을 제거하여 크게 교화가 이루어진 것을 이것저것 묻고 그 대답을 조목조목 정리하였습니다.

농사짓는 사람은 밭고랑을 양보하고, 남녀는 다른 길로 다니며, 길에는 떨어진 물건을 줍지 않고, 효자와 정부(貞婦)를 천거한 일단의 무리를 먼저 전(殿)에 오르게 하였고, 천거는 하였지만 그 사람의 숫자를 모르는 사람은 다음으로 하고, 교화한 것을 조목조목 하지 않은 사람은 뒤에 있게 하였습니다.

승상에게 머리를 조아리며 사죄하였고, 입으로는 비록 말을 하지 않았으나 마음으로는 그들도 이를 하기를 바랐습니다. 장사와 수승(守丞, 군수와 군승)들이 대면하고 있을 때에 신(臣) 장창의 집에서 기르는 갈작(鶡雀)들이 날아서 승상부의 옥상에 머물렀는데, 승상 이하로 본 사람

---

34 이 새는 청해성에서 나는 새이므로 장안에서는 흔히 볼 수가 없지만 변방에서는 흔히 볼 수 있는 것이다.

35 군국(郡國)에서는 매해 그 군국에의 치적 상황을 보고하게 되어 있는데, 이를 상계(上計)라고 하며, 이때에 장사(長史)와 수승이 이를 담당하였다. 장사란 장급(長級) 관리 밑에 있는 관리들 가운데 제일 높은 사람이고, 수승은 군의 태수 밑에서 책임을 지는 관리이다.

이 수백 명이었습니다. 변방에 사는 이(吏, 관리)들은 대부분 그것이 갈작이라는 것을 알았지만, 이것을 묻자 모두 겉으로 모른 척 하였습니다.

승상은 의도적으로 상주하려고 의논해서 말하였습니다. '신이 상계(上計)하는 장사(長史)와 수승(守丞)들에게 교화를 일으킨 것을 장부로 조목조목 들어내어 묻고 있는데, 황천(皇天, 하늘)이 보답하여 신작을 내려 보냈습니다.' 뒤에 가서 신 장창의 집에서 온 것을 알고, 마침내 중지하였습니다.

군국의 관리들은 승상은 인후(仁厚)하고 지략을 가졌지만, 기괴한 것을 조금 믿는다고 속으로 웃었습니다. 신 장창은 감히 승상을 훼방하려는 것이 아니고, 진실로 여러 신하들이 말을 하지 못하고, 장사(長史)와 수승(守丞)들이 승상이 지적하는 것을 두려워하여 돌아가서 법령을 버리고 각기 사사로이 교화를 하려고 하며, 힘써 서로 증가시키며, 순박한 것이 흩어지고 아울러 거짓된 모습이 횡행하게 되어 명목은 있지만 실제는 없게 되고 기울어져서 흔들리고 게을리 하게 되어 심한 경우에는 요사스럽게 됩니다.

가령 경사(京師)에서 먼저 밭고랑을 양보하고, 다른 길을 가게하며,[36] 길에 떨어진 것을 줍지 않는 것을 실행한다면, 그 실제에서는 청렴함과 탐오(貪汚)함, 정숙함과 음란한 행위에는 아무런 도움을 주지 못하고[37] 거짓을 천하에서 맨 앞에 두게 되니, 진실로 아직 옳지는 아

---

36 남녀가 갈 때에 다른 길로 가는 것을 말한다. 이는 유가의 덕목 가운데 하나이다.

37 청렴함과 탐오(貪汚)함, 정숙함과 음란한 행위가 있지만 이를 구별하여 청렴하게 행동하고 정숙하게 행동하게 하는 것이 교화인데, 겉으로 보이는 남녀가 길을 따라 가게 하는 것으로는 아무런 도움을 주지 못한다는 뜻이다.

니합니다.

바로 제후들이 먼저 이를 실행한다면 거짓 소리가 경사(京師)를 휩쓸 것이니 소소한 일이 아닙니다. 한가(漢家)는 폐단을 이어받아서 변통하여 율령을 만들기 시작한 것은 선한 것을 권장하고 간사한 일을 금하기 위한 것이며 조목조목이 관통하여 자세히 갖추어져 있으니 여기에 다시 덧붙일 것이 없습니다.

마땅히 귀한 신하들로 하여금 장사와 수승들에게 분명히 밝혀서 돌아가서 이천석(二千石)에게 보고하고, 삼로(三老)·효제(孝悌)·역전(力田)·효렴(孝廉)·염리(廉吏)를 천거하는데, 그것에 알맞은 사람을 찾기에 힘쓰고, 군(郡)의 일은 모두 법령에 의거하여 처리하고, 멋대로 조목조목 교훈을 만들어 쓰지 못하게 하고 감히 속이거나 거짓의 방법을 끼고서 간사하게 명예를 얻으려하는 자는 반드시 먼저 잡아 죽임을 받게 하여 좋고 나쁜 것을 올바로 밝히십시오.”

천자가 장창(張敞)의 말을 좋게 받아들이고 상계리(上計吏)[38]를 불러서 시중(侍中)으로 하여금 가서 전하는데 장창이 지적한 뜻과 같이 하게 하였다. 황패는 대단히 부끄러워하였다.

또 낙릉후(樂陵侯) 사고(史高)[39]는 외척으로서 과거에 은혜를 베풀어 시중(侍中)이 되고 중하게 되었는데, 황패가 사고를 천거하여 태위(太尉)를 할 수 있다고 하였다. 천자가 상서(尙書)로 하여금 황패를 불러서 물어서 말하게 하였다.

---

38 군국의 관리로 조정에 해당 군국의 1년간의 정무를 보고하려고 온 관리를 말한다.

39 선제의 외조모의 오빠인 사화(史華)의 맏아들이다.

"태위의 관직은 철폐한 지가 이미 오래 되었다.[40] 무릇 교화를 선전하고 밝히는 것과 그윽하게 숨겨진 것을 통달하게 하며, 옥사에서 억울한 형벌이 없게 하는 것과 읍에 도적이 없게 하는 일은 그대의 직분이다.

장상(將相)의 관직은 짐이 맡은 일이다. 시중 · 낙릉후 사고는 유악(帷幄)의 가까운 신하여서, 짐이 스스로 가까이 하는 사람인데 그대는 어찌하여 직책을 뛰어넘어서[41] 이를 천거하는가?"

상서령이 승상의 대답을 받으려 하니, 황패는 관(冠)을 벗고 사죄하였고 며칠이 되어서야 끝냈는데, 이 이후로는 감히 다시는 요청한 바가 없었다. 그러나 한 왕조가 일어난 이후로 백성과 관리를 잘 다스린 사람을 말하면 황패를 제일로 하였다.

3 3월에 황상이 하동(河東, 山東省 夏縣)에 행차하여 후토(后土)에 제사를 지냈다. 천하의 구전(口錢)[42]을 감하여 주고 천하의 사형에 해당하는 죄 이하의 죄를 지은 사람을 사면하였다.

4 6월 신유일(16일)에 서하(西河, 蒙古 准格尒旗) 태수 두연년(杜延

---

40 기원전 139년에 전분(田蚡)이 태위(太尉)에서 면직된 후에 다시는 태위를 두지 않았다. 따라서 태위의 직은 85년 전에 없어졌다.

41 재상은 본래 전체를 총괄하게 되어 있기 때문에 인물을 추천할 수가 있다. 그러나 무제 이후에는 재상은 다만 문관만을 관장하였고, 무관은 황제가 임명한 대사마가 총괄하였다. 따라서 황패는 월권한 것이 된다.

42 일곱 살에서 열네 살까지의 인민은 매년 인두세를 23전씩 내게 되어 있었다. 그것이 소제 원평 원년(기원전 74년)에 10분의 3이 감해져서 16전을 내게 되어 있는데, 다시 경감 조치한 것이다.

年)을 어사대부로 삼았다.

5   서하와 북지(北地, 甘肅省 寧縣)에 속국(屬國)[43]을 설치하여 흉노의 항복한 사람을 거처하게 하였다.

6   광릉여왕(廣陵厲王) 유서(劉胥)[44]가 무녀(巫女) 이여수(李女須)로 하여금 황상을 저주하는 기도를 하게 하고 천자가 되기를 구하였다. 사건이 발각되자 무녀와 20여 명에게 사약을 내려 입을 열지 못하게 하였다. 공경(公卿)들이 유서를 죽이라고 청하였다.

선제 오봉 4년(丁卯, 기원전 54년)

1   봄에 유서가 자살하였다.

2   흉노의 선우가 칭신(稱臣)하면서, 동생 우곡려왕(右谷蠡王)을 파견하여 입시(入侍)하게 하였다.[45] 변방의 요새에 흉노의 침구가 없어짐으로써 수졸(戍卒)을 줄여서 10의 2로 하였다.

---

43 한족이 아닌 사람의 집단 지역으로 한에 소속된 지역을 말한다.

44 무제의 아들이며 본래 광릉왕이었는데, 죽은 다음에 시호를 여왕으로 한 것이다.

45 이때 흉노에는 세 명의 선우가 있었는데, 어느 선우가 귀부한 것인지 분명하지가 않다. 다만 다음 해인 선제 감로 원년(기원전 53년)의 사건으로 보아서 서부에 있던 윤진 선우일 것으로 추측된다.

3   대사농중승(大司農中丞) 경수창(耿壽昌)이 상주하였다.

"해마다 자주 풍년이 들어서 곡식 값이 싸지고 농민의 이익이 적어졌습니다.[46] 고사에는 해마다 관(關, 函谷關) 동쪽의 곡식 400만 곡(斛)을 조운(漕運)하여 경사(京師)에 공급하는데 졸병 6만 명을 쓰고 있습니다. 마땅히 삼보(三輔, 關中), 홍농(弘農, 河南省 靈寶縣), 하동(河東, 山東省 夏縣), 상당(上黨, 山西省 長子縣), 태원군(太原郡, 山西省 太原市)의 곡식을 사들인다면, 경사에 충분히 공급할 수가 있고, 관동의 조졸(漕卒)[47]을 반으로 줄일 수가 있습니다."

황상이 그 계책을 좇았다.

경수창이 또 말하였다.

"변방에 있는 군(郡)들로 하여금 모두 창고를 지어서 곡식이 싸면 그 값을 올려서 사들이고, 곡식이 비쌀 때에 그 값을 덜하여 내다 팔도록 하는데, 이를 상평창(常平倉)이라 하십시오."

백성들이 이를 편하게 생각하였다. 황상은 마침내 조서를 내려서 경수창에게 작위를 하사하여 관내후(關內侯)로 하였다.

4   여름, 4월 초하루 신축일에 일식이 있었다.

5   양운(楊惲)은 이미 작위(爵位)를 잃어 버렸지만[48] 집에 있으면서

---

46 당시에 곡식은 석(石)당 5전이었는데, 이른바 곡식이 싸져서 농민을 해친 것이다.

47 조운에 동원되는 병졸을 말한다.

48 양운은 재상이었던 양창의 아들이며, 그가 면직된 것은 선제 봉원 2년(기원전 56년)이다.

산업을 경영하여 재산을 가지고 스스로 즐겼다. 그의 친구이자 안정(安定, 감숙성 固原縣) 태수인 서하(西河) 사람 손회종(孫會宗)이 양운에게 편지를 보내서 이를 간(諫)하며 경계하여 말하였다.

"대신이 폐출되어 물러났으면 마땅히 문을 걸어 잠그고, 황송하고 두려워하며 가련한 모습을 보여야 할 것이고, 산업을 경영하며 빈객들과 통교하며 칭찬과 명예를 갖는 것은 마땅하지 아니합니다."

양운은 재상의 아들이고, 재능도 있어서 어려서부터 조정에서 뛰어났었는데, 하루아침에 애매(曖昧)한 말로 폐출되는 일을 만나게 되니 속으로는 불복하는 생각을 품고 있어서 손회종에게 편지로 회보하여 말하였다.

"가만히 스스로 이를 생각해 보니 나의 허물이 이미 크고 나의 행동도 이미 어그러져서, 늘 농부가 되어 세상에서 없어지려고 하였으니 그러므로 몸소 처자를 이끌고 힘을 다하여 밭 갈고 뽕나무를 기르는데, 뜻하지 않게 다시금 이것으로 비난의 비평을 받게 되었습니다.

무릇 사람의 정(情)이란 금지할 수 없는 것이어서 성인(聖人)도 금지하지 아니 하였으니 그러므로 임금과 아버지가 지극히 높은 분이고 아주 친하지만 그 분들이 죽고 나서 보내드리는 것에도 시한(時限)이 있어서[49] 끝납니다.

신이 죄를 짓고서 이미 3년이 되어[50] 농가에서 고생스럽게 일을 하다가 세시(歲時)와 삼복(三伏)이나 연말에는 양을 삶고 염소를 굽고 말술을 먹으면서 스스로를 위로하다가 술을 먹은 후에 귀에 빨갛게 술이

---

49 복상기간을 말한다.

50 근신해야 할 기간이 지났다는 의미이다.

오르면 하늘을 우러러 북을 두드리며 오오(烏烏)[51]를 부릅니다.

그 시(詩)에서 '저 남산에 밭을 갈거나, 잡초가 우거져 다스리지 않는 구나.[52] 한 경(頃)[53]에 콩이나 심으니 떨어진 것은 콩 줄기로구나. 사람이 살아서 즐길 뿐이지, 부귀하기를 언제까지 기다리리.'라는 것입니다. 진실로 황음(荒淫)이란 절도가 없지만, 그것이 안 된다는 것을 모르겠습니다."

또 양운의 형의 아들인 안평후(安平侯) 양담(楊譚)이 양운에게 말하였다.

"후(侯)께서 지은 죄는 엷고 또한 공로도 있으니 또 다시 채용될 것입니다."

양운이 말하였다.

"공로가 있어야 무슨 도움이 되겠느냐? 현관(縣官, 황제)이 힘을 다하기에는 모자란다."

양담이 말하였다.

"현관은 실로 그렇습니다. 개 사예(蓋 司隷)와 한 풍익(韓 馮翊)[54]은

---

51 이사가 진왕에게 보낸 편지에서 나온 말이다. 이사는 '옹기를 치고 부(缶)를 두드리며 쟁(錚)을 타면서 넓적다리를 두드리며 노래를 불러 오오한다.'고 하였다.

52 조정에는 아부하는 사람만 남아 있어서 제대로 다스리지 않는다는 의미이다.

53 백무(畝)로 이는 백관(百官)을 비유한 것이다.

54 개 사예(蓋 司隷)는 사예교위 개관요(蓋寬饒)를 말하며, 그에 관한 일은 신작 2년(기원전 60년)에 있었고, 한 풍익(韓 馮翊)은 풍익인 한연수(韓延壽)를 말하는데, 그에 관한 일은 오봉 3년(기원전 55년)에 있었고, 모두 《자치통감》 권 26에 실려 있다.

모두 힘을 다한 관리인데, 모두 일에 연루되어서 죽었습니다."

마침 일식의 변고가 있자, 말먹이를 주는 사람인 성(成)이 편지를 올려서 고(告)하였다.

"양운은 교만하고 사치하며, 허물을 후회하지 아니합니다. 일식의 허물은 이 사람이 가져온 것입니다."

편지가 정위에게 내려져서 조사하니, 손회종에게 보냈던 편지를 찾아냈는데 황제는 이를 보고 싫어하였다. 정위는 양운을 대역무도한 죄로 판결하여 요참(腰斬)에 처하였고, 그의 처자들은 주천군(酒泉郡, 甘肅省 酒泉縣)으로 귀양 보내고 양담(楊譚)도 연루되었으나 면죄되어 서인(庶人)이 되었고, 관직에 있으면서 양운과 잘 지냈던 여러 사람들인 미앙궁(未央宮)의 위현성(韋玄成, 未央宮의 衛尉)과 손회종 등은 모두 관직에서 면제되었다.

※ 신 사마광이 말씀드립니다.

"효선제가 영명하여서 위상(魏相)과 병길(丙吉)이 승상으로 있었으며, 우정국(于定國)이 정위가 되었는데, 조(趙, 趙廣漢)·개(蓋, 蓋寬饒)·한(韓, 韓延壽)·양(楊, 楊惲)의 죽음은 모두 많은 사람의 마음을 만족시키지 못하였으니, 그가 선정을 베푼 것에 끼친 누가 큽니다.

《주관(周官)》의 사구(司寇)의 법에는 현명한지를 논의하고 능력이 있는지를 의논하여야 한다고 되어 있으니, 만약에 조광한과 한연수가 백성들을 잘 다스린 것을 보면 능력이 있다고 말하지 않을 수 있겠습니까? 개관요와 양운이 강직한 것을 보면 현명하다고 말하지 않을 수 있겠습니까? 그런즉 비록 죽을죄를 갖고 있다고 하더라도 오히려 그들을 용서해 주어야 하는데, 하물며 죄가 사형을 시킬 만하지 아니한데서야!

양자(楊子, 楊雄)는 한 풍익(韓 馮翊)이 소망지(蕭望之)를 참소한 것은 신하로서 스스로 잘못한 것이라고 하였습니다. 무릇 한연수로 하여금 윗사람을 간범하게 한 것은 소망지가 그를 격동시킨 것입니다. 황상이 이를 잘 살피지 아니하여 한연수 혼자 그 허물을 뒤집어쓰게 되었으니, 또한 심하지 않습니까?"

왕도와 패도, 흉노와 오손 정책

6   흉노의 윤진(閏振) 선우[서방]가 그들의 무리를 이끌고 동쪽으로
와서 질지(郅支) 선우를 공격하였다. 질지 선우가 더불어 싸워서 그를
죽이고, 그 병사를 병합하였고, 드디어 나아가서 호한야(呼韓邪) 선우
를 공격하였다. 호한야 선우는 패하여 달아나고, 질지 선우는 선우의
왕정(王庭)에 도읍하였다.

선제 감로 원년(戊辰, 기원전 53년)

1   봄, 정월에 감천궁에 행차하여 태치(泰畤)에 제사를 지냈다.

2   양운이 주살되면서 공경(公卿)들이 경조윤(京兆尹) 장창(張敞)은
양운의 당우이니 그 자리에 있어서는 아니 된다고 상주문을 올렸다. 황
상은 장창의 재주를 애석하게 생각하여 그 상주문을 잠재우고 내려 보
내지 않았다.
    장창이 연리(掾吏)[55] 여순(絮舜)으로 하여금 한 가지 사건을 조사하

게 하였는데, 여순은 사사롭게 그의 집으로 돌아가서 말하였다.

"'오일경조(五日京兆)'[56]일 뿐인데, 어찌 다시 사건을 조사한단 말인가?"

장창이 여순의 말을 듣고서 바로 부하관리를 시켜서 여순을 잡아서 옥에 가두고 주야로 조사하고 다스리다, 결국 그가 죽을 일을 하였다는 데 이르게 하였다.

여순이 끌려 나와 죽게 되었는데, 장창은 주부(主簿)로 하여금 교서(敎書)[57]를 가져다가 여순에게 주게 하여 말하였다.

"'오일경조'가 결국 어떠한가? 겨울도 다 지나갔으니, 연명(延命)할 수 있을 것인가?"

마침내 여순을 기시하였다.

마침 입춘(立春)이 되어, 행원옥사자(行冤獄使者)[58]가 나가니 여순의 집에서 그의 시체를 싣고 장창의 교서를 붙여서 스스로 사자에게 말하였다. 사자는 장창이 죄 없는 사람을 잡아 죽였다고 상주하였다. 황상은 장창으로 하여금 스스로 편하게[59] 하려고, 바로 먼저 장창이 전에 양운의 사건에 연루되었다는 상주문을 내려 보내서 면직시켜 서

---

55 비서에 해당하는 직책이다.

56 장창은 당시에 경조윤이었는데, 그가 탄핵을 받았으므로 앞으로 5일밖에 근무하지 못할 경조윤이라는 말이다.

57 주부는 문서의 관리를 주관하는 직책이고, 교서는 높은 관직에 있는 사람이 발행하는 글을 말한다. 이 경우에는 쪽지 정도라고 추측된다.

58 행직이다. 원옥은 억울한 옥살이를 말하는 것이므로 임시로 억울한 옥살이를 하는 사람이 있는지를 조사하는 사자이다.

59 두 가지의 죄 가운데 가벼운 죄를 받을 법을 좇아서 면하게 하려는 것이었다.

인(庶人)으로 삼았다.

장창이 대궐에 나아가서 인수(印綬)를 올리고 궐 아래서 바로 망명(亡命)[60]하였다. 몇 달이 되어 경사의 이민(吏民)이 해이해지자 북 두드리는 소리가 자주 일어났고, 기주(冀州, 하북성) 부(部)에서도 큰 도적들이 일어나니, 천자는 장창의 공로와 다스린 효과를 생각하고 사자로 하여금 바로 그 집이 있는 곳에 가서 장창을 불렀다.

장창은 자신이 무거운 탄핵을 받는 몸이어서 사자가 이르게 되자 처자와 가실(家室)들이 모두 눈물을 흘렸으나, 장창이 홀로 웃고 말하였다.

"내 몸은 망명하여 백성이 되었는데, 군리(郡吏, 군 소속의 관리)가 마땅히 와서 체포하여야 한다. 이제 사자가 왔으니, 이는 천자가 나를 채용하고자 함이다."

행장을 꾸려 가지고 사자를 따라나서 공거(公車)에 나아가서 편지를 올려서 말하였다.

"신이 전에 다행히도 공경의 자리에 올라갔는데, 경조(京兆)로 대죄(待罪)[61]하였다가 연리(掾吏) 여순을 죽인 사건에 연루되었습니다. 여순은 본래 신 장창이 평소에 후하게 대우한 이(吏, 관리)여서 자주 은혜를 입은바가 있었는데 신을 탄핵하는 상주문이 있었으므로 당연히 면직될 것이어서 사건을 조사하여 기록하라는 명령을 받고도 바로 집에 가서 드러누워서 신을 '오일경조(五日京兆)'라고 하였습니다.

---

60 명(命)은 명(名)으로 그 자신이 명적(名籍)을 벗어나서 도망하는 것을 말한다.

61 글자 그대로 본다면 죄 받기를 기다린다는 말이지만, 이는 관직에 있었다는 말을 겸손하게 표현한 것이다.

은혜를 배반하고 의로움을 잊어버렸으니 풍속과 교화를 얇게 하고 상하게 하였습니다. 신이 가만히 생각하건대, 여순이 죄상이 없었음으로 법을 구부려서 그를 죽였습니다. 신 장창은 죄 없는 사람을 잡아 죽였고, 국옥(鞫獄)한 것이 곧지 못하였으니, 비록 밝은 법에 의하여 엎드러져서 죽는다고 하여도 여한이 없습니다."

천자가 장창을 불러보고는 벼슬을 주어 기주 자사(冀州 刺史)로 삼았다. 장창이 부서(部署, 기주부)에 도착하자 도적들은 종적을 감추었다.

3   황태자는 온유하고 어질며, 유가(儒家)를 좋아하였는데 황상이 채용하는 사람은 대부분 법가(法家)적인 관리여서 형벌을 가지고 아랫사람을 얽어매는 것을 보고, 연회에서 모시면서 조용히 말하였다.

"폐하께서는 형법에 의지하는 것이 너무 깊으니, 마땅히 유생(儒生)들을 써야 합니다."

황제는 얼굴빛을 지으면서 말하였다.

"한가(漢家)는 스스로 제도를 갖고 있는데, 본래 패도(霸道)와 왕도(王道)를 섞어 놓았으니, 어떻게 순수하게 덕교(德敎)[62]에 맡겨서 주(周)의 정치를 채용할 것이냐! 또 세속적인 유가들은 그 당시의 적절한 것에 이르지 못하면서 옛 것은 옳고 지금 것은 그르다고 하기를 좋아하여 사람들로 하여금 명목과 실제에서 미혹하게 하여 지켜야 될 것을 알지 못하니, 어떻게 그들에게 맡길만 하겠는가?"

마침내 탄식하여 말하였다.

"우리 집안[한 왕조]을 어지럽게 할 사람은 태자이다!"

---

62 덕을 가지고 교화하는 정치를 말한다.

❖ 신 사마광이 말씀드립니다.

"왕도와 패도는 다른 도(道)가 아닙니다. 옛날에 삼대(三代)가 융성하였는데, 예악(禮樂)과 정벌(征伐)은 천자에게서 나왔으니, 이를 왕도라고 하였습니다. 천자가 미약하여 제후들을 잘 다스릴 수 없어서 제후들 가운데 그 여국(與國)을 인솔하여 함께 곧바로 왕실을 존중하지 아니하는 자를 토벌하였으니, 이를 패도라고 합니다.

그들이 이를 시행하는 까닭은 모두 인에 근본을 두고 의(義)를 조상으로 삼으니 현명한 사람에게 맡기고 능력 있는 사람을 시켜 선(善)한 사람은 상주고 악한 자는 벌주며, 포악한 것을 금하고 혼란을 일으킨 사람을 주살하였는데, 이름과 지위를 살펴보면 높고 낮음이 있고, 덕택을 베푸는 것에서는 깊고 얕음이 있으며, 공로와 업적에는 큰 것과 보잘 것 없는 것이 있고, 정치적 명령에는 넓고 좁은 것이 있을 뿐이지, 마치 검고 흰 것, 단 것과 쓴 것처럼 서로 상반된 것은 아닙니다.

한(漢)이 삼대와 같이 다스려지는 시대를 회복시킬 수 없었던 이유는 인주(人主)가 하지 않음으로 말미암은 것이지, 선왕(先王)의 도가 후세에 다시 시행될 수 없는 것은 아닙니다. 무릇 유가 가운데에는 군자도 있고 소인도 있습니다.[63] 저들 세속적인 유학자들과는 진실로 더불어 정치를 하기에는 부족한 사람들이며, 다만

---

63 《논어(論語)》에 나오는 말이다. 공자가 자하에게 말하였다. '너는 군자유((君子儒)가 되고 소인유(小人儒)가 되지 마라.' 사현도(謝顯道)는 이를 설명하여 이르기를 '뜻을 의로운데 두면 이를 군자라고 말하며, 뜻을 작은데 두면 이를 소인이라 한다.'고 하였다.

진정한 유학자를 구하여 이를 채용할 수 없었던 것입니다.

후직(后稷)·설(契)·고요(皐陶)·백익(伯益)·이윤(伊尹)·주공(周公)·공자(孔子)는 모두 큰 유학자들인데, 한으로 하여금 이들을 구하여 채용하게 하였다면, 공로의 맵기가 어찌 이와 같은데 그쳤겠습니까?

효선제가 말하길, '태자는 나약하여 제대로 서지 못하며, 정치 체제를 이해하는 것에서도 어두워서 반드시 우리 집안을 어지럽게 할 것이다'라고 생각한 것은 옳은데, 마침내 말하기를, '왕도는 시행될 수 없고, 유학자는 써먹을 수 없다'고 한 것은 어찌 지나치지 않습니까? 자손에게 훈시하고 장차 올 사람에게 본받게 할 것은 아닙니다."

4   회양헌왕(淮陽憲王)[64]은 법률을 좋아하고, 총명하고 재능도 있었는데, 왕(王, 회양왕)의 어머니인 장첩여(張倢伃)를 더욱 아껴 찾았다. 황상은 이로 말미암아서 태자를 멀리하고 회양헌왕을 사랑하며, 자주 헌왕을 찬탄하며 말하였다.

"진정한 나의 아들이구나!"

항상 속으로 헌왕을 세우려고 하였지만 그러나 태자는 자기가 보잘 것 없었던 시절에 낳았으며, 황상은 어려서 허씨에 의지하다가[65] 즉

---

64 선제의 둘째아들인 유흠(劉欽)을 말한다. 그의 어머니는 선제의 부인인 장(張)첩여인데, 선제는 허황후가 죽은 후에 황후를 두지 아니하였다. 유흠은 회양왕이었고, 죽은 다음의 시호를 헌왕이라고 한 것이다.

65 이 일은 선제 원평 원년(기원전 74년)에 있었고, 그 내용은《자치통감》권24에 실려 있다.

위하게 되었고, 허후는 죽기에 이르니, 그러므로 차마 그리하지 못하였다. 오래 있다가 황상은 위현성(韋玄成)에게 벼슬을 주어 회양(淮陽) 중위(中尉)로 삼았는데, 위현성이 그의 형에게 작위를 양보하였음으로[66] 해서 헌왕을 유시(諭示)할 것을 느끼게 하고자 하였으니 이로 말미암아서 태자[67]는 드디어 안정되었다.

5   흉노의 호한야(呼韓邪) 선우가 패하면서 좌이질자왕(左伊秩訾王)이 호한야 선우를 위하여 계책을 세웠는데, 칭신하고 입조(入朝)하여 한(漢)을 섬기고 한에게 원조해 주기를 구하도록 하고, 이와 같이 하면 흉노는 마침내 안정될 수 있을 것이라고 권고하였다.

호한야 선우가 여러 대신들에게 물었더니, 모두가 말하였다.

"안 됩니다. 우리 흉노의 풍속에서는 본래 기력을 제일로 치고, 복종하여 일하는 것을 맨 아래로 치며, 말 위에서 전투를 하며 나라를 만들었으니, 그러므로 여러 만족(蠻族)들 가운데서도 위엄 있는 이름을 가졌습니다.

전투하다가 죽는 것은 장사(壯士)가 가질 것입니다. 이제 형제간에 나라를 갖겠다고 다투니 형에게 있지 않으면 동생에게 있을 것이며, 비록 죽더라도 오히려 위엄 있는 이름을 가질 것이니 자손들이 항상 여러 나라의 우두머리일 것입니다.

한은 비록 강하다고는 하나 오히려 흉노를 겸병할 수는 없을 것인데

---

66 이 사건은 선제 원강 4년(기원전 62년)에 있었고, 그 내용은 《자치통감》 권 24에 실려 있다.
67 죽은 허황후의 아들인 유석(劉奭)이다.

어찌하여 선조의 옛날제도를 문란하게 하여서 신하로서 한을 섬겨서 먼저 가신 선우들에게 비루한 욕을 보이고, 여러 나라의 웃음거리가 됩니까? 비록 이와 같이 하여 편안해져도 어찌 다시 많은 만족(蠻族)들의 수장이 되겠습니까?"

좌이질자가 말하였다.

"그렇지 않으니, 강함과 약함은 때가 있습니다. 이제 한은 바야흐로 융성하여서 오손과 성곽(城郭)을 가진 여러 나라들은 모두 한의 신첩(臣妾)이 되었습니다. 난제차제후(欒提且鞮侯) 선우[68] 이래로 흉노는 날로 깎여 회복할 수 없어져서 비록 이에 강한 것에 굴복한다고 하여도 아직 일찍이 하루도 편해지지 못하였습니다. 이제 한을 섬기면 안전하게 남게 되지만, 섬기지를 않는다면 위태로워서 망할 것이니 계책을 어떻게 세워서 이것을 넘깁니까!"

여러 대인(大人)들이 서로 오랫동안 힐난(詰難)하였다.

호한야 선우는 그 계책을 좇아서 무리를 이끌고 남쪽으로 와서 요새(要塞) 가까이까지에 이르러 아들인 우현왕(右賢王) 수루거당(銖婁渠堂)을 파견하여 입시(入侍)하게 하였다. 질지 선우도 역시 아들인 우대장(右大將) 구우리수(駒于利受)를 파견하여 입시하게 하였다.

6   2월 정사일(21일)에 낙성경후(樂成敬侯) 허연수(許延壽)[69]가 죽었다.

---

68 호한야 선우의 증조부, 9대 선우이다.

69 허연수는 본래 낙성후였는데, 죽은 다음에 시호를 경후로 하여서 이를 합쳐 부른 것이다.

7   여름, 4월에[70] 황룡(黃龍)이 신풍(新豊, 陝西省 臨潼縣)에 나타났다.

8   병신일(1일)에 태상황(太上皇)의 사당에 불이 났고, 갑진일(9일)에는 효문제(孝文帝)의 사당에도 불이 나니, 황상이 소복(素服)[71]을 닷새간 입었다.

9   오손의 광왕(狂王)이 다시 초(楚)의 공주인 유해우(劉解憂)를 다시 모시고 살면서[72] 한 명의 아들인 치미(鴟靡)를 낳았는데 공주와 화합하지 못하였고 또 포악하여 많은 대중(大衆)을 잃었다.

    한은 사자인 위사마(衛司馬) 위화의(魏和意)와 부사(副使)인 위후(衛侯) 임창(任昌)으로 하여금 오손에 가게 하였다. 공주가 말하였다.

    "광왕은 오손의 근심과 고통거리이니 바꾸고 죽여야 합니다."

    드디어 모의하여 술자리를 마련하고, 무사로 하여금 칼을 뽑아서 그를 치게 하였다.

---

70 통감필법에 비추어 보면 맞지 않는 배치이다. 원래 월만 알고 날짜를 모르는 사건은 그 달의 맨 뒤에 배치하도록 되어 있는데, 이 기사 다음에 바로 4월 1일 기사와 4월 9일 기사가 이어지고 있다. 따라서 기사 번호 7과 8은 바뀐 것 같다.

71 흰색의 옷이라는 말이지만 이는 상복(喪服)을 말하는 것인데, 이때에 상복을 입은 것은 자숙하는 의미가 있다.

72 오손의 광왕인 니미(尼靡)가 원래 그의 아버지인 잠취의 처 가운데 하나인 초의 공주인 유해우를 다시 맞아서 결혼한 사건은 선제 신작 2년(기원전 60년)에 있었다. 공주와 결혼한 것이므로 상(尙, 모신다)이라는 용어를 사용하였다.

칼이 옆을 내려쳐서 광왕은 다쳤지만, 말에 올라서 달아났다. 그의 아들인 세심수(細沈瘦)가 병사를 모아서 위화의와 임창, 그리고 공주를 적곡성(赤谷城, 신강성 伊寧市)에 두고 포위하였는데, 몇 달이 되어 도호(都護) 정길(鄭吉)이 여러 나라의 병사를 동원하여 이를 구해주자 마침내 포위를 풀고 갔다.

한에서는 중랑장(中郞將) 장준(張遵)을 파견하여 의약을 가지고 가서 광왕을 치료해주고 금백(金帛)을 하사하였고 이어서 위화의와 임창을 체포하고 위리(尉犁, 신강성 위리현)에서부터 함거(檻車)[73]로 장안까지 데려다가 목을 베었다.

애초에, 비왕(肥王) 옹귀미(翁歸靡)의 호(胡, 흉노)족 처의 아들인 오취도(烏就屠)는 광왕이 다쳤을 때에 놀라서 여러 영후(翎侯)들과 함께 달아나서 북쪽에 있는 산속에 있으면서 겉으로 어머니 집안의 흉노 병사들이 온다고 이야기하니, 그러므로 무리들이 그에게 귀부하였는데, 그 후에 드디어 광왕(狂王)을 습격하여 죽이고 스스로 곤미(昆彌)가 되었다.

이 해에 한은 파강(破羌)장군 신무현(辛武賢)을 파견하여, 병사 1만 5천 명을 거느리고 돈황(敦煌, 감숙성 돈황현)에 이르러 운하를 개통시켜서 곡식을 쌓아 두면서, 이들을 토벌하려고 하였다.

애초에, 초의 공주의 시녀(侍女)인 풍료(馮嫽)는 사서(史書)[74]에 능통하여서 일[75]을 익혀서 일찍이 한의 부절(符節)을 가지고 공주의 사

---

73 죄수를 호송하는 수레이다.

74 여기서 사서(史書)는 일반적으로 사용하는 역사책이라는 의미가 아니다. 사(史)와 이(吏)는 통용되므로 사서는 이서(吏書)로 보아야 하고, 이는 관리들의 문서를 말하는 것이다.

절이 되었고, 성곽제국(城郭諸國)[76]에서 그녀를 존경하고 믿어서 그를 풍부인(馮夫人)이라고 부르고 오손 우대장(右大將)[77]의 처가 되었다. 우대장과 오취도(烏就屠)가 서로 좋아하니, 도호 정길이 풍부인으로 하여금 오취도에게 유세하여 한의 병사가 바야흐로 출동하면 반드시 멸망을 당할 것이니, 항복하느니만 못하다고 하게 하였다.

오취도가 두려워서 말하였다.

"바라건대 작은 칭호 하나를 주어서 스스로 살게 해주시오."

황제가 풍부인을 불러들여서 스스로 그 상황을 물었고, 알자(謁者) 축차(竺次)를 파견하고 기문(期門) 감연수(甘延壽)를 부사(副使)로 하여 풍부인을 호송하게 하였다.

풍부인은 비단으로 된 수레를 타고 부절을 가지고 오취도에게 조서를 내려서 장라후(長羅侯)의 적곡성으로 가게 하였고, 원귀미(元貴靡)를 세워서 대곤미로 삼고, 오취도를 소곤미로 삼고, 모두에게 인수(印綬)를 하사하였다. 파강(破羌)장군은 요새를 나가지 아니하고 돌아왔다.

후에 오취도가 영후(翎侯)에게 사람들을 다 귀속시키지 아니하니, 한은 다시 장라후를 파견하여 세 명의 교위를 거느리고 적곡성에 주둔하게 하였는데, 이어서 인민들의 경계선을 나누어 구별하니, 대곤미의 호구는 6만여 이고, 소곤미는 4만여 호였지만 그러나 많은 사람들의 마음에는 모두가 소곤미에게 붙었다.

---

75 안으로는 한(漢)의 일이고, 밖으로는 서역제국의 일을 익혔다는 것이다.

76 유목지대는 일반적으로 성곽을 만들지 않는 것이 특징인데, 중원의 영향을 받아서 차츰 성곽을 쌓는 국가가 나타났는데, 이를 두고 말하는 것이다.

77 오손의 관직에는 상대록(相大祿) 아래에 좌우대장 두 명이 있는데, 모두 귀족이다.

선제 감로 2년(己巳, 기원전 52년)

1　봄, 정월에 황제의 아들인 유효(劉囂)를 세워서 정도왕(定陶王)으로 삼았다.

2　천하를 사면하는 조서를 내리고 백성들의 1산(算)에 30을 감하였다.[78]

3　주애군(珠厓郡, 海南島)에서 반란이 일어났다. 여름, 4월에 호군(護軍)도위 장록(張祿)을 파견하여 병사를 거느리고 가서 이들을 쳤다.

4　두연년(杜延年)이 늙어서 병이 들어 면직되었다. 5월 기축일(1일)에 정위 우정국(于定國)이 어사대부가 되었다.

5　가을, 7월[79]에 황제의 아들인 유우(劉宇)를 세워서 동평왕(東平王)으로 삼았다.

6　겨울, 12월에 황상이 부양궁(蒨陽宮)과 촉옥관(屬玉觀)[80]에 행차

---

78 한의 율(律)에 의하면 사람은 1산(算)을 내는데, 1산은 120전이다. 그러나 한 왕조의 인두세는 늘 고쳐졌다. 인민은 일곱 살에서 열네 살까지 인두세를 내야하였다. 선제 오봉 3년(기원전 55년)의 경우를 참고해 보면 30전을 감해 준다는 것은 불가능하다. 따라서 이것은 무엇인가 잘못된 기록일 것 같다.

79 다른 판본에는 9월로 되어 있는 것도 있다. 어느 것이 맞는지 상고하기 어렵다.

80 섬서성 호현에 있다. 촉옥은 새의 이름이다. 《문선(文選)》의 〈서도부(西都賦)〉

하였다.

7 이 해에 영평장무후(營平壯武侯) 조충국(趙充國)이 죽었다. 이보다 먼저 조충국은 늙었다고 하여서 해골(骸骨)하기를 빌었는데,[81] 안거(安車)·사마(駟馬)·황금을 하사하고 그만두고 집에 가 있게 하였다. 조정에서 사이(四夷)에 관한 커다란 논의가 있을 때마다 병사에 관한 모의에 항상 참여하게 하였고, 계책에 관하여 물어 보았다.

에 나오는 촉옥관(屬玉館)의 관(館)과 여기에서의 관(觀)은 통용되는 글자이다. 보통 관(觀)이 붙여진 건물은 높아서 먼 곳을 볼 수 있는 건물이다.

81 조충국은 영평후였는데 죽은 다음에 시호를 장무후로 한 것이며, 해골은 관리가 사직하는 것을 말한다.

선우의 조하와 선제의 죽음

8   흉노의 호한야(呼韓邪) 선우가 오원새(五原塞, 內蒙古 包頭)에서 머리를 조아리며 그 나라의 진귀한 물건을 바치고 3년[감로 3년, 다음 해임] 정월에 조하하기를 원하였다. 유사(有司)에게 조서를 내려서 그 의례를 논의하였다.

승상과 어사가 말하였다.

"성왕(聖王)의 제도를 보면 경사(京師)를 우선으로 하고, 여러 화하(華夏)를 뒤로 하며, 여러 화하를 우선으로 하고 이적(夷狄)들을 뒤로 한다고 하였습니다. 흉노의 선우가 조하(朝賀)하는데, 그 의례는 마땅히 제후왕과 같이 하되 차례는 그 아래에 두어야 합니다."

태자태부 소망지(蕭望之)가 생각하였다.

"선우는 정삭(正朔)을 내려주는 대상이 아니니 그러므로 적국(敵國)[82]이라고 부르며 마땅히 신하가 아닌 예의로 대우하여야 하며, 그 차례는 제후왕의 위에 두어야 합니다. 밖에 있는 이적(夷狄)이 고개를 숙이고 번속(藩屬)이라고 자칭하여도 중국(中國)에서는 사양하고 신하

---

82 적대 관계에 있는 나라라는 말이 아니고, 대등한 관계에 있는 나라라는 뜻이다.

로 대접하지 않으니, 이것은 기미정책(羈縻政策)에서 사용하는 우의(友誼)이며, 겸손함을 누리는 복입니다.[83]

《서경(書經)》에 말하기를, '융적(戎狄)은 황복(荒服)[84]이다.'고 하였는데, 그들은 와서 순복하는 것이 거칠고 훌쩍 떠나는 것이 무상한 것을 말한 것입니다. 만약에 흉노의 후예로 하여금 갑자기 새처럼 집을 만들고, 쥐처럼 굴을 파고 숨어서 조현하지 않는다고 하여도 반란하는 신하로 여기지 않는 것이 만세를 갈 수 있는 긴 정책입니다."

천자가 이를 채택하여 조서를 내려서 말하였다.

"흉노의 선우가 북쪽의 번신(藩臣)을 칭하고 정삭(正朔)[85]에 조하한다. 하지만 짐이 부덕(不德)하여 이를 널리 덮을 수 없다. 그러니 손님을 맞이하는 예(禮)로 그를 대우하고, 선우로 하여금 제후왕의 위에 있게 하며, 알현할 때에 신하라 하고 이름을 부르지는 말게 하라."

❖ 순열(荀悅)이 논평하였습니다.

"《춘추》의 대의(大義)에 의하면, 왕자(王者)는 밖이 없이 천하를 하나로 하고자 하였다. 융적(戎狄)은 가는 거리가 먼 곳에 있어서 사람의 흔적이 중간에 끊겼으니 그러므로 정삭(正朔)[86]이 미치지

---

83 《춘추전》에서 말한바 왕자(王者)는 이적을 다스리지 않는다는 뜻을 말한 것이다.

84 5복(服)제도에 의하면 경사에서부터 500리씩 멀어질수록 그 지위를 낮게 하는 것인데, 황복은 경사에서 2천500리 떨어진 곳으로 중원의 문화에서 많이 떨어진 곳을 말한다.

85 정월 초하루를 말하는데, 이는 다음 해의 정월 초하루를 말한다.

못하고 예교도 시행하지 못하는 것인데, 그들을 존중(尊重)하는 것이 아니고 그 형세가 그러한 것이다.

《시경(詩經)》에 말하였다. '자연스럽게 저들 저(氐)·강(羌)의 족속들이 감히 와서 조하(朝賀)하지 않겠는가?' 그러므로 요복(要服)이거나 황복(荒服)⁸⁷의 군주라도 반드시 와서 왕을 받들어 조공해야 하는데, 만약에 직책을 수행한 결과를 보고하지 않는다면 먼저 나무라고 호령해야 하는 것이지, 적국(敵國)으로 부르지 않는다.

소망지(蕭望之)가 신하가 아닌 예로 대우하고 왕공들의 위에 있게 한 것은 제도를 멋대로 뛰어넘고 순서를 잃은 처사여서 하늘의 윤상(倫常)을 어지럽힌 것이니 예에 맞지 않다. 만약에 일시적으로 적당한 권도(權道)라면 그것은 별도로 논의해야 할 것이다."

9 조서를 내려서 거기(車騎)도위 한창(韓昌)을 파견하여 선우를 영접하도록 하고, 지나는 7개 군의 2천 기병을 길에 도열하게 하였다.

선제 감로 3년(庚午, 기원전 51년)

1 봄, 정월에 황상이 감천궁(甘泉宮)에 행차하여 태치(泰畤)에서 제사를 지냈다.

---

86 전통시대에는 달력을 중국의 황제가 반포하도록 되어 있었다.

87 5복제도에 의하여 나눈 것으로 만이(蠻夷)는 요복(要服)이라 하여 공(貢)을 하게 되어 있고, 융적(戎狄)은 황복(荒服)이라 한다.

2   흉노의 호한야(呼韓邪) 선우가 와서 조하하고 알현할 때에 번신(藩臣)이라고 칭하고 이름을 칭하지는 아니하게 하였고, 관대(冠帶)·의상(衣裳)·황금새(黃金璽)·여수(盭綬)·옥구검(玉具劍)·패도(佩刀)·활 하나·화살 4발·계극(棨戟) 10자루·안거(安車) 1대·안장(鞍裝) 1벌·말 15필·황금 20근·전(錢) 20만·의복 77습(襲)·금수(錦繡)·기곡(綺縠)·잡백(雜帛) 8천 필(匹)·솜 6천 근을 하사하였다.

예를 마치자 사자로 하여금 선우를 인도하여 먼저 장평(長平)[88]에 가서 묵게 하였다. 황상은 감천(甘泉)에서부터 지양궁(池陽宮, 離宮)에 와서 묵었다. 황상이 장평판(長平坂)에 올라 조서를 내려서 선우에게 배알하지 말게 하였는데, 그 좌우에 있는 당호(當戶, 匈奴의 官職)들이 모두 늘어서서 보고, 여러 만이(蠻夷)의 군장·왕·후(侯) 수만 명이 모두 위교(渭橋, 渭水에 놓은 大橋)의 아래에서 길을 끼고서 늘어서서 영접하였다.

황상이 위교에 오르니, 모두 만세를 불렀다. 선우는 장안에 가서 머물렀다. 건장궁(建章宮)에 술을 마련하여 연회를 선우에게 베풀어주고 진귀한 보물을 보게 하였다. 2월에 선우를 보내어 귀국하게 하였다.

선우가 스스로 청하였다.

"사막의 남쪽에 있는 광록새(光祿塞, 內蒙古 包頭) 아래에 머물러 있으면서 급한 일이 있으면 한의 수항성(受降城)을 보위하기를 원합니다."

한에서는 장락궁(長樂宮)의 위위(衛尉)인 고창후(高昌侯) 동충(董忠)과 거기(車騎)도위 한창(韓昌)을 파견하여 기병 1만6천을 거느리게 하였고, 또 변방에 있는 군(郡)의 병사와 말 1천을 헤아리는 수를 징발

---

88 장안에서 50리 떨어진 곳에 상원(上原)의 판(坂)에 있는 장평관을 말한다.

하여 선우를 삭방(朔方, 內蒙古 杭錦旗)의 계록새(雞鹿塞)를 나가기까지 호송하게 하였다.

동충 등에게 조서를 내려서 머무르면서 선우를 호위하고 불복하는 자를 죽이는 것을 돕고, 또 변방의 미비(米糒, 마른 식량)를 전운하게 하니, 전후로 3만4천 곡(斛)을 그들의 식량으로 공급하였다. 이보다 먼저 오손의 서쪽에서 안식(安息)에 이르는 여러 나라들로 흉노에 가까웠던 것들은 모두 흉노를 두려워하였고 한을 가볍게 보았으나, 호한야 선우가 한에 조하(朝賀)한 뒤로는 모두 한을 존중하였다.

황상은 융적(戎狄)이 빈복(賓服)함으로써 고굉 같은 신하들의 미덕을 생각하여 마침내 그 사람들을 기린각(麒麟閣)에 그렸고, 그들의 용모(容貌)를 본뜨고 그의 관작과 성명을 써넣었는데 오직 곽광(霍光)만은 이름을 쓰지 않고 이르기를, '대사마, 대장군, 박륙후(博陸侯)이며, 성(姓)은 곽씨(霍氏)이다.'[89]라고 하였고, 그 다음은 장안세(張安世)·한증(韓增)·조충국(趙忠國)·위상(魏相)·병길(丙吉)·두연년(杜延年)·유덕(劉德)·양구하(梁丘賀)·소망지(蕭望之)·소무(蘇武) 등 무릇 11명이었으며, 모두 공덕이 있고 당세에 이름이 알려졌으니, 이로써 그들을 표창하면서 중흥(中興)을 보좌하였음을 밝혀서 방숙(方叔)·소호(召虎)·중산보(仲山甫)[90]와 같은 반열에 두었다.

3 봉황이 신채(新蔡, 하남성 신채현)에 모였다.

---

89 이름을 쓰지 않는 것은 존경의 뜻이 있다.

90 이 세 사람은 모두 주(周) 선왕 때에 문무(文武)의 신하로 공로를 세워서 중흥의 신하로 알려졌다.

4   3월 기사일(6일)에 건성안후(建成安侯) 황패(黃覇)[91]가 죽었다.
5월 갑오일(12일)에 우정국(于定國)이 승상이 되고 서평후(西平侯)로
책봉하였다. 태복(太僕)인 패군(沛郡, 안휘성 숙현) 사람 진만년(陳萬年)
이 어사대부가 되었다.

5   제유(諸儒)에게 조서를 내려서 오경(五經)의 서로 같은 것과 다른
것을 강론하게 하였는데, 소망지(蕭望之) 등이 그 논의한 것을 공정하
게 처리하여 상주하고 황상이 친히 임석하여 재결하였다. 마침내 양구
(梁丘)의 《역(易)》과 대·소하후(大·小夏侯)의 《상서(尙書)》, 곡량(穀梁)
의 《춘추(春秋)》를 세우고 박사를 설치하였다.[92]

6   오손의 대곤미인 원귀미(元貴靡)와 치미(鴟靡)가 병들어 죽었다.
공주가 편지를 올려서 말하였다.

  "나이가 많고 늙어서 고향을 생각하게 되니, 바라건대 돌아가서 해
골(骸骨)[93]하여 한의 땅에 묻히고 싶습니다."

  천자가 민망하여 그를 영접하였다. 겨울에 경사(京師)에 이르렀는
데, 그를 대접하는 것이 공주의 제도와 똑같이 하였다.[94] 그 뒤 2년 있

---

91 황패는 건성후였는데, 죽은 다음에 시호를 안후로 하였고, 이를 합하여 부른
    것이다.

92 양구는 양구하(梁丘賀)를 말하고, 대·소하후는 하후승(夏侯勝)과 하후건(夏
    侯建)을 말하며, 곡량은 곡량적(穀梁赤)을 말한다.

93 보통 관직에 있다가 사직하는 경우에 사용하는 말이지만 여기서는 죽은 사
    람의 해골을 말하는 것으로 죽는다는 것을 의미한다.

94 원래 황실의 공주가 아니고 초의 공주, 황실의 측면에서는 종실의 딸을 공주

다가 죽었다.

원귀미의 아들인 성미(星靡)가 대신 대곤미가 되었으나 약하였다. 풍부인(馮夫人)이 편지를 올렸다.

"바라건대 오손에 사자(使者)로 가서 성미를 진무하게 해주십시오."

한에서는 그녀를 파견하였다.

도호(都護)가 상주문을 올려서 말하였다.

"오손의 대리(大吏)인 대록(大祿)과 대감(大監)에게는 모두 금인(金印)과 자수(紫綬)를 하사하여 대곤미를 높여 보좌하도록 해주십시오."

한에서 이를 허락하였다.

그 뒤에 단회종(段會宗)이 도호가 되어 마침내 망명하고 반란하였던 사람들을 불러들여서 이를 안정시켰다. 성미가 죽자 그의 아들인 자율미(雌栗靡)가 대신 섰다.

7   황태자가 가까이 하는 사마량제(司馬良娣)가 병들고 또 죽었는데, 태자에게 말하였다.

"첩(妾)이 죽는 것은 천명이 아니라 여러 제첩(娣妾)과 양인(良人)[95]들이 또한 저주하는 기도를 하여서 나를 죽였다."

태자도 그렇다고 생각하였다.

죽기에 이르자 태자는 슬퍼하다가 병이 나서, 아무것도 즐겁지 아니하였다. 황제는 황후로 하여금 후궁 집안의 사람들 가운데 태자를 모시고 즐겁게 할 사람을 고르다가 원성(元城, 河北省 大名縣) 사람 왕정군

로 하여 오손에 시집가게 하였던 것이다.

96 양제(良娣)는 태자의 1급 비(妃)이고, 양인(良人)은 제2급이다.

(王政君)을 찾아내어 태자궁으로 보냈다.

　왕정군은 옛날 수의(繡衣)어사인 왕하(王賀)[96]의 손녀였는데, 병전(丙殿)에서 알현하였다가 한 번 총애를 받아서 잉태하였다. 이 해에 갑관화당(甲館畵堂)에서 성제(成帝)를 낳으니 세적(世嫡)황손이 되었다. 황제가 그를 아껴서 스스로 '오(驁)'라고 이름을 지어 주고 자(字)를 대손(大孫)이라고 하고는 항상 좌우에 두었다.

선제 감로 4년(辛未, 기원전 50년)

1　　여름에 광천왕(廣川王) 유해양(劉海陽)이 금수(禽獸)같은 행위를 한 죄에 연루되었고, 죄 없는 사람을 잡아 죽여서 폐위[97]되어 방릉(房陵, 湖北省 房縣)으로 귀양 갔다.

2　　겨울, 10월에 미앙궁의 선실각(宣室閣)[98]에 화재가 있었다.

96　왕하에 관한 일은 무제 천한 2년(기원전 99년)에 있었고, 그 내용은 《자치통감》 권21에 실려 있다.

97　광천은 하북성 조강현(河北省 棗强縣)에 있는 봉국인데 유거(劉去)가 납 녹인 물을 입에 불어 넣는 등의 죄를 지어서 선제 지절 원년(기원전 69년)에 봉국이 철폐되었었다. 4년 뒤에 선제가 유거의 형인 유문(劉文)을 광천왕으로 책봉하였다. 유문이 죽고 그 아들인 유해양(劉海陽)이 계위하였는데, 그는 아주 황음하여 집안의 곳곳에 춘화(春畵)를 그려 놓고 그 아래에서 주연을 베풀고, 그의 숙부와 백부와 누이를 초청하여 이를 감상하게 하였다. 또한 유해양의 누이동생은 이미 시집을 갔는데, 도리어 그에게 그가 총애하는 신하와 간통하게 하였다. 그리고 그의 사촌동생인 유조(劉調)와 함께 한 집안의 세 식구를 모살하였다.

3   이 해에 정도왕(定陶王) 유효(劉囂)를 옮겨서 초왕으로 삼았다.

4   흉노의 호한야(呼韓邪)와 질지(郅支) 두 선우가 모두 사자를 파견하여 조하(朝賀)하고 공물을 바쳤고, 한은 호한야의 사자를 맞이하면서 덧붙여 주었다.

선제 황룡 원년(壬申, 기원전 49년)

1   봄, 정월에 황상이 감천궁에 행차하여 태치(泰畤)에서 제사를 지냈다.

2   흉노의 호한야 선우가 와서 조하(朝賀)하였다가 2월에 귀국하였다. 애초에, 질지 선우는 호한야의 군사가 약하다고 생각하였는데, 한에 항복을 하니 스스로 다시 탈환할 수 없게 되자 바로 그 무리를 이끌고 서쪽으로 가서 오른쪽 땅[서부]을 공격하여 평정하려고 하였다.

또 도기(屠耆) 선우[99]의 어린 동생은 본래 호한야를 섬겼었는데, 역시 도망하여 오른쪽 땅으로 가서 두 형의 나머지 병사를 모아서 수천 명이 되자 자립하여 이리목(伊利目) 선우가 되었는데, 길에서 질지를 만나서 싸웠고, 질지가 그를 죽이고 그의 병사 5만 명을 합쳤다.

질지는 한이 병사와 곡식을 내어 호한야를 돕는다는 소식을 듣고,

---

98 황제가 공무를 집행하는 곳이다.

99 다섯 선우 가운데 하나이다.

바로 드디어 오른쪽 땅에 머물러 있게 되었고 스스로의 힘으로 흉노를 평정할 수 없음을 헤아리고, 마침내 더욱 서쪽으로 가서 오손에 가까이 가서 그 힘을 합치고 싶어서 사자를 파견하여 소곤미 오취도(烏就屠)를 만나 보게 하였다. 오취도는 그 사자를 죽이고 8천여 기병을 발동하여 질지를 맞이하였다.

질지도 그의 모의가 발각되니 병사를 챙겨서 오손을 공격하여 그들 격파하였는데, 이어서 북쪽으로 오게(烏揭)·견곤(堅昆)·정령(丁令)[100]을 공격하여 세 나라를 합병하였다. 자주 병사를 파견하여 오손을 공격하여 늘 승리하였다. 견곤이 동쪽으로 가니 선우의 왕정까지는 7천 리였고, 남쪽 차사(車師)까지는 5천 리가 되는데, 질지가 이곳에 머무르며 도읍으로 삼았다.

3　패성(孛星)이 왕량(王良)과 각도(閣道)[101]에 나타났다가 자미(紫微)□[102]으로 들어갔다.

4　황제가 눕고 병이 들어서 대신 가운데 부탁할 만한 사람을 선발하였는데 외척이자 시중(侍中)인 낙릉후(樂陵侯) 사고(史高)·태자태부 소망지(蕭望之)·소부(少傅) 주감(周堪)을 이끌어서 금중에 이르게 하

---

100 견곤은 신강 승화현이고, 정령은 바이칼 호 북쪽에 있는데, 오게가 있었던 곳은 분명치 않다.

101 은하수 속에는 네 개의 별이 있는데, 이를 천사(天駟)라고 하고, 그 옆에 있는 별이 왕량(王良)이다.

102 본 판본에는 □로 되어 있으나 다른 판본에는 '宮'으로 되어 있으므로 자미궁으로 보아야 한다.

고, 사고에게 벼슬을 주어 대사마(大司馬)·거기(車騎)장군으로 삼고, 소망지(蕭望之)를 전(前)장군·광록훈(光祿勳)으로 삼고, 주감(周堪)을 광록대부(光祿大夫)로 삼으면서 모두가 유조(遺詔)를 받고 보정하도록 하였는데, 상서에 관한 일을 관장하도록 하였다.[103] 겨울, 12월 갑술일(7일)에 황제가 미앙궁에서 붕어하였다.[104]

❖ 반고(班固)가 찬양하였습니다.

"효선제의 정치는 신상필벌(信賞必罰)하였고, 명분과 실제를 종합하여 핵심을 짚었다. 정사와 문학, 법리를 다루는 인사들은 모두 그의 능력이 정치(精緻)하였다. 기교(技巧)·공장(工匠)·기계(器械)에 있어서도 원제와 성제 연간에서부터 이를 따를 수 있는 것이 적었다. 역시 관리가 그 직책에 걸맞게 하는 것을 충분히 아니, 백성들은 그 직업(職業)에서 편안하였다.

흉노가 어그러지고 혼란한 것을 맞아서 망하는 자를 밀어내고 존재할 사람을 굳게 하여, 북쪽의 이적(夷狄)들에게 위엄을 펼쳐보여서 선우가 의(義)를 사모하여 머리를 숙여서 번신(藩臣)을 칭하게 하였다. 공로는 조종(祖宗)을 빛나게 하였고 업적은 후대에까지 이어졌으니, 중흥(中興)하였다고 말할 수 있을 것인데, 은(殷)의 고종(高宗)이나 주(周)의 선왕(宣王)에 비할 것이다."

---

103 영직(領職)으로 관직명은 영상서사이다.

104 선제는 18세에 즉위하여 재위한 것이 25년이고 43세에 죽었다.

5   계사일(26일)에 태자가 황제의 자리에 올라서 고묘(高廟)에 알현하고, 황태후를 높여서 태황태후[105]라고 부르고, 황후를 황태후라 하였다.＊

---

105 상관후(上官后)를 말한다.

권028

한기20

참소에 시달리는 원제

절약하는 원제와 소망지의 죽음

원제 초원 원년(癸酉, 기원전 48년)

1   봄, 정월 신축일(4일)에 효선황제(孝宣皇帝)를 두릉(杜陵, 섬서성 西安市의 동남쪽)에 장사 지내고 천하를 사면하였다.

2   3월 병오일(10일)에 황후에 왕씨(王氏, 王政君)를 세우고, 황후의 아버지 왕금(王禁)을 책봉하여 양평후(陽平侯)로 하였다.

3   삼보(三輔)·태상(太常)·군국의 공전(公田)과 원유(園囿)에서 절약할 수 있는 것을 가지고 작업을 하게 하여서 가난한 백성들을 진휼하였는데, 재산이 1천 전(錢)에 이르지 못하는 사람에게는 종자와 먹을 것을 주거나 빌려 주었다.

4   외조부인 평은대후(平恩戴侯)[1]의 친동생의 아들인 중상시(中常

---

1 허광한(許廣漢)을 말한다. 허광한은 부형(腐刑)을 받아서 죽었는데, 후사가

侍)² 허가(許嘉)를 평은후로 삼았다.

5   여름, 6월에 백성들이 역질(疫疾)에 걸려서 태관(太官)³으로 하여금 음식을 줄이게 하고 악부(樂府)⁴의 인원을 감축하며, 원유(園囿)의 말을 줄여서 고단하고 궁핍한 사람들을 진휼하게 하였다.

6   관(關, 函谷關)의 동쪽에 있는 군국(郡國) 11곳에서 큰 물난리가 일어나서 기근이 들고 혹 사람들이 서로 잡아먹으니 이웃하는 군의 전(錢)과 곡식을 운반하여 가져다가 구제하였다.

7   황상은 평소에 낭야(琅邪, 산동성 諸城縣)의 왕길(王吉)과 공우(貢禹)가 모두 경전(經典)에 밝고 깨끗한 행실을 가졌다는 소문을 듣고 사자를 보내어 그를 징소(徵召)⁵하였다. 왕길은 길에서 병이 들어 죽었다. 공우가 도착하자 벼슬을 주어 간대부(諫大夫)로 하였다.
    황상은 자주 자기 자신을 비우고, 정치에 관하여 물었더니, 공우가

없었다.

2 중상시라는 단어는 여기에서 처음으로 출현한다. 이는 황제의 침실까지 들어갈 수 있는 관리이다. 후에는 환관들이 전담하였는데, 황제는 조회할 때에 외부세계와 접촉하지만 그 외의 시간에는 일체 가려 있기 때문에 환관이 권력을 휘두르게 되는 것이다.

3 황제의 어찬을 담당하는 관리이다.

4 무제 때에 악부의 인원은 819명이었다.

5 부른다는 말이지만, 징소(徵召)의 경우란 황제 또는 조정에서 관리로 채용하기 위하여 부르는 것을 말하고, 벽소(辟召)는 관부(官府)에서 관리로 채용하려고 부르는 것을 말한다.

상주하였다.

"옛날에 인군(人君)은 절약하고 검소하여 10분의 1로 세(稅)를 받고 다른 부역(賦役)은 없었으니, 그러므로 집안은 넉넉해졌고 사람들은 만족하였습니다. 고조(高祖)·효문(孝文)·효경(孝景)황제는 궁녀가 10여 명에 지나지 않았고 마구간에 말도 100여 필이었습니다. 후세에는 다투듯 사치하여 점점 더해지는 것이 심하게 되었는데, 신하들 역시 조금씩 이를 본받았습니다.

신이 어리석으나, 태고(太古) 때처럼 하기는 어려울 것이지만 마땅히 조금은 옛날 모습을 모방하여 스스로 절약하여야 한다고 생각합니다. 바야흐로 지금 궁실은 이미 확정되어[6] 있어서 어떻게 할 수가 없지만은 그 나머지는 모두 감하고 줄일 수 있습니다.

옛날에 제(齊)의 삼복관(三服官)[7]은 보내는 물건이 열 광주리에 지나지 않았는데 바야흐로 지금 제(齊)의 삼복관은 일을 하는 공인(工人)이 각기 수천 명이고 1년의 비용도 거만(鉅萬)을 헤아립니다. 마구간의 말도 곡식을 먹는 것이 1만 필입니다.

무제 때에는 또 미녀들을 많이 취하여 수천 명에 이르러서 후궁(後宮)을 채웠습니다. 천하를 버리기에 이르면 금전(金錢)과 재물·조수(鳥獸)·어별(魚鼈) 등 무릇 190가지의 물건을 많이 저장하였으며, 또 모두 후궁의 여자들을 능묘(陵墓)에 갖다 두었습니다.[8]

---

6 궁궐에 관한 여러 가지 제도가 확정되어 있다는 말이다.

7 제는 오늘날의 산동을 말하며, 삼복관이란 조정을 위하여 춘복(春服)·하복(夏服)·동복(冬服)을 짓는 곳을 말한다.

8 190가지 물건이란 부장품을 말하는 것이고, 한대에는 천자가 죽으면 후궁들도 그 능묘로 보내져서 그 능묘를 섬기도록 되어 있다.

효선황제(孝宣皇帝) 때에 이르러서는 폐하께서 말을 하는 바를 싫어 하셨고,[9] 여러 신하들도 역시 옛날의 고사(故事)에 따르니, 심히 고통 스럽습니다. 그러므로 천하로 하여금 이어받게 되니 여자를 취하는 일 이 모두 크게 도를 넘쳤는데, 제후들의 처첩(妻妾)은 혹 수백 명에 이 르고, 부호(富豪)들과 이민(吏民)이 기르는 노래하는 사람이 수십 명에 이르니, 이렇게 하여 안으로는 원망하는 여자가 많고, 밖으로는 광부 (曠夫)[10]가 많습니다.

많은 서민들이 장사 지내고 매장하는 것에 이르러서는 모두 땅 위를 비워서 땅 아래를 가득 채우고 있습니다.[11] 그것이 지나친 것은 위에서 부터 생겨나는 것이고 모두 대신(大臣)들이 옛날에 하였던 일을 그대 로 따른 죄에 있습니다.

오직 폐하께서는 옛날의 법도를 깊이 살펴보시고 그 절검하였던 것 을 좇으며, 승여(乘輿)와 복장, 기물(器物)을 크게 줄이셔서 3분의 2로 없애며, 후궁 가운데 현명한 사람을 골라서 20명만 머물게 하시고 그 나머지는 모두 돌려보내고, 여러 능묘에 있는 여자로 자식이 없는 사람 에 이르러서는 마땅히 모두 보내야 하고, 마구간의 말은 10필(匹)을 넘 을 것이 없고, 다만 장안(長安) 성의 남쪽 원유(苑囿)만을 두어서 사냥 하는 동산으로 삼으십시오.

바야흐로 지금은 천하에 기근이 들었으므로 크게 스스로 소비를 덜

---

9 선제는 현재의 황제인 원제의 아버지이다. 그러므로 아버지의 장례를 절검하 여 치르겠다고 말하기가 어려웠을 것이다.

10 광은 비다는 뜻으로 아내가 없이 혼자 사는 남자를 말한다.

11 땅 위란 사람이 사는 곳이고, 땅 아래는 죽은 사람의 무덤을 말하므로, 서민 들도 장례에 부장품을 많이 사용한다는 말이다.

어내고 절감하여 그들을 구제하는 일이 하늘의 뜻에 맞지 않겠습니까? 하늘이 성인을 내신 것은 대개 만민을 위한 것이고 다만 스스로 즐기게 하려고 한 것뿐만은 아닙니다."

천자는 그 말이 훌륭하다고 받아들이고 조서를 내려서 여러 궁전 가운데 거의 가지 않는 곳은 수리하지 말라고 하고, 태복(太僕)은 말 먹는 곡식을 줄이며, 수형(水衡)[12]은 짐승이 먹는 고기를 줄이게 하였다.

❖ 신 사마광이 말씀드립니다.

"충성된 신하가 군주를 섬기면서 하기 어려운 것을 책임지게 한다면 그 쉬운 것은 수고를 하지 아니하고도 바르게 되고, 그의 모자라는 것을 보완한다면 그 잘하는 것은 권하지 아니하여도 완수됩니다.

효원제는 즉위한 애초에 마음을 비우고 공우에게 물었고, 공우는 마땅히 그 해야 할 급한 것을 먼저 거론해야 하고 그가 천천히 할 것은 뒤로 미루어야 하였습니다.

그런데 우유부단(優柔不斷)하였고 참소하고 아첨하는 무리들이 권력을 쥐고 있었던 것이 당시의 커다란 근심거리였으나 공우는 그것을 말하려고 아니하고, 공손하고 삼가면서 절검하는 것은 효원제의 평소의 뜻이니 우공은 힘써서 이것을 이야기하였는데 왜 그러하였습니까? 우공의 지혜로 알기에는 충분하지 아니하였다면

---

12 태복은 교통을 담당하는 관리이므로 말을 관리하는 책임자이고, 수형은 천자의 산림과 연못을 관리하는 관리인데 황제의 사냥용으로 짐승을 기르고 있었다.

어찌 똑똑하다고 할 수 있겠습니까? 알고도 말하지 아니하였다면 그 죄는 더욱 클 것입니다."

8   흉노의 호한야(呼韓邪) 선우[13]가 다시 편지를 올려서 백성들이 어렵고 궁핍하다고 말하였다. 운중(雲中, 몽고 托克托현)과 오원군(五原郡, 몽고의 包頭 서북)에 조서를 내려서 곡식 2만 곡(斛)을 운반하여 그들에게 공급하게 하였다.

9   이 해에 처음으로 무기(戊己)교위[14]를 두고 차사(車師)의 옛 땅에 둔전(屯田)을 하게 하였다.

원제 초원 2년(甲戌, 기원전 47년)

1   봄, 정월에 황상이 감천에 행차하여 태치(泰畤)에서 제사를 지냈다. 낙릉후(樂陵侯) 사고(史高)는 외척으로서 상서의 일을 관장[15]하였

13 흉노의 14대 선우로 난제계후산(欒提稽侯狦)이다.

14 이는 무도위(戊都尉)와 기도위(己都尉)를 합친 직위이다. 관직에 간지(干支)를 쓴 명칭은 아주 특수한 예인데, 안사고는 무기(戊己)는 위치가 부정확한 것이므로 이 직책도 순회하는 직책일 것이라고 하였으나, 이 기록으로 보아서는 둔전하도록 하였으므로 고정된 장소에 있는 것 같다. 어떤 설명은 무기란 방위로 중앙이므로 왕국의 중앙이 위치하는 교위라고 하였다.

15 영직(領職)이다. 영직은 본래의 직책을 가지고 있으면서 어떤 부서의 업무를 관장하게 할 때에 관직을 주는 방법이고, 이 경우에는 영상서사이며, 말 그대로 보면 상서의 업무를 관장하는 직책인 것이다.

고, 전(前)장군 소망지(蕭望之)와 광록대부(光祿大夫) 주감(周堪)은 그의 부이(副貳)가 되었다. 소망지는 명유(名儒)였으며, 주감과 더불어 모두 사부(師傅)로서 옛날의 은혜를 받고 천자가 그들에게 맡기고 자주 연회에 불러서 만나보고 치란(治亂)에 관하여 말을 하고 군왕의 일에 관하여서도 진술하였다.

소망지는 선발하여 종실에서 경전에 밝고 품행이 좋은 산기(散騎)[16]인 간대부(諫大夫) 유경생(劉更生)을 급사중(給事中)으로 말하고, 시중(侍中) 금창(金敞)과 더불어 나란히 좌우에서 보좌하였다. 네 사람이 같은 마음으로 모의하여 황상에게 옛날의 제도를 가지고 권고하고 이끌어서 바라는 것을 대부분 광정(匡正)하였는데, 황상은 심히 그것들에 영향을 받고서 받아들였다. 사고는 자리만 채울 뿐이었고 이로 말미암아서 소망지와는 틈이 생겼다.

중서령(中書令) 홍공(弘恭)과 복야(僕射) 석현(石顯)은 선제(宣帝)시대부터 오랫동안 추기의 임무를 담당하였고 각종 문법(文法, 문서로 된 법률조문)을 훤하게 익혔는데, 황제가 즉위하고 질병이 많아서 석현은 오랫동안 일을 관장하였고, 중인(中人, 금중에 있는 환관)이어서 밖으로 당우(黨友)를 만들지 않고 오로지 일에 전념하여 신임을 받을 수 있어서 드디어 정치를 위임하게 되니 일의 크고 작은 것을 가릴 것이 없이 석현을 통하여 상주하여 결정하여 귀하고 자주 뵙게 되니 조정을 기울였고, 많은 관료들은 모두 석현을 존경하고 섬겼다.

석현의 사람됨은 교활하고 총명하며 일을 잘 익히고 있으며 인주(人

---

16 산기상시는 황제가 궁문을 나설 때 말을 타고 뒤를 따르며 황제가 불러서 자문에 응하도록 되어 있다.

主)의 미세한 뜻을 깊이 알아차릴 수 있었고 안으로는 도적 같은 생각을 깊이 하고 있어서 궤변을 가지고 다른 사람을 중상하고, 애자(睚眦, 눈 흘김)한 것을 원한으로 하여 번번이 법으로 위험하게 하였고, 역시 거기장군 사고와는 안팎이 되어서 의론하면서 항상 고사를 가지고 소망지 등의 의견을 좇지 아니하였다.

소망지 등은 허씨(許氏)와 사씨(史氏)[17] 등이 방종함을 걱정하고 고통스럽게 생각하였고, 또 홍공과 석현의 권력 농단을 괴로워하여 건의하여 말하였다.

"중서(中書)[18]는 정치의 근본이며 국가의 중추가 되는 기구이니, 마땅히 밝고 공정한 사람을 그곳에 두어야 합니다. 무제가 후원에서 연회를 열고 놀았으니, 그러므로 환관을 채용하였는데 옛날의 제도가 아니었습니다. 의당히 중서의 환관을 파직하여 옛날에 '형벌을 받은 사람을 가까이 두지 않는다.'[19]는 뜻에 부응해야 합니다."

이로부터 사고·홍공·석현과는 크게 거슬리게 되었다. 황상은 처음 즉위하여 겸손하고 양보하여서 고쳐서 처리하는 것을 어려워하니, 논의를 오래하였지만 확정하지 못하였고, 유경생을 내보내어 종정(宗正)으로 삼았다.[20]

---

17 외척을 말하는데, 허씨란 현 황제인 원제의 아버지인 선제[유순]의 처족이고, 사씨란 그의 할머니 족속이다.

18 궁중일을 맡아 처리하는 기관이다.

19 《예(禮)》에 있는 말이다.

20 유경생은 유향(劉向)이다. 이번 조치로 유향은 급사중에서 황족을 관리하는 정종이 되었으므로 궁실 출입을 할 수 없게 되었으며, 이는 결국 소망지의 건의가 오히려 역효과를 가져온 셈이다.

소망지와 주감은 자주 이름난 유학자와 무재(茂才)[21]를 추천하여 간관(諫官)으로 나아가게 하였는데, 회계(會稽, 강소성 소주시) 사람 정 붕(鄭朋)이 속으로 소망지에게 붙고 싶어서 편지를 올려서 거기장군 사고가 빈객을 파견하여 군국(郡國)에서 간사하게 이익을 도모하였다 는 것을 말하고, 아울러 허씨·사씨 집안 자제들의 죄와 허물을 언급하 였다. 이 주장(奏章)을 주감에게 보이니, 주감이 말하였다.

"정붕으로 하여금 금마문(金馬門) 대조(待詔)[22]로 있게 하십시오."

정붕은 소망지에게 주문(奏文)을 기록하여서 말하였다.

"지금 장군의 계획은 관중(管仲)과 안영(晏嬰)처럼 쉬려고 한다고 말 하지만 수행하면서 해가 기울기에 이르시니 주공(周公)이나 소공(召 公)의 경지에 이르러서 머물려고 하는지요?

만약에 관중과 안영처럼 하시고 쉬려고 한다면 바로 연릉(延陵, 강소 성 武進縣; 정붕의 고향)의 언덕으로 내려가서 치아가 없어질 뿐입니다. 만약에 장군께서 주공·소공이 남겨 놓으신 업적을 일으키려고 친히 해 가 질 때까지 아울러 들어주신다면 달려가서 구구한 것을 다하여 만분 의 일을 받들기를 거의 원합니다."

소망지가 처음에 정붕을 만나 보면서 뜻을 가지고 그를 접대하였지 만 뒤에 그가 사악한 쪽으로 기울었다는 것을 알고, 절교하고 더불어 왕래하지 아니하였다.

정붕은 초(楚)의 인사(人士)여서 원한을 품고 다시 허씨·사씨에게로

---

21 수재(秀才)이다. 그러나 후한의 유수(劉秀)의 이름을 피휘(避諱)하려고 수(秀) 를 같은 뜻을 가진 무(茂)로 고쳐 사용하였다.

22 대조는 황제가 정식으로 관직을 임명하기를 기다리는 일종의 후보관에 해당 한다. 즉 정식 관직을 아직 받지 못한 상태이다.

들어가기를 구하면서 허씨와 사씨에 관한 일을 말한 것을 미루어서 말하였다.

"모두 주감과 유경생이 나를 가르친 것인데, 나는 관동(關東) 사람이니 어찌 이를 알겠습니까?"

이에 시중(侍中, 궁중의 시종관) 허장(許章)이 정붕을 만나 보도록 말하였다.

정붕이 나와서[23] 소리 내어 말하였다.

"내가 알현하고 전장군(前將軍, 소망지)의 작은 허물 다섯 가지와 큰 죄 한 가지를 말씀드렸습니다."

대조(待詔) 화룡(華龍)은 행실이 더러운데, 주감 등의 편으로 들어가려고 하였으나 주감 등이 받아들이지 않자 역시 정붕과 서로 결탁하였다.

홍공과 석현은 두 사람[정붕과 화룡]으로 하여금 소망지 등이 모의하여 거기장군을 파면하여 내쫓으려고 하며, 허씨·사씨를 멀리하여 물리치려고 한다는 말을 하게 하였는데, 소망지가 휴가를 나간 날[24]을 기다려서 정붕과 용화로 하여금 이것을 황제에게 올리게 하였다.

사건은 홍공에게 내려 보내어 그 상황을 묻게 하니, 소망지가 대답하였다.

"외척(外戚) 지위[관직]에 있는 사람들은 대부분 사치하고 음란하여 국가를 바로잡으려고 한 것이며 사악한 생각을 가진 것은 아닙니다."

---

23 황상인 원제를 만나보고 나왔다는 말이다.

24 한대에는 삼서랑(三署郎) 이상의 관리는 금중(禁中)에 열흘간 입직(入直)하고 하루는 쉬도록 되어 있다.

홍공과 석현이 상주(上奏)하였다.

"소망지·주감·유경지가 붕당을 만들어서 서로 칭찬하며 천거하고, 자주 대신들을 참소(讒訴)하며, 친척들을 헐뜯고 이간질하면서 권세를 오로지하며 멋대로 부리려고 합니다. 신하가 되어 충성스럽지 아니하고, 윗사람을 무고하는 것이 법도에 맞지 않으니, 청컨대 알자(謁者)로 하여금 불러서 정위(廷尉)²⁵에게 이르게 하십시오."

그때는 황상은 처음으로 즉위하여 불러 정위에게 보내는 것이 바로 감옥에 가두는 것이라는 것을 살피지 못하여 그 상주를 '가(可)하다'고 하였다. 뒤에 황상이 주감·유경생을 불렀더니, 말하였다.

"감옥에 갇혀 있습니다."

황상이 크게 놀라면서 말하였다.

"정위가 물어 본다는 것뿐만이 아니었는가?"²⁶

홍공과 석현을 나무라니 모두 머리를 조아리면서 사죄하였다.

황상이 말하였다.

"내보내어 일을 보게 하라."

홍공과 석현은 이어서 사고(史高)를 시켜서 말하였다.²⁷

"황상께서 새로 즉위하였는데, 아직 덕화(德化)가 천하에 소문나지 아니하였으나, 먼저 사부(師傅)²⁸에게 시험해 보이십시오. 이미 구경

---

25 알자는 황제의 예빈관(禮賓官)이고, 정위는 궁중 사법관이다.

26 원제는 정위에게 내려 보낸다는 것을 단순히 정위가 사실여부를 묻는 것에 지나지 않는 것으로 생각한 것이다.

27 홍공 등은 원제가 소망지 등을 그대로 복직시키라고 명령하였으나, 그대로 복직시킨다면 자기들에게 불리한 일이 벌어질 것으로 생각하고 이유를 들어 이를 못하도록 하였다.

(九卿)과 대부(大夫)[29]를 옥에 내려 보냈는데 마땅히 이어서 면직하도록 결정하여야 합니다."

이에 승상과 어사에게 제조(制詔)를 내려서 말하였다.

"전장군 소망지가 짐을 가르친 것이 8년이고,[30] 다른 죄나 허물은 없으나, 지금에 일한 것이 아주 오래 되고 아는 것도 잊고 밝기도 어려우니 그래서 소망지의 죄를 사하고 전장군과 광록훈(光祿勳)의 인수를 거두며, 주감과 유경생은 모두 면직시켜서 서인(庶人)으로 삼으라."

2 2월 정사일(27일)에 황제의 동생인 유경(劉竟)[31]을 청하왕(淸河王)으로 세웠다.

3 무오(28일)일에 농서(隴西, 감숙성 臨洮縣)에 지진이 일어나 성곽과 가옥이 무너져서 많은 사람들을 깔아 죽였다.

4 3월에 광릉여왕(廣陵厲王)의 아들인 유패(劉霸)를 왕[32]으로 세웠다.

---

28 원제가 태자였을 때에 소망지는 태자태부였으므로 원제의 스승이었다.

29 유경생은 종정이므로 구경 가운데 한 사람이고, 주감은 광록대부였다. 그러므로 여기서 구경은 유경생을, 대부는 주감을 가리키는 말이다.

30 선제 오봉 2년(기원전 56년)부터 황룡 원년(기원전 49년)까지 태자태부였다.

31 다른 판본에는 경(竟)을 관(寬)으로 쓴 곳도 있다.

32 선제 오봉 4년(기원전 54년)에 광릉왕 유서가 죄를 짓고 자살하여 이 제후국이 없어졌었는데, 이때에 그의 아들로 뒤를 잇게 하였다.

5 조서를 내려서 황문(黃門)의 승여(乘輿)와 개와 말을 내 보내고, 수형(水衡)의 금유(禁囿)와 의춘하원(宜春下苑, 섬서성 서안시 曲江池)·소부(少府)의 차비외지(伥飛外池)·엄어지전(嚴籞池田)[33]은 가난한 백성들에게 빌려주게 하였다.

또 조서를 내려서 천하를 사면하고 우수한 인재와 특이한 등급, 직언을 하고 심하게 간언(諫言)을 하는 인사를 추천하게 하였다.

6 여름, 4월에 황제의 아들인 유오(劉驁)를 세워서 황태자로 삼았다. 대조(待詔) 정붕이 태원(太原) 태수 장창(張敞)을 추천하였는데, 먼저 돌아가신 황제시대의 명신(名臣)이어서 마땅히 황태자를 스승으로 보필하여야 하였다.

황상이 이를 소망지에게 물었는데, 소망지는 '장창은 능력 있는 관리이고 번거롭고 혼란스러운 것을 맡아서 처리하지만 인재가 경박하여 스승의 그릇은 아니라'고 생각하였다. 천자는 사자로 하여금 장창을 징소하게 하고 좌풍익(左馮翊)으로 삼으려고 하였으나 마침 병이 들어서 죽었다.

7 조서를 내려서 소망지에게 관내후·급사중(給事中)을 하사하고, 매월 초하루와 보름에 조회에 나오게 하였다.

8 관(關, 함곡관)의 동쪽에 기근이 들어서 제(齊) 땅의 사람들이 서

---

33 황문(黃門)은 환관들이 있는 관서이고, 수형(水衡)은 수리를 관장하는 관서이고, 소부(少府)는 궁정의 물품을 관리하는 부서이며, 차비외지(伥飛外池)는 제사에 쓸 새를 잡는 연못이며, 엄어지전(嚴籞池田)은 황실의 사냥터이다.

로 잡아먹었다.

9   가을, 7월 기유일(27일)에 지진이 다시 일어났다.

10   황상이 주감과 유경생을 다시 불러서 간대부(諫大夫)로 삼고자
하였는데 홍공과 석현이 말을 하여서 모두 중랑(中郎)³⁴으로 삼았다.

   황상은 소망지를 그릇으로 소중하게 여기기를 그치지 아니하고 의
지하여 재상으로 삼고자 하였는데, 홍공·석현과 허씨·사씨의 형제들,
시중(侍中)·제조(諸曹)³⁵ 모두 소망지 등을 흘겨보았다.

   유경생이 마침내 그 외친(外親, 외가)으로 하여금 변고가 일어난 일
[지진]을 올리게 하여서 말하였다.

   "지진은 거의 홍공 등 때문이고, 세 독부(獨夫)³⁶들 때문에 움직인
것이 아닙니다. 신이 어리석으나 마땅히 홍공·석현을 물리치셔서 선한
일을 가려버린 것에 대하여 벌하는 것을 밝히시고, 소망지 등을 올리셔
서 똑똑한 사람이 가는 길을 통하게 하시는데, 이와 같이 한다면 태평
하게 되는 문이 열릴 것이며 재앙과 이변의 근원이 막힐 것입니다."

   편지가 상주되자 홍공·석현은 그것은 유경생이 한 것이라고 의심하
고 간사한 짓인지를 살펴보라고 청구하는 말을 하게 되었고, 공사(供
辭)에서 과연 자복하니, 드디어 유경생은 체포되어 감옥에 갇혔다가

---

34 간대부는 800석의 직급이고, 낭중은 600석의 직급이다.

35 관부의 일을 나누어 맡는 부서를 조(曹)라 하며, 제조란 여러 조를 말한다.

36 독부란 홀로 있는 지아비, 즉 필부(匹夫)를 따르는 자가 없는 사람을 말하는
   데, 여기서는 소망지와 주감 그리고 유향을 말한다.

파면되어서 서인이 되었다.

마침 소망지의 아들인 산기상시(散騎常侍)·중랑(中郎) 소급(蕭伋)도 역시 소망지의 전에 있었던 사건을 소송(訴訟)하는 편지[37]를 올렸는데, 사건을 유사(有司)에게 내려 보냈더니, 회답하는 상주문을 올렸다.

"소망지가 전에 연루되었던 사건은 분명하여져서 참소(讒訴)한 사람이 없는데, 아들을 시켜서 '무죄하다는 시(詩)'[38]를 인용하여서 말하였으니, 대신으로서의 체통을 잃고 불경한 일이므로 청컨대 체포하게 하여주십시오."

홍공·석현 등은 소망지가 평소에 높은 절개를 가졌고 굴욕을 받지 않는 것을 알고 건의하는 말을 하였다.

"소망지는 전의 사건에서 다행히 연좌되지 아니하였고, 작위와 식읍이 회복되었는데도 허물을 후회하고 죄를 자복하지 아니하고 깊이 원망하는 마음을 품고서 아들을 시켜서 편지를 올리고 잘못을 황상에게 돌리고 스스로 황제의 사부라는 것에 의탁하여 끝까지 반드시 연좌되지 않을 것이라 여기니, 자못 소망지를 감옥에 가두어서 그가 앙앙(怏怏) 불복하는 마음을 막아버리지 않는다면, 성스러운 조정에서 은혜를 두텁게 내릴 방법이 없습니다."

황상이 말하였다.

"소 태부(蕭 太傅)는 원래 굳은 사람이니 어떻게 이(吏, 獄吏)에게 보

---

37 홍공과 석현이 중심이 되어 소망지를 정위에 내려 보내도록 하였던 억울한 일을 바로 잡아 달라는 내용이다.

38 소급이 편지 가운데 인용하였던 것이 《시경(詩經)》의 어느 구절인지는 기록되어 있지 않다. 다만 《시경(詩經)》〈변아(變雅)〉에 있는 '무죄무고 참구오오(無罪無辜 讒口嗷嗷)'라는 구절일 것으로 추측된다.

내겠는가?"

석현 등이 말하였다.

"사람의 목숨은 지극히 중한 것이며, 소망지가 연루된 것은 언어가 야박하였다[39]는 죄인데 반드시 근심할 바는 없을 것입니다."

황상은 마침내 그 주문을 '가(可)하다'고 하였다.

겨울, 12월에 석현 등은 조서(詔書)를 봉함하여 알자(謁者)에게 보냈으며, 칙령으로 소망지를 불러서 손에 쥐어주게 하였다. 이어서 태상(太常)으로 하여금 급히 집금오(執金吾)의 거기(車騎)를 발동하여 달려와서 그의 저택을 포위하게 하였다. 사자가 이르러서 소망지를 불렀다. 소망지는 문하생인 노국(魯國) 사람 주운(朱雲)에게 물었는데, 주운이라는 사람은 절개 있는 선비를 좋아하여 소망지에게 자살할 것을 권하였다.

이에 소망지는 하늘을 우러러 탄식하면서 말하였다.

"나는 일찍이 장상(將相)의 지위에 있었고 나이 예순을 넘겼는데, 늙어서 감옥에 들어가 구차하게 살아가는 것을 구하는 것은 또한 비루하지 아니한가?"

자(字)로 주운을 부르고 말하였다.

"유(游, 주운의 자)야, 속히 약을 타서 가지고 와라. 오래 머물지 않고 나는 죽겠다."

드디어 독주를 마시고 자살하였다.

천자가 이 소식을 듣고 놀라서 손바닥을 치면서 말하였다.

---

39 언어가 야박하다는 죄로는 옥리에게 내려 보내지 않는 것이다. 그런데 원제는 석현 등이 교묘하게 말을 돌리는 것을 파악하지 못하였다.

"이전에 본디 그는 감옥에 가지 않을 것이라고 의심하였는데, 과연 나의 현명한 스승을 죽였구나!"

이때에 태관(太官)이 바야흐로 점심상을 올렸는데, 황상은 마침내 식사를 물리치고 그를 위하여 눈물을 흘리니, 그 슬픔이 좌우에 있는 사람들을 감동시켰다.

이에 석현 등을 불러서 책망하며 물으니 그들은 자세히 살피지 못하였다고 하면서 모두 모자를 벗고 사죄를 하다가 한참이나 지난 다음에 그쳤다. 황상은 소망지를 추념하면서 잊지를 못하여 매 세시(歲時)에 사자를 파견하여 소망지의 무덤에 제사를 지냈는데 황제[원제]의 시대에는 끝까지 하였다.

❖ 신 사마광이 말씀드립니다.

"심합니다. 원제가 임금 노릇한 것은 쉽게 속고 깨닫는 것이 어려웠습니다. 무릇 홍공·석현이 소망지를 참소하였는데, 그 사악한 논설과 기만하는 계책은 진실로 잘 구별할 수가 없었습니다.

애초에, 소망지가 감옥에 가려고 하지 않을 것이라고 의심하였으나 홍공과 석현이 반드시 걱정거리가 없을 것이라고 하였고, 이미 그러하고서 결과적으로는 자살하였으니, 홍공과 석현이 속인 것이 또한 분명합니다. 중간 정도의 지혜를 가진 군주라면 누군들 감동하고 화가 나서 이 사악한 신하들을 처벌하는데 보내지 않겠습니까?

효원제는 그렇지 아니하였습니다. 비록 눈물을 흘리고 밥을 먹지 않으면서 소망지의 죽음을 아파하였으나 끝내는 홍공·석현을 주살할 수가 없었고, 겨우 그들이 모자를 벗고 사죄할 뿐이었습니다. 이와 같다면 간사한 신하를 어떻게 징계하겠습니까? 이는 홍공·석현으로 하여금 그들의 사악한 마음을 방자하게 한 것이니 다시 거리낄 것을 없앴습니다."

가연지와 북방민족의 움직임

11 이 해에 홍공은 병이 들어서 죽었고, 석현은 중서령이 되었다.

12 애초에, 무제(武帝)가 남월(南越)을 멸망시키고 주애(珠厓, 琼山縣)와 담이군(儋耳郡, 儋縣)을 설치[40]하여 바다 가운데 있는 주(洲, 섬)에 두었는데, 이졸(吏卒)들은 모두 중국인들이어서, 그들을 침탈하거나 능욕하는 일이 많았다.

그 백성들도 역시 포악(暴惡)하여서 스스로 막거나 단절하고 자주 관리들의 금령(禁令)을 범하고 대체로 몇 년에 한 차례씩 반란을 일으키고 관리를 살해하여 한(漢)은 번번이 병사를 발동하여 그들을 쳐서 안정시켰다. 20여 년 사이에 무릇 여섯 차례 반란을 일으켰다. 선제(宣帝) 때에 이르러서 또 다시 반란을 일으켰었다.[41]

---

40 이 사건은 무제 원정 원년(기원전 111년)의 일로《자치통감》권20에 실려 있다.

41 20년 사이란 처음 군을 설치한 이후 소제 시원 원년(기원전 86년)까지 20년 동안을 말하고, 시원 5년(기원전 82년)에 담이군을 없애서 주애군에 소속시켰는데, 선제 신작 3년(기원전 59년)에 주애의 세 현이 반란을 일으켰고, 그 7년 뒤인 감로 원년(기원전 53년)에 아홉 개의 현이 반란을 일으켰다.

황상이 즉위한 다음 해[기원전 48년]에 주애의 산남현(山南縣)이 반란하니 병사를 발동하여 이들을 격파하였다. 여러 현이 다시 반란하였고, 몇 해 동안 이어져도 평정하지 못하였다. 황상은 여러 신하들에게 널리 모의하고 크게 군사를 발동하고자 하였다.

대조(待詔) 가연지(賈捐之)가 말하였다.

"신이 듣건대 요(堯)·순(舜)·우(禹)의 성스러운 덕화(德化)는 땅이 사방으로 수천 리에 지나지 않았고, 서쪽은 사막을 덮었고, 동쪽으로는 동해에까지 번져 갔으며 삭방(朔方, 河套) 이남에도 그 명성과 가르침이 이르러서 말하기를, '명성과 가르침을 더불어 하고자 하면 그들을 다스릴 것이고, 더불어 하고자 하지 않는 자들은 강제로 다스리지 아니한다.'고 하였습니다. 그러므로 군신들이 덕화를 노래하였고, 기운을 머금은 생물들은 각기 그들이 마땅히 있어야 할 자리를 차지하였습니다.

무정(武丁)·성왕(成王)은 은(殷)·주(周)의 아주 위대하고 인자한 분이었지만 그러나 땅은 동쪽으로 강(江, 하남성 息縣, 강국)과 황(黃, 하남성 潢川縣, 황국)에 지나지 않았고, 서쪽으로는 저족(氐族)과 강족(羌族)[42]들을 지나지 않았으며, 남쪽으로 만형(蠻荊)[43]에 지나지 않았고, 북쪽으로 삭방에 지나지 않았으니, 이리하여서 칭송하는 소리가 아울러 일어나고 보고 듣는 것들은 모두가 그들의 삶을 즐겼고, 월상지(越裳氏)는 아홉 차례의 통역을 거치면서도[44] 공물을 헌납하였으니, 이러

---

42 저족과 강족이 사는 곳을 말하는데, 그 곳은 지금의 감숙성 동부이다.

43 형주에 사는 만족이라는 말로 그 곳은 호북성 양양시 일대이다.

44 월상지는 오의 손호가 구덕군을 설치하였는데, 이곳이 주대의 월상이라고 하는 주석도 있지만 정확한 위치는 알 수 없다. 어떤 사람은 월남의 의안성일 것이라고 말하고, 아주 먼 곳에서 공물을 바치려고 사신이 왔기 때문에 직접 대

한 것은 병사와 무기를 가지고 할 수 있는 일이 아니었습니다.

진(秦)에 이르러서 군사를 일으켜서 먼 곳을 공격하고, 밖의 것을 탐내고 속이 텅 비게 되니 천하가 무너지고 반란이 일어났습니다. 효문황제(孝文皇帝)가 무기를 뉘어놓고 문치(文治)를 시행하였는데, 이 당시에는 옥송(獄訟) 사건은 수백 건뿐이었고 부역도 가볍고 간편하게 되었습니다. 효무황제는 병마(兵馬)를 벼려서 사방의 이적(夷狄)들을 물리쳤지만 천하의 송옥(訟獄) 사건은 1만을 헤아렸으며, 부세(賦稅)는 번거로웠고 요역(徭役)의 부담도 무거웠는데, 도적들이 나란히 일어나고 군사의 출동도 자주 일으키게 되니, 아버지는 앞에서 싸우다 죽고 아들은 뒤에서 전투하다가 다쳤으며, 여자들이 정장(亭障)에 올라가고 [45] 고아들은 길에서 울부짖으며 늙은 어머니와 과부는 눈물을 삼키고 골목에서 통곡하였는데, 이것은 모두 곽지(廓地, 영토)가 아주 크고 정벌의 전쟁을 쉬지 않은 때문입니다.

지금 관(關, 함곡관) 동쪽의 백성들은 많은데 오랫동안 곤욕을 당하였으며 길거리에서 흩어져서 흘러 다닙니다. 사람의 정(情)이란 부모보다 더 친한 것은 없으며, 부부의 정보다 더 즐거운 것은 없는데 아내를 시집보내고 [46] 자기의 아들을 팔기에 이르렀는데도 법으로 이를 금지할 수 없고 의(義)를 가지고 이를 중지시킬 수가 없기에 이르렀으니

화를 하거나 한 사람의 통역만으로는 의사소통이 안 되어 아홉 차례의 통역을 거쳐서야 비로소 의사소통이 가능하였다는 뜻이다.

45 남자들이 다 죽어서 전선을 지킬 사람이 없게 되자 여자가 군대에 나가게 되었다는 뜻이다. 정장은 모두 방어 시설이다.

46 매매혼이 있었던 듯하다. 자기의 아내를 다른 사람에게 시집을 보낸다는 말이다.

이는 사직(社稷)의 걱정거리입니다.

지금 폐하께서는 성내는 분노를 참지 못하고 병사의 무리를 몰아서 큰 바다 가운데로 몰아서 던지려고 하시니 그윽하고 어두운 땅[47]으로 마음을 즐겁게 하려는 것이지, 기근(饑饉)을 구제하고 백성들을 보전하기 위한 것이 아닙니다.

《시경(詩經)》에서 말하였습니다. '꿈틀대고 움직이는구나, 만이(蠻夷)들이 사는 형(荊, 초 지역)이여! 큰 나라의 원수가 된다.'[48] 성인(聖人)이 나타나면 그 후에는 복종하고, 중국이 쇠퇴하면 먼저 배반할 것이라는 말이어서 옛날부터 이것을 근심하였는데, 하물며 마침내 다시금 그 남쪽으로 만 리를 떨어져 있는 만이(蠻夷)들이겠습니까?

낙월(駱越, 해남도)의 사람들은 아버지와 아들이 같은 개울에서 목욕을 하고, 습관적으로 코로 물을 마시니 금수(禽獸)와 다름이 없어서 본래 군현(郡縣)을 두기에는 부족한 곳입니다. 구구하게 홀로 바다 가운데 있는 단 하나의 섬이어서 안개와 이슬이 많아 공기가 습(濕)하고 독 있는 풀과 벌레나 뱀 그리고 물이나 흙의 해로움이 많으니, 사람이 호로(胡虜) 같은 녀석들을 보이지도 아니하였는데 전사(戰士)들은 스스로 죽습니다.

또 주애(珠厓, 남해군의 瓊山縣)에는 진주, 물소 뿔, 대모(瑇瑁)만 있는 것이 아닙니다. 이것을 포기한다고 하여도 애석하기에는 부족하고, 치지 아니하여도 국가의 위엄이 손상될 것이 없습니다. 그곳의 사람들은 비유하자면 물고기나 자라 같은데 어찌 탐낼 만하겠습니까?

---

47 바다 가운데 있는 보잘 것 없는 섬을 말한다.

48 이는 《시경(詩經)》 소아채에 있다.

　　신은 가만히 과거에 있었던 강족(羌族)이 군사 반란을 일으켰던 일[49]을 가지고 말씀드리겠는데, 군사들을 밖에 드러내놓으니[50] 일찍이 아직 1년이 못되었는데 군사들은 출발하여 1천 리를 넘게 나아가지 못하였고, 40여 억이 소비되어서 대사농(大司農)의 금전을 다 소진(消盡)하고 마침내 소부(少府)[51]에 있는 궁궐의 금전(禁錢,궁중의 돈)을 갖다가 이를 이어주었습니다. 무릇 한 귀퉁이가 좋지 않아도 그 비용은 오히려 이와 같은데, 하물며 군사들을 수고롭게 하면서 멀리까지 공격하다가 병사들을 죽이고 공로를 세우지 못하는데서야!

　　이를 과거의 사례에서 찾는다면 맞지 아니하고, 오늘날에 이를 실행하려고 하여도 편하지가 않으니, 신은 어리석으나 관대(冠帶)를 가진 나라와 《우공(禹貢)》에서 언급하고 《춘추(春秋)》에서 다스렸던 나라[52]가 아니라면 모두 또 다스리지 않아도 좋을 것이라고 생각합니다. 바라건대 드디어 주애를 버리고, 오직 관동(關東)을 긍휼(矜恤)히 여기는 것을 걱정하십시오.”

　　황상은 승상과 어사에게 물었다. 어사대부 진만년(陳萬年)은 마땅히

---

49 이것은 선제(宣帝) 신작(神爵) 원년(기원전 61년)의 일이다.

50 군사가 먼 곳으로 원정을 갈 때에는 막사 같은 것을 제대로 갖출 수가 없어서 밤이슬을 그대로 맞게 된다.

51 대사농은 농사를 관리하는 최고의 기관이며, 소부는 궁실의 필요한 물품을 공급하는 기관이다.

52 관대(冠帶)를 가진 나라란 일상생활에서 모자를 쓰고 허리띠를 매는 나라를 말하는 것으로 이는 문명한 나라의 상징이며, 결국 중원 지역을 말하는 것이고, 《우공(禹貢)》에서 언급하였다는 것은 우공에서 우(禹)가 홍수를 해결하였던 지역을 말하는 것이며, 《춘추(春秋)》에서 다스렸던 나라란 춘추에 기록된 나라들을 말하는 것이다. 주애는 모두 이것에서 벗어나 있다.

공격하여야 한다고 생각하고, 승상 우정국(于定國)은 생각하였다.

"전날에 병사를 일으켜서 그들을 공격한 것이 해를 이었고, 호군(護軍)도위·교위(校尉)·승(丞)이 무릇 11명이었으나 돌아온 사람은 두 명이고, 병사와 물건을 운반하다 죽은 사람이 1만 명 이상이었고, 비용도 3억 이상이었지만 오히려 아직도 다 항복시킬 수 없습니다. 지금 관동지역은 고단하고 궁핍하여 백성들이 어려워서 요동을 치고 있으니 가연지(賈捐之)의 의견이 옳습니다."

황상이 이 말을 좇았는데 가연지는 가의(賈誼)의 증손자이다.

원제 초원 3년(乙亥, 기원전 46년)

1   봄에 조서를 내려서 말하였다.

"주애(珠厓)의 호로(胡虜)들이 이민(吏民)을 살해하고 배반하고 반란하여 반역하였다. 지금 조정에서 의논한 사람 가운데는 혹 공격할 수 있다고 말하고, 혹 지킬 수 있다고 말하며, 혹 그들을 포기하라고 하여 그 가리키는 것이 각기 다르다.

짐은 밤낮으로 오직 의논하는 사람들의 말을 생각하여 보았는데, 위엄이 시행되지 않은 것을 부끄러워하면 그들을 모두 주살하고자 하며, 여우처럼 의심을 가지고 어려움을 피하려고 하면 지키면서 둔전(屯田)을 하게해야 할 것인데, 시절이 변화에 융통하게 하려면 많은 백성들을 걱정시킨다.

무릇 많은 백성들이 기아에서 헤매는 것과 먼 곳에 있는 만이(蠻夷)들을 토벌하지 않는 것에서 위험은 어떤 것이 더 큰가? 또한 종묘(宗

廟)에 제사 지내는 것도 흉년이 든 해에는 다 갖추지 않는데, 하물며 만족할 수 없는 정도의 수치를 피하려고 할까보냐!

지금 관동지역은 크게 곤란하여 창고는 텅 비어 있어서 서로 구제하여 줄 수가 없고, 또 병사를 발동한다면 백성들을 수고롭게 할뿐만 아니라 흉년이 뒤따를 것이다. 그러니 주애군을 철폐하고 백성들 가운데 의(義)를 흠모하여 안으로 귀속하고자 하는 사람들이 있으면 그들을 편하게 두고, 원하지 아니하면 억지로 하지 마라."

2   여름, 4월 그믐 을미일에 무릉(茂陵, 무제의 능)에 있는 백학관(白鶴館)에 화재가 있었는데, 천하를 사면하였다.

3   여름[53]에 가뭄이 있었다.

4   장사양왕(長沙煬王)의 동생인 유종(劉宗)을 세워서 장사왕으로 삼았다.[54]

5   장신궁(長信宮) 소부(少府)[55]인 공우(貢禹)가 말씀을 올렸다.

---

53 앞의 항목에서 여름이 이미 나왔는데, 다시 여름이 나온 것은 맞지 않으며, 더욱이 여름은 4·5·6월을 말하는데, 5항에 6월의 조서가 기록 된 것으로 보아서 더욱이 이 여름이라는 기록은 연자(衍字)로 보인다. 그렇다고 하여도 월일을 모르고 계절만 아는 경우라면 5항 뒤에 기록하여야 맞을 것인데, 이 부분에서 착간(錯簡)이 있었던 것으로 보인다.

54 장사왕인 양왕 유단(劉旦)은 초원 원년(기원전 48년)에 죽었으며 죽은 뒤의 시호를 양왕으로 한 것이며, 후사가 없었는데 이번에 그의 동생으로 그의 뒤를 잇게 한 것이다.

"여러 이궁(離宮)과 장락궁(長樂宮)[56]의 궁위(宮衛)는 그 반 이상을 감원하여 백성들의 요역(徭役)을 덜어줄 수 있을 것입니다."

6월에 조서를 내려서 말하였다.

"짐은 많은 사람들이 배를 주리고 추위에 떠는 것과 부모와 처자를 멀리 떠나서 급하지 않은 일에서 수고를 하면서 거주하고 있지 않는 궁궐을 호위하는 것은 아마도 음양(陰陽)의 도를 도와주는 것이 아닐 것이라고 생각한다. 그러니 감천궁(甘泉宮)과 건장궁(建章宮)의 궁위를 철폐하고 가서 농사를 짓게 하라. 모든 관리들은 각각 경비를 줄이도록 하라. 조목조목을 적어 상주하는데, 거리낌을 두지 말도록 하라."

6   이 해에 황상은 주감(周堪)을 다시 발탁하여 광록훈(光祿勳)[57]으로 삼았다. 주감의 조카 장맹(張猛, 張騫의 손자)은 광록대부·급사중이 되어 크게 신임을 얻은 것으로 보였다.

원제 초원 4년(丙子, 기원전 45년)

1   봄, 정월에 황상은 감천궁에 행차하여 태치(泰畤)에서 제사를 지냈다. 3월에 하동(河東, 산서성 夏縣)으로 행차하여 후토(后土)에 제사

---

55 궁정의 물품 공급을 책임진 관리이다.

56 이 궁은 여러 곳에 떨어져 있는 궁궐을 말하며, 장락궁과 장신궁은 모두 황태후의 궁궐이다.

57 궁정의 금위사령관에 해당하는 직책이다.

를 지냈고 분음(汾陰, 산서성 榮河縣)의 형도(刑徒)를 사면하였다.

원제 초원 5년(丁丑, 기원전 44년)

1   봄, 정월에 주자남군(周子南君)을 주승휴후(周承休侯)[58]로 삼았다.

2   황상은 옹(雍, 섬서성 鳳翔縣)에 가서 오치(五畤, 五帝의 제단)에 제
사를 지냈다.

3   여름, 4월에 혜성(彗星)이 삼(參)[59] 부근에 출현하였다.

4   황상은 제유(諸儒) 우공(禹貢) 등의 말을 채용하여 태관(太官, 황
제의 조리 담당관리)에게 조서를 내려서 매일 짐승을 죽이지 말고, 갖추
어지는 것[먹을 것]을 각기 반으로 줄이고 승여와 곡식을 먹이는 말도
정사(正事)를 수행하는데 부족함이 없게 할뿐이라고 하였다.[60]

---

58 무제 원정(元鼎) 4년(기원전 113년)에 주 왕실의 후예인 희가(姬嘉)에게 주자
   남군의 작위를 주고 제사를 받들게 하였는데, 이때에 그의 후손인 희연(姬延)
   을 주승휴후로 책봉하였다. 승휴국은 영천군에 있다.

59 삼(參)은 백호(白虎)를 말하는데 세별이 곧게 늘어서 있는데 이것이 형석(衡
   石)이며, 아래로 세별이 있는데 이것을 벌(罰)이라고 한다. 혜성, 즉 패성이 나
   타나면 병란(兵亂)이 일어날 징조라고 생각하였다.

60 정사란 제사를 지내거나 수렵을 하는 일을 말한다. 그러므로 이 일에 제공되
   는 수레나 말 이외에 따로 예비로 준비하지 말라는 의미이다.

각저(角抵) 놀이[61]와 상림궁에 있으나 아주 드물게 찾아가는 사람 [궁녀], 제(齊)의 삼복관·북가(北假, 河套 지역으로 황하의 남북 양쪽)의 전관(田官)·염철관(鹽鐵官)·상평창(常平倉)[62]을 철폐하게 하였다. 박사 제자는 정원을 한정 짓지 말게 하여[63] 학자들을 널리 퍼지게 하며, 백성들 가운데에서도 하나의 경전(經傳)에 능통한 사람이 있으면 모두 면제[徭役과 田賦]시키고 형벌에 관한 70여 개의 사항을 줄이게 하였다.

5 진만년(陳萬年)이 죽었다. 6월 신유일(20일)에 장신궁의 소부(少府)인 공우를 어사대부로 삼았다. 공우는 앞뒤로 잘하고 잘못한 것을 편지로 써서 수십 차례 올렸는데, 황상은 그가 질박하고 곧은 것을 좋아하여 이를 대부분 채택하였다.

6 흉노의 질지 선우(郅支 單于, 북흉노의 선우)가 스스로 길이 먼 곳[64]에 있으면서 한(漢)이 호한야(呼韓邪) 선우[65]를 옹호하고 자기를 돕지

---

61 뿔의 힘을 가지고 놀이를 하는 잡기인데, 이 놀이에 관한 기사는 《자치통감》 권21에 실려 있고, 무제 원봉 3년(기원전 108년) 조에 있었던 일이다.

62 삼복관은 황실의 옷감 짜는 공장이며, 전관은 황실의 농장 관리를 맡은 사람이고, 철관은 염철의 전매를 담당하는 관리로 무제 때에 두었다. 상평창은 선제 때 설치하여 곡가 조절을 맡았던 곳이다.

63 무제 때에는 박사관에게 제자 50명을 두도록 하였고, 소제 때에는 이를 100명으로 늘렸으며, 선제 때 다시 이를 배로 늘렸는데, 그 숫자를 정해 놓지 말라고 한 것이다. 그리하여 몇 년 뒤에는 1천 명으로 늘었다.

64 흉노의 선우가 있는 신강 승화현에서 한의 수도인 장안까지는 200~300km 가량 떨어져 있다.

않는다고 원망하여 한의 사자인 강내시(江乃始) 등을 곤란하게 하고 욕보였는데, 사신을 파견하여 물건을 바치면서 이어서 한에 인질로 와 있는 그의 아들[66]을 보내달라고 요구하였다.

한에서는 논의하고서 위사마(衛司馬) 곡길(谷吉)을 파견하여 이를 호송하게 하였는데, 어사대부 공우와 박사인 동해(東海) 사람 광형(匡衡)이 생각하였다.

"질지 선우는 교화가 아직도 다 되지 아니하였고 있는 곳이 끊겨진 먼 곳이므로 마땅히 사자(使者)로 하여금 그 아들을 호송하여 변경의 요새까지 갔다가 돌아오게 하여야 합니다."

곡길이 편지를 올려서 말하였다.

"중국과 이적(夷狄)들과는 기미(羈縻)관계를 갖고 있어서 끊지 않는 의미를 갖고 있는데, 오늘날 이미 그의 아들을 10년간이나 온전하게 양육하였으니 베푼 덕택은 아주 두터운 것이며, 헛되이 끊어 배웅하지 않고서 가까운 변방 요새에서 돌아온다면, 그들을 버리고 길러주지 않겠다는 것을 드러내 보이는 것이어서 순화되어 좇는 마음을 갖지 못하게 하는 것이며, 앞에서 베푼 은혜를 버리게 하고 뒤에는 원망을 사는 것이니 편치 않습니다.

의논에 참여한 사람들은 전에 강내시는 적(敵)에게 대응하는 술수가 없었고 지혜와 용기가 모두 궁색하여 치욕을 당하게 되니 바로 미리 신이 우려하였던 것입니다. 신(臣)은 다행히도 강력한 한의 부절(符節)

---

65 흉노 14대 선우인데, 난제계후산(欒提稽侯狦)이며 북흉노 선우의 동생이다.

66 북흉노 선우의 아들은 난제구우리수(欒提驅于利受)인데, 이 사람이 인질로 한에 온 것은 선제 감로 원년(기원전 53년)의 일이다.

을 얻었고, 밝은 황제의 조서를 이어서 후덕(厚德)한 은혜를 선전하므로 감히 흉포한 짓을 해서는 안 될 것입니다.

만약에 금수(禽獸)와 같은 마음을 품고서 신에게 무도(無道)한 짓을 한다면 선우가 영구히 갈 큰 죄를 가지게 되는 것이므로 반드시 도망하여 더 먼 곳에 살면서 감히 변경에 가까이 하지 않을 것입니다. 한 명의 사신을 없애서 백성들을 편안하게 한다면 나라의 계책이며 신이 원하는 것입니다. 바라건대 호송하여 조정[질지선우의 조정]에 보내게 하여주십시오."

황상이 이를 허락하였다.

이미 도착하였는데, 질지 선우가 화가 나서 끝내 곡길 등을 살해하였는데, 끝내 스스로 한에 죄를 지은 것을 알고 또 호한야 선우가 더욱 강해졌다는 소식을 듣고 습격을 당할까 두려워서 더 멀리 달아나고자 하였다.

마침 강거왕(康居王)[67]은 자주 오손[신강성 伊寧市]에게 곤욕을 당하였는데, 여러 흡후(翕侯, 강거국의 대신)들과 더불어 계책을 세워서 생각하였다.

"흉노는 큰 나라이고 오손은 본디 그들에게 복속되어 있었다. 지금 질지 선우가 밖에서 곤욕을 당하고 있으니, 그를 환영하여 받아들여다가 동쪽 경계에 두고 병사를 합쳐서 오손을 빼앗고, 그를 세우면 오랫동안 흉노에 대한 근심은 없을 것이다."

즉시 사신으로 하여금 견곤(堅昆, 신강성 승화현, 질지 선우의 도읍)에 가서 연락하여 질지 선우와 말하게 하였다. 질지 선우는 평소에 두려워

---

67 강거국은 발하쉬 호를 경계로 하여 오손왕국의 서부에 있다.

하였고 또 오손을 원망하였으므로[68] 강거의 계책을 듣고 크게 기뻐하면서 드디어 더불어 서로 결맹하고서 병사를 이끌고 서쪽으로 나아갔다.

질지의 많은 사람들이 추위로 길에서 죽으니, 남은 사람은 겨우 3천 명이었다. 강거에 도착하자 강거왕은 딸을 질지에게 처로 삼게 하고 질지도 또한 딸을 강거왕에게 주었다. 강거에서는 질지 선우를 아주 존경하면서 그의 위엄에 의지하여 여러 나라를 위협하려 하였다.

질지 선우는 자주 병사를 빌려서 오손을 공격하였는데, 깊이 쳐들어가서 적곡성(赤谷城, 신강성 이녕)까지 이르러서 백성들을 약탈하고 죽이고 가축과 재산을 몰아가지고 갔다. 오손국에서는 감히 추격하지 못하니 서쪽은 텅 비어서 살지 아니하는 것이 5천여 리였다.[69]

---

68 질지 선우가 오손국에 대하여 원한을 갖게 된 사건은 선제 황룡 원년(기원전 49년)에 있었다.

69 적곡성에서 발하쉬 호가 있는 오손왕국의 서쪽 끝까지는 직선거리로 500km 정도 되는데, 가는 길을 보통 3배를 계산하게 되므로 1천500km 정도 되지만 이를 5천 리라고 한 것은 정확하지 않다.

7   겨울, 12월 정미일(9일)에 우공이 죽었다. 정사일(19일)에는 장신궁의 소부인 설광덕(薛廣德)이 어사대부가 되었다.

원제 영광 원년(戊寅, 기원전 43년)

1   봄, 정월에 황상이 감천궁에 행차하여 교치(郊畤)에서 제사를 지냈다. 제례(祭禮)를 마치고 이어서 남아서 사냥을 하였다.

설광덕이 편지를 올려서 말하였다.

"가만히 보건대 관동은 곤궁함이 극도에 이르러서 백성들이 흩어지고 있는데 폐하께서는 매일 같이 망한 진(秦)의 종을 치고, 정(鄭)과 위(衛)의 음악[70]을 들으니 신은 진실로 이를 슬퍼합니다.

지금 사졸(士卒)들은 들판에 그냥 드러내 있고, 수종하는 관리들도

---

70 망한 진의 종을 친다는 것은 진의 전철을 밟아간다는 말이고, 정과 위의 음악이란 춘추시대에 이 두 나라에서 유행하는 음악은 대체적으로 음탕한 음악이었다. 따라서 타락하고 있다는 것이다.

수고하여 피로하니, 바라건대 폐하께서는 빨리 환궁하시어 백성들과 더불어 같이 걱정하고 즐기신다면 천하는 아주 다행일 것입니다."

황상은 그날로 돌아왔다.

2   2월에 조서를 내렸다.

"승상(丞相)과 어사(御史)는 질박(質朴)하고 돈후(敦厚)하며 겸손하고 양보하고 행실이 좋은 사람을 천거하고, 광록(光祿)[71]은 매해에 이 네 개의 과목을 표준으로 하여 낭관(郞官)과 종관(從官)[72]의 등급을 평정하라."

3   3월에 천하를 사면하였다.

4   비와 눈과 서리가 내려서 뽕나무를 죽였다.

5   가을에 황상이 종묘에 제사를 지내려고 편문(便門)을 나서서 누선(樓船)에 다가가려고 하였다. 설광덕이 승여차(乘輿車)를 맞아서 관(冠)을 벗고 머리를 조아리며 말하였다.

"마땅히 다리로 가야 합니다."

조서를 내렸다.

"대부는 모자를 쓰시오."

설광덕이 말하였다.

---

71 궁정 금위사령관에 해당하는 관직이다.
72 낭관은 궁정의 금위관이며 종관은 그 수종관이다.

"폐하께서 신의 말을 듣지 않으시면 신은 자살하여 피로 수레바퀴를 더럽혀서 폐하께서 사당에 들어갈 수 없게 하겠습니다."

황상은 기뻐하지 아니하였다.

선구(先驅)[73]인 광록대부 장맹(張猛)이 나아가서 말하였다.

"신이 듣건대 군주가 성스러우면 신하는 곧다고 합니다. 배를 타는 것은 위험하니 다리로 편안히 가시는데, 성스러운 군주는 위험한 것을 타지 않습니다. 어사대부의 말씀을 들을 만합니다."

황상이 말하였다.

"다른 사람을 깨우쳐 주려면 마땅히 이처럼 해야 하지 않겠소?[74]"

마침내 다리로 갔다.

6   9월에 서리가 내려서 곡식을 다 죽이니 천하에 커다란 기근이 들었다. 승상 우정국(于定國)과 대사마(大司馬)·거기(車騎)장군인 사고 (史高), 어사대부 설광덕이 재앙의 이변으로 해골(骸骨)하기를 청하였더니,[75] 안거(安車)와 네 필의 말과 황금 60근을 하사하고 면직시켰다.

태자태부(太子太傅) 위현성(韋玄成)은 어사대부가 되었다. 설광덕은 돌아가서 그 안거를 걸어두어 자손들에게 전하여 보여주면서 이를 영광스러워하였다.

---

73 승여 앞에서 갈 길을 인도하고 가는 사람을 말한다.

74 간쟁을 하려면 장맹과 같은 방법으로 자세히 설명하여야 한다는 말이다.

75 해골은 사직하는 것을 말하며, 이들 3공은 재앙에 대한 책임을 지고 사직을 한 것이다.

7　황제가 태자였을 때에 태중대부(太中大夫) 공패(孔覇)에게《상서(尙書)》를 배웠는데, 즉위하게 되자 공패에게 관내후 작위를 내리고 포성군(襃成君)이라고 부르고 급사중으로 하였다.

황상은 공패를 재상의 지위로 올리려고 하였으나, 공패의 사람됨이 겸손하여 뒤로 물러나며, 권세를 좋아하지 아니하고 항상 '작위와 지위가 지나치게 높으면 무슨 품덕으로 그것을 감당할 수 있겠습니까?'라고 하였다. 어사대부가 여러 번 비게 되어 황상이 번번이 공패를 임용하려고 하였더니, 공패는 자리를 사양하며 스스로 진술하기를 두 세 번씩에 이르렀다.

황상은 그가 지성으로 한다는 것을 깊이 알고서 마침내는 등용하지 아니하였다. 이리하여서 그를 존경하면서 상을 아주 후하게 내려 주었다.

8　무자일(24일)에 시중·위위(衛尉)[76]인 왕접(王接)을 대사마·거기장군으로 삼았다.

9　현석(石顯)이 주감(周堪)과 장맹(張猛) 등을 꺼려서 자주 그들을 참소하여 헐뜯었다.

유경생이 그들이 기울어져서 위험에 빠질까 두려워하여 편지를 올려서 말하였다.

"신이 듣건대 순(舜)은 9관(官)[77]을 임명하였는데, 가지런히 서로

76　궁궐 경비 책임자에 해당하는 직책이다.

77　《상서》에는 사공(司空)·후직(后稷)·사도(司徒)·사(士)·공공(共工)·짐우(朕虞)·질종(秩宗)·전악(典樂)·납언(納言) 등 아홉 개의 관직이 기록되어 있다.

양보하여 화합(和合)의 지극한 상태였습니다. 많은 신하들이 조정에서 화합하게 되고 만물은 들에서 고르게 되니, 그러므로 통소로 소(韶)[78]를 아홉 번 이루게 되고 봉황새가 날아들었습니다.

주(周)의 유왕(幽王)과 여왕(厲王)[79]의 시대에 이르러서는 조정에 있는 사람들이 화목하지 못하여 돌아가면서 서로 비난하고 원망하니 일식과 월식이 압박하고, 물과 샘이 끓어 넘쳐서 산골짜기는 바뀌고 서리가 내리는 것은 절기를 잃었습니다.

이러한 사실들로 보면 화합하는 기운은 상서로움을 가져오고 어긋난 기운은 이상한 일을 가져오는데, 상서로운 일이 많게 되면 그 나라는 편안하고 이상한 일이 많으면 그 나라는 위태로워지는 것은 천지의 일상적인 법칙이며 옛날부터 오늘까지 관통하는 뜻입니다.

지금 폐하께서는 삼대(三代)[80]와 같은 큰 업적을 여겨서 문학[유학]을 공부한 사람들을 초청하시고 대우하고 관용하여 나란히 나아가게 하였습니다. 오늘날 현명한 사람과 불초(不肖)한 사람이 섞이고 흰 것과 검은 것이 구분되지 않고 삐뚤어진 것과 올바른 것이 섞였으며, 충성스러움과 간사함이 함께 나아가서, 장주문(章奏文)이 공거(公車)에 모이는데 사람들은 북군(北軍)을 가득 메우고[81] 조정의 신하들은 잘 맞지 아니하여서 다시 서로 해치며 참소하고 돌려서 서로 시비(是非)

---

78 순(舜)의 음악을 말한다.

79 주의 10대, 12대 왕으로 무능하고 사악한 왕으로 불려진다.

80 하, 은, 주를 삼대라고 하며, 이 시대를 이상적인 태평성대로 생각한다.

81 장주문은 미앙궁(未央宮)의 북문에 있는 공거(公車)에서 모아지는데, 만약에 그 내용 속에 합당하지 않은 것이 있으면 이 글을 쓴 사람을 체포하여 북군, 즉 수도경비사령부에 해당되는 곳에 가두게 된다.

하니, 이목을 현혹시켜서 마음을 움직이려 하였던 것은 다 기재할 수 없고, 끼리끼리 나누어 무리를 만들고 왕왕 여러 친구들이 마음을 한가지로 하여 올바른 신하를 모함합니다.

정직한 신하가 나아가면 이를 잘 다스리는 것은 표가 나고, 올바른 신하가 함정에 빠지는 것은 혼란의 기틀인데, 잘 다스려지는지 어지러워지는지의 기틀을 타고서 누구에게 맡겨야 할지를 모르겠으나 재이(災異)가 자주 나타나니, 이것은 신의 마음을 차갑게 하는 까닭입니다.

초원(初元)[82] 이후로 6년이 지났는데,《춘추(春秋)》를 살펴 보건대 6년 동안에 재이가 나타난 것을 찾아보아도 오늘날과 같이 많은 일은 없었습니다. 원래 그렇게 된 이유는 참소하고 사악한 사람이 아울러 나아갔음으로 말미암은 것이고, 참소하고 사악한 사람이 나란히 나아가게 된 까닭은 위에서부터 많은 의심을 함으로 말미암은 것이고, 이미 현명한 사람을 등용하여 선한 정치를 시행하다가도 만약에 어떤 사람이 그를 참소하면 현명한 사람은 물러나고 선한 정치는 거두어들입니다.

무릇 여우 같이 의심하는 마음을 갖고 있는 사람이 참소하고 해치려는 입을 가져오게 되고, 끊지 않는 마음을 갖는 사람은 많은 굽은 사람들의 문을 여는데, 참소하고 사악한 것이 나아가면 많은 현명한 사람들은 물러나게 되고 많은 굽은 것이 왕성하게 되면 올바른 선비는 사라집니다.

그러므로《주역》에서는 비괘(否卦)와 태괘(泰卦)[83]가 있어서, 소인

---

82 초원은 현재의 황제인 원제가 처음 썼던 연호이다. 그러므로 이 말은 원제가 황제에 즉위한 후 지금까지 6년간을 말한다.

83 비괘(否卦)는 건괘(乾卦, ☰)가 위에 있고, 곤괘(坤卦, ☷)가 밑에 있어서 상하가 서로 떨어져 가는 괘를 말하고, 태괘는 건괘가 밑에 있고 곤괘가 위에 있

(小人)의 길이 자라나고 군자(君子)의 길이 스러지면 정치는 날로 어지러워지며, 군자의 도가 자라나고 소인의 도가 스러지면 정치는 날로 잘 다스려집니다.

옛날에 곤(鯀)·공공(共工)·환두(驩兜)는 순(舜)·우(禹)와 더불어 요(堯)의 조정에 섞여 있었고,[84] 주공(周公)은 관숙(管叔)과 채숙(蔡叔)과 더불어 주(周)의 직위를 갖고 있었는데,[85] 이때에 그들은 서로 바꾸어 가며 서로 훼방하고 유언(流言)이 서로 비방하였으니 어찌 말로 다할 수 있겠습니까?

제요(帝堯)와 성왕(成王)은 순(舜)·우(禹)·주공(周公)을 현명하다고 할 수 있어서, 공공·관숙·채숙을 스러지게 하였으니, 그러므로 크게 잘 다스려져서 그 영화가 오늘에 이르고 있습니다. 공자는 계손(季孫)과 맹손(孟孫)과 더불어 노(魯)에서 벼슬을 하였으며,[86] 이사(李斯)와 숙손통(叔孫通)은 함께 진(秦)에서 벼슬을 하였는데, 정공(定公)과 시황제(始皇帝)는 계손·맹손·이사를 현명하다고 하고 공자·숙손통을 스러지게 하였으니, 그러므로 커다란 혼란이 일어나서 더럽고 욕됨이 오늘에 이르고 있습니다.

그러므로 잘 다스려지고 혼란이 일어나며, 영광스럽게 되고 욕되게 되는 실마리는 바로 믿고 맡기는 것에 달려 있는데, 신임하고 이미 현

어서 천지가 화합되는 상태의 괘를 말한다.

84 기원전 23세기경 요 시절에 순은 곤을 우두머리로 하는 네 명의 정적을 주살하였으며, 그 후에 순이 요의 자리를 이어받아서 성군이 되었다.

85 채숙과 관숙은 주공의 형제였으나, 후에 삼감의 난을 일으켰다.

86 공자는 노 정공 때에 계손씨와 맹손씨와 같이 벼슬을 하였었다.

명하였다면 굳게 지키고 옮기지 않는데 있습니다.

《시경(詩經)》에서 말하였습니다. '나의 마음이 돌이 아니어서 굴러 갈 수 없다.'[87] 선한 것을 지키는 것이 굳다는 말입니다. 《역(易)》에서도 말하였습니다. '환(渙)은 그 큰 호령에 땀을 흘리는 것이다.'[88] 호령을 내리면 마치 땀을 흘리는 것처럼 되는 것을 말하는데, 땀이 흘러나오면 이를 돌이킬 수 없다는 것을 말하는 것입니다. 지금에는 선한 명령을 내리시고 한 때[時][89]를 넘기지 못하고 돌이키니 이는 땀을 되돌려 놓는 것이고, 현명한 사람을 채용하고 아직 30일을 넘길 수 없고 물러나게 하니 이것은 돌덩어리를 굴리는 것입니다.

《논어(論語)》에서 말하였습니다. '선하지 아니한 것을 보는 것은 마치 끓는 물을 만져 보는 것처럼 하라.' 지금 두 부(府, 승상부와 어사대부)에서 망령되고 모함하는 말로 자리에 있어서는 안 된다고 상주하는데, 해를 지나면서도 제거되지 않으니, 그러므로 호령을 내보내고도 땀을 흘리다가 돌이키는 것같이 하고, 현명한 사람을 등용하였다가는 돌덩어리를 옮겨 놓는 것같이 하며, 사악한 무리를 제거하는 것은 마치 산을 뽑는 것 같으니, 이와 같으면 음양의 조화를 바라는 것은 또한 어렵지 아니하겠습니까?

이리하여 여러 소인들은 틈을 찾아보고 문자를 가지고 수식을 하면서 교묘한 언어로 추악하게 모함하고, 유언(流言)과 비문(飛文)[90]이 백

---

87 《시경》의 〈패풍(邶風)〉 백주(柏舟)에 있는 시이다.

88 《주역》 환괘 구오(九五)의 효사이다. 구오란 환괘의 괘를 이루고 있는 여섯 개의 효 가운데, 밑에서 위로 다섯 번째의 양효(陽爻)를 설명한 말이다.

89 한 계절, 즉 3개월을 말한다.

성들 사이에서 시끄럽게 하고 있습니다. 그러므로 《시경》에서 말하였습니다. '걱정하는 마음이 마치 불타는 것 같은데 화가 여러 소인들에게 나는구나!'[91] 소인들이 무리를 이루었으니, 진실로 화내기에 충분하다는 말입니다.

옛날에 공자는 안연(顏淵)·자공(子貢)과 더불어 더욱 서로 칭찬을 하였지만 붕당을 만들었다고는 하지 않았고, 우(禹)·후직(后稷)은 고요(皐陶)와 더불어 전하여 가면서 서로 이끌어 주었지만 무리를 만들지 않는데, 왜 그러할까요? 충성심은 나라를 위하는데 있었고, 사악한 마음을 갖고 있지 않았습니다.

지금은 망령되고 사악한 사람들과 현명한 신하가 나란히 숙위(宿衛)를 하고 있는데, 무리를 합하고 함께 모의를 하여 선한 사람들을 어기고 악한 사람들에 의지하여 지지배배 지껄이면서 자주 위험한 말을 만들어 주상의 마음을 기울어지게 하고자 하는 것이니, 만약에 홀연히 그것을 등용하신다면 이는 천지가 먼저 경고를 보낼 이유가 될 것이며, 재이(災異)가 거듭 나타나는 까닭이 될 것입니다.

옛날부터 밝고 성스러운 분 가운데 아직은 주살(誅殺)하는 일을 하지 않고서도 잘 다스리는 사람이 없었으니, 그러므로 순(舜)은 네 사람을 내쫓는 벌을 준 사실이 있으며,[92] 공자도 양관(兩觀)에서 주살의 벌[93]

---

90 유언(流言)은 흘러 다니는 말이고, 비문(飛文)은 익명으로 돌아다니는 글이다.

91 《시경》〈패풍〉에 있다.

92 공공은 유주로, 환두는 숭산으로, 삼묘는 삼위로 좇아냈고, 사곤은 우산에서 참수하였다.

93 양관은 노 궁전의 문을 말하는데, 공자는 이레간 노의 사구가 되었는데, 기원전 497년에 간신의 우두머리인 소정묘를 주살하였다.

시비를 가리지 못한 원제 **219**

을 내린 일이 있었으니, 그러한 다음에 성스러운 교화를 달성하여 시행할 수 있었습니다.

지금 폐하의 밝으신 지혜로 진실로 천지의 마음을 깊이 생각하시고, 비패와 태패를 살펴보시며 주(周)와 당우(唐虞)가 나아가게 한 것을 모범으로 삼으시고, 진(秦)과 노(魯)가 스러지게 한 것을 경계(警戒)의 교훈으로 삼고 상서로움이 호응하는 복과 재이(災異)가 가져오는 화(禍)를 상고하셔서 지금 세상의 변화를 헤아려 보시고 망령되고 사악한 무리들을 멀리 방축하시고 음험하게 모함하는 무리들을 깨뜨려 흩어 보내시고, 여러 굽혀서 들어갈 수 있는 길을 막고 여러 올바른 길을 넓게 열며 의심을 결단코 끊고 유예(猶豫)할 것을 구별하시어 옳고 그른 것이 훤히 드러나서 알게 한다면 백 가지의 이변이 소멸될 것이며, 많은 상서로운 일들이 나란히 나타나니 태평성대의 기초이고 만세를 가는 이익이 될 것입니다."

석현[94]이 그 편지를 보고 더욱 허씨(許氏)와 사씨(史氏)의 무리와 더불어 하면서 유경생 등을 원망하였다.

이 해에 여름은 날씨가 차가웠고, 해는 푸른색을 띠어 빛이 없었는데, 석현과 허씨·사씨들은 모두 주감과 장맹이 용사(用事)한 허물이라고 말하였다. 황상은 속으로 주감을 중하게 생각하였지만 또 여러 사람들의 입에서 점차로 퍼져나가는 것을 두려워하여 잡아서 신임하는 바가 없었다.

그때에 장안령(長安令) 양흥(楊興)은 재주와 능력으로 아낌을 받았는데, 항상 주감을 칭찬하니 황상은 도움이 되게 하려고 마침내 양흥을

---

94 석현은 이때에 중서령이었다. 그러므로 이 상주문을 먼저 볼 수 있었다.

불러 보고 물었다.

"조신(朝臣)들이 말다툼을 하며 광록훈(光祿勳, 주감)은 안 된다고 하는데 어떠하오?"

양홍이라는 사람은 기울어지고 영리한 인사여서 황상이 주감을 의심하는 것이라고 여기고, 이어서 그 가리키는 것에 따라서 말하였다.

"주감은 조정에서도 안 될 뿐만 아니라 주리(州里)[95]에서도 안 됩니다. 신(臣)이 보건대 많은 사람들이 주감과 유경생 등은 골육을 훼손하려고 꾀한다는 소문이 들리니 마땅히 주살하여야 할 것인데, 그러므로 신이 앞의 편지에서 주감을 주살하거나 다치게 해서는 안 된다고 말씀 올린 것은 나라를 위하여 은혜를 베푸는 것입니다."

황상이 말하였다.

"그러나 이 사람을 무슨 죄로 주살하는가? 지금 마땅히 어떻게 하여야 하오?"

양홍이 말하였다.

"신이 어리석으나 작위를 관내후(關內侯)로 내리고 식읍을 300호로 하고 정사를 맡지 못하게 하십시오. 맑은 주군은 사부(師傅)[96]에 대한 은혜를 잊지 않는 것이니 이것이 가장 좋은 계책을 얻는 것입니다."

이에 황상은 그를 의심하였다.

사예(司隸)교위인 낭야(琅邪, 산동성 제성시) 사람 제갈풍(諸葛豊)은 애초에 강직하다는 것으로 조정에서 특히 이름이 드러났는데, 자주 귀

---

95 5당(黨)을 주(州)라 하고, 5가(家)를 인(隣)이라 하며, 5린이 이(里)이다.

96 주감은 원제 유석의 스승이며, 이에 관한 일은 선제 황룡 원년(기원전 49년)에 있었다.

한 친척들을 범접하여 높은 자리에 있던 사람들은 대부분 그의 단점을 말하였으며, 후에 봄과 여름에 사람을 가두어서 다스렸다는 것[97]에 연루되어 성문(城門)교위[98]로 옮겨졌다.

제갈풍은 이에 편지를 올려서 주감과 장맹의 죄를 고하였다. 황상은 제갈풍을 곧은 사람으로 보지 않고 마침내 어사(御史, 어사대부)에게 제조(制詔)[99]를 내려서 말하였다.

"성문교위 제갈풍은 전에 광록훈 주감과 광록대부 장맹과 더불어 조정에 있을 때에는 자주 주감과 장맹의 아름다운 점을 칭찬하여 말하였다. 제갈풍은 전에 사예교위가 되어 사시(四時)의 의미에 순응하여 법도를 시행하지 않고 오직 가혹하고 폭력적으로 헛된 위엄을 만들었는데, 짐은 차마 그를 이(吏, 형리)에게 내려 보내지 아니하고 성문교위로 삼았다.

안으로 자기 스스로 돌아보지 아니하고 도리어 주감과 장맹을 원망하면서 보복하려고 증거가 없는 말에 의거하여 고발을 하고 증거를 잡기 어려운 죄를 드러내고, 비방하고 칭찬하는 말을 멋대로 하여 앞에서 한 말을 돌아보지도 않으니, 믿지 못할 것이 크다. 짐은 제갈풍이 늙은 것을 가련히 생각하여 차마 형벌을 가(加)하지 않으나 그를 면직시켜서 서인(庶人)으로 삼으라."

---

97 옛날의 법에 의하면 봄과 여름은 만물이 생장하는 시기이므로 봄에는 범인들도 특별히 우대하였다. 그리하여 석방할 범인은 석방하고 석방할 수 없어도 형구를 채우지 않았으며 여름에는 음식을 더 주었다.

98 성문교위는 경사에 있는 12개의 성문에 주둔하고 있는 병사를 관장한다.

99 원래 제(制)는 명(命)을 말하고, 조(詔)는 영(令)을 말하는 것이어서 함께 쓰는 일이 적은데, 여기서는 이를 함께 썼다. 어느 한 글자가 연자(衍字)로 보인다.

또 말하였다.

"제갈풍이 주감과 장맹은 정절과 믿음이 수립되지 않았다고 말하지만 짐은 민망하여 사건으로 취급하지 않고, 또 그들의 재주와 능력이 아직 효험을 보지 못한 것을 애석하게 생각하니, 그래서 주감을 좌천시켜서 하동(河東, 산서성 하현) 태수로 삼고, 장맹은 괴리(槐里, 진대의 廢丘, 섬서성 興平縣) 현령으로 삼으라."

❈ 신 사마광이 말씀드립니다.

"제갈풍이 주감과 장맹에 대하여 먼저는 칭찬을 하고 후에는 비난을 하였는데, 그의 뜻은 조정을 위하여 선한 사람을 천거하고 간사한 사람을 물리치려는데 있지 않았고, 두루 가까이하여[100] 승진하고 싶어 한 것뿐이니, 이 사람 역시 정붕(鄭朋)과 양흥 같은 부류로 어찌 그가 강직한데 두었겠습니까?

인군(人君)이라는 것은 아름답고 악한 것을 살피고, 옳고 그른 것을 구별하며 상을 주어 선한 것을 권하고, 벌을 주어서 간사한 것을 징계하는 것은 잘 다스리기 위함입니다. 제갈풍으로 하여금 사실대로 말하게 하였다면 제갈풍은 축출되지 않아야 하고, 만약에 그것이 무고하고 모함한 것이라면 주감과 장맹에게 무슨 허물이 있습니까? 지금 두 쪽을 다 책망하는 것은 모두를 버리는 것이니 아름다움과 악한 것, 옳고 그른 것이 어디에 있다는 말입니까?"

---

100 귀척들에게 가까이하고 잘 보이려고 한 것이라는 뜻이다.

우왕좌왕하는 원제

10　가연지(賈捐之)는 양흥(楊興)과 잘 지냈다. 가연지가 자주 석현의 단점을 지적하였으니, 그런 연고로 관직을 얻을 수가 없었고, 다시 나아가서 알현할 기회가 드물었지만 양흥은 새로이 재능으로 가까이 함을 받았다.

가연지가 양흥에게 말하였다.

"경조윤(京兆尹)이 결원(缺員)이니 나로 하여금 알현할 수가 있게 한다면 군란(君蘭)[101]에 관하여 이야기를 하여 경조윤은 바로 얻을 수 있을 것이오."

양흥이 말하였다.

"군방(君房)[102]이 붓을 내리그으면 그 언어가 천하에서 가장 정묘(精妙)한데, 군방으로 하여금 상서령(尙書令)을 하게한다면 오록충종(五鹿充宗)[103]보다 훨씬 뛰어날 것입니다."

---

101 양흥의 자이다.

102 가연지의 자이다.

103 오록은 복성이다. 이때에 석현이 중서령이었고 오록충종이 상서령이었다면,

가연지가 말하였다.

"나로 하여금 오록충종을 대신할 수 있고 군란이 경조윤이 된다면, 경조는 군국(郡國) 가운데 첫머리이고 상서령은 많은 관직의 근본이니 천하는 정말로 크게 잘 다스려질 것이고, 선비들은 사이가 벌어지지 않을 것이오."

가연지가 다시 석현의 단점을 지적하니, 양홍이 말하였다.

"석현은 바야흐로 귀하고 황상께서도 그를 믿고 쓰는데, 지금 나아가려고 한다면 다만 나의 계책을 따라 주어야 하고 또 더불어 뜻이 합쳐져야 들어갈 수 있습니다."

가연지는 바로 양홍과 함께 석현을 추천하는 주문(奏文)을 올려서 그의 아름다운 점을 칭찬하면서 마땅히 작위를 관내후로 하사하고 그의 형제들을 이끌어다가 여러 조(曹)[104]의 관리가 되게 하여야 한다고 하고, 또 함께 양홍을 추천하는 주문을 올려서 그에게 수(守)경조윤[105]으로 시험하여 보게 하였다.

석현이 소문을 들어 알고 이를 황상에게 말하여 마침내 양홍과 가연지를 하옥시키고 석현에게 그들을 다스리도록 하니, 상주하였다.

"양홍과 가연지는 속이려는 마음을 품고 더욱 서로 칭찬하고 천거하여 높은 지위를 얻으려고 하였으니, 이는 황상(皇上)을 속여 부도(不道)하였습니다."

이 시기에는 이 두 개의 관직을 같이 두고 있었던 것 같다.

104 조(曹)란 관부의 각 부서를 말한다. 여기서는 결국 관직을 주는 것을 말한다.

105 수직(守職)이다. 경조윤의 직책을 대체적으로 1년간 시보(試補)의 형태로 맡게 하는 관직임용제도이다.

가연지는 끝내 연루되어 기시(棄市)되었고, 양홍은 곤겸(髡鉗)하여 성단(城旦)[106]을 하게 하였다.

❖ 신 사마광이 말씀드립니다.

"군자가 올바름을 가지고 사악한 것을 공격하면서도 오히려 이기지 못할까 두려워하는데, 하물며 가연지는 사악함을 가지고 사악함을 공격하였으니, 그가 면할 수 있겠습니까?"

11   청하왕(淸河王) 유경(劉竟)을 옮겨서 중산왕(中山王)으로 삼았다.

12   흉노의 호한야(呼韓邪) 선우[107]의 백성들이 더욱 번성하여서 요새 아래에 금수들이 다 엇어졌고 선우는 스스로 충분히 방위할 수 있어서 질지(郅支)를 두려워하지 아니하니, 그의 대신들이 대부분 북쪽으로 돌아갈 것을 권고하였다.

오래 있다가 선우는 끝내 북쪽에 있는 왕정(王庭)으로 돌아갔고,[108] 민중들도 차차 그에게 돌아가니 그 나라는 드디어 안정되었다.

---

106 기시는 목이 잘리어 저자에 시체를 내걸게 하는 형벌이고, 곤겸(髡鉗)이란 머리를 깎이고 착고를 채우는 형벌을 말하며, 성단(城旦)은 성을 쌓는 등 노역에 동원되는 형벌이다.

107 흉노의 14대 선우인 난제계후산(欒提稽侯狦)이다.

108 사냥감이 없었고, 질지에 대한 걱정도 없었으므로 그들의 원래 고장인 한해(瀚海)사막이 있는 곳으로 돌아간 것이다.

원제 영광 2년(己卯, 기원전 42년)

1   봄, 2월에 천하를 사면하였다.

2   정유일(5일)에 어사대부 위현성(韋玄成)이 승상이 되고, 우부풍
(右扶風) 정홍(鄭弘)이 어사대부가 되었다.

3   3월 초하루 임술일에 일식이 있었다.

4   여름, 6월에 천하를 사면하였다.

5   황상이 급사중 광형(匡衡)에게 지진과 일식의 변고에 대하여 물
었더니, 광형이 상소하였다.
  "폐하께서 몸소 성스러운 덕을 베푸시고 태평성대로 가는 길을 열어
주시고, 어리석은 이민(吏民)들이 법령에 저촉되어 있는 것을 불쌍하
게 생각하셔서 매년 크게 사면하시어 백성들로 하여금 행동을 고쳐서
스스로 새롭게 될 수 있도록 하시니 천하는 아주 다행입니다.
  신이 가만히 보건대, 크게 사면한 다음에 간사한 일들이 줄어들어
그치지 아니하고, 오늘에 크게 사면한다면 내일에 다시 범법(犯法)하
여 서로 좇아서 감옥에 들어가니, 이는 거의 그들을 이끌어주는 데서
그 임무를 적합하게 못하는 것입니다.
  오늘날 천하의 풍속은 재물을 탐(貪)하고 의(義)를 천하게 여기며,
음악과 여색을 좋아하여 위에서는 사치하면서 친척들에게 베푸는 은
혜는 엷어지고 혼인을 맺은 무리의 일은 융성해지는데, 구차하게 합하

여 요행을 얻어서 몸으로 이로움을 만들고 있으니, 그 근원을 고치지 아니하면 비록 해마다 그들을 사면해 주더라도 형벌은 오히려 내버려 두고 사용하지 않기가 어렵습니다. 신은 어리석으나 마땅히 그 습속을 한 번 바꾸어야 한다고 생각합니다.

무릇 조정(朝廷)이란 천하의 정간(楨幹)[109]입니다. 조회에서 얼굴색을 바꾸며 말하는 일이 있다면 아래에서는 투쟁(鬪爭)을 벌이는 걱정이 있게 되고, 위에 스스로 전횡하는 인사가 있다면 아래에는 양보하지 않는 사람이 있게 되고, 위에 이기고 승리하는 보좌관이 있다면 아래에는 다치게 하고 해치는 마음을 갖게 되고, 위에 이익을 좋아하는 신하가 있다면 아래에는 도적질하는 백성들이 있게 되니, 이것이 그 본질입니다.

천하를 다스린다는 것은 숭상하는 것을 살피는 것일 뿐입니다. 교화를 유행시킨다는 것은 집으로 찾아가서 사람마다 이를 설득하는 것이 아니니, 현명한 사람이 자리에 있고 능력 있는 사람이 직책에 퍼져 있으며 조정에서는 예의를 존중하고 모든 관료들은 공경하고 양보하여 도덕이 시행되는 것이 안에서부터 밖으로 퍼져 나가고 가까운 곳에서부터 시작하는데, 그렇게 한 다음에 백성들은 본받을 것을 알게 되어 선한 것을 옮기는 것이 날로 진전되는 것이며 스스로 아는 것이 아닙니다.

《시경(詩經)》에서 말하였습니다. '상읍(商邑, 은의 도읍)의 날개를 달아 사방의 끝까지 가네.'[110] 지금 장안은 천자의 도읍지이고, 친히 성스러운 교화를 이어받았지만, 그러나 그 습속(習俗)은 먼 곳에 있는 것과

---

109 흙을 쌓아 담을 만들거나 성을 만들 경우에 그 판(版)과 기둥을 말하는 것이다. 즉 담을 쌓는 도구인데, 정간이 없이는 담장을 쌓을 수가 없는 것이다.

110 〈상송은무(商頌殷武)〉의 시(詩)이다. 은의 경사(京師)에 있는 예속(禮俗)은 날개를 단 듯이 모방하게 되어 사방의 표준이 되었다는 뜻이다.

다를 것이 없으며, 군국(郡國)에서 오는 사람들도 법칙으로 삼을 것이 없고 혹 사치하여 무너지는 것을 보고 이것을 모방하여 본받고 있는데 이곳은 교화를 하여 나가는 근본이며, 풍속이 추기(樞機, 중심)이니 마땅히 먼저 바로잡아야 할 것입니다.

신이 듣건대 하늘과 사람의 사이에서 정기(精氣)가 서로 영향을 주어 움직인다고 하고 선과 악도 서로 미루어 주며, 사건이 아래에서 만들어지는 것은 위에서 증상이 움직여 나타나며, 음(陰)이 변하면 정(靜)한 것이 움직이고,[111] 양(陽)이 가려지면 밝은 것은 숨으니,[112] 수재(水災)와 한재(旱災)는 종류를 좇아서 나타납니다.

폐하께서는 하늘 경계하는 것을 두려워 기도하고, 백성들을 슬프고 가련하게 생각하여서 마땅히 미려(靡麗, 소비적으로 화려한 것)한 것을 줄이시고 제도를 살피며, 충성스럽고 올바른 사람을 가까이 하고 교묘하고 간사한 사람들을 멀리하며, 지극한 어짊을 숭상하고 잃어버린 풍속을 광정(匡正)하시어 도덕은 경사(京師)에서 넓혀지고 선(善)한 이름이 강역의 밖까지 선양하며, 그런 다음에 커다란 교화는 이루어질 수 있고, 예의와 양보의 기풍이 일어날 수 있습니다.'

황상은 그 말을 기뻐하고 광형을 승진시켜서 광록대부로 하였다.

❈ 순열(荀悅)이 논평하였습니다.

"무릇 사면이라는 것은 임시변통으로 쓰기에 마땅한 것이지 정

---

111 지진이 일어난 것을 지적하는 것이다.
112 일식이 일어난 것을 말한다.

상적인 법도는 아니다. 한(漢)이 일어나서 진(秦)의 전쟁을 이어받은 뒤이므로 크게 모두 어리석었던 세월[113]에 집집이 다 형벌을 받을 수 있으니 그러므로 약법삼장(約法三章)[114]을 만들고 크게 사면하도록 명령하여 더럽게 유행하는 것을 크게 씻어 버리고 백성들과 더불어 다시 시작하였으니 시세가 그러하였다.

후세에는 업무를 이어받아서 고치지를 아니하니, 시기의 적절함을 잃은 것이다. 혜제(惠帝)와 문제(文帝)의 시대와 같은 경우에 그들을 사면한 바가 없었다. 효경제(孝景帝)[115]의 시대와 같은 경우에는 7국(國)이 모두 반란하였고, 다른 마음을 품은 사람들이 나란히 들고 일어나서, 간사한 무리가 하나가 아니었는데, 무제(武帝)의 말년에 이르러 부역을 번거롭게 일으키니 도적떼들이 나란히 일어났고, 태자(太子)에 관한 사건으로 무고(巫蠱)의 화란(禍亂)[116]이 더하여지니 천하가 분분(紛紛)하였고 백성들은 즐길만한 것이 없었고, 광무제(光武帝, 후한의 초대 황제)의 시기에 전란을 다스리기에 이른 후에는 이르렀으니, 이와 같은 것으로 비교하면 마땅히 사면해야 하였던 것이다."

6   가을, 7월에 농서(隴西, 감숙성 臨洮縣) 강족(羌族)의 삼저(彡姐)

---

113 백성들이 어리석었던 시절이라는 말은 결국 범죄를 많이 저질렀다는 말이다.

114 이 일은 고조 원년(기원전 206년)에 있었고, 이 내용은《자치통감》권9에 실려 있다.

115 혜제는 2대, 문제는 5대, 경제는 6대, 무제는 7대 황제이다.

116 무제 때에 태자 유거(劉據)가 연루되어 일어난 사건이다.

방종(旁腫)이 반란을 일으켰는데, 조서를 내려서 승상 위현성(韋玄成) 등에게 들어와서 의논하게 하였다. 이때에 세월은 해마다 풍년이 들지 아니하여 조정에서는 바야흐로 걱정을 하였고, 강족의 변고를 만나니 위현성 등은 조용하였고 대답하는 사람이 없었다.

우장군(右將軍) 풍봉세(馮奉世)가 말하였다.

"야만인 강족들은 가까이 끝내 경내(境內)에서 반란을 일으켰고, 때 맞추어 주살(誅殺)하지 아니하면 위엄으로 먼 곳에 있는 만족(蠻族)들을 제압할 수 없으니 신(臣)이 바라건대 군사를 인솔하고서 이들을 토벌하게 하여주십시오."

황상이 사용하여야 할 병사의 숫자를 물으니, 대답하였다.

"신이 듣건대 용병(用兵)을 잘하는 사람은 전역(戰役)을 두 번 일으키지 아니하고 양곡은 3년분을 넘게 준비하지 않는다고 하니, 그러므로 군사를 오래 드러내놓지 아니하고 천자의 주살은 재빠르게 결말을 내립니다.

과거에는 자주 적(敵)을 헤아리지 아니하여 군사들이 꺾기고 다치는 지경에 이르렀다가 두 번 세 번 군사를 동원하고 발동하였으니, 날짜를 허비하고 비용도 많이 들었으며, 위엄 있는 무력도 이지러졌습니다.

지금 반란을 일으킨 야만인들이 대략 3만 명이니, 병법대로는 마땅히 배가 되어야 하여 6만 명을 써야하지만 그러나 강족의 무기는 활과 창 같은 병기뿐이고, 무기도 예리하지 아니하므로 4만 명을 사용할 수 있다면 1개월이면 충분히 결판낼 수 있습니다."

승상과 어사, 두 장군[117]은 모두 생각하였다.

---

117 두 장군이란 거기장군 왕접(王接)과 좌장군(左將軍) 허가(許嘉)를 말한다.

"백성들은 바야흐로 거두어들이는 시기여서 아직은 많은 인원을 발동할 수가 없으니 1만 명을 발동하여 주둔하면 그들을 지키는데 또 충분합니다."

풍봉세가 말하였다.

"옳지 않습니다. 천하는 기근을 당하여 병사와 말이 마르고 소모되어 지키고 전투 하는 준비는 오랫동안 없어지고 정선(精選)되지 아니하며 이적(夷狄)들은 모두 변방에 있는 병사들을 가볍게 보는 마음을 갖고 있는데, 강족들이 첫 번째로 어려운 일을 만들었습니다.

이제 1만 명으로 여러 곳에 나누어 주둔하면 야만인들이 병사의 숫자가 적다고 볼 것이니 반드시 두려워하지 않을 것이며, 싸운다 해도 병사들을 좌절시키고 군사를 병들게 할 것이며, 지킨다고 하여도 백성들을 구제하여 줄 수가 없으니. 이와 같이 되면 겁먹고 약한 모습만 드러나는 것입니다.

강인(羌人)들은 이로운 형편을 틈타서 여러 종족들과 나란히 화합하여 서로 선동하면서 일어날 것이니, 신은 중국(中國)의 전역(戰役)은 4만 명에서 끝나지 않을까 걱정이고, 재물을 가지고 해결할 수 있는 상태가 아닙니다. 그러므로 군사를 조금 발동하면 날짜를 허비하게 되는 것과 한 번에 들어내서 빨리 해결하는 것과는 이해를 따져보면 서로 만 배일 것입니다."

굳게 이를 다투며 주장하였으나 지지를 얻어낼 수가 없었다. 조서를 내려서 2천 명을 더 늘려 주었다.

이에 풍봉세를 파견하여 1만2천 명의 기병을 거느리고 장차 둔병한다는 명목을 붙였다.[118] 전속국(典屬國)[119] 임립(任立)·호군(護軍)도위 한창(韓昌)을 편비(偏裨)로 삼아서 농서에 도착하여 병력을 나누어 세

곳에 주둔시켰다.[120] 한창은 먼저 두 명의 교위를 파견하여 강족과 싸우게 하였는데, 강족 무리는 아주 많아서 모두 격파하고 두 교위를 살해하였다.

풍봉세는 지형과 부하의 많고 적음을 계상하여 3만6천 명을 더하여 주기를 원하고 마침내 일을 충분히 끝낼 것이라고 하였다. 상주문을 보고 천자는 크게 6만여 명의 병사를 발동하였다.

8월에 태상(太常)인 과양후(戈陽侯) 임천추(任千秋)를 분무(奮武)장군으로 삼아서 그를 돕게 하였다. 겨울, 10월에 병사들이 농서에 다 도착하였고, 11월에 나란히 진격하여 야만인 강족은 대파되고 참수한 것이 수천 급(級)이었으며, 나머지는 모두 도망하여 요새를 빠져나갔다.

군사작전이 아직 다 해결되기 전에 한은 다시 병사 1만 명을 모집하고 정양(定襄, 내몽고 허린컬) 태수 한안국(韓安國)[121]을 건위(建威)장군으로 삼았는데, 아직 나아가지 아니하였으나 강족이 격파되었다는 소식을 듣고 돌아왔다. 조서를 내려서 이사(吏士)[122]들을 해산하고, 자못 남게 하여 둔전하면서 요해처(要害處)에서 대비하게 하였다.＊

---

118 숫자가 적어서 정벌이라는 말을 사용하지 못하였다.

119 이민을 총괄하는 직책이다.

120 임립은 우군으로 백석(白石)에 주둔하고, 한창은 전군으로 임조(臨洮)에 주둔하였고, 풍봉세는 중군으로 수양의 서쪽 끝에 주둔하였다.

121 무제시대에 있었던 한안국과는 다른 사람이다.

122 군리(軍吏)와 사졸(士卒)을 말하며, 이는 전쟁에 동원된 사람들이다.

권029

한기21

충신이 있을 수 없는 조정

석현 일당과 황제 능묘의 정리

원제 영광 3년(庚辰, 기원전 41년)

1   봄, 2월에 풍봉세가 경사(京師, 장안)로 돌아왔는데, 다시 좌장군
으로 삼고 관내후로 작위를 하사하였다.

2   3월에 황제의 아들인 유강(劉康)을 세워서 제양왕(濟陽王)으로
삼았다.

3   여름, 4월에 평창고후(平昌考侯) 왕접(王接)[1]이 죽었다. 가을, 7월
임술일[2]에 평은후(平恩侯) 허가(許嘉)를 대사마·거기장군으로 삼았다.

4   겨울, 11월 기축일(8일)에 지진이 났고, 비가 내렸다.[3]

---

1   왕접은 평창후였는데, 그가 죽은 후에 시호를 고(考)라 하여 이를 합쳐서 쓴
    것이다.
2   7월 1일은 갑신일이기 때문에 7월에는 임술일이 없다. 만약에 임술(壬戌)이
    임진(壬辰)의 오식이라면 이날은 9일이다.

5   염철관(鹽鐵官)을 다시 두고 박사제자원(博士弟子員) 1천 명을 두었다.[4] 쓸 것이 부족하게 되었는데, 백성들 대부분이 면제받아서[5] 안팎의 요역(徭役)에 공급할 사람이 없었던 연고이다.

원제 영광 4년(辛巳, 기원전 40년)

1   봄, 2월에 천하를 사면하였다.

2   3월에 황상이 옹(雍, 섬서성 鳳翔縣)에 행차하여서 오치(五畤)에서 제사를 지냈다.

3   여름, 6월 갑술일(26일)에 효선원(孝宣園, 宣帝의 능묘)의 동쪽 궁궐에서 화재가 났다.

4   무인일, 그믐에 일식이 있었다. 황상이 이에 전에 일식의 변고가

---

3   이때는 겨울이므로 눈이 와야 할 것인데 지진이 나고 비가 내렸다는 것은 기상이변이므로 이를 기록한 것이다.

4   초원 5년(기원전 48년)에 소금과 철의 전매를 담당하였던 염철관을 철폐하여 두지 아니하였으며 박사도 그 제자를 두지 않게 하였는데, 이는 《자치통감》 권28에 실려 있으며, 돈이 부족하자 염철관을 다시 둔 것이니 이것이 7년 만에 다시 부활한 것이다.

5   백성이 부담하는 것은 전부(田賦)와 차역(差役)인데 이것을 면제해 준 것이 늘어났다.

주감(周堪)과 장맹(張猛)에게 있다고 말한 사람을 불러서 책임을 물으니[6] 모두 머리를 조아리고 사죄하였다. 이어서 주감과 장맹의 훌륭하였던 것을 칭찬하는 조서를 내리고 징소하여 행재소(行在所)에 오게 하고[7] 벼슬을 주어 광록대부로 삼고, 녹질은 중이천석(中二千石)[8]으로 하며, 영상서사(領尙書事)로 하였고,[9] 장맹은 다시 태중대부·급사중으로 삼았다.

중서령 석현은 상서(尙書)를 관리하였는데, 상서 5명[10]이 모두 그의 무리여서 주감은 알현하는 일을 얻기가 드물어 항상 석현을 통하여 일을 말하니, 일은 석현의 입에서 결정되었다. 마침 주감이 실어증(失語症)을 얻어서 말을 하지 못하다가 죽었다. 석현이 장맹을 무고하고 참소하여 공거(公車)에서 자살하게 하였다.

5   애초에, 우공(禹貢)이 상주문을 올려서 말하였다.

"효혜제(孝惠帝)와 효경제(孝景帝)의 사당은 모두 혈친(血親)이 다

---

6   이 일은《자치통감》권28에 실려 있는 영광 원년(기원전 43년)의 일이다.

7   원제는 이때에 오치에서 제사를 지내기 위하여 옹에 가 있었으므로 황제가 여행 중에 머무는 행재소로 불렀다.

8   한대의 제도는 관리의 등급을 녹봉의 다과(多寡)를 기준으로 나누고 있는데, 이천석의 직급에는 '중이천석'·'이천석'·'비(比)이천석'이 있다. 중이천석의 월봉은 180곡(斛)이고, 이천석은 120곡이며, 비이천석은 100곡을 받았다.

9   영직(領職)이다. 영은 관장한다는 의미이므로 상서, 즉 궁중 사무를 담당하는 부서의 일을 관장하는 직책이다.

10 석현은 당시에 중서령이었고, 이때의 상서는 5명이었는데, 이는 석현(石顯)·뇌양(牢梁)·오록충종(五鹿充宗)·이가(伊嘉)·진순(陳順) 등이었다. 주감은 상서의 일을 주관하게 하였으나, 중서령의 휘하에 있었다.

하였으니, 마땅히 철거하여야 할 것[11]이고 군국에 있는 사당도 옛날의 예법에 맞지 않는 것에 이르렀으므로[12] 마땅히 바르게 확정하여야 할 것입니다."

천자는 그 논의를 옳다고 여겼다.

가을, 7월 무자일(10일)에 소령후(昭靈后)·무애왕(武哀王)·소애후(昭哀后)·위사후(衛思后)·여태자(戾太子)·여후(戾后)[13]의 묘원(墓園)을 철거하고 모두 봉사(奉祠)하지 아니하고[14] 이졸(吏卒)을 두어 지키는 것을 줄였다. 겨울, 10월 을축일(19일)에 군국(郡國)에 있는 조종(祖宗)의 사당을 철거하였다.

6   여러 능묘는 삼보(三輔)에 나누어 소속[15]시켰다. 위성(渭城, 섬서

---

11 혈친이란 아주 가까운 혈연관계를 말하며, 여기서는 직계 혈족을 말하는 것이다. 우공의 의견에 의하면 천자는 일곱 개의 사당만을 설치하고, 이 일곱 사당에 속하지 않은 것은 다 철폐해야 한다는 것이다.

12 혜제는 고조 유방의 묘(廟, 사당)를 '태조묘'라고 하였고, 경제는 문제의 묘를 '태종묘'라고 하였다. 그리고 선제는 무제의 묘를 '세종묘'라고 하였는데, 그들이 지나갔던 군이나 국에는 모두 이 사당을 설치하여 전국적으로 167개의 사당이 설립되었다. 그런데 《춘추》의 뜻에 따르면 왕은 하사와 제후에게 제사지내지 않는다고 되어 있으므로 옛 법도에 맞지 않는다는 것이다.

13 소령후는 고조의 어머니이고, 무애왕은 고조의 형이고, 소애후는 고조의 누이이고, 위사후는 무제의 부인이고, 여태자의 어머니이고, 여태자는 현 황제인 원제의 고증조부인 유거(劉據)이며, 여후는 바로 유거의 정처, 즉 사량자(史良娣)이다.

14 제삿날에 맞추어 제사를 지내지 않는다는 말이다.

15 과거에는 태상이 직접 관리하였으나, 지금은 능묘가 있는 곳에 따라서 삼보에 지역별로 나누어 관리하였다.

성 함양시) 수릉정(壽陵亭)의 들판을 초릉(初陵)[16]으로 하고, 조서를 내려서 이곳에 현읍(縣邑)을 설치하여 군국의 백성들을 옮기지 말게 하였다.[17]

원제 영광 5년(壬午, 기원전 39년)

1 봄, 정월에 황상이 감천궁에 행차하여 태치(泰畤)에서 제사를 지냈다. 3월에 하동(河東, 산서성 夏縣)에 가서 후토(后土, 토지신)에게 제사를 지냈다.

2 가을에 영천(潁川, 하남성 禹縣)에 물이 넘쳐서 인민(人民)들이 죽었다.

3 겨울에 황상은 장양(長楊,장양궁, 섬서성 周至縣)의 사웅관(射熊館)에 행차하여 큰 사냥을 하였다.

4 12월 을유일(26일)에 태상황과 효혜황제의 능침묘원(陵寢廟園)을 훼손시켰는데, 위현성(韋玄成) 등이 의논한 것을[18] 채용한 것이다.

---

16 원제가 자기가 죽었을 때의 능묘를 미리 만들고 있었는데, 이때에는 아직 능의 이름이 정해지지 않았으므로 초릉이라고 한 것이다.

17 전에는 황제의 능묘를 설치하는 곳에 새로운 현이나 읍을 설치하고 관리를 위하여 사람들을 그곳으로 이주시키는 예가 있었다.

18 위현성이 상주한 내용은 '조종의 사당은 만세가 지나도 철폐하지 않지만 계

5   황상은 유가(儒家)의 학술과 문장의 말투를 좋아하여 자못 선제
(宣帝, 자기 아버지)의 정치를 고쳤는데, 일을 말하는 사람들이 대부분
나아가서 황제를 알현할 수가 있었고, 사람들마다 황상의 뜻을 얻었다
고 생각하였다.

또한 부소의(傅昭儀)[19]와 아들인 제양왕(濟陽王) 유강(劉康)은 아낌
을 받았는데, 황후와 태자를 뛰어넘었다. 태자소부[20] 광형(匡衡)이 상
소를 올려서 말하였다.

"신이 듣건대 치란(治亂)과 안위(安危)의 기틀은 마음을 쓰는 바를
살피는데 있습니다. 대개 천명을 받은 왕[창업의 군주]은 대업(大業)을

조(繼祖) 이후의 경우에는 5세가 지난 후에는 바꾸어야 한다. 지금 고황제는
태조라고 하였고, 효문황제는 태종이며, 효경황제는 소(昭)이고, 효무황제는
목(穆)이고, 효소황제와 효선황제는 모두 소라고 하는데, 황고(皇考)의 사당
은 친자식이 다 없어지지 않았고, 태상황과 혜제는 모두 친자식이 없어졌으
므로 마땅히 철폐하여야 한다.'고 하였다. 전한의 제계(帝系)를 보면 ①고제
유방 ②효혜제 유영(유방의 아들) ③소제 유공(혜제의 아들) ④소제 유홍(혜제
의 아들) ⑤효문제 유항(고제 유방의 아들) ⑥효경제 유계(문제의 아들) ⑦효무
제 유철(경제의 아들) ⑧효소제 유불능(무제의 둘째아들) ⑨효선제 유순(무제의
아들인 여태자 유거-사황손 유진의 아들: 효소제 유불능은 후사가 없음) ⑩효원제
유석(현재의 황제, 선제의 아들)로 이어졌다. 그러므로 효혜제의 후손은 끊겼고,
효소제 유불능도 후사가 끊겼다.

19 황제의 비빈으로 직급은 재상이나 친왕과 같다. 현 황제인 원제는 무제시대의
제도를 확충하여 비빈제도를 만들었는데, 1급은 소의, 2급은 첩여, 3급은 형
아, 4급은 용화, 5급은 충의, 6급은 미인, 7급은 양인, 8급은 팔자, 9급은 칠자,
10급은 장사, 11급은 소사, 12급은 오관, 13급은 순상, 14급은 무연·공화·오
령·보보·양제·야자이고, 15급은 상가인자·중가인자로 되어 있지만 14급과
15급에 여러 명칭의 비빈이 있으므로 사실상 21계급의 비빈이 있는 셈이다.

20 이때의 태자인 유오(劉驁)의 스승이다.

새로 열어서 왕통을 후손에게 내려 주고 이것을 무궁하게 전해주는 것에 힘을 쓰며, 몸을 이어받은 군주는 마음을 먼저 돌아가신 왕의 공덕을 이어서 선전하고 그 커다란 공로를 빛내는데 둡니다.

옛날에 성왕(成王)이 왕위를 이어받고 문왕(文王)과 무왕(武王)의 도(道)를 생각하면서 그 마음을 길렀고, 빛나고 아름다운 것을 두 임금에게 돌리고서 감히 그 이름을 오로지하려 하지 않으니, 이리하여 하늘은 제사를 기쁘게 받았으며, 귀신도 그를 도왔습니다.

폐하께서는 성스런 덕이 하늘처럼 덮었고, 해내(海內)의 사람들을 아들처럼 아끼지만 그러나 음양이 아직 조화를 이루지 못하고, 간사한 일도 아직 금지되지 않으니, 아마도 일을 논의하는 사람들이 아직 돌아가신 황제들의 대단한 공로를 선양하지 아니하고, 제도를 사용할 수 없다고 다투어 말하면서 이를 변경하려고 힘쓰고 있으며, 고친 것은 혹 실행할 수 없어서 다시 이를 회복하니, 이렇게 하여서 여러 아랫사람들은 다시금 서로 시비하고 이민(吏民)들은 믿을 것이 없습니다.

신은 가만히 국가(國家)가 즐겁게 이룩할 수 있는 업적을 풀어 놓고 헛되이 이것을 위하여 분분하고 있는 것을 한스럽게 생각하고 있습니다. 바라건대 폐하께서는 통일을 하였던 일을 자세히 살피고, 제도를 준수하고 그 공적을 널리 선양하는데 정신을 두어서 여러 아랫사람들의 마음을 안정시키십시오.

《시경(詩經)》〈대아편(大雅篇)〉에는 '너희 조상을 생각하고, 그의 덕을 계승하고 널리 선양하라.'고 하였습니다. 대개 지극한 은덕의 근본입니다. 《시전(詩傳)》에서 말하였습니다. '좋은 것과 나쁜 것을 살피고, 정(情)과 성(性)을 이해하면 왕도(王道)는 완성되는 것이다.'

본성을 다스리는 길은 반드시 자기가 여유 있게 갖고 있는 것을 살피고, 그가 부족한 것을 강하게 하는 것이니, 대개 총명하고 소통하는 사람은 크게 살피는 것에서 경계하고, 보고들은 것이 적은 사람은 막히고 가려지는 것에서 경계하며, 용맹하고 세며 강한 사람은 크게 사나운 것에서 경계하고, 어질고 사랑하며 따뜻하고 좋은 사람은 결단성이 없는 것에서 경계하며, 조용하고 안정되어 편한 사람은 때를 뒤로 잡는 것에서 경계하며, 마음이 넓고 호탕한 사람은 잊거나 흘려버리는 것에서 경계합니다.

반드시 자기가 마땅히 경계해야 할 것을 살피고 의(義)를 가지고 이를 가지런히 하고, 그런 다음에 알맞고 화합하게 되는 상태가 나타나게 되고, 재주를 피우고 속이는 무리들은 감히 줄줄이 모여서 조정으로 나아가는 것을 바라지 아니할 것입니다. 오직 폐하께서 이를 경계하는데, 성스러운 은덕을 가지신 분으로 존경받기 위한 것입니다.

신이 또 듣건대, 집안의 도리가 잘 닦여지면 천하의 이치를 얻게 되니, 그러므로 《시경》은 〈국풍(國風)〉에서 시작하고, 《예기(禮記)》는 관례(冠禮)와 혼례(婚禮)를 근본으로 합니다. 〈국풍〉에서 시작하는 것은 인정과 성품에 근원을 두어 사람의 윤리를 밝히려는 것이고, 관례와 혼례에 근본을 두는 것은 기초를 단정하게 하여 미연에 막으려는 것이니, 그러므로 성스러운 임금은 반드시 비(妃)와 후(后)의 관계에서 신중히 하며, 적자(嫡子)와 장자(長子)의 지위를 구별하는 것은 안에서 예(禮)에 맞게 하는 것입니다.

낮은 사람이 높은 사람을 뛰어넘지 못하고, 새 사람이 옛날 사람을 앞서 가지 못하는 것은 사람의 성정을 통합하고 음양이 잘 처리하기 위함이며, 적자를 높여주고 서자를 낮추는 것이니, 적자는 계단 위에서 관례를 치르고 예식을 치를 때에는 예주(醴酒)를 사용하지만 여러 아들들은 반열(班列)에 더불어 할 수 없는 것은 올바른 체통(體統)을 귀하게 여기고, 혐의(嫌疑)를 밝히기 위한 것입니다.

헛되이 그 예의를 치르는 문장을 덧붙이는 것뿐만이 아니라 마침내 마음속에서 그와는 다르니, 그러므로 예라는 것은 그 성정을 탐구하여 이것을 밖으로 내보이는 것입니다.

성인은 움직이거나 가만히 있거나 노는 것에서 가까이하는 바가 있고, 사물에서도 그 순서를 지키니 해내가 스스로 닦아 백성들도 좇아서 교화됩니다. 만약에 마땅히 친해야 될 사람을 멀리하고 마땅히 높여야 할 사람을 낮추면 재주를 피우는 간사한 사람이 때에 맞추어 움직여서 국가를 어지럽힙니다.

그러므로 성인은 그 실마리를 신중하게 막아야 하며, 아직 그리되지 않을 때에 금지시켜야 사사로운 은혜가 공적인 의로움을 해치지 않습니다. 전(傳)해지는 책[21]에서 '집안을 바로 잡으면 천하는 안정된다.'라고 한 것입니다."

6   애초에, 무제(武帝)가 이미 선방(宣房)[22]에서 막았는데, 뒤에 황하가 다시 관도(館陶, 산동성 관도현)에서 터져서 북쪽으로 물이 흐르게 되고, 나뉘어 둔지하(屯氏河)가 되어 동북쪽으로 가다가 바다로 들어갔는데, 너비와 깊이가 대하(大河, 황하의 본류)와 비슷하니, 그러므로

---

21 이것은《주역(周易)》가인괘(家人卦)의 단사(彖辭)이다. 따라서 전해지는 것은 구체적으로《주역전》을 말하는 것이다.

22 무제는 무제 원봉 2년(기원전 109년)에 20여 년간 범람하던 황하를 하남성 복양현의 경계 지역에 있는 호자구(瓠子口, 瓠子堤)를 막고 그 위에 선방궁(宣房宮)을 지었는데, 이 기록은《자치통감》권21에 실려 있다.

그 자연스러움을 이용하여 제방을 막지 아니하였다.

이 해에 황하가 청하(淸河, 산동성 청하현) 영(靈, 산동성 夏津縣)의 명독구(鳴犢口, 하진현의 서쪽)에서 터져서 둔지하는 끊어졌다.

원제 건소 원년(癸未, 기원전 38년)

1   봄, 정월 무진일(29일)에 양(梁, 하남성 상구시)에 운석(隕石)이 떨어졌다.

2   3월에 황상이 옹(雍, 섬서성 봉상현)에 행차하여 오치(五畤)에서 제사를 지냈다.

3   겨울에 하간왕(河間王) 유원(劉元)이 죄 없는 사람을 적살(賊殺)[23]한 것에 연루되어 철폐되었고 방릉(房陵, 호북성 房縣)으로 귀양

---

23 유원은 이미 죽은 광릉왕 유서(劉胥)와 유서의 태자인 유패(劉霸)와 중산왕 유순(劉循)의 희첩인 '염(廉)' 등의 사람을 자기의 희첩으로 만들었다. 가족 관계로 보아 유서는 유원의 증숙조이고 유패는 유원의 고숙조이며 유순은 유원과는 당형제간이다. 선제 감로 2년(기원전 52년)에 기주독찰관인 장창(張敞)에게 탄핵을 받아서 정위에게 조사를 받았고, 이때에 염 등을 체포하라고 명령이 내려지니 유원은 급한 나머지 염을 비롯한 7명의 미녀들에게 자살하도록 강요하였다. 이때에 유원을 처결하라고 건의되었으나, 황제는 두 개의 현 1만1천 호를 삭감하게만 하였다. 그 뒤에 유원은 다른 희첩인 소사(少使) '유귀(留貴)'에게 화를 크게 내었는데, 유귀는 두려워서 담장을 넘어서 도망하였고, 유원은 더욱 화가 나서 사람을 보내서 유귀의 어머니를 쳐 죽였는데, 드디어 금년에 폄하되어 쫓겨난 것이다. 몇 년 후에 유원은 또다시 그의 아내인

보냈다.

4   효문태후(孝文太后, 薄氏) 능침(陵寢)의 사원(祠園, 覇陵의 남쪽)을
철폐하였다.

'약(若)'이라는 여자를 몽둥이로 쳐서 학대하였고, 또한 그녀의 머리를 다 깎
아버리니 한중의 태수가 징계하기를 요구하였다. 그때에 유원은 바로 병들어
죽었다.

5   황상이 호랑이 동산에 행차하여 짐승들을 싸우게 하였고, 후궁(後宮)들이 모두 앉아 있었는데 곰 한 마리가 울타리를 벗어나 난간을 기어 올라와서 전(殿) 위로 올라오려고 하니, 좌우에 있던 사람들과 귀인(貴人)과 부첩여(傅倢伃) 등이 모두 놀라서 도망하였지만 풍첩여(馮倢伃)가 곧바로 앞으로 나아가서 곰을 마주하고 섰다. 좌우에서 그 곰을 때려 죽였다.

황상이 물었다.

"사람의 성정(性情)은 놀라고 두려운 것인데, 어떠한 연고로 앞으로 나아가서 곰과 마주섰는가?"

첩여가 대답하였다.

"맹수라는 것은 사람을 하나 잡으면 그칩니다. 첩(妾)은 곰이 어좌(御座)에 이를까 걱정하였으니, 그러므로 몸으로 그것과 마주하였습니다."

황제는 감탄하고 배나 더 존경하고 중히 여겼다. 부첩여는 부끄러워하고, 이로 말미암아서 풍첩여와는 틈이 생겼다. 풍첩여는 좌장군 풍봉세(馮奉世)의 딸이었다.

원제 건소 2년(甲申, 기원전 37년)

1   봄, 정월에 황상이 감천에 행차하여 태치(泰畤)에서 제사를 지냈다. 3월에 하동에 행차하여서 후토(后土)에게 제사를 지냈다.

2   여름, 4월에 천하를 사면하였다.

3   6월에 황제의 아들인 유흥(劉興)[24]을 세워서 신도왕(信都王)으로 삼았다.

4   동군(東郡, 하남성 濮陽縣)의 경방(京房)이 양(梁, 하남성 商丘市) 사람 초연수(焦延壽)에게서 《역(易)》을 배웠다. 초연수는 늘 말하였다.

"나의 도(道)를 배워서 몸을 망칠 사람은 경생(京生, 경방)이다."

그의 논설은 재난과 변고를 맞추는데 장기(長技)가 있었으니, 60개의 괘(卦)를 나누어 다시 날짜를 짚어서 용사(用事)하고 바람 불고 비 오며 차고 따뜻한 것을 가지고서 살폈는데, 각기 점친 것이 효험이 있었다.

경방은 이를 이용하는 것이 더욱 정밀하였는데, 효렴(孝廉)으로 낭(郎)[25]되었고 상소를 올려서 여러 차례 재이(災異)가 있을 것을 말하니, 영험이 있었다. 천자가 이를 기뻐하여 자주 불러서 만나보고 물었다.

---

24 유예(劉譽)로 적은 기록도 있다.

25 효렴은 효렴과로 관리를 임용하는 과목이고, 낭은 낭관 즉 중앙의 중급 관리에 해당하는 직급이다.

경방이 대답하였다.

"옛날의 제왕들은 공로를 가지고 똑똑한 사람을 천거하니, 만 가지가 다 성취되고 상서로운 것이 호응하여 드러났는데 말세에는 비방을 받는지 칭찬을 받는지를 가지고 사람을 채용하니, 그러므로 공로와 업적은 폐지되고 재이가 나타납니다. 마땅히 백관으로 하여금 각기 그 공로를 시험하게 한다면 재이는 멈출 것입니다."

조서를 내려서 경방으로 하여금 그 일을 만들게 하니, 경방은 '고공과이법(考功課吏法)'을 상주하였다.

황상은 공경(公卿)과 조정의 신하들로 하여금 경방과 더불어 온실(溫室)[26]에서 회의를 하게 하였는데, 모두 경방의 말이 번잡하고 자잘하여 윗사람과 아랫사람이 서로 감독하게 하는 것이므로 허락할 수 없다고 하였으나 황상의 뜻은 그것으로 기울었다.

그때에 부자사(部刺史)[27]들이 경사(京師)에서 한 일을 보고하였는데, 황상은 여러 자사들을 불러서 보고는 경방으로 하여금 그들에게 과사(課事)[28]를 알아듣게 하도록 하였으나 자사들도 다시 시행할 수 없다고 생각하였다. 다만 어사대부 정홍(鄭弘)과 광록대부 주감(周堪)이

---

26 미앙궁에 있다.

27 한대에 중앙에서 지방을 감찰하는 관리를 파견하였는데, 이를 주자사라고 하였다. 무제 때에 더욱 지방에 대한 감찰과 통제를 강화하려고 원봉 5년(기원전 106년)에 부자사제를 만들었다. 이는 삼보·삼하·홍농의 7군을 제외하고 전국을 기주·연주·청주·서주·양주·형주·예주·익주·량주·유주·병주·교지·삭방 등 13개로 나누고 매 부마다 한 명의 자사를 두어 몇 개의 군국(郡國)을 관할하게 하였다. 자사의 주요 직무는 제후왕과 군수·지방의 강호를 독찰하는 것으로 황제의 이목이 되는 것이었다.

28 업적을 평가하는 일이라는 뜻이지만 여기서는 고공과이법을 말한다.

애초에 시행할 수 없다고 말하였다가 뒤에 가서 그것을 좋다고 하였다.

이때에 중서령(中書令) 석현이 권력을 장악하고 있고, 석현의 친구인 오록충종이 상서령(尚書令)이어서 이 두 사람이 용사(用事)하였다. 경방은 일찍이 한가할 때에 알현하고 황상에게 물었다.

"유왕(幽王)과 여왕(厲王) 같은 군주는 어찌하여 위태로워졌습니까? 맡긴 사람이 누구였습니까?"

황상이 말하였다.

"임금이 밝지 못하니 일을 맡은 사람은 간사해졌다."

경방이 말하였다.

"그들이 간사하다는 것을 알고서 채용하였습니까? 장차 그들을 현명하다고 생각한 것입니까?"

황상이 말하였다.

"그들을 현명하다고 하였지."

경방이 말하였다.

"그렇다면 지금은 어떻게 그들이 현명한 사람이 아니라는 것을 압니까?"

황상이 말하였다.

"그 시대가 어지러웠고, 임금이 위태로워졌으니 그것을 아는 것이오."

경방이 말하였다.

"만약에 그렇다면 현명한 사람을 임용하면 반드시 잘 다스려질 것이고, 불초한 사람을 임용하면 반드시 혼란하게 되는 것은 필연의 도리입니다. 유왕과 여왕은 어찌하여 깨달아서 다시 현명한 사람을 찾지 아니하고, 어찌하여 갑자기 불초한 사람을 임용하여 이러한 지경에 이르렀습니까?"

황상이 말하였다.

"난세를 만난 군주는 각기 그의 신하를 현명하다고 할 것이오. 모두로 하여금 깨닫게 하였다면 천하가 어찌 위태로워지고 망하는 군주가 있겠는가?"

경방이 말하였다.

"제의 환공(桓公)과 진(秦)의 2세 황제도 또한 이러한 군주에 관한 이야기를 듣고 그들을 비웃었는데, 그렇다면 수조(豎刁)와 조고(趙高)[29]를 임용하여 정치는 날로 어지러워지고 도적은 산에 가득 차게 되니, 어찌하여 유왕과 여왕의 사실로 이것을 점쳐서 깨닫지 못하였습니까?"

황상이 말하였다.

"오직 도(道)를 갖고 있는 사람만이 지난 것을 가지고 앞으로 올 일을 알 수 있을 뿐이오."

경방은 이어서 모자를 벗고 머리를 조아리며 말하였다.

"《춘추(春秋)》는 242년간의 재이(災異)를 기록하여 만세(萬世)의 군주들에게 보여 주었습니다. 지금 폐하께서 즉위하신 이후로 해와 달이 빛을 잃고 성신(星辰)이 거꾸로 가며, 산이 무너지고 샘물이 용솟음치고, 지진이 일어나고 운석이 떨어졌으며, 여름에 서리가 내리고 겨울에 천둥이 치며, 봄에 꽃이 마르고 가을에 잎이 무성하게 되며, 떨어진 서리가 죽이지 못하고,[30] 수재와 한재와 명충(螟蟲)의 해가 있고, 백성들

---

29 수조는 제 환공이 채용하였고, 조고는 진의 2세황제가 채용하였다. 수조에 관한 설명은 무제 원광 5년(기원전 130년)에 있었고, 그 내용은 《자치통감》 권18에 실려 있다.

30 겨울에 추워야 기생충을 죽여서 다음 해에 기생충이 줄어드는 자연현상을 갖고 있다.

은 주리고 돌림병이 들었고, 도적이 금지되지 않고, 형벌을 받은 사람이 저자에 가득하게 되었으니,《춘추》에서 기록하였던 재이가 다 갖추어졌습니다. 폐하께서 보시기에 지금 잘 다스려지고 있습니까, 혼란스럽습니까?"

황상이 말하였다.

"역시 지극히 혼란되었을 뿐인데 오히려 무슨 말을 하는 것이오?"

경방이 말하였다.

"지금 맡겨서 쓰고 있는 사람이 누구입니까?"

황상이 말하였다.

"그렇소. 다행히 전시대보다는 좋고, 또 이 사람에게 있지 않다고 생각하오."

경방이 말하였다.

"무릇 전 시대의 군주도 역시 모두 그러하였습니다. 신은 뒤에 가서 오늘날을 보면서 오늘날 앞 시대를 보는 것과 같을까 두렵습니다."

황상이 오래 있다가 마침내 말하였다.

"오늘날 어지럽히는 사람이 누구요?"

경방이 말하였다.

"밝으신 군주께서 의당 스스로 그를 아십니다."

황상이 말하였다.

"모르겠소. 만약에 안다면 어떠한 연고로 이를 임용하였겠소?"

경방이 말하였다.

"황상께서 가장 신임하시며 더불어 휘장 속에서 일을 도모하며 천하의 선비들을 올리거나 내치는 사람이 바로 그 사람입니다."

경방은 석현을 가리켜서 말한 것이고, 황상도 역시 그것을 알고 경방에게 말하였다.

"벌써 알았소."

경방이 자리에서 파하고 나갔는데 뒤에 황상은 역시 석현을 물리칠 수가 없었다.

　❈ 신 사마광이 말씀드립니다.

"인군의 덕이 밝지 못하면 신하가 비록 충성을 다 바치려고 하여도 어떻게 스스로 들어갑니까? 경방이 효원제를 깨닫게 하려고 한 것은 명백하고 지극한 것이라고 말할 수 있지만 그러나 끝내 깨달을 수가 없었으니, 슬픕니다!

《시경(詩經)》에서 말하였습니다. '얼굴을 맞대고 그대에게 말하였을 뿐만 아니라 귀를 잡고 말을 하였다. 손으로 잡아끌었을 뿐만 아니라 사실을 보여주며 말하였다.'[31] 또 말하였습니다. '그대에게 가르치면서 거듭거듭 간절히 말하는데, 나의 이야기를 겉으로 듣는다.' 효원황제를 말하는 것입니다."

5　　황상이 경방으로 하여금 제자 가운데 고공(考功)과 과리(課吏)의 업무를 아는 사람을 올려서 이를 시험 삼아 사용하려고 하였다. 경방은 중랑(中郞) 임량(任良)과 요평(姚平)을 올렸다.

"바라건대 자사(刺史)로 삼아서 고공법을 시험해 보게 하시고, 신은 전중(殿中)에서 전적(典籍)이 잘 소통[32]되게 하여 상주하는 일들이 막

31 《시경》〈대아편〉에 나오는 말이다.

히는 것을 막겠습니다."

석현과 오록충종은 경방을 질시하여 그를 멀리 보내고자 하여 건의
하여 '마땅히 경방을 군수(郡守)로 삼아서 시험하게 하라'고 말하였다.
이에 황제는 경방을 위군(魏郡, 하남성 臨漳縣) 태수로 삼아서 고공법으
로 군을 다스릴 수 있게 하였다.

경방이 스스로 청하였다.

"이 해가 끝날 때에 전거(傳車)³³를 타고 가서 사실을 상주하게 하
여 주십시오."³⁴

천자가 이를 허락하였다.

경방은 스스로 자주 논의함으로써 대신들이 비난할 것이며, 석현 등
과는 틈이 생길 것이라는 것을 알고서 좌우를 멀리 떠나고 싶지 아니
하여 마침내 봉사(封事)³⁵를 올려서 말하였다.

"신이 나온 다음에는 아마도 하는 일이 가려지고 몸은 죽게 되고 공

---

32 황제에게 올리는 상주문이 궁전에 있는 관리들에 의하여 적당히 걸러지고 있
   는 것을 감안하여 한 말이다.

33 고대에 공식적인 관리의 이동을 위하여 역참을 설치하고, 역참과 역참 사이
   에는 전거라는 수레가 다닐 수 있게 되어 있는데 공무로 이동할 때에 이 전거
   를 탄다.

34 전거는 공무로 여행하는 사람이 이용하게 만든 역에 있는 말과 수레를 말한
   다. 그러나 전거로 와서 황제에게 보고하는 것은 자사만이 갖는 권한이다. 그
   런데 경방은 태수이므로 황제의 허락을 받지 아니하면 수도에 올 수가 없다.
   경방은 태수로 내려가면서 석현 등이 자기와 황제 사이를 갈라놓을 것을 두
   려워하여 이와 같은 청을 한 것이다.

35 상주문을 봉함하여 다른 사람들이 미리 볼 수 없고 황제가 직접 뜯어보도록
   하는 상주제도이다.

로는 이루어지지 못할까 두려우니, 그러므로 바라건대 전거(傳車)를 타고 올라와서 일을 상주하고자 하니 애달프게 여기시고 허락하여 주십시오. 마침내 신사일(8일)은 '몽(蒙)의 기운'[36]이 다시 괘(卦)를 타게 되어 태양(太陽)이 빛을 침범하니,[37] 이는 상대부(上大夫)가 태양을 덮게 되어 윗사람이 마음으로 의심을 품는다는 뜻입니다. 기묘일(16일)과 경진일(17일) 사이에는 반드시 신을 떼어놓고 끊어 놓으려고 하여서, 전거를 타고 일을 상주할 수 없게 할 것입니다."[38]

경방이 아직 출발하지 아니하였는데, 황상은 양평후(陽平侯) 왕봉(王鳳)으로 하여금 제(制)를 받아서 경방에게 조서를 내려서 전거를 타고 와서 일을 상주하는 것을 중지하고 없이하게 하였다. 경방은 마음속으로 더욱 두려워하였다.

가을에, 경방은 떠나서 신풍(新豊, 섬서성 臨潼縣 新豊鎭)에 이르러서 우전(郵傳)[39]을 통하여 봉사를 올려 말하였다.

---

36 《진서(晉書)》〈천문지〉에 '무릇 구름이 연이어 10일간 계속되어 낮에도 해가 보이지 아니하고 밤에는 달이 보이지 아니하며, 어지러운 바람이 사방에서 일어나는데, 비가 올 것 같지만 비는 내리지 않는 것을 몽(蒙)이라고 한다.'고 기록되었다.

37 장안(張晏)은 '괘(卦)란 진(晉)괘와 해(解)괘라고 하였고, 태양이 빛을 침범한다는 것은 대장(大壯)을 말하는 것이다.'라고 하였다. 원부(原父)는 태양은 해를 가리킨다고 하였다. 요컨대, 6월 20일에는 검은 구름이 있고, 어지러운 바람이 일어나서 햇빛이 어두워지는데, 대신들은 천자를 엎어버린다는 의미라고 이를 해석한 것이다.

38 신사일에 몽기가 나타난 것을 가지고 기묘일과 경진일 이틀 사이에 벌어질 일을 미리 점친 것이다.

39 문서의 전달체계를 말한다.

"신이 전에 6월에 '둔괘(遯卦)'[40]의 현상이 맞아 떨어지지 않을 것이라고 말하였습니다. 법(法)[41]에서는 '도인(道人)이 처음 떠나가면 날씨가 춥고 물이 넘쳐흘러 나와서 재앙이 된다.'고 하였는데, 그 7월에 이르자 물이 넘쳐흘러 나왔습니다.

신의 제자인 요평(姚平)이 신에게 말하였습니다. '경방은 도(道)를 안다고 말할 수는 있지만 아직 도를 믿는다고는 말할 수 없습니다. 경방이 재이를 말한 것 가운데 아직 적중하지 않는 것이 일찍이 없었습니다. 물이 이미 넘쳐흘러 나왔으니 도인이 마땅히 쫓겨나서 죽을 것인데 오히려 다시 무슨 말을 하십니까?'라고 하였습니다.

신이 말하였습니다. '폐하께서는 지극히 어지시고 신에게 특별히 후하시니 비록 말을 하고 죽는다고 하더라도 신은 오히려 말을 하겠다.' 요평이 또 말하였습니다. '경방은 작은 충신이라고 말할 수는 있겠지만 아직은 큰 충신이라고 말할 수는 없습니다. 옛날 진(秦) 때에 조고(趙高)가 용사(用事)하였고 정선(正先)이라는 사람이 있었는데, 조고를 비난하고 찌르다가 죽자, 조고의 위세는 이때부터 이루어졌으니, 그러므로 진의 혼란은 정선이 이를 재촉한 것입니다.'

지금 신이 나아가서 군(郡)의 태수인데 스스로 꾸짖으며 공로를 세우고자하나 아마도 효과가 나타나기도 전에 죽을까 두려우니, 오직 폐하께서 신으로 하여금 물이 넘쳐흘러 나는 재이가 나타난다고 한 것을 맞이하여 정선처럼 죽는 일을 당하여 요평에게 웃음거리가 되게 하지

---

40 둔괘는 주역 64괘 가운데 33번째의 괘이다. 이 괘는 하늘 아래에 산이 있는 모양인데, 하늘은 넓고 무한하며, 산은 높으나 유한한 상(象)이므로 소인을 멀리하되 미워하지 않고 엄격한 태도를 취한다는 의미를 갖고 있다.

41 경방이 점을 치는 법을 말하고, 이것은 책에 들어있다.

말아 주십시오.”

경방이 섬(陝, 하남성 陝縣)에 이르러서 다시 봉사(封事)를 올려서 말하였다.

“신이 전에 임량을 내어 보내서 고공(考功)을 시험하게 하고 신은 중앙에 있기를 원한다고 말씀드렸습니다. 의논하는 사람들이 이와 같이 하는 것이 자신에게 불리하다는 것을 알고, 신을 가릴 수 없으니 그러므로 ‘제자를 시키는 것은 스승을 시험하는 것만 못하다.’고 말하였던 것입니다.

신이 자사(刺史)가 되면 또 마땅히 사실을 상주할 것이었으니, 그러므로 다시 말하였습니다. ‘자사로 삼는다면 아마도 태수가 더불어 한마음이 되지 않을까 걱정이 되니 태수로 삼는 것만 못합니다.’ 이것은 그들이 신을 떨어트려 놓기 위한 것입니다. 폐하께서는 그 말을 어기지 않고 들었으니, 이것이 바로 몽(蒙)의 기운이 흩어지지 않고, 태양은 빛을 없게 된 까닭입니다.

신은 떠나서 점점 더 멀리 가는데, 태양이 빛을 침범하는 것은 더욱 심하니, 바라건대 폐하께서 신을 돌아가게 하는 것을 어려워하고 하늘의 뜻을 가벼이 거역하지 마십시오. 사악한 말은 비록 다른 사람에게 편안하게 들릴지 모르나 천기(天氣)는 반드시 변하니,[42] 그러므로 다른 사람은 속일 수는 있으나 하늘은 속일 수 없으니, 바라건대 폐하께서 살펴주십시오.”

경방이 떠나가고 한 달이 좀 더 지나자 결국 불러다가 하옥(下獄)시

---

42 임금은 비록 그들의 사악한 설명에 편안해하고 진의를 깨닫지 못하지만 천기는 반드시 이것 때문에 변하여 그 정상을 잃는다는 말이다.

켰다. 애초에, 회양헌왕(淮陽憲王)[43]의 장인인 장박(張博)은 기울어지고 재주를 피우며 좋은 행동을 하지 못하고 왕(王, 회양왕)에게 금전을 요구하는 일이 많았는데, 왕을 위하여 조정에 들어가기를 요구하였다.

장박은 경방에게서 공부를 하였는데, 그의 딸을 경방에게 처로 삼게 하였다. 경방은 매번 조회에서 알현하고 물러나 번번이 장박을 위하여 그 말을 이야기하였다. 장박은 이어서 경방이 말한 비밀스런 이야기를 기억하였다가 경방으로 하여금 왕을 위하여 입조(入朝)를 청하는 주장(奏章)의 초안을 만들게 하고, 모두 가지고 가서 왕에게 보여주고 믿을 증거로 삼았다.

석현이 이를 알고서 고발하여 말하였다.

"경방이 장박과 더불어 왕래하고 모의하여 정치를 비방하고 천자에게 악한 일을 돌리며 제후왕을 속이고 있다."

모두 하옥되어 기시(棄市)되었고 처자(妻子)들은 변방으로 귀양 보냈다. 정홍(鄭弘)은 경방과 잘 지냈다는 데에 연루시켜 관직에서 면직하여 서인(庶人)으로 삼았다.

6   어사중승(御史中丞)[44] 진함(陳咸)은 자주 석현을 헐뜯었는데, 오래 되어 괴리(槐里, 섬서성 興平縣) 현령 주운(朱雲)과 친하게 지내면서 성중(省中)에 있었던 말을 누설하였다는 죄에 연루되었고, 석현은 슬

---

43 회양왕 유흠(劉欽)은 선제의 후궁인 장첩여(張捷伃)의 아들이며 현재 황제인 원제의 동생이다. 죽은 후에 시호를 헌(憲)이라고 하여 회양헌왕이라고 쓴 것이다.

44 당시의 감찰업무의 최고 책임자인 어사대부 정홍이 면직되었고 감찰업무의 부책임자인 어사중승 진함도 면직된 셈이다.

그머니 이 사실을 엿보아 알고 주운과 함께 모두 하옥시키고 곤형(髡刑)으로 성단(城旦)[45]하게 되었다.

석현의 위세와 권력은 날로 왕성하여져서 공경(公卿) 이하는 석현을 두려워하였고, 발을 포개서 한 자국만 남게 하였다.[46] 석현은 중서복야(中書僕射) 뇌양(牢梁)과 소부(少府)[47] 오록충종(五鹿充宗)과 더불어 당우(黨友)를 결성하니, 붙어서 의지하는 여러 사람은 모두 높은 지위를 얻었다.

민간에서는 이를 노래하였다.

"뇌(牢)씨들아, 석(石)씨들아, 오록충종의 빈객들아! 인(印)은 어찌 겹겹이 쌓았고, 수(綬)[48]는 어찌 그리 긴가?"

석현은 안으로는 스스로 권력을 멋대로 부리고 있으며, 일의 칼자루도 손에 잡고 있다는 것을 알고, 천자가 어느 날 좌우에 있는 사람들이 눈과 귀로 보고들은 것을 받아들여서 자기를 떼어 놓을까 두려워하여 마침내 때로 자기의 정성을 다 바치고 한 번 신임을 얻으려고 시험하였다.

석현은 일찍이 여러 관서에 가도록 시켜졌는데, 석현이 먼저 스스로 말하였다.

---

45 곤형은 머리를 삭발당하는 형벌이고, 성단은 노역형(勞役刑)으로 강제 노역에 동원되는 형벌이다.

46 대단히 조심하는 모습을 형용한 것이다.

47 중서복야는 상주를 관장하는 책임자이며, 소부는 궁정의 물품공급책임자이다.

48 관직을 받으면 그에 해당하는 인장(印章)이 있으며, 이 인장을 달아매는 끈이 있는데 이것이 수이다. 이를 합하여 인수(印綬)라고 한다.

"뒤에 늦어서[49] 궁궐의 문이 이미 다 닫혀버렸으면, 청컨대 궁리(宮吏)들에게 조서를 내리게 하여 문을 열게 하여주십시오."

황상이 이를 허락하였다. 석현은 고의로 밤중에 돌아와서 조서를 청하면서 문을 열고 들어갔다.

후에 과연 어떤 사람이 편지를 올려서 고발하였다.

"석현이 명령을 제멋대로 하여 조서를 고쳐 가지고 궁궐의 문을 열었습니다."

천자가 이 소식을 듣고 웃으면서 그 편지를 석현에게 보여 주었다.

석현은 이어서 울면서 말하였다.

"폐하께서 지나치게 소신(小臣)을 사사롭게 대하시고 일을 부탁하고 맡기시니 여러 아랫사람들이 질투하지 않는 이가 없고, 신을 모함하여 해치려고 하는 사람은 일하는 중에 이와 같이 하는 것이 하나가 아니지만, 오직 밝으신 주상(主上)께서 이를 아십니다.

어리석은 신(臣)은 미천(微賤)하여 진실로 한 몸으로 많은 무리를 즐겁게 하고 칭찬하게 할 수 없어서 천하의 원망을 맡게 되니, 신이 바라건대 중추적 직책을 돌려보내고 후궁에서 소제하는 역할을 받게 하신다면 죽어도 한스러울 것이 없겠습니다. 오직 폐하께서 애달프고 가련하게 가까이하는 것을 줄여 주시면, 이로써 소신을 온전히 살아남을 것입니다."

천자는 그러할 것이라고 여기고 그를 가련하게 생각하고 자주 석현을 위로하고 격려하며 후하게 상을 내려주었는데, 상으로 내려주니, 재

---

49 황제의 심부름으로 관부에 가서 일을 하다가 일이 늦게 끝나서 궁궐문이 닫힌 다음에 돌아오게 되는 경우를 상정하여 말한 것이다.

화로 남긴 것이 가치로 1억(億)에 이르렀다.

애초에, 석현은 여러 사람들의 인심이 흉흉하다는 소식을 들었는데, 자기가 전장군(前將軍) 소망지(蕭望之)를 죽였다[50]는 말이 있어서, 천하의 학사(學士)들이 자기를 비방할까 두려워하여 간대부(諫大夫) 공우(貢禹)가 경전에 밝고 절개가 있는 것으로 저명하여서 마침내 사람을 시켜서 뜻을 전하고 깊이 스스로 연결을 맺고 받아들였으며, 이어서 공우를 천자에게 추천하여 지위가 9경(卿)을 지내게 되고 예의로 섬기는 것도 아주 많이 갖추었다.

의논하는 사람들은 이에 혹 석현을 칭찬하며, 소망지를 질투하여 참소(讒訴)하였던 것이 아니라고 생각하였다. 석현이 바꾸고 속이는 방법을 만들어서 스스로 벗어나고 면하며 인주에게 신용을 얻는 것이 모두 이러한 것이었다.

❖ 순열(荀悅)이 말하였습니다.

"무릇 간사한 신하가 군주를 현혹시키는 것이 참으로 심하니, 그러므로 공자가 말하였다. '간사한 사람을 멀리하라.'[51] 채용하지 않을 뿐만 아니라 마침내 그러한 사람들은 멀리하고 관계를 끊어서 그 근원을 떼어놓고 막으라는 것이니 그것을 경계한 것이 지극하였다.

---

50 이 일은 초원 2년(기원전 47년)에 있었고, 그 내용은《자치통감》권28에 실려 있다.

51 《논어》에서 공자가 안연에게 한 말이다.

공자가 말하였다. '정치라는 것은 단정(端正)한 것이다.'[52] 무릇 중요한 도리의 기본은 자기를 올바르게 하는 것뿐이다. 고르고 곧고 진실한 것이 올바른 것의 중심이다.

그러므로 덕(德)은 반드시 그 진실성을 핵심으로 하고 그러한 다음에 그 지위를 주는 것이고, 능력은 반드시 그 진실성을 핵심으로 하고 그런 다음에 그 할 일을 주는 것이며, 공로는 반드시 그 진실성을 핵심으로 하고 그런 다음에 그 상을 주는 것이고, 죄는 반드시 그 진실을 핵심으로 하고 그런 다음에 그 형벌을 주는 것이다. 행동은 반드시 그 진실성을 핵심으로 하고 그런 다음에 그를 귀하게 하여야 하고, 말은 반드시 그 진실성을 핵심으로 하고 그런 다음에 그것을 믿으며, 물건은 그 진실성을 핵심으로 하고 그런 다음에 그것을 사용하며 일은 반드시 그 진실성을 핵심으로 하고 그런 다음에 그것을 처리한다.

그러므로 많은 올바름이 위에서 쌓이면 만 가지나 되는 일도 아래에서 알차게 되니 선왕(先王)의 도(道)라는 것도 이와 같을 뿐이다."

---

52 《논어》에서 공자가 계강자에게 대답한 말이다.

7   8월 계해일(3일)에 광록훈(光祿勳) 광형(匡衡)을 어사대부로 삼았다.

8   윤월(윤8월) 정유일(8일)에 태황태후 상관(上官)씨[53]가 죽었다.

9   겨울, 11월에 제(齊, 산동성)와 초(楚, 안휘성, 강소성 일대)에 지진이 났고, 큰 비와 눈이 내려서 나무가 꺾이고, 가옥이 파괴되었다.

원제 건소 3년(乙酉, 기원전 36년)

1   여름, 6월 갑진일(19일)에 부양공후(扶陽共侯)[54] 위현성이 죽었다.

---

53 효소제 유불능의 비인데 이때에 쉰두 살이었다. 여섯 살 때인 소제 시원 4년(기원전 83년)에 황후가 되었다가 소제가 일찍 죽고 후사도 없었다. 그리하여 소제의 형인 여태자의 손자인 선제가 즉위하였고, 그 후에 현재의 황제인 원제가 즉위하였다. 그동안의 정치적 변화로 그녀의 친척은 다 죽었고, 혼자 궁궐에서 47년간 살다가 죽은 것이다.

2　가을, 7월에 광형이 승상이 되었다. 무진일(14일)에 위위(衛尉) 이
연수(李延壽)는 어사대부가 되었다.

3　겨울에 서역(西域)도호·기(騎)도위인 북지(北地, 감숙성 寧縣) 사
람 감연수(甘延壽)와 부(副)교위인 산양(山陽, 산동성 金鄕縣) 사람 진탕
(陳湯)으로 하여금 함께 질지 선우(郅支 單于)를 강거(康居)에서 주살
하게 하였다.

애초에, 질지 선우는 스스로 큰 나라이고, 위엄과 이름이 존중되었
고, 또 이긴 기세를 타고서 교만하게 되었는데, 강거왕(康居王)이 예의
를 지키지 아니하자 화가 나서 강거왕의 딸[55]과 귀인(貴人)과 인민 수
백 명을 죽이고, 혹은 사지(四肢)를 잘라내어 도뢰수(都賴水)[56] 속에
던져 버리고 백성들을 동원하여 성[57]을 쌓으면서 하루에 500명씩 일
을 시켜서 2년이 되어서 마침내 끝냈다.

또 사신을 파견하여 합소(闔蘇)와 대완(大宛)[58]의 여러 나라에 해마
다 공물을 바치라고 책임지우니, 감히 주지 못한다고 하지 못하였다.
한에서는 세 차례 사절을 파견하여 강거에 가서 곡길(谷吉) 등이 죽었

54　위현성은 부양후의 작위를 가졌었는데, 죽자 시호를 공후로 한 것이다.

55　강거왕이 딸을 질지 선우에게 처로 삼게 한 것은 초원 5년(기원전 44년)이고,
그 내용은《자치통감》권28에 실려 있다.

56　현재의 위치는 분명하지 않다. 다만 발하쉬 호로 흘러들어가는 강줄기의 하
나로 추정된다.

57　보통 선우성(單于城)이라고 부른다.

58　합소는 엄채국(闔蔡國)이라고도 하는데, 함해(咸海)의 북쪽에 있고, 대완국은
Kokand이다.

는지를 요구하였으나[59] 질지는 사자(使者)를 곤욕스럽게 하였고 조서를 받들려고 하지 않고, 서역도호를 통하여 상서하여 말하였다.

"사는 곳이 곤란하여 바라건대 강한 한에 귀부할 계책으로 아들을 파견하여 입시(入侍)하겠습니다."[60]

그들의 오만함이 이와 같았다.

진탕은 사람됨이 침착하고 용감하며, 큰 생각을 갖고 있고 책략을 많이 갖고 있고, 기이한 공로를 세우는 것을 좋아하여 감연수와 더불어 모의하여 말하였다.

"이적(夷狄)은 큰 종족을 두려워하여 복종하는 것이 그들의 천성이오. 서역(西域)은 본래 흉노에게 속하였는데, 지금 질지 선우의 위엄 있는 명성이 먼 곳까지 소문이 나 있고, 오손(烏孫)과 대완(大宛)을 침범하여 능욕하며 늘 강거(康居)를 위하여 계획을 세워 그들을 항복시키려고 하니, 만약에 이들 두 나라[오손과 대완]를 얻는다면 몇 년 사이에 성곽을 가진 여러 나라들은 위태로워질 것이오.

또 그 사람들은 빠르고 용맹스러우며, 싸워 정벌하는 것을 좋아하여 자주 승리하였는데, 이들을 오래 기른다면 반드시 서역의 근심거리가 될 것이오. 비록 있는 곳은 멀리 떨어져 있으나 만이(蠻夷)들은 단단한 성곽과 강노(強弩)로 지키는 일도 없소.

만약에 둔전(屯田)하고 있는 이사(吏士)[61]들을 발동하여 오손의 많

---

59 곡길을 죽인 일은 초원 5년(기원전 44년)이고, 이 내용은 《자치통감》 권28에 실려 있다.

60 안사고는 이 말을 조롱하는 것이라고 보았다.

61 차사 지역에서 둔전하는 둔병을 말한다.

은 병사들을 몰아서 따르게 하여 곧바로 그 성의 아래로 향하면 저들
은 도망하려고 하여도 갈 곳이 없고, 지키려고 하여도 스스로 보호하기
에는 모자랄 것이니, 이는 천년에 이룰 공로를 하루아침에 완성할 수
있을 것이오."

감연수는 그럴 것이라고 생각하고 이를 주청(奏請)하고자 하였다.

진탕이 말하였다.

"국가(國家, 황제)와 공경(公卿)들이 의논하는데, 큰 정책은 보통사람
이 보는 것이 아니니, 일이 반드시 따르지 않을 것이오."

감연수는 오히려 미적거리며 들어주지 아니하였다.

마침 그가 오래 병들어서 진탕은 홀로 교제(矯制)[62]하여 성곽을 가
진 여러 나라의 병사들과 차사(車師)의 무기교위(戊己校尉)[63]가 거느
린 둔전하는 이사(吏士)들을 발동하였다. 감연수가 이 소식을 듣자 놀
라서 일어나 그것을 중지시키고자 하였다.

진탕이 화가 나서 칼을 어루만지며 감연수를 질책(叱責)하면서 말하
였다.

"대군이 이미 모아졌는데, 조그만 녀석이 많은 대군을 막으려고 하
다니!"

감연수가 드디어 그를 좇았다.

부대를 챙기고 진(陣)을 정렬하니, 한의 병사와 호병(胡兵, 흉노의 군
사)은 합하여 4만여 명이었다. 감연수와 진탕은 상소를 올려서 교제(矯
制)한 것을 스스로 탄핵하면서 군사 상황을 진술하고 그날로 군사를

---

62 황제의 명령을 고치는 것을 말한다.

63 무기교위는 차사에서 둔전하였다.

인솔하여 나누어 행진시키는데 6개의 교(校)[64]로 구별하였다. 그 가운데 세 명의 교(校)는 남쪽 길을 좇아서 총령(蔥嶺)을 넘어가서 대완을 거치고, 또 다른 세 명의 교는 도호(都護)가 스스로 거느리고 온숙국(溫宿國, 신강성 온숙)을 출발하여 북쪽 길을 좇아서 적곡(赤谷, 신강성 伊寧市)으로 들어가서 오손을 거치고 강거의 경계를 건너서 전지(闐池, 발하쉬 호)의 서쪽에 도착하였다.

그러나 강거의 부왕(副王)인 포전(抱闐)이 수천의 기병을 거느리고 적곡성(赤谷城)의 동쪽을 노략질하고 대곤미(大昆彌, 오손왕)의 1천여 명을 죽이고 축산을 몰아서 간 것이 아주 많았고, 뒤에서부터 한의 군사와 더불어 서로 따라잡아서 뒤에 따라 오던 치중(輜重)을 자못 노략질하였다.

진탕은 호병[흉노의 군사]을 풀어서 그들을 쳐서 460명을 죽이고 그들이 약취(略取)하였던 백성 470명을 빼앗아서 대곤미에게 돌려주고, 그 말과 소와 양을 군사들에게 제공하여 먹게 하였다. 또 포전의 귀인(貴人)인 이노독(伊奴毒)을 붙잡았다.

강거국의 동쪽 경계로 들어가서 군사들로 하여금 노략질을 못하게 하였다. 비밀리에 그들의 귀인인 도묵(屠墨)을 불러서 이를 보고 위엄과 신의를 가지고 타이르면서 더불어 술을 마시고 맹약을 하고 나서 그를 돌려보냈다. 지름길로 이끌고 가서 선우성(單于城)에서 60리 못 미친 지점에서 정지하고 진영을 구축하였다.

---

64 교(校)는 장교 즉 부대를 지휘하는 직위를 말하는데, 여기서는 교위이다. 6명의 교위는 양위교위(陽威校尉)·합기교위(合騎校尉)·백호교위(白虎校尉)를 신설하고, 부교위(副校尉)와 무교위(戊校尉) 그리고 기교위(己校尉)를 합하여 말한 것이다.

또다시 강거의 귀인인 구색(具色)의 아들인 개모(開牟)[65]를 잡아서 안내로 삼았다. 구색의 아들은 바로 도묵의 어머니의 동생인데 모두 선우에게 원한을 갖고 있으니 이로 말미암아서 질지의 사정을 전부 알고 있었다. 다음날 이끌고 가다가 성에 30리가량 못 미친 지점에서 정지하고 진영을 구축하였다.

선우가 사절을 보내서 물었다.

"한의 군사들이 어찌하여 왔습니까?"

응답하였다.

"선우께서 편지를 올려서 '고생스러운 곳에 살고 있어서 바라건대 강력한 한에 귀부하는 계책으로 자신이 입조(入朝)하여 알현하기를 원합니다.[66]'라고 하였으니, 천자께서는 선우가 큰 나라를 버리고 뜻을 굽히고 강거에 살고 있음을 애달프고 민망하게 여기니, 그러므로 도호(都護)장군[67]으로 하여금 와서 선우의 처자를 영접하게 하였습니다. 그러나 좌우에 있는 사람들이 놀라서 움직일까 걱정이 되었기 때문에 성 아래까지 감히 나아가지 아니하였습니다."

---

65 본문은 '복포득강거귀인구색자남개모이위도(復捕得康居貴人具色子男開牟以爲導)'라고 되어 있다. 여기에서 고유명사가 어디까지인지가 분명하지 않다. '구색자'를 고유명사로 볼 수 있고, 혹은 '구', 혹은 '구색', 혹은 '구색자남개모'로 보아도 문맥상 문제가 없다. 그러나 다음 문장에 '구색자'만 되어 있고 '남개모'는 생략되어 있으므로 여기서는 '구색'을 고유명사로 보고 해석하였다.

66 앞에서 인용된 질지 선우의 편지에는 자신이 직접 조회에 나온다는 말은 없었는데, 여기에는 이러한 말이 있었다고 하니, 어느 것이 맞는지 모르겠다. 다만 원정군이 이 말을 고의로 추가하여 이야기하였을 가능성도 있다.

67 이때에 감연수는 서역도호였는데, 군사를 거느리고 있으므로 장군이라고 호칭한 것이다.

사절이 자주 왕래하면서 서로 대답하고 보고하고 나서 감연수와 진탕이어서 그들을 나무라면서 말하였다.

"우리는 선우를 위하여 멀리서 왔는데, 오늘에 이르러서도 명왕(名王)과 대인이 장군을 보고 일을 받는 사람이 없으니 어찌하여 선우는 커다란 계획을 소홀히 하여 손님과 주인의 예의를 잃고 있단 말인가! 병사들은 왔고 길은 멀어 사람과 가축들이 피로가 극에 도달하였으며 식량도 또 다하니, 아마도 스스로 돌아갈 수 없을까 걱정이 되는데,[68] 바라건대 선우는 대신(大臣)들과 더불어 계책을 잘 살피기 바라오."

다음날 앞으로 나아가서 질지성의 도뢰수(都賴水)에까지 가서 성에서 3리 떨어져 머물러서 진영을 만들고 진을 쳤다. 선우성의 위를 바라보니 다섯 가지 색깔의 깃발을 세워 놓고 수백 명이 갑옷을 입고 성 위에 올라가 있었고, 또 100여 기병이 성을 나와서 성 아래를 달리며 왕래하고, 보병 100여 명도 문을 끼고 어린진(魚鱗陣)[69]을 치고서 용병(用兵)을 연습하고 있었다.

성 위에 있는 사람들이 다시 한의 군사를 부르며 말하였다.

"덤벼 오라!"

100여 기병이 진영으로 달려오니, 진영에서는 모두 노(弩, 강한 활)를 당겨서 그들을 가리키니, 기병은 이끌고 퇴각하였다. 자못 이사(吏士)들을 파견하여 성문에 있는 기병과 보병에게 활을 쏘니, 기병과 보병이 모두 들어갔다.

---

68 이 말은 원정군이 오래 있을 수 없다고 하여 질지 선우의 판단을 흐리게 한 것이다.

69 진의 한 종류이다. 갑옷을 만들 때 물고기 비늘이 겹치듯 만드는 것처럼 진을 칠 때도 물고기 비늘처럼 겹겹이 정렬하게 하는 것이다.

감연수와 진탕은 군사들에게 명령을 내렸다.

"북소리를 들으면 모두 성 아래로 가까이 가서 사방에서 성을 에워싸고 각기 지킬 곳에서 참호를 파고 문을 막고 방패를 앞세우고 창과 노(弩)를 가진 사람이 뒤에서 성루(城樓) 위에 있는 사람을 올려다보면서 사격을 하라."

성루에 있는 사람들이 아래로 도망가니 토성 밖에는 두 겹으로 된 나무성이 있었는데, 나무성에서 활을 쏘니 자못 밖에 있는 사람들을 죽고 다치게 하였다. 밖에 있는 사람들도 땔감으로 불을 붙여서 나무성을 태우고 밤중에 수백의 기병이 밖으로 나오려고 하자 이를 받아서 사격하여 죽였다.

애초에, 선우는 한의 군사들이 왔다는 소식을 듣고 도망하고자 하였으나 강거가 자기에게 원한을 품고 있어서 한을 위하여 내응(內應)할 것이라고 의심하였고, 또 오손의 여러 나라들 군사가 모두 발동되었다는 소식을 듣고 스스로 갈 곳이 없다고 생각하였다.

질지는 이미 나갔다가 다시 돌아와서 말하였다.

"굳게 지키느니만 못하다. 한의 병사들은 먼 길을 왔으니 오래 공격을 할 수 없다."

선우는 마침내 갑옷을 입고 성루 위에 있었고, 여러 연지(閼氏)[70]와 부인 수십 명도 모두 활로 밖에 있는 사람들을 쏘았다.

밖에 있는 사람이 활을 쏘아서 선우의 코를 명중시키고 여러 부인들도 자못 죽자 선우는 마침내 성에서 내려왔다. 밤이 되어 반쯤 지나서

---

70 선우의 처, 즉 왕후에 해당하는 사람이다. 호삼성 음주에서 '閼'은 '어언(於焉)의 번(翻)'이고, '氏'의 음은 '지(支)'라고 하였다.

나무성이 뚫리고, 안에 있던 사람들은 퇴각하여 토성(土城)으로 들어와서 성에 올라서 함성을 질렀다.

이때에 강거의 병사 1만여 기병이 나뉘어 10여 곳에서 사방으로 성을 에워싸고 또 그들과 더불어 서로 호응하였다.[71] 밤중에 자주 진영으로 달려갔으나 불리하여 번번이 퇴각하였다. 날이 밝자 사방에서 불이 났는데, 이사(吏士)들은 기뻐서 크게 소리치면서 이를 쫓는데 전고 치는 소리가 땅을 흔들었다. 강거의 병사들은 이끌려 퇴각하고 한의 병사들은 사방에서 방패를 들고서 나란히 토성으로 들어갔다.

선우의 남녀 100여 명이 대내(大內, 선우의 내실)로 뛰어 들어갔다. 한의 병사들은 불을 놓고 이사들이 다투어 들어갔는데, 선우는 상처를 입고 죽었다. 군후가승(軍候假丞)[72] 두훈(杜勳)이 선우의 머리를 베었다. 한의 사절 두 명과 곡길(谷吉) 등이 싸가지고 왔던 백서(帛書)를 찾았고, 여러 노획한 물건은 그것을 얻은 사람에게 주었다.

무릇 연지·태자·명왕(名王) 이하 1천518급(級)을 참수하였고, 산 채로 포로로 잡은 사람이 145명이고, 항복한 야만인들은 1천여 명이었는데, 성곽을 가진 여러 나라에서 군사를 발동한 15명의 왕에게 주었다.

---

71 한의 병사들은 안에 있는 질지의 군사와 밖에 있는 강거의 군사 사이에 끼어 있게 되었다.

72 한대의 군제를 보면 군에는 각부의 교위가 있고, 부(部) 아래에는 곡(曲)이 있으며, 곡에는 군후 1명이 있었다. 또한 도호에게는 부교위가 있었는데 질(秩)은 비이천석이었고, 승(丞) 1인과 후와 천인이 각 2명씩 있었다. 그러므로 두훈은 본래는 군후였고 임시로 승의 일을 맡았던 사람이다.

원제 건소 4년(丙戌, 기원전 35년)

1   봄, 정월에 질지의 머리가 경사(京師)에 이르렀다. 감연수와 진탕
이 상소를 올려 말하였다.

"신이 듣기에 천하의 대의(大義)는 마땅히 섞여서 하나가 되어야 한
다 하니, 옛날에는 당(唐)과 우(虞)가 있었고, 오늘날에는 강한 한(漢)
이 있습니다. 흉노의 호한야(呼韓邪) 선우[73]는 이미 북번(北藩, 북쪽의
울타리)이라 칭하였는데, 오직 질지(郅支) 선우만이 배반하고 거역하니
아직도 그의 죄를 굴복시키지 못하여서 대하(大夏)[74]의 서쪽은 강력한
한의 신하가 될 수 없다고 여겼습니다.

질지 선우는 백성들에게 참혹하고 혹독한 짓을 행하여 그 커다란 악
행이 하늘에까지 알려졌는데, 신(臣) 감연수와 신 진탕은 의로운 병사
를 이끌고 천주(天誅, 천자의 주살)를 실행하였는데, 폐하의 신령(神靈)
함에 의지하고 음과 양이 나란히 감응하며 하늘의 기운도 세세하고 밝
아서 진지를 함락시키고 적을 이겼으며, 질지의 머리와 명왕(名王) 이
하를 베어서 마땅히 고가(稾街)[75]에 있는 만이(蠻夷)의 저택 사이에다
머리를 걸어두어서 만 리에 보여 강력한 한을 침범하는 자는 비록 멀
리 있다고 하여도 반드시 주살한다는 것을 밝혔습니다."

승상 광형(匡衡) 등이 생각하였다.

---

73 흉노의 14대 선우이다.

74 수도는 남시성이고, 지금의 아프카니스탄의 쿤두스(kunduz)이다.

75 당시 수도 장안에 있던 시가의 이름이다. 이곳에는 외국의 사절이 묵는 여관
   이 모여 있었다.

"바야흐로 봄이어서 백골을 매장하고 덮어야 할 시기이므로 마땅히 걸어 놓지 말아야 한다."

조서를 내려서 열흘간 걸어 놓았다가 마침내 매장하고 이어서 천지와 종묘에 제사를 지내고 천하를 사면하였다. 여러 신하들이 축수(祝壽)를 올리고 술자리를 마련하였다.

2   6월 갑신일(5일)에 중산애왕(中山哀王)[76] 유경(劉竟)이 죽었다. 애왕이라는 사람은 황제의 어린 동생이며, 태자[77]와 더불어 놀고 공부하며 자랐다. 죽기에 이르자 태자는 앞에 가서 조문하였다. 황상이 태자를 바라보며 애왕을 생각하고 슬픔을 스스로 억제하지를 못하였다.

태자가 이미 그리하고서 앞에 이르렀는데 슬퍼하지 않으니 황상은 크게 한스러워하며 말하였다.

"어찌 사람이 인자하지 아니하여 종묘를 받들고 백성들의 부모가 될 수 있겠는가?"

이때에 부마(駙馬)도위인 시중(侍中) 사단(史丹)이 태자의 집을 호위하였는데, 황상이 사단을 책망하여 말하니, 사단이 모자를 벗고 사죄하며 말하였다.

"신은 진실로 폐하께서 중산왕을 애통해 하는 것을 알현하니, 손상되었다고 느끼기에 이르렀습니다. 좀 전에 태자가 나아가 알현하게 되어서 신이 가만히 경계하여 눈물을 흘려서 폐하의 마음을 상하게 하지 말라고 부탁하였으니, 죄는 이에 신에게 있으니 마땅히 죽어야 합니다."

---

76 중산국왕이며, 죽은 다음의 시호가 애왕이다.

77 원제의 뒤를 잇는 효성제(孝成帝) 유오(劉驁)이다.

황상은 그러할 것이라고 생각하고 마음이 마침내 풀어졌다.

3   남전(藍田, 섬서성 남전현)에서 지진이 나서 산이 무너져서 패수(霸水)[78]를 막았고, 안릉(安陵, 경제 유계의 능묘)의 언덕이 무너져서 경수(涇水)를 막아버리니, 경수가 거꾸로 흘렀다.

원제 건소 5년(丁亥, 기원전 34년)

1   봄, 3월에 천하를 사면하였다.

2   여름, 6월 경신일(17일)에 여원(戾園)[79]을 회복시켰다.

3   임신일 그믐에 일식이 있었다.

4   가을, 7월 경자일(28일)에 태상황(太上皇)[80]의 침묘원(寢廟園)과 원묘(原廟)[81]·소령후(昭靈后)·무애왕(武哀王)·소애후(昭哀后)·위사

---

78 남전에서 흐르기 시작하여 서북쪽으로 흘러가서 위수로 들어간다.

79 무제의 태자였다가 쫓겨난 여태자(戾太子)의 묘원을 말한다. 현재 황제인 원제의 증조부의 묘원인데, 7년 전인 원제 영광 4년(기원전 40년)에 철폐하였다.

80 유방의 아버지인 유집가(劉執嘉)를 말한다.

81 유방의 묘원은 원래 수도인 장안성 안에 있었는데, 혜제가 다시 위수의 북쪽 강안에 묘원을 만들어서 이를 원묘로 하였으며, 이 일은 혜제 4년(기원전 191년)에 있었다.

후(衛思后)[82]의 묘원(廟園)을 회복시켰다. 이때에 황상이 병환으로 누웠는데 오래 치유되지 않자 조종(祖宗)이 그를 견책하고 노하였다[83]고 생각하였으니, 그러므로 이를 모두 회복시킨 것이고, 다만 군국(郡國)에 있었던 사당만은 드디어 철폐한다고 하였다.

5 이 해에 제양왕(濟陽王) 유강(劉康)을 옮겨서 산양왕(山陽王)으로 삼았다.

6 흉노의 호한야 선우가 질지가 이미 주살되었다는 소식을 듣고, 한편으로 기뻐하였고, 또 두려워서 편지를 올려 들어와서 조현(朝見)하기를 원하였다.

원제 경녕 원년(戊子, 기원전 33년)

1 봄, 정월에 흉노의 호한야 선우[84]가 와서 조현하고 스스로 한씨(漢氏, 한의 황실)의 사위가 되어 친하게 되기를 원한다고 말하였다. 황제는 후궁 가운데 자(字)가 소군(昭君)인 양가자(良家子)[85] 왕장(王嬙)

---

82 소령후는 유방의 어머니이고, 무애왕은 유방의 형이며, 소애후는 유방의 누나이다.

83 영공 4년(기원전 40년)에 이들 묘원을 철폐하였다.

84 흉노의 14대 선우로, 이름은 난제계후산(欒提稽侯狦)이다.

85 한대의 후궁제도 가운데 양가자(良家子)라는 지위는 없다. 비슷한 명칭으로 15급인 상가인자(上家人子), 중가인자(中家人子)가 있고, 8급인 팔자(八子)와

을 선우에게 내려 주었다.

선우는 환영하고 즐거워하고 편지를 올려서 말하였다.

"바라건대 상곡(上谷, 하북성 懷來縣)의 서쪽에서부터 돈황(敦煌, 감숙성 돈황현)까지의 요새를 보호하면서 이를 무궁하게 전하겠습니다. 청컨대 변경에서 요새를 지키는 이졸(吏卒)들을 철수시키시어 천자의 인민들이 휴식하게 하여주십시오."

천자는 유사(有司)에게 내려 보내어 의논하게 하였더니 의논하는 사람들은 모두 편리할 것이라고 생각하였다.

낭중(郎中) 후응(侯應)은 변방의 사정을 익히 아는 사람이어서 허가할 수 없다고 생각하였다. 황상이 그 상황을 물으니, 후응이 말하였다.

"주(周)와 진(秦) 이래로 흉노들은 포악하고 사나워서 변경을 침략하였는데, 한(漢)이 일어나서도 더욱 그 해를 입었습니다. 신이 듣건대 북변의 요새(要塞)는 요동(遼東)에 이르고, 밖에는 음산(陰山)이 있어서 동서로 1천여 리[86]인데, 초목이 무성하고 금수(禽獸)들이 많으니 본래 묵돌(冒頓) 선우[87]가 그 속의 험한 곳에 의거하면서 활과 화살을

9급인 칠자(七子)가 있다. 왕소군이 이러한 지위에 있었다는 말인지는 분명하지 않다. 이러한 비빈의 직위를 갖지 않은 궁녀일 가능성도 있으나, 흉노의 선우라는 점에서 너무 격이 맞지 않는다. 그렇지 않으면 후궁 가운데 왕소군은 양가 출신이라는 의미로도 볼 수 있다. 양가자를 양가 출신의 자녀, 혹은 깨끗한 집안의 자녀, 혹은 일정한 자산을 가지고 정당한 사업을 하는 집안의 자녀로 해석한다. 이 경우는 처녀로 보는 사람도 있다.

86 요동은 요양성 요양현이고, 음산은 하투의 북쪽에 있는 음산산맥을 말한다. 이 두 지역 간의 거리는 직선으로 1천400km이다. 여기서는 멀다는 표현으로 볼 수 있다.

87 흉노의 2대 선우로 이름은 난제묵돌(欒提冒頓)이다.

만들어 가지고 와서 침략을 하니 이곳은 그들의 놀이동산입니다.

효무제(孝武帝)시대에 이르러서 군사를 내어 정벌을 하고 이 땅을 개척하여 빼앗고 그들을 사막의 북쪽으로 물리쳤고, 새요(塞徼)를 세우고 정수(亭隧)를 만들고 외성(外城)[88]을 쌓고 주둔하며 둔수(屯戍)를 세워서 이를 지키고 그런 다음에 변경은 다소 편안하게 될 수 있었습니다.

사막 북쪽은 땅이 평평하고 풀과 나무가 적으며 대부분 사막이어서 흉노가 와서 노략질하는데도 가리고 숨을 곳이 적은데, 요새 남쪽에서부터는 깊은 산골짜기를 거치니 왕래하기가 좀 어렵습니다. 변방의 장노(長老)들은 말하였습니다. '흉노가 음산(陰山)을 잃은 다음에 이곳을 지나면서 일찍이 곡(哭)을 하지 않는 사람이 없었다.' 만약에 요새를 지키는 이졸(吏卒)들을 철수한다면 이는 이적(夷狄)에게 커다란 이익을 보이는 것이니, 안 되는 첫 번째입니다.

지금은 성스러운 덕으로 널리 덮어주는 것이 하늘이 흉노를 덮어주는 것 같으니 흉노는 온전히 살길을 찾은 은혜를 입었으므로 머리를 조아리고 와서 신하가 되었습니다. 무릇 이적(夷狄)들의 성정(性情)은 곤란하면 낮추어 순종하고 강하면 교만하여 거스르는데, 천성이 그러합니다. 전에 이미 외성(外城)을 철폐하고 정수(亭隧)를 줄여서[89] 겨우 살피고 망을 보기에 충분하여 봉화로 연락할 뿐입니다. 옛날 사람들은 편안하면서 위태로워질 것을 잊지 않았으니, 철폐할 수 없는 두 번째입니다.

중국에는 예의(禮儀)를 가르치고 형벌로 주살하는 것이 있어도 어리

---

88 새요(塞徼)는 요새 지역을 순찰하는 것이며, 정수(亭隧)는 변새의 군사지휘관이 있는 곳에 쌓아놓은 보루이며, 외성(外城)은 수항성(受降城)을 말하고, 둔수(屯戍)는 고정적으로 주둔하며 지키는 방어시설을 말한다.

89 선제 지절 2년(기원전 68년)의 일이다.

석은 백성들은 오히려 금법을 범하고 있는데, 또 하물며 선우가 능히 반드시 그 무리들의 약속을 범하지 않게 할 수 있겠습니까? 세 번째입니다.

중국에서부터 오히려 관문(關門)과 진량(津梁)을 설치하여 제후들을 통제하였으니 그러므로 신하들의 분수에 맞지 않는 바램을 끊어버리었습니다. 요새를 설치하고 둔수(屯戍)를 두는 것이 흉노 때문만은 아니고, 역시 여러 속국의 항복한 백성들 때문이기도 한데, 본래 옛날의 흉노 사람이었으므로 그들이 옛날을 생각하고 도망할까 걱정되니, 네 번째입니다.

가까이 있는 서강(西羌)의 보새(保塞)에서는 한인(漢人)들과 왕래를 하니, 이민(吏民)들이 이익을 탐하여 그들의 축산물과 처자(妻子)를 침탈하여 훔치는데, 이로서 원망하고 한스러워하여 일어나서 배반합니다. 지금 요새를 지키는 일을 철폐하면 업신여기는 마음이 생겨 분쟁이 점차로 늘어날 것이니, 다섯 번째입니다.

과거에 군대에 나갔던 사람들 가운데 없어져서 돌아오지 않은 사람이 많은데 자손들은 가난하고 어려워서 어느 날 도망하여 나가서 그들의 친척을 좇게 되니, 여섯 번째입니다.

또 변방에 사는 사람들 가운데 노복과 노비는 근심하고 고생하여서 도망하고자 하는 사람이 많아서 말하였습니다. '흉노들 속에는 즐겁다는 소문이 들리지만 기다리고 바라보는 것이 급하니 어찌할 수 없구나!'[90] 그러나 때때로 도망하여 요새를 나가는 사람이 있으니, 일곱 번째입니다.

---

90 한의 경비가 엄격하여 틈을 보이지 않아서 어쩔 수 없이 도망하지 못한다는 뜻이다.

도적질하고 사나운 사람들은 떼 지어 범법하는데, 그들이 군색하고 급해지면 북쪽으로 도망하여 나가서 통제할 수가 없으니, 여덟 번째입니다.

요새를 만든 후로 100여 년[91]이 되었는데 요새는 모두 흙 담장으로 만든 것이 아니고, 혹 산의 바위·돌·나무·계곡·수문(水門)을 이용하여 조금씩 이를 평평하게 하고, 졸병과 형도(刑徒)들이 쌓았으니, 공력과 비용은 오래되어 다 계산할 수가 없습니다.

신은 의논하는 사람들이 그 처음부터 끝까지를 깊이 생각하지 아니하고 일시적으로 요역(徭役)과 수(戍)자리 서는 일을 생략하고 싶어 한 것일까 걱정이니, 10년이 지나고 100년 안에 갑자기 다른 변고가 있게 되면 정장과 요새는 파괴되고, 정수는 없어지고 끊겨져서 마땅히 다시 주둔할 병졸을 징발하여 수리하여야 하는데, 여러 해 동안 쌓아 왔던 공력을 갑자기 복구시킬 수는 없으니, 아홉 번째입니다.

만약에 수(戍)자리를 서는 병졸을 철폐하고 망보는 것을 줄이면 선우는 스스로 요새를 보호하고 방어하여 지키면서 반드시 깊이 한에 은덕을 베풀었다고 생각하여 요구하는 것이 끊이지 않을 것이고, 그들의 뜻에 조금이라도 잃게 되면 예측할 수가 없습니다. 이적의 틈새를 만들어 주어서 중국의 견고함을 훼손시키니, 열 번째입니다.

영구하게 지극히 편안함을 유지하고 많은 만이족(蠻夷族)을 통제하기 위한 좋은 계책이 아닙니다."

상주문을 마주하고 나서 천자는 조서를 내려서 말하였다.

"변새를 철수하는 일을 의논하지 마라."

---

91 요새는 무제 때부터 시작하였으므로 이때까지는 100여 년이다.

거기장군 허가(許嘉)로 하여금 입으로 선우를 말로 타이르게 하여 말하였다.

"선우가 편지를 올려서 북쪽 요새의 이사(吏士)들이 주둔하면서 수자리 서는 것을 철폐하기를 원하고 자손들이 대대로 요새를 보호하겠다고 하였다. 선우가 예의를 흠모하고 백성들을 위한 계책이 아주 두텁기 때문에 이는 장구한 계책이다.

짐(朕)은 이를 아주 가상하게 생각하노라! 중국의 사방에는 모두 관문(關門)·진량(津梁)·정장(亭鄣)·요새가 있는데, 요새 밖을 대비하는 것일 뿐만 아니라 또한 중국의 간사하고 방종한 사람들이 나아가 노략질하고 해치는 것을 막는 것이니, 그러므로 법도를 밝혀서 많은 사람의 마음을 오로지하게 하려는 것이다.

선우의 뜻을 공경하면서 알았으며 짐은 아무런 의심도 없다. 선우가 철폐하지 않는 것을 이상히 생각할 것 같으니, 그러므로 허가로 하여금 선우에게 알리는 것이오."

선우가 감사하며 말하였다.

"어리석은 제가 크신 계책을 알지 못하였는데, 천자께서 다행히 대신으로 하여금 알려 주시는 말을 하시니 아주 후하게 대우하셨습니다."

애초에, 좌이자질(左伊秩訾)이 호한야(呼韓邪) 선우를 위하여 계획을 세워서 한에 귀부하여 끝내는 안정되었다.[92] 그 후에 어떤 사람이 이질자는 스스로 그 공로를 갖고 자랑하며 항상 불만을 가졌다고 참소하니, 호한호 선우가 그를 의심하였는데, 이질자는 죽임을 당할까 두려

---

92 이 사실은 선제 감로 원년(기원전 53년)에 있었고, 그 내용은 《자치통감》 권 27에 실려 있다.

워서 그의 무리 1천여 명을 거느리고 한에 항복하여 한에서는 관내후(關內侯)로 삼고, 식읍(食邑)을 300호로 하였으며, 그 왕의 인수(印綬)를 차게 하였다.

호한야 선우가 와서 조현하게 되어 이질자와 만나보고, 사과하며 말하였다.

"왕께서 나를 위하여 계책을 세운 것이 매우 두터워서 흉노로 하여금 오늘날에 이르러서 안녕하게 된 것은 왕의 힘인데, 그 은덕을 어찌 잊겠습니까? 나는 왕의 뜻을 잃어버려서 왕으로 하여금 떠나게 하고 다시 머무를 생각을 아니하게 하였으니, 모두 나의 허물이오. 지금 천자에게 이야기하여 왕을 청하여 우리 조정으로 돌아오게 하고 싶습니다."

이질자가 말하였다.

"선우(單于)께서는 천명에 의지하여 스스로 한에 귀부하여서 안녕을 얻었으니, 선우의 신령함이며 천자의 도움이었지 내가 어찌 힘을 썼습니까? 이미 한에 항복을 하였고 또 다시 흉노로 복귀한다면 이는 마음을 둘로 가진 것입니다. 바라건대 선우를 위하여 한에서 사절이 모시고자 하니 감히 명령을 듣지 못하겠습니다."

선우는 굳게 청하였지만 얻어낼 수 없었고 돌아갔다.

선우는 왕소군에게 호칭을 붙여서 녕호연지(寧胡閼氏)[93]라 하고, 한 사내아이 이도지아사(伊屠智牙師)를 낳아서 우일축왕(右日逐王)으로 삼았다.

---

93 녕호란 호족 즉 흉노에 안녕을 가져왔다는 의미이며, 연지는 흉노 왕의 정부인을 말한다.

감연수를 위해 상소한 유향과 원제의 죽음

2 황태자가 관례(冠禮)⁹⁴를 치렀다.

3 2월에 어사대부 이연수(李延壽)가 죽었다.

4 애초에, 석현이 풍봉세(馮奉世)의 부자(父子)가 공경(公卿)으로 저명하였고 그의 딸도 또 소의(昭儀)가 되어 궁궐 안에 있는 것을 보았는데, 석현은 마음으로 그에게 붙으려고 하여 추천하여 말하였다.

"소의의 오빠인 알자(謁者) 풍준(馮逡)은 수양을 쌓아 단정하니 마땅히 악유(幄帷)⁹⁵에서 시중들게 하십시오."

천자가 그를 불러서 보고 시중(侍中)으로 삼으려고 하였다.

풍준이 틈을 내달라고 청하여 사실을 말하였다. 황상은 풍준이 석현이 권력을 오로지하고 있다고 말하는 것을 듣고 크게 화가 나서 풍준

---

94 이 해에 태자 유오(劉驁)의 나이가 스무 살이 되어서 관례를 치렀다.

95 보통 말로는 장막·휘장이라는 뜻이지만 대체적으로 황제의 중요한 거처를 말하는데, 유악이라고 하는 경우가 많다.

을 파출하여 낭관(郞官)으로 복귀시켰다. 어사대부가 결원이 되자 자리에 있는 많은 사람들이 대부분 풍준의 형인 대홍려(大鴻臚)[96] 풍야왕(馮野王)을 천거하였는데, 황상은 상서로 하여금 중이천석을 차례에 따라서 선발하려고 하니, 풍야왕의 품행과 능력이 첫째였다.

황상이 석현에게 물으니, 석현이 말하였다.

"9경 가운데 풍야왕을 뛰어넘을 사람이 없지만 그러나 풍야왕은 가깝기가 풍소의의 오빠이니, 신은 후세에 반드시 폐하께서 여러 현명한 사람을 지나치게 뛰어넘은 것으로 후궁의 친가를 사사롭게 삼공으로 삼았다고 할까 걱정입니다."

황상이 말하였다.

"좋은 말이오. 나는 그 점을 보지 못하였소."

이어서 여러 신하들에게 말하였다.

"나는 풍야왕을 채용하여 삼공으로 삼으려고 하였으나, 후세에 반드시 내가 후궁의 친속을 사사롭게 임용하였다고 말하면서 풍야왕을 예로 들 것이오."

3월 병인일[97]에 조서로 말하였다.

"강직하고 강하고 굳으며 확실히 욕심이 없는 사람은 대홍려 풍야왕이다. 마음으로 구별할 줄 알고 명령을 잘 준수하며, 사방을 부릴 수 있는 사람은 소부(少府) 오록충종, 이 사람이다. 염치가 있고 깨끗하며 절약하고 검소한 사람은 태자소부(太子少傅) 장담(張譚), 이 사람이다. 그래서 소부를 어사대부로 삼는다."[98]

---

96 번속에 관한 일을 맡아보는 직위이다.

97 3월 1일은 경오이므로 3월에는 병인일이 없다.

5   하남(河南, 낙양시) 태수인 구강(九江, 안휘성 壽縣) 사람 소신신(召
信臣)이 소부(少府)가 되었다. 소신신은 먼저 남양(南陽, 하남성 남양현)
태수였는데, 뒤에 하남으로 옮겨가서 치적과 행적에서 늘 첫째였다.

백성들을 자식처럼 보았고, 백성들을 위하여 이익 되는 일을 일으키
기를 좋아하며, 몸소 농사짓기를 권고하고 관개용 도랑을 개통시켜서
호구가 배로 늘었다. 이민(吏民)들이 모두 가까이 하고 아껴주며 '소부
(召父)'라고 호칭하였다.

6   계묘일[99]에 효혜황제(孝惠皇帝)의 침묘원(寢廟園)과 효문태후
(孝文太后)와 효소태후(孝昭太后)[100]의 침원(寢園)을 복구시켰다.

7   애초에, 중서령 석현은 일찍이 누이를 감연수에게 처로 삼게 하려
고 하였으나 감연수가 받지 않았다. 질지를 격파하고 돌아오게 되자 승
상과 어사가 또한 그가 교제(矯制)한 것을 싫어하여 모두 감연수 등과
더불어 어울리지 아니하였다. 진탕은 평소에 탐욕스러워서 노획한 재
물을 요새에 넣고 법(法, 군법)대로 하지 않은 것이 많았다. 사예(司隷)
교위가 오는 길에 편지를 보내서[101] 이사(吏士)들을 가두고 이를 조사

---

98 두 번째 후보자가 오록충정인데 이를 제치고 장담을 어사대부로 임명한 것은
   원제가 오록충정이 석현의 패거리라는 것을 알았기 때문이었다.

99 3월 1일이 경오일이므로 3월에는 계묘일이 없다. 다만 다른 판본에는 계묘가
   계미로 되어 있는 것도 있는데, 계미일이라면 이날은 14일이다.

100 혜제는 2대 황제이고, 효문태후는 박태후(薄太后)이고, 효소태후는 무제의
   구과부인(鉤弋夫人) 조첩여(趙婕妤)인데, 혜제묘는 영광 5년(기원전 39년)에
   나머지는 건소 원년(기원전 38년)에 철폐하였었다.

하였다.

진탕이 상소를 올려서 말하였다.

"신이 이사(吏士)들과 함께 질지 선우를 주살하는데, 다행히 사로잡고 섬멸하여 만 리 밖에서 군사를 떨쳤으니 마땅히 사자(使者)가 도로에서 영접하고 위로함이 있어야 할 것입니다. 지금 사예교위가 도리어 거꾸로 잡아 들여서 조사를 하고 있으니, 이것은 질지 선우를 위하여 원수를 갚는 것입니다."

황상은 즉각 이사(吏士)를 내보내고 현(縣)과 도(道)[102]로 하여금 술과 밥을 가지고 지나가는 군사들에게 주게 하였다.

이미 도착하고서 공로를 평가하는데, 석현과 광형은 생각하였다.

"감연수와 진탕은 멋대로 군사를 일으키고 교제(矯制)하였으니 주살되지 않는 것도 다행인데, 만약 그 위에 작위와 봉토를 덧붙여 준다면 뒤에 사명(使命)을 받든 사람이 다투어 위기를 틈타서 요행을 얻으려고 할 것이고, 만이(蠻夷)들에게서 일을 일으키면 나라에 어려운 일을 초래할 것입니다."

황제는 속으로 감연수와 진탕의 공로를 가상하게 생각하였으나 광형과 석현이 논의한 것을 거듭 어기기가 어려워서 이를 오래 결정하지 아니하였다.

옛날의 종정(宗正)이었던 유향(劉向)[103]이 상소하였다.

---

101 사예교위는 경기 지역 위수사령관에 해당하는 직책으로 범법자를 다스리는 직책이므로 장탕의 군대가 지나가는 길에 있는 군과 현에 서류를 보내어 도중에라도 이 문제를 처리하게 한 것이다.

102 한나라 제도에 현(縣)에 만이(蠻夷)들이 있게 되면 현이라고 하지 않고 도(道)라고 하였는데, 규모는 현급(縣級)이다.

"질지 선우는 사자(使者)와 이사(吏士)를 가두어 죽인 것이 100명을 헤아리고 있는데, 사건은 외국에서 갑자기 드러나게 되어 위엄을 상하게 하고 중대함을 헐었으니 여러 신하들이 모두 민망해 하였습니다. 폐하께서는 분명히 그들을 주살하고 싶었고, 그 뜻을 일찍이 잊은 적이 아직 없었습니다.

서역도호 감연수와 부교위 진탕이 성스러운 가리킴을 이어받고 신령에 의지하여 많은 만족(蠻族)들의 군왕을 합치고, 성곽에 있는 병사를 지휘하여 백 번 죽을 고비를 넘기며 두절된 지역으로 들어갔고, 드디어 강거를 짓밟고 세 겹으로 둘러싸인 성[104]을 도륙하고 흡후(歙侯)[105]의 깃발을 뽑고 질지의 머리를 잘라서 만리 밖[장안에서]에 걸어두어서 곤륜산의 서쪽에 위엄을 드날리어, 곡길(谷吉)[106]의 수치를 씻고, 뚜렷하고 분명한 공로를 세워서 모든 이적들이 두려워 엎드리고 무서워 떨지 않는 자가 없습니다.

호한야 선우는 질지가 주살된 것을 보고 한편으로 기뻐하고 또 한편으로 두려워하면서 풍문을 듣고 의(義)를 향하여 달려와서 머리를 조아리고 손님으로 와서 북쪽의 번속들을 지키고 대대로 신하로 불리기를 원하였습니다. 천년의 공로를 세운 것이고 만세의 평안함을 세웠으

---

103 원제가 즉위하였던 초기에 유향은 종정이었다. 유향의 본 이름은 경생(更生)이었는데, 이때에는 향(向)으로 고쳤다.

104 질지성은 나무성이 2중으로 되어 있고 그 안에 토성이 있었으므로 3중성이 된다.

105 강거국의 원수(元帥)를 말한다.

106 곡길이 질지에게 살해되었던 것은 초원 5년(기원전 44년)이고, 이 내용은《자치통감》권28에 실려 있다.

니 여러 신하들의 공훈 가운데 더 큰 것은 없습니다.

옛날에 주(周)의 대부인 방숙(方叔)과 윤길보(尹吉甫)가 선왕(宣王)을 위하여 염윤(獫狁, 흉노의 전신)을 주살하자 수많은 만족(蠻族)들이 좇았는데, 그《시(詩)》에서 말하였습니다. '많고 많으며, 성대하고 성대하다. 마치 뇌정(雷霆) 같구나. 뛰어난 방숙이 염윤을 정벌하니 만형(蠻荊)들이 위엄을 두려워하여 달려왔다.'[107]《역(易)》에서도 말하였습니다. '적의 머리를 자른 것을 칭찬하니 비적(匪賊)의 무리들을 얻게 된 것이다.'[108] 으뜸가는 악한 사람을 주살한 것을 찬양하고, 여러 순종하지 않던 자들이 모두 와서 좇았다는 것을 말하는 것입니다.

지금 감연수와 진탕이 주살한 바의 떨침은 비록《역》에서 머리를 자른 것이나,《시》에서 뇌정(雷霆)이라는 것으로도 미칠 수는 없습니다. 큰 공로를 세운 사람을 논하면서는 작은 과실을 기록하지 않으며, 크게 아름다운 사람을 드러내면서 아주 작은 흠을 흠잡지 않는 것입니다.

《사마법(司馬法, 병법)》에서는 말하였습니다. '군사적인 상은 한 달을 넘기지 않는다.' 백성들이 선한 일을 하여 얻는 이익을 빨리 얻게 하려는 것입니다. 대개 무공을 급히 처리하는 것에서는 사람을 채용하는 것을 중히 여기는 것입니다.

윤길보가 돌아오자 주에서는 그에게 후하게 하사하였으니, 그《시》에서 말하였습니다. '윤길보를 위하여 기쁜 연회를 열고 이미 많은 축복을 받았다. 호(鎬)에서부터 돌아오는 길인데 내가 가는 길이 멀고 오래 걸리는구나.'[109] 천 리 밖에 있는 호(鎬)[110]도 멀리 떨어져 있다고 생

107《시경》〈소아(小雅)〉 채기(采芑)에 나오는 시이다.

108《주역》〈이괘(離卦)〉의 상구(上九)의 효사이다.

각하였는데, 하물며 만 리 밖이었으니, 그가 수고한 것이 아주 지극한 것입니다.

감연수와 진탕은 이미 아직 복을 받는 보답을 얻지 못하였는데, 오히려 그들이 생명을 던져서 세운 공로를 접고 오랫동안 도필(刀筆) 앞에서 좌절하였으니, 이는 공로를 세우라고 격려하고 병사를 권장하는 것이 아닙니다. 옛날에 제(齊)의 환공(桓公)은 전에 주(周)를 존중한 공로가 있고 뒤에 항(項)을 멸망시킨 죄[111]가 있었으나 군자들은 공로를 가지고 그의 허물을 덮어서 그를 위하여 꺼렸습니다.

이사(貳師)장군 이광리(李廣利)는 5만 명의 군사를 잃고 억만(億萬)의 비용을 소모하고 4년간의 수고를 거쳐서 겨우 준마(駿馬) 30필을 얻었으며, 비록 완왕(宛王) 모과(母寡)의 머리를 잘랐으나 오히려 그 사용된 비용을 회복시키는 데는 부족하였고 그의 사사로운 죄악도 아주 많았지만, 효무황제는 만 리를 가서 정벌한 것으로 여겨서 그의 허물을 기록하지 아니하고 드디어 두 명의 후작(侯爵)과 세 명의 경(卿)을 책봉하였으며 이천석은 100여 명이었습니다.[112]

지금 강거의 나라는 대완보다 강하며, 질지의 이름도 완왕(宛王)보다는 무겁고, 사자(使者)를 죽인 죄는 말을 머물게 한 것보다 심한데, 감연수와 진탕은 한의 병사들을 번거롭게 하지 아니하고 한 말의 곡식

---

109 《시경》〈소아〉 육월의 시이다.

110 어느 곳인지 정확하지 않다. 다만 호경(鎬京)의 호는 아니다. 주(周)의 북방에 있었을 것이므로 섬서성 북부일 것이다.

111 항은 하남성 항성현에 있었는데, 기원전 643년에 제(齊)가 멸망시켰다.

112 이 사건은 무제 태초 3~4년(기원전 101년~기원전 102년)에 있었고, 그 내용은 《자치통감》 권21에 실려 있다.

도 소비하지 않았으니, 이사에 비하여 그 공덕이 백배입니다.

또한 상혜(常惠)는 하고 싶다는 생각에 따라서 오손(烏孫)을 공격하였으며, 정길(鄭吉)은 스스로 온 일축왕(日逐王)을 받아들였는데,[113] 오히려 모두 땅을 나누어 작위를 받았습니다. 그러므로 위엄 있는 무력과 부지런함과 수고로움은 방숙과 윤길보다 크다고 말하는 것이며, 공로를 늘어놓아 허물을 덮는다면 제 환공과 이사장군보다 우월하고, 근래의 일한 공로는 안원후(安遠侯)와 장라후(長羅侯)[114]보다 높은데, 큰 공로는 아직 드러내지 않고 작은 잘못만 자주 퍼지니 신은 가만히 이를 통탄합니다.

마땅히 때맞추어 걸려 있는 죄목을 풀고 그들의 명적(名籍)을 회복시키시며[115] 허물을 없애서 다스리지 말고 그 작위를 높여서 공로를 세우는 사람이 있도록 권고하십시오.”

이에 천자는 조서를 내려서 감연수와 장탕의 죄를 사(赦)해 주고 다스리지도 말며 공경들로 하여금 책봉할 것을 의논하게 하였다. 의논하는 사람들은 마땅히 군법에 나오는 ‘선우를 체포하여 참하라’[116] 하는 군령처럼 처리해야 한다고 생각하였다.

---

113 상혜의 일은 선제 본시 3년(기원전 71년)에 있었고, 그 내용은 《자치통감》 권 24에 있다. 정길의 일은 선제 신작 2년(기원전 60년)에 있었고, 그 내용은 《자치통감》 권26에 실려 있다.

114 정길은 안원후가 되었고, 상혜는 장라후가 되었다.

115 관직을 맡을 수 있는 신분이 되는 것이다.

116 한의 군령(軍令)으로 보이지만 그 내용이 어떤 것인지는 분명하지 않다. 다만 전후의 사정으로 보아 선우를 체포하여 참수하면 많은 상을 하사하도록 되어 있을 것으로 보인다.

광형과 석현은 생각하였다.

"질지는 본래 망명하고 도망하여 나라를 잃었는데, 동떨어진 지역에서 선우라는 이름을 도적질하여 사용한 것이니, 진짜 선우가 아니다."

황제는 안원후 정길의 고사(故事)를 채택하여 천호(千戶)에 책봉하였는데, 광형과 석현이 다시 다투었다.

여름, 4월 무진일(30일)에 감연수를 책봉하여 의성후(義成侯)로 하고, 진탕에게 관내후(關內侯)로 작위를 하사하며, 식읍은 각기 300호씩으로 하고 덧붙여 황금 100근씩을 내려 주었다. 감연수에게 벼슬을 주어 장수(長水)교위로 하고, 진탕은 사성(射聲)교위가 되었다.

이에 두흠(杜欽)이 상소를 올려서 풍봉세(馮奉世)가 전에 사차(莎車)를 격파한 공로[117]를 추가로 말하였다. 황상은 먼저 돌아가신 황제 때의 일이라고 하여 다시 기록하지 않았다. 두흠은 옛날 어사대부였던 두연년(杜延年)의 아들이다.

❖ 순열(荀悅)이 평론하였습니다.

"진실로 그의 공로와 의(義)가 충분히 봉작(封爵)할 만하면 전의 일을 추가로 기록하는 것이 옳다. 《춘추》의 대의(大義)는 천대(泉臺)를 훼손하였다면 이를 싫어하였고, 중군(中軍)을 버렸다면 그것을 선(善)이라 하였던 것[118]은 각기 그 마땅함으로 말미암은 것

---

117 이 사건은 선제 원강 원년(기원전 65년)의 일이고, 이 내용은 《자치통감》 권25에 보인다.

118 《춘추공양전》 문공 16년조에 실려 있는 내용이다. 어찌하여 이를 기록하였는가? 꺼린 것이다. 어찌하여 꺼렸는가? 선조가 이것을 만들고, 자기가 이를 허

이다.

무릇 교제(矯制)의 일은 선왕(先王)들이 신중하게 처리한 것이며 부득이하여 이를 시행하였다. 만약에 고친 것은 큰데 세운 공로가 작다면 그에게 죄를 주어도 좋을 것이다. 고친 것이 적은데 공로를 세운 것이 크다면 그에게 상을 주는 것이 옳고, 공로와 허물이 서로 비슷하면 이처럼 그쳐도 좋다. 그 경중을 달아보아서 이를 처리하는 것이 마땅할 것이다."

8   애초에, 태자(太子, 劉驁)는 어려서 경서(經書)를 좋아하여 도량이 넓고 삼가며 신중하였는데, 그 후에 술을 마시게 되어 연회의 즐거움을 즐기니, 황상은 능력이 있다고 여기지 아니하였다. 그러나 산양왕(山陽王) 유강(劉康)은 재예(才藝)가 있었고, 어머니 부소의(傅昭儀) 또한 아낌을 받아 자주 찾았는데, 황상은 이러한 이유로 늘 속으로 산양왕을 후사로 삼으려고 하였다.

황상이 만년에 병이 많아서 정사를 가까이 하지 아니하고 음악을 좋아하는데 뜻을 두었는데, 혹 전(殿) 아래에 비고(鼙鼓)를 설치하여 놓고 천자가 스스로 난간에 와서 기대어서 구리구슬을 내려서 북을 쳤고, 그 소리 속에는 장엄한 북소리의 마디가 있었다. 후궁과 좌우에 있는 사람들 가운데 음악을 익혀 아는 사람들도 할 수가 없었지만 산양왕은 역시 이를 할 수 있어서 황상은 자주 그의 재주를 칭찬하였다.

사단(史丹)이 나아가서 말하였다.

물었으니, 살지 않는 것 같지 않을 뿐이다. 5년에 중군을 버렸다. 중군을 버린 것은 왜인가? 복고(復古)이다.

"무릇 재주라고 하는 것은 민첩하고 배우기를 좋아하여 옛것을 두터이 하여서 새로운 것을 아는 것이니, 황태자가 바로 이러한 사람입니다. 만약에 마침내 줄이나 대나무, 북 사이에 있는 기인(器人)이라면 진혜(陳惠)와 이미(李微)[119]의 재주가 광형보다 높으니 상국(相國)을 시킬 만합니다."

이에 황상이 잠자코 있다가 웃었다.

황상이 병으로 눕게 되자 부소의와 산양왕 유강이 늘 좌우에 있었으나 황후와 태자는 나아가서 알현하는 기회가 드물었다. 황상의 병세가 점차 심해지자 생각이 허전하여 평정을 잃어서 자주 상서(尙書)에게 경제(景帝) 때에 교동왕(膠東王)을 세웠던 옛날 일[120]을 물어 보았다. 이때에 태자의 큰외삼촌인 양평후(陽平侯) 왕봉(王鳳)은 위위(衛尉)·시중이었는데, 황후와 태자와 더불어 모두 걱정을 하였지만 벗어날 방법을 알지 못하였다.

사단은 친밀한 신하로서 황제를 모시면서 병을 살필 수가 있었는데,[121] 황상이 홀로 침상에 있는 틈을 기다렸다가 사단이 곧바로 침실로 들어가서 머리를 조아리고 청포(靑蒲)[122] 위에 엎드려 눈물을 흘리

---

119 줄은 현악기를 말하고, 대나무는 관악기를 말하고, 기인(器人)이란 악기를 다루는 사람을 말하며, 진혜(陳惠)와 이미(李微) 두 사람은 황문에서 북을 치고 나팔을 불던 음악을 좋아하는 사람이었다.

120 이 일은《자치통감》권16 경제 전6년(기원전 150년)에 나오는데, 이때에 태자인 유영(劉榮)을 파출하고 유철(劉徹)을 황태자로 세웠다. 유철은 무제이다.

121 사단은 황친일 뿐만 아니라 원제가 즉위할 때의 탁고대신(托孤大臣)이기도 하다.

122 황제가 잠자는 곳에는 푸른색의 자리가 있다. 이것을 청포라고 하는데, 황후만이 그곳에 올라갈 수가 있었다.

며 말하였다.

"황태자는 적장자로서 세워져서 이미 10여 년이 지났고, 이름은 백성들에게 이어져서 천하에서는 마음을 돌려 신하가 되려고 하지 않는 사람이 없습니다. 산양왕을 보면 평소에 아끼고 자주 찾으니, 지금 거리에는 흘러 다니는 말이 있는데, 나라를 위하여 뜻이 생겨서 태자에게 동요하는 논의가 있다고 여기고 있습니다. 이와 같은 것을 살펴보건대 공경(公卿) 이하의 사람들은 반드시 죽음으로써 다투고 조서를 받들지 아니할 것입니다. 신이 바라건대 먼저 죽음을 내려 주셔서 여러 신하들에게 보여주십시오."

천자는 평소에 인자하여 사단이 눈물을 흘리는 것을 차마 보지 못하고, 말하는 것도 간절하여 속으로 커다란 깨달음을 느껴서 장탄식을 하면서 말하였다.

"내가 날로 어려워지고 약해지는데, 태자와 두 왕은 아직도 어려 마음속에 연연(戀戀)하니 또한 어찌 생각하지 않겠는가! 그러나 이러한 의논을 한 일이 없소. 또 황후도 삼가고 신중하며, 먼저 돌아가신 황제께서도 태자를 아끼셨는데,¹²³ 내가 어찌 그 가리킴을 어기겠는가? 부마도위는 어떻게 이러한 말을 들었소?"

사단이 바로 물러나서 머리를 조아리며 말하였다.

"어리석은 신이 망령되게 소문을 들었으니, 그 죄는 마땅히 죽어야 합니다."

황상이 이어서 받아들이고 사단에게 말하였다.

"나의 병세가 점차 더해가서 아마도 스스로 돌아올 수 없으니 태자

---

123 선제 감로 3년(기원전 51년)에 있었던 일이다.

를 잘 보도하고 나의 뜻을 어기지 마시오."

사단이 허허롭게 일어났고 태자는 이로부터 드디어 확정되어 후사가 되었다. 그리고 우장군인 광록대부 왕상(王商)과 중서령 석현도 역시 태자를 옹호하고 도와서 자못 힘을 썼다. 여름, 5월 임진일(24일)에 황제가 미앙궁에서 붕어하였다.[124]

❖ 반표(班彪)가 찬양하여 말하였습니다.

"신(臣)의 외할아버지[125] 형제(兄弟)는 원제의 시중이었었는데, 신에게 항상 말하였다. '원제는 재예(才藝)가 많고 사서(史書)[126]를 잘 다루었고, 금슬(琴瑟)을 치고 통소도 불었고, 스스로 작곡(作曲)을 하고 노래를 불렀으며, 절도(節度, 악기의 마디)를 분간하였는데, 아주 정교하였다.

어려서는 유학을 좋아하였으며 즉위하게 되자 유생(儒生)들을 초빙하여 등용시켜서 그들에게 정치를 맡겼는데, 공우(貢禹), 설광덕(薛廣德), 위현성(韋玄成), 광형(匡衡)이 번갈아 재상을 맡았다. 그러나 황상은 글자의 뜻에 얽매어서 통제되어 우유부단(優柔不斷)하니 효선제(孝宣帝)의 대업은 쇠퇴하였다. 그러나 넓은 마음으로 아랫사람들을 극진히 대하였고 공손하고 검약에서 나왔고,

---

124 이때에 나이는 마흔세 살이고 스물일곱 살에 즉위하여 16년간 황제의 자리에 있었다.

125 반표의 외할아버지는 금창(金敞)이었다.

126 사주(史籍)를 말하는데, 이는 주(周) 선왕 때의 태사로 대전을 만들었다.

호령은 따뜻하고 우아하여 옛날의 기풍을 갖고 있었다.'"

9 광형이 상주문을 올려서 말하였다.

"전에 황상의 옥체가 편안하지 않았으므로 철폐하였던 여러 사묘(祠廟)를 복구하였는데, 끝내 그 복을 입지 못하였습니다. 생각하건대 위사후(衛思后)·여태자(戾太子)·여후원(戾后園)은 친 혈통 관계[127]가 아직 다하지 아니하였습니다.

효혜제(孝惠帝)와 효경제(孝景帝)의 사당은 친 혈통 관계가 다하였으므로 마땅히 헐어야 합니다. 태상황(太上皇)·효문제(孝文帝)·효소태후(孝昭太后)·소령후(昭靈后)·소애후(昭哀后)·무애왕(武哀王)의 사당은 청컨대 모두 철폐하시고 받들지 마십시오."

상주한 것대로 하였다.[128]

10 6월 기미일(22일)에 태자가 황제의 자리에 나아가고,[129] 고제묘(高帝廟)를 배알(拜謁)하였다. 황태후를 높여서 태황태후(太皇太后)로 하고, 황후를 황태후로 하였으며, 외삼촌이자 시중·위위·양평후인 왕봉(王鳳)을 대사마(大司馬)·대장군·영상서사(領尙書事)로 하였다.[130]

---

127 현재 태자이며 황제가 될 유오와의 직접적인 혈통관계를 말한다.

128 원제는 죽었기 때문에 광형은 태자 유오(劉驁)에게 건의하였고, 유오는 그 건의를 받아들인 것이다.

129 원제가 죽은 것이 5월 24일이었으므로 약 1개월 만에 즉위한 것이다. 이때에 성제 유오의 나이는 스물두 살이었다.

130 영상서사는 영직이다. 본래의 직책을 갖고 있으면서 다른 업무를 관장할 때에 임명하는 방법이며, 이는 상서의 업무를 총괄하는 직책이고, 이때부터 왕

11 가을, 7월 병술일(19일)에 효원황제를 위릉(渭陵)에 장사 지냈다.[131]

12 천하를 크게 사면하였다.

13 승상 광형이 상소를 올렸다.

"폐하께서는 지극히 효성을 가져서 애달파 아파하면서 사모하는 것이 마음에서 끊어지지를 않아 오락과 사냥을 하는 연회를 아직도 갖지 않으셨으니, 진실로 마지막까지 신중히 하는 것[132]이며, 멀리[조상]까지 추념하는 것에서 융성하여 끝이 없을 것입니다. 가만히 원하건대 폐하께서는 비록 성스러운 성품을 가지고 계시지만 오히려 더욱 성스러운 마음을 가지십시오.

《시경》에서 말하였습니다. '외롭고 고독하여 마음이 아프다.'[133] 성왕(成王)이 상례(喪禮)를 마치고 나서 사모하여 아직 마음의 평정을 찾지 못한 것을 말한 것입니다. 대개 문왕과 무왕의 업적이 크게 교화시킨 근본을 숭상하기 때문입니다.

신은 또 스승에게서 들었습니다. '배필을 만나는 것이 백성들을 살리는 시초이며, 만 가지 복의 근원입니다. 혼인을 치르는 예의가 올바르

씨가 세력을 펼치기 시작하였다.

131 원제는 죽은 후 55일 만에 장안의 북쪽으로 56리 지점에 있는 위릉에 장사 지낸 것이다.

132 《논어》에서 공자가 말하였다. '끝을 신중히 하고 멀리까지 추념하는 것은 백성의 덕이 두텁게 귀의하게 한다.' 이는 효도의 끝을 신중히 하라는 말이다.

133 《시경》〈주송〉 민여소자(周頌 閔予小子)에 나오는 시이다.

게 된 다음에 사물이 이루어져서 천명이 온전해진다.' 공자께서는《시
(詩)》를 말씀하시면서, 〈관휴(關雎)〉에서 시작하였으니, 이것은 기강의
첫머리이며 왕정이 교화시키는 실마리입니다.

상고시대부터 시작하여 삼대(三代)가 흥하고 망하는 것은 여기에서
말미암지 않은 것이 없습니다. 바라건대 폐하께서는 득실(得失)과 성
쇠(盛衰)의 본보기를 자세히 살피시어 큰 기틀을 확정하시고 덕 있는
사람을 채용하시며 성색(聲色)을 경계하시고 엄숙하고 공경할 것을 가
까이 하시고 재주만 피우는 것을 멀리 하십시오.

신이 듣건대《6경(經)》[134]이라는 것은 성인께서 천지의 마음을 통일
하고, 선과 악이 돌아갈 곳을 들어내시며, 길(吉)한 것과 흉(凶)한 것의
구분을 밝히고, 사람의 도리를 올바르게 통하여 그 본성에 어긋나지 않
으려는 것입니다.

《논어(論語)》와《효경(孝經)》에 이르러서는 성인이 말하고 행동하신
요점이니 마땅히 그 의미를 연구하여야 합니다. 신이 또 듣건대 성스러
운 왕은 스스로 하시는 것은 움직이든지 조용히 있든지 두루 다니든지
하늘을 받들고 부모를 이어받으며, 조회에 임석하여 신하를 향유하며
사물에는 절도와 문채를 갖고 있어서 인류를 빛내줍니다.

대개 조심하는 신중한 태도는 하늘을 섬기는 얼굴이고, 따뜻하고 공
손하며 존경하고 겸손함은 부모를 이어받는 예의입니다. 몸을 바르게
하고 엄격하게 하여 가지고 많은 사람들에게 가서 모범을 보이고, 평화
롭고 고른 말은 아랫사람에게 향연을 베푸는 얼굴입니다.

---

134 6경은《시경》,《서경》,《예경》,《악경》,《역경》,《춘추》를 말한다. 그런데《악경》은
   현재 전하여지지 않는다.

행동거지(行動擧止)는 사물에서 그 의법(儀範)을 존중하니 그러므로 형용하면 인의(仁義)가 되고 움직이면 법칙이 됩니다. 지금은 정월 초이니 노침(路寢, 대침)에 행차하여 조하(朝賀)에 임석하고 잔치를 벌여서 만방(萬方)에게 베푸십시오.

전(傳)해지는 말에서 말하였습니다. '군자는 처음을 신중히 하라.' 바라건대 폐하께서는 동정(動靜)하시는 절도에 정신을 두시고, 여러 아랫사람들로 하여금 왕성한 덕화(德化)가 빛나는 것을 바라보게 하여서 기틀을 확립하면 천하는 대단히 행복일 것입니다."

황상은 그 말을 공경하며 받았다.＊

권30

한기22

외척 왕씨의 전횡

무능한 외척 왕씨의 등장

성제 건시 원년(己丑, 기원전 32년)

1   봄, 정월 을축일(1일)에 도고묘(悼考廟)[1]에 화재가 있었다.

2   석현이 장신(長信, 장신궁)의 중태복(中太僕)으로 옮겨졌는데, 직
질(職秩)은 중이천석이었다. 석현은 이미 의지할 곳[2]을 잃고 권력에
서도 떨어지니, 이에 승상과 어사대부가 석현의 옛날 악행을 조목조목
상주하자, 그의 무리였던 뇌량(牢梁)과 진순(陳順)에 이르러서도 모두
관직에서 면직되었고, 석현과 그의 처자는 고향[3]으로 옮겨서 돌아가
는데, 근심과 걱정으로 밥을 먹지 못하다가 길에서 죽었다.
    여러 왕래하며 연결하여 석현 때문에 관리가 된 사람들은 모두 폐출

---

1   유진(劉進), 즉 선제 아버지의 사당이다. 선제는 사황손(史皇孫)을 높여 도고
    (悼考)라고 하였다.

2   석현은 원제에게 의지하여 권력을 누려왔는데, 원제가 죽자 권력을 잃은 것이다.

3   석현의 고향은 제남(濟南)이다.

(廢黜)되었으며, 소부(少府) 오록충종은 현토(玄菟) 태수로 좌천되고, 어사중승 이가(伊嘉)는 안문(鴈門, 산서성 右玉縣)도위가 되었다.

사예(司隷)교위인 탁군(涿郡, 하북성 탁현) 사람 왕존(王尊)이 탄핵하는 주문을 올렸다.

"승상 광형과 어사대부 장담(張譚)은 석현이 권세를 오로지하여 위엄과 복락을 크게 만들어 해내에 커다란 근심거리와 해가 된다는 것을 알고서도 때에 맞추어 형벌을 시행하도록 상주하지 아니하고, 아부하고 굽혀 복종하면서 아랫사람에게 붙고 윗사람을 속이고 사악한 마음을 품고 나라를 미혹(迷惑)시켜서 대신(大臣)이 보정(輔政)하여야 하는 의미를 없이 하였으니 모두 부도(不道)하였습니다. 사면령을 내리기 전에 있었습니다.

사면된 다음에 광형과 장담은 석현을 거론하여 상주하면서 스스로 불충한 죄를 지었다는 것을 말하지 않고, 도리어 먼저 돌아가신 황제께서 나라를 뒤엎을 사람을 임용하였다고 드러내 놓으면서 망령스럽게 '백관들이 그를 두려워하는 것이 주상(主上)보다 심합니다.'라고 말하였습니다. 임금을 낮추고 신하를 높였으니 이는 마땅히 불러서는 안 되는 것이며, 대신으로서의 예를 잃어버린 것입니다."

이에 광형이 부끄럽고 두려워하여 모자를 벗고 사죄하면서 승상과 후작(侯爵, 樂安侯)의 인수(印綬)를 바쳤다.

천자는 새로 즉위하여 대신들을 무겁게 다치게 하는 것이므로 마침내 왕존을 고릉령(高陵, 섬서성 고릉현) 현령으로 좌천시켰다. 그러나 여러 사람들은 대부분 왕존이 옳다고 하는 사람이었다. 광형은 마음속으로 스스로 편안하지 못하여 매번 수재나 한재가 있을 때마다 연이어 해골(骸骨)하고 자리를 양보하기를 빌었는데, 황상은 번번이 조서를 내려서 위로하면서 허락하지 아니하였다.

3   옛날 하간왕(河間王)인 유원(劉元)의 동생이자 상군(上郡, 섬서성 綏德縣)의 고령(庫令)[4]인 유량(劉良)을 하간왕으로 삼았다.

4   패성(孛星)이 영실(營室)[5]의 자리에 나타났다.

5   천하를 사면하였다.

6   임자일[6]에 외삼촌이자 제리(諸吏)·광록대부·관내후(關內侯)인 왕숭(王崇)을 책봉하여 안성후(安成侯)로 하였고, 외삼촌인 왕담(王譚)·왕상(王商)·왕립(王立)·왕근(王根)·왕봉시(王逢時)에게 관내후의 작위를 하사하였다. 여름, 4월에 누런 안개가 사방을 꽉 막히게 하니, 공·경·대부(公·卿·大夫)들에게 널리 묻고 꺼리는 바를 없게 하였다.[7]
    간대부(諫大夫) 양흥(楊興)과 박사(博士) 사승(駟勝) 등이 모두 생각하였다.

---

4   창고의 책임자라는 말로, 창고는 군기창고를 말한다.

5   《진서(晉書)》〈천문지(天文志)〉를 보면 영실에는 두 개의 별이 있는데, 이것은 천자의 궁(宮)이다. 두 개 중의 하나는 현궁(玄宮)이고 다른 하나는 청묘(淸廟)이다.

6   정월 1일이 을축이므로 정월에는 임자일이 없다. 다만 보통 자(子)와 오(午)는 서로 잘못 필사되는 점을 감안하여 임오일로 한다면 이날은 19일이다.

7   공은 3공이고 경은 9경이며, 대부는 어사대부 등을 말하는데, 황제에게 아무런 꺼리는 바 없이 솔직하게 말하라는 뜻이다.

"음기(陰氣)가 성하여 양기(陽氣)를 침범하였습니다. 고조(高祖)께서 약속하시기를 '공로를 세운 신하가 아니면 후(侯)로 하지 마라.'고 하셨는데, 지금 태후[8]의 여러 동생들이 모두 공로를 세운 것이 없이 후(侯)가 되었고, 외척에게는 아직 없었던 일이니, 그러므로 하늘이 이상함을 보인 것입니다."

이에 대장군 왕봉(王鳳)이 두려워서 편지를 올려서 해골 하기를 빌고 사직하였는데, 황상은 우대하는 조서를 내리고 허락하지 아니하였다.

7   어사중승인 동해(東海, 산동성 郯城縣) 사람 설선(薛宣)이 상소하였다.

"폐하께서는 지극히 덕(德)스럽고 어짊이 두텁지만 그러나 가기(嘉氣, 아름다운 기운)가 오히려 뭉쳐있고, 음양이 조화롭지 아니하니, 거의 이(吏, 관리)들이 대부분 가혹한 정치를 하여서입니다. 부자사(部刺史)[9]가 혹 지켜야 할 조목조목의 직무[10]에 따르지 않고, 조치하는 것이 각기 그 뜻대로 하며 대부분이 군과 현의 일에 관여고, 사사로이 자기 집의 문을 열어 놓고 참람한 말을 듣고서 이민(吏民)의 허물을 찾아내기에 이르러서 아주 사소하고 미세한 일까지 견책하기에 이르고, 뜻을 책임지게 하고 그 힘을 헤아리지 아니하는데, 군현에서는 서로 독촉

---

8   성제의 어머니이며 원제의 비였던 왕정군(王政君)을 말한다.

9   한대의 자사는 군국(郡國)을 두루 다니며 정치 상황을 두루 살펴서 능력 있고 없는 사람을 출척하고, 원옥(冤獄)을 잘라 처리하는 등 6가지의 조목으로 업무를 묻게 되어 있다. 이 자사는 한 주에 한 명을 보내어서 부자사(部刺史)라고 하며 13명이었다.

10 자사가 직무를 수행하면서 지켜야 할 것을 6조목으로 규정하였다.

하고 압박하고 또한 안으로 서로 각박하게 상대하게 되니 흘러서 많은 서민들에게까지 이릅니다.

이러한 연고로 향당에서는 가례와 빈례를 치르는 즐거움이 빠지게 되었고, 구족(九族)에서는 그들의 친친(親親, 친한 사람을 가까이 함)의 은혜를 잊어버리게 되었고, 마시고 먹으며 급한 일을 두루 해주는 두터움은 쇠퇴하고, 가는 사람을 보내고 오는 사람을 위로하는 예의는 실행되지 않습니다. 무릇 사람의 도리가 통하지 않으니 음양의 기운은 막히고 떨어졌고, 화기(和氣)가 통하지 않는 것은 아직은 반드시 여기에서 말미암지 않은 것이 없습니다.

《시경(詩經)》에서 말하였습니다. '백성들이 덕을 잃으니, 마른 식량이 허물이로다.' 비속한 말 가운데 이런 말이 있습니다. '가혹한 정사(政事)는 가깝지 아니하고, 번거롭고 고통스러움은 은혜를 상하게 한다.' 바야흐로 자사(刺史)들이 일을 상주할 때[11]에 마땅히 신칙(申敕)을 밝혀서 본래 조정에서 할 중요한 업무를 훤히 알게 해야 할 것입니다."

황상은 이를 기쁘게 받아들였다.

8   8월에 두 개의 달이 서로 이어가며 떴는데,[12] 이것이 새벽에 동쪽에서 보였다.

9   겨울, 12월에 장안에 남교(南郊)와 북교(北郊)를 만들고, 감천(甘

---

11 자사는 직접 황제에게 자기가 한 일을 보고하게 되어 있다.

12 경방의 《역전》에 보면 임금이 약하여 부녀자 같고, 음기가 오르는 곳에는 두 개의 달이 출현한다고 되어 있다.

泉, 섬서성 淳化縣)과 분음(汾陰, 섬서성 榮河縣)에 있는 사(祠, 后土祠)를 철폐하였는데, 붉은색의 단(壇) 위의 거짓장식과 여악(女樂, 옥녀의 음악)·난로(鸞路)·성구(騂駒)·용마(龍馬)·석단(石壇)[13] 같은 것에까지 이르렀다.

성제 건시 2년(庚寅, 기원전 31년)

1 봄, 정월에 옹(雍, 섬서성 鳳翔縣)에 있는 오치(五畤)와 진보사(陳寶祠)[14]를 철폐하였는데, 모두 광형의 요청을 좇은 것이다. 신사일(23일)에 황상이 처음으로 장안의 남교에서 제사를 지냈다. 남교(南郊)의 제사[15]를 받들었던 현과 중도(中都, 도읍)의 관청에서 내죄(耐罪)[16]를 복역하는 무리들을 사면하고, 천하 사람들의 부세전(賦稅錢)을 감하여 1산(算)에 40전[17]으로 하였다.

---

13 난로는 제사용으로 바치는 소와 양을 실은 수레가 다니는 전용도로이며, 상구는 제사 때에 전용으로 쓰이는 붉은 말이고, 용마는 상서로움을 상징하는 무늬를 가진 말이며, 석단은 돌로 쌓은 재단이다.

14 기원전 8세기에 진(秦) 2대 문공이 진창(陳倉)에 놀러 갔다가 돼지 간 같은 화석을 얻어서 이를 보물로 만들고 여기에 묘원(廟院)을 짓고 제사를 지냈는데 이를 진창의 보배라는 뜻으로 진보라고 불렀다. 전설에 따르면 진보신은 늘 밤에 왔는데 그 빛이 하나의 유성과 같았고 부르는 소리는 수탉이 새벽에 우는 것과 같았다고 한다. 이때부터 이 시기까지 계속 제사를 지냈다.

15 황제가 남교에서 제사를 지내는 것을 교천이라고 하는데, 이 제사는 봉선보다 더 큰 제사이다.

16 가벼운 죄여서 머리를 깎지 않은 상태에서 복역할 수 있는 죄를 말한다.

2   윤월(윤정월)에 위성(渭城, 섬서성 함양시)의 연릉정(延陵亭) 일대를 초릉(初陵)[18]으로 삼았다.

3   3월 신축일(14일)에 황상은 처음으로 북교(北郊)에서 후토(后土)에게 제사를 지냈다.

4   병오일(19일)에 황후에 허씨를 세웠다. 황후는 거기장군 허가(許嘉)의 딸이다. 원제(元帝)는 모친인 공애후(恭哀后)가 재위한 일자가 많지 않은 상태에서 곽씨(霍氏)의 해를 입은 것[19]에 아파하니, 그러므로 허가의 딸을 선택하여 태자에게 짝지어 주었다.

5   황상은 태자였던 시절부터 호색을 한다는 소문이 있었는데, 즉위하게 되자 황태후는 조서를 내려서 양가의 딸을 골라서 후궁으로 갖추도록 하였다.
    대장군 무고령(武庫令)[20]인 두흠(杜欽)이 왕봉(王鳳)에게 권고하여 말하였다.

---

17 인두세를 말하는데, 본래는 120전이었다가 40전을 감하여 80전을 내도록 된 것이다. 그러나 유방 시대에는 인두세가 23전이었으며, 역사서에는 끊임없이 황제가 감세조치를 하였다고 하는데, 감세를 그렇게 하였음에도 결과는 계속 올라간 것 같다.

18 성제는 자기가 살아 있는 동안 자기의 능묘를 만드는 것이다.

19 이 사건은 선제 본시 3년(기원전 71년)에 곽광 부인이 저지른 것이고, 그 내용은《자치통감》권24에 실려 있다.

20 대장군 휘하의 군중(軍中)에 있는 무고(武庫)의 책임을 가진 관직이다.

"예(禮)에는 한 명[황제]이 아홉 명의 여자를 취하게 하였는데, 후손을 널리 만들어 조상을 중히 여긴 까닭입니다. 제질(娣姪)이 비록 결여하여도 다시 보충하지 않는 것[21]은 수명을 오래 가게 하고 싸움을 막으려는 까닭입니다. 그러므로 후비(后妃)가 정숙한 행실을 가지면 후사(後嗣)에는 현명하고 성스러운 군주가 있게 되고, 제도에 위의(威儀)의 절도를 갖추면 임금은 장수하는 복을 누림이 있습니다.

폐기하고 이로 말미암지 않으면 여색을 싫어하지 않고, 여색을 싫어하지 않으면 수명이 높은 나이까지 강구되지 아니합니다. 남자는 50세여도 여색을 좋아하는 것이 아직 쇠퇴하지 않는데, 부인은 40세가 되면 용모가 전보다 달라지고, 달라지기 전의 용모를 가지고 아직 쇠퇴하지 않은 나이를 모시는데, 예절을 가지고 절제하지 않는다면 그 원래 구해낼 수가 없게 된 뒤에는 태도가 달라지고, 뒤에 가서 태도를 달리하면 정후(正后)는 스스로 의심하여 지서(支庶)에게는 대신하려는 마음을 가질 것이니, 이리하여서 진(晉)의 헌공(獻公)은 참소하여 비방하는 이야기를 받아들이게 되었고, 신생(申生)은 죄 없는 죽음[22]을 당하였습니다.

지금 성스러운 주군께서는 춘추에서 왕성한데 아직도 적통의 후사가 없으며, 바야흐로 바로 학문을 닦아야 하는데 아직도 황후와 비빈

---

21 한 남자에게 부인의 여동생이 시집을 가는 것을 제(娣)라고 하고, 형제의 딸이 시집가는 것을 질이라고 한다. 황후가 중간에 일찍 죽게 되면 제질(娣姪)로 잇게 하지만 제질조차 없게 되면 보충하지 아니한다.

22 진의 19대 임금인 헌공은 여희(驪姬)를 총애하였는데, 여희는 자기 아들을 후계자로 세우려고 세자인 신생을 참소하였고, 헌공이 이 말을 믿자 신생은 목을 매어 죽었다.

(妃嬪)을 가까이 하는데 대한 의논이 없습니다. 장군께서는 보정(輔政)하시니 마땅히 시초에 융성함을 통하여 '구녀(九女)의 제도'를 세워 의를 행하는 집안을 자세히 선택하여 숙녀의 자질을 가진 사람을 구하시고 반드시 목소리와 자태 그리고 재간을 가지지 말게 할 것은 만세(萬世)를 위한 커다란 법칙입니다.

무릇 젊어서는 미색의 여자를 경계하여야 하니[23] 〈소변(小卞)〉[24]을 지은 것은 마음을 떨리게 하고 있습니다. 오직 장군께서 늘 걱정하십시오."

왕봉은 이를 태후에게 고백하고 태후는 고사(故事)에 없었다고 생각하였고, 왕봉은 스스로 법도를 세울 수 없어서 고사를 좇을 뿐이었다.

왕봉은 평소에 두흠을 중하게 생각하였으니 그러므로 그를 막부(幕府)에 두고 국가의 정치적 모의는 항상 두흠과 함께 생각하여 자주 명망 있는 인사들을 칭찬하여 오게 하여 빠지고 잘못된 것을 고치고 바르게 잡았으니, 당시의 선정(善政)은 대부분 두흠에게서 나온 것이었다.

6   여름에 커다란 한재(旱災)가 들었다.

---

23 《논어》에는 군자가 경계해야 할 세 가지를 기록하였는데, 그 가운데 '젊어서는 혈기가 안정되지 아니하므로 여색을 경계해야 한다'는 말이 있다. 여색을 좋아하여 절제하지 않으면 손해되고 실패하게 되기 때문에 경계해야 한다고 말한 것이다.

24 이는 《시경》의 소변에 나오는 것을 말한다. 이 시는 주(周) 12대 왕인 유왕(幽王)이 신후(申后)를 폐위하고 포사(褒姒)를 세우고 태자를 축출하였던 것을 풍자하였다.

7 흉노의 호한야(呼韓邪) 선우가 좌이질자(左伊秩訾)[25]의 형의 두 딸을 총애하였다. 큰딸 전거연지(顓渠閼氏)[26]는 아들을 둘 낳았는데, 맏이는 차막차(且莫車)이고 둘째는 낭지아사(囊知牙斯)이다. 작은딸이 대연지(大閼氏)가 되어서 네 아들을 낳았는데, 맏이는 조도막고(雕陶莫皋)이고 둘째는 차미서(且糜胥)인데 모두 차막차보다 위였고, 작은아들 함(咸)과 낙(樂) 두 사람은 모두 낭지아사보다 어리다. 또 다른 연지의 아들도 10여 명이었다. 전거연지는 귀하였으며 차막차는 총애를 받았는데, 호한야가 병이 들어 죽자 차막차를 세우려 하였다.

전거연지가 말하였다.

"흉노가 혼란하여 10여 년간 끊이지 않은 것은 마치 머리카락 같았는데, 한(漢)의 힘을 의지하고 입었으니 그러므로 다시 안정할 수 있었습니다. 지금 평정된 지 오래지 않아서 인민들은 전투를 두려워하고 있습니다. 차막차는 나이가 어리고 백성들도 아직 붙지 않으니 다시 나라를 위태롭게 할까 두렵습니다. 나와 대연지는 한 집안이어서 아들을 공동으로 생각하니 조도막고를 세우는 것 같지 아니합니다."

대연지가 말하였다.

"차막차는 비록 어리지만 대신들이 함께 나라의 일을 유지하고 있습니다. 이제 귀한 사람을 버리고 미천한 사람을 세운다면 후세는 반드시 혼란할 것입니다."

선우는 끝내 전거연지의 계책을 좇아서 조도막고를 세우면서 약속

---

25 좌이질자는 한나라로 귀부하였다. 이 사건은 《자치통감》 권29 원제 원강 원년 (기원전 33년)에 실려 있다.

26 연지는 흉노의 황후를 부르는 말이다.

하기를 나라를 동생에게 전해 주도록 하였다.

호한야 선우가 죽고 조도막고가 서서 복주루약제(復株累若鞮) 선우[27]가 되었다. 복주루약제 선우는 차미서를 좌현왕(左賢王)으로 삼고, 차막차를 좌곡려왕(左谷蠡王)으로 삼으며, 낭지아사를 우현왕(右賢王)으로 삼았다. 복주루 선우는 다시 왕소군(王昭君)을 처로 삼고 딸을 둘 낳았는데, 큰딸인 운(云)은 수복거차(須卜居次)가 되었고, 작은딸은 당우거차(當于居次)[28]가 되었다.

성제 건시 3년(辛卯, 기원전 30년)

1   봄, 3월에 천하의 형도(刑徒)[29]를 사면하였다.

2   가을에 관중(關中)에 홍수가 40여 일 동안 계속하였다. 경사(京師)의 백성들이 서로 놀라서 홍수가 닥칠 것이라고 말하고, 백성들은 도망가면서 서로 짓밟으니, 늙은 사람과 어린 사람은 부르짖어 장안은 큰 혼란 속에 빠졌다. 천자는 친히 전전(前殿)에 나아가서 공경들을 소집하여 의논하였다.

대장군 왕봉(王鳳)이 생각하였다.

---

27 흉노의 15대 선우이다. 이때부터 약제(若鞮)라는 말을 선우의 칭호에 덧붙이고 있는데, 이는 흉노 말로 '효(孝)'라는 의미이다. 14대 호한야 선우가 한에 귀부하고 나서, 한의 황제들에게 붙인 효라는 뜻을 사용하게 된 것이다.

28 거차는 공주(公主)라는 말이고, 수복과 당우는 흉노의 귀족이다.

29 죄를 짓고 노역형에 처해진 사람들을 말한다.

"태후(太后)와 황상과 후궁 등은 배를 타실 수 있고, 이민(吏民)들로 하여금 장안성(長安城)에 올라가서 물을 피하게 하십시오."

여러 신하들은 모두 왕봉의 건의를 좇았다.

좌장군 왕상(王商)[30]이 홀로 말하였다.

"옛날부터 무도(無道)한 나라라도 홍수가 오히려 성곽(城郭)을 덮어 버리지 않았는데, 지금 정치가 평화스럽고 세상에도 전쟁이 없어서 위 아래 사람들이 서로 편안하니 무엇 때문에 하루아침에 홍수가 갑자기 닥친다고 하는지, 이는 반드시 와전(訛傳)된 말일 것입니다. 성 위로 올라가게 하여 백성들을 거듭 놀라게 하는 것이 마땅치 아니합니다."

황상이 마침내 중지시켰다.

조금 있다가 장안 안에서 조금씩 안정되었는데, 이를 물으니 과연 와전된 말이었다. 황상이 이에 왕상이 굳게 지킨 것을 아름답고 장하게 생각하였고 자주 그 건의를 칭찬하였는데, 왕봉은 크게 부끄러워하고, 스스로 실언한 것을 한스러워하였다.

3   황상은 오로지 왕봉에게 위임하였는데, 8월에 거기장군 허가(許嘉, 허 황후의 아버지)를 면직시키고 특진과 후작(侯爵)으로 조회에 나아가는 지위를 주었다.[31]

---

30 이 시기에 활동한 사람으로 왕상이라는 이름을 가진 사람이 둘이 있었다. 이 말을 한 사람은 현 태후인 왕정군의 동생인 왕상이 아니고, 선제의 어머니인 왕옹수(王翁須) 집안의 사람이다.

31 한의 제도에는 열후로 봉조청(奉朝請)으로 장안에 있는 사람은 조회에 참석하는데, 그 자리가 삼공의 다음이고, 지위를 특진으로 내려준 사람은 열후의 위에 있게 하고, 자리 역시 삼공의 다음이었다.

4   장담(張譚, 어사대부)은 사람을 가려 뽑은 것이 부실하다 하여 면직되었다. 겨울, 10월에 광록대부 윤충(尹忠)이 어사대부가 되었다.

5   12월 초하루 무신일에 일식이 있었다. 그날 밤에 미앙궁(未央宮)의 전중(殿中)에 지진이 있었다. 조서를 내려서 '현량(賢良)'과 '방정(方正)' 가운데 직언을 하고 심하게 간(諫)할 수 있는 사람을 추천하게 하였다. 두흠(杜欽)과 태상승(太常丞) 곡영(谷永)이 대답을 올렸는데, 모두 '후궁의 여자들32에 대한 총애가 너무 심하여 질투하면서 황상을 오로지하려고 하니 장차 후계자에게 해가 될 것이다.'라고 생각하였다.

6   월수(越嶲, 사천성 西昌縣)에 있는 산이 무너졌다.

7   정축일(30일)에 광형[승상]이 봉읍(封邑)을 400경(頃) 많이 가지고 있는 것에 연루되었으며, 주관하여 지키는 것의 가치가 10금(金) 이상인 물건을 가서 감독하면서 가서 훔쳐서 면직되어 서인(庶人)이 되었다.

성제 건시 4년(壬辰, 기원전 29년)

1   봄, 정월 계묘일(26일)에 운석(隕石)이 떨어졌는데 박(亳, 하남성 商丘縣)에 네 개였고, 비루(肥累, 하남성 藁城縣의 서남)에 떨어진 것이 두 개다.

---

32 허황후와 반첩여(班倢伃)를 말한다.

2   중서환관(中書宦官)[33]을 철폐하고 처음으로 상서원(尙書員)을 5명[34] 두었다.

3   3월 갑신일(8일)에 좌장군인 낙창후(樂昌侯) 왕상(王商)[35]을 승상으로 삼았다.

4   여름에 황상이 전에 천거된 직언을 하는 인사를 모두 불러서 미앙궁의 백호전에서 면접하며 방책을 물었다. 이때에 황상은 왕봉에게 정치를 위임하였으므로 논의를 하는 사람들은 대부분 허물을 돌렸다.

곡영(谷永)은 왕봉이 바야흐로 권력을 잡아 쓰는 것을 알고 속으로 스스로 의탁하려고 하여 마침내 말하였다.

"바야흐로 지금 사방의 이적들이 복종을 하여 모두 신첩(臣妾)이 되어 북쪽으로는 훈육(葷粥)과 묵돌(冒頓)[36]들의 걱정거리가 없어졌고,

---

33 한대에 궁정에서 일을 하는 사람으로 한 초에는 중알자령(中謁者令)이 있었고, 무제 때에는 중서알자령(中書謁者令)이 있었으며, 복야를 두었다. 선제 때에는 중서관에 홍공(弘恭)을 영(令)으로 임명하였고 석현을 복야로 삼았다. 원제가 즉위하고 몇 년 지나서 홍공이 죽자 석현이 중서령이 되어서 전권을 휘둘렀다.

34 황제의 비서인 5명의 상서는 각기 1조(曹)씩을 관장하는데, 5개조는 상시조, 이천석조, 호조, 주객조, 삼공조이다.

35 황태후 왕정군의 친척이 아니다.

36 훈육의 '粥'을 호삼성은 '익육(弋六)의 번(翻)'이라고 하였으므로 '육'으로 읽어야 하며, 훈육은 흉노한국의 전신인 부락의 명칭이다. 황제(黃帝) 때에는 산융, 훈육이라고 불렀고, 하대에는 순유(淳維)라고 불렀으며, 은대에는 귀방(鬼方)이라고 하였고, 주대에는 험윤(獫狁)이라고 하였고, 진대부터 흉노라고 불렀는데, 묵돌은 흉노한국의 2대 선우이다.

남쪽으로는 조타(趙佗)와 여가(呂嘉)의 어려움[37]이 없어졌으며, 세 곳의 변방도 안온하여 전쟁의 경보(警報)도 없습니다.

제후 가운데 큰 곳은 여러 개의 현(縣)을 식읍으로 하고 있으나, 한(漢)의 관리가 권력의 자루를 쥐고 통제하여서 일을 할 수가 없으니, 오(吳)·초(楚)·연(燕)·양(梁)과 같은 세력[38]도 없습니다. 백관들은 바둑판처럼 서로 교제하고 친한 사람들과 먼 사람들이 서로 섞여 있으며, 골육(骨肉)인 대신 가운데 신백(申伯)[39] 같은 충성심을 가진 사람이 있지만 정숙하고 삼가하며 조심조심하여 두려워하고 꺼리니, 중합(重合)·안양(安陽)·박륙(博陸)[40] 같은 혼란은 없을 것입니다.

이 세 사람은 터럭만큼의 허물도 없으니, 가만히 생각하건대 폐하께서 분명한 허물을 보류하시고, 천지의 분명한 경계를 소홀히 하시며, 어둡고 몽매(蒙昧)한 앞을 못 보는 논설을 들으시고, 죄 없는 사람에게

---

37 한 고조 시대부터 무제 때까지에 있었던 외환이다. 조타의 사건은 고제, 혜제, 여후시대에 있었고, 여가의 사건은 무제 때에 있었다.

38 오, 초, 양의 문제는 경제시대에 있었고, 연의 문제는 소제시대에 있었다.

39 서주시대에 신국(申國)의 제후인 신백은 주나라 유왕[12대]의 장인이고, 평왕[13대]의 외할아버지이다. 유왕이 신백의 딸인 신후를 버리고 포사(褒姒)를 후(后)로 삼자 신백이 유왕을 살해하였다. 사실 왕봉의 충성심을 이야기하려고 하면서 신백을 예로 든 것은 아주 적절치 못하다. 왜냐하면 신백은 왕을 죽인 사람이기 때문이다.

40 모두 한대의 후작을 가진 사람이다. 중합후는 망통(莽通)이고, 안양후는 상관걸(上官桀)이며, 박육후는 곽우(霍禹)이다. 망통의 사건은 무제 후원 원년(기원전 83년)에 있었고, 이 내용은 《자치통감》 권22에 실려 있고, 상관의 사건은 소제 원봉 원년(기원전 80년)에 있었고, 이 내용은 《자치통감》 권23에 실려 있으며, 곽우의 사건은 선제 지절 4년(기원전 66년)에 있었고, 이 내용은 《자치통감》 권25에 실려 있다.

허물을 돌리고,[41] 정사(政事)를 이상한 사람에게 의탁하여 하늘의 뜻을 거듭 잃을까 걱정이니 해서 안 될 큰 것입니다.

폐하께서는 진실로 어리석은 신(臣)의 말을 깊이 살피시고, 깊이 가라앉아 있는 마음을 배제하시고, 한쪽에 치우치는 애정을 벗어버리시며,[42] 사나이로서의 강건한 위엄을 떨쳐 내시고, 하늘이 모든 것을 덮는 시혜를 고르게 하시고, 줄지어 있는 후비(后妃)들이 사람 사람마다 다시 앞으로 나아가게 하시며, 더욱이 아들을 낳을 수 있는 부인을 받아들이고, 아름다운지 추한지를 가지고 고르지 말고 일찍이 시집을 갔었던 사람[43]도 피하지 말고, 나이도 논하지 마십시오.

법에 미루어서 말씀드린다면 폐하께서 미천한 신분의 사람에게서 후사(後嗣)를 얻는다면 도리어 마침내 복이 되는데, 후사를 얻을 뿐이고, 그 어머니는 천하지 않게 됩니다. 후궁(後宮)의 여사(女史)와 사령(使令)[44] 가운데 뜻에 합당한 사람이 있다면 널리 미천한 신분의 사람들 사이에서 찾아서 하늘의 도움을 받아 후사를 얻게 된다면 황태후의 걱정을 위로하고 풀어 드리고 상제(上帝)의 견책과 노하심을 풀어 드

---

41 《한서》 곡영전에 의하면, 이 부분에서 천재지변의 책임을 왕봉에게 지워서는 안된다는 말이 들어가 있다.

42 이때에 황제는 허가의 딸인 허황후를 총애하고 있었다. 따라서 이 말은 허씨에 대한 견제이며, 왕씨 집안의 입장을 대변하는 것이었다.

43 왕봉의 첩인 장미인(張美人)에게는 이미 결혼하였던 여동생이 있었는데, 왕봉은 이 사람을 성제의 후궁으로 들여보냈다. 그리하여 여러 사람들로부터 공격을 받고 있었으므로 곡영이 왕봉을 위하여 이러한 말을 한 것이다.

44 여사(女史)란 여노(女奴)로서 책을 읽을 수 있는 여자지식인을 말하고, 사령이란 후궁에서 일을 하는 사람으로 작위나 직질이 없는 사람을 말한다.

리게 되니, 후손이 많아지고 재앙과 이변이 종식할 것입니다."

두흠도 또한 이러한 뜻을 모방하였다. 황상은 모두 그 편지를 후궁에 보여주었고, 곡영을 발탁하여 광록대부로 삼았다.

5   여름, 4월에 눈비가 내렸다.

6   가을에 복숭아나무와 자두나무에 열매가 열었다.[45]

---

45 여름에 눈비가 오는 것은 이변이고, 복숭아와 자두는 봄에 열매를 맺는 것인
   데 가을에 열매를 맺었으므로 이변이었다.

우여곡절 속의 진탕과 성제의 정치

7   큰비가 열흘 남짓 계속 내려서 황하가 동군(東郡, 하남성 濮陽縣)의 금제(金隄, 하남성 滑縣 부근)에서 갈라졌다. 이보다 먼저 청하(淸河, 하남성 청하현)도위 풍준(馮浚)이 주문을 올려서 말하였다.

 "군(郡, 청하군)은 하(河, 황하)의 하류에 이어져 있고 흙이 가볍고 부드러워서 쉽게 무너지지만 요즈음에 커다란 해가 드물고 없었던 까닭은 둔지하(屯氏河)가 두 개의 물길로 나누어 흘려보내기 때문입니다.[46] 지금은 둔지하가 영현(靈縣)의 명독구(鳴犢口)에서 막혀서[47] 또 더욱 이롭지 못하고 다만 하나의 개천이 여러 하천을 다 받아들이니 비록 제방을 높이 늘린다고 하여도 끝내는 빠져 내릴 수 없습니다. 만약에 장마라도 있게 되어 열흘 동안 개이지 아니하면 반드시 물이 차서 넘칠 것입니다.

 9하(河)[48]의 고적(古迹)은 지금 이미 다 없어져서 밝히기가 어렵고,

---

46 둔지하가 막혔었는데, 원제 영광 5년(기원전 39년)에 그 물길을 그대로 만들어서 황하는 두 개의 물길로 바다로 들어가게 하였으며, 이 내용은 《자치통감》 권21에 실려 있다.

47 둔지하를 만든 지 11년이 지났으므로 이 물길이 막혀버렸다.

둔지하는 새로이 끊어지고서 오래 되지 아니하였으니 그 곳은 쉽게 준설할 수 있으며, 또 그 입구가 있는 곳은 높은 곳에 있으니 물의 힘을 나누어 줄이는데 길이 편리할 것이고, 다시 준설하여 대하(大河)를 도와서 갑작스러운 물이 잘 빠져 흐르게 하여 비상시를 대비하십시오. 미리 수리하여 다스려 놓지 아니하여 북쪽의 둑이 터져 버리면 네댓 개의 군(郡)을 병들게 할 것이고, 남쪽에서 둑이 터지면 10여 개의 군을 병들게 하며, 그렇게 된 다음에 이를 걱정하면 늦습니다."

일을 승상과 어사에게 내려 보내자 박사(博士) 허상(許商)을 파견하여 가서 시찰하고 보고하도록 하였더니, 생각하였다.

"바야흐로 용도(用度)가 부족하니 또 준설하지 않아도 좋습니다."

그 뒤 3년이 되어 하(河, 황하)는 과연 관도(館陶)와 동군(東郡)의 금제(金隄)에서 터져서 연주(兗州)와 예주(豫州)에서 범람하여 평원(平原), 천승(千乘), 제남(濟南)에 이르러서 무릇 4개 군 32개 현에 물이 들어갔는데, 물이 들어간 땅이 35만여 경(頃)이고, 깊은 곳은 3장(丈)이었고, 관정(官亭)과 가옥 또한 4만여 곳을 무너뜨리고 못 쓰게 하였다.

겨울, 11월에 어사대부 윤충(尹忠)이 방략을 만든 것이 소홀하고 대답하였던 것으로 황상은 그가 직책을 가지고 걱정하지 아니하였다고 절실하게 나무라니 자살하였다.

대사농 비조(非調)를 파견하여 하(河, 황하)가 터져서 물이 들어갔던 군에 전곡(錢穀)을 고르게 조달하게 하였고, 알자 두 명은 하남(河南, 하남성 낙양시) 동쪽의 배 500척을 징발하여 백성을 옮겨 수재를 피하게 하여 구릉(丘陵)에 살게 하였는데, 9만7천여 명이었다.

---

48 하대에 만들었다고 하는 아홉 개의 물길을 말한다.

8   임술일(20일)에 소부(少府) 장충을 어사대부로 삼았다.

9   남산(南山)의 도적 떼인 붕종(傰宗) 등 수백 명이 이민(吏民)들의 해가 되었다. 조서를 내려서 병사 1천 명을 발동하여 쫓아가서 잡으라고 하였으나 1년여가 지나도 잡을 수가 없었다.

어떤 사람이 대장군 왕봉(王鳳)에게 말하였다.

"도적 수백 명이 곡(轂) 아래[49]에 있는데 토벌하여도 잡을 수가 없으니 사방의 야만인들에게 보여주기가 어렵게 되었는데, 다만 현명한 경조윤(京兆尹)을 뽑는다면 마침내 할 수 있을 것입니다."

이에 왕봉이 전 고릉(高陵, 섬서성 고릉현) 현령인 왕존(王尊)을 추천하니 징소하여 간대부(諫大夫)로 삼고 수경보도위(守京輔都尉)로 하여 행경조윤사(行京兆尹事)로 하였다. 순월(旬月)에 도적들이 깨끗해지자 뒤에 벼슬을 주어 경조윤으로 삼았다.[50]

10   황상이 즉위한 초기에 승상 광형이 다시 상주하였다.

"사성(射聲)교위[51] 진탕(陳湯)은 이이천석(吏二千石)으로 받들어서

---

49 곡(轂)이란 수레의 바퀴로 여기서는 연곡(輦轂), 즉 천자의 수레를 말하고, 결국은 아주 가까이 있다는 것이며 궁궐 가까이를 말한다.

50 수경보도위(守京輔都尉)에서 수는 수직(守職)을 의미하는 것으로 시보(試補)적 성격을 띠면서 임명되는 관직이고, 행경조윤사(行京兆尹事)에서 행은 행직으로 본래의 직책을 가지고 있으면서 다른 업무를 임시로 대행하게 하는 관리 임명제도로 여기서는 경조윤의 업무를 수행하는 직책이며, 순월(旬月)은 열흘 혹은 한 달이라는 의미로 그다지 긴 시간이 아님을 의미한다.

51 무제는 북군에 8교위를 두었는데, 사성교위는 그 가운데 하나이다.

사절이 되었는데, 만이(蠻夷)들 속에서 명령을 오로지하여 처신을 올바로 하여 아랫사람들보다 먼저 하지 아니하고 거두어들인바 강거의 재물을 도적질하고 관속들에게 경계하여 말하였습니다. '멀리 떨어진 지역에서의 일은 따지지 않는다.' 비록 사면하기 전에 있었지만[52] 마땅히 그 자리에 두어서는 안 됩니다."

진탕은 연루되어 면직되었다.

뒤에 진탕이 말씀을 올렸다.

"강거왕(康居王)의 시자(侍子)[53]는 왕자가 아닙니다."

조사를 해보니 실제로 왕자였다. 진탕은 옥에 갇혀 사형을 받았다.

태중대부(太中大夫) 곡영(谷永)[54]이 상소하여 진탕을 변호하였다.

"신(臣)이 듣건대 초(楚)에 자옥(子玉)인 득신(得臣)이라는 사람이 있으니 문공(文公)은 이 때문에 좌불안석(坐不安席)이었고,[55] 조(趙)에 염파(廉頗)와 마복(馬服; 마복군, 趙奢)이 있으니 강한 진(秦)도 감히 정형구(井陘口, 태행산맥 가운데 조나라의 서쪽에 있는 험한 길목)를 군사로 살피지 못하고, 근래에 한(漢)에 질도(郅都)와 위상(魏尙)[56]이 있으니

---

52 이 일은 경녕 원년(기원전 33년) 7월에 있었는데, 사면령이 있기 전의 일이다.

53 황제를 시중드는 아들이라는 말로, 강거왕의 아들이 인질로 보내온 것을 가리키는 말인데, 실제로는 진짜 강거왕의 아들이 아니라는 말이다.

54 지난여름에 곡영은 광록대부가 벌써 되었는데, 여기에서 그보다 하급직인 태중대부로 기록한 것은 착오일 것이다.

55 자옥은 초나라의 대부였으며, 득신은 그의 이름이다. 《춘추》 희공(僖公) 18년(기원전 632년)에 초의 득신이 군사를 이끌고 진(晉) 문공의 군사와 성복에서 싸워서 크게 패하였다. 이때에 진의 군사들은 크게 기뻐하였으나, 문공은 '오히려 득신이 아직도 초에 있기 때문에 근심이 없어지지 아니하였다'고 하였다.

56 경제가 질도를 안문(산서성 우옥현) 태수로 삼으니 흉노들이 그 소문을 듣고

흉노(匈奴)들이 감히 남쪽으로 사막을 향하지 아니하였습니다.

이로부터 이를 말한다면 전쟁에서 승리한 장수는 나라의 조아(爪牙)[57]이니 중히 여기지 않으면 안 됩니다. 대개 군자[임금]가 북 치는 소리를 듣게 되면 장수가 될 만한 신하를 생각하게 됩니다. 가만히 보건 대 관내후 진탕은 전에 질지를 참수하여서 위엄은 수많은 만족(蠻族)들을 떨게 하였고, 무위(武威)는 서해에 드날렸으니, 한의 초기 이래로 역외(域外, 중원 밖)를 정벌한 장수로 아직 일찍이 없었던 사람입니다.

지금 진탕은 말을 한 것의 옳고 그른 것에 연루되어서 죄수로 유폐되어 오래 갇혀있고, 세월이 지나가도 해결되지 않고 있는데, 법을 다루는 관리가 그를 대벽(大辟)으로 몰고 가고자 합니다. 옛날에 백기(白起)가 진(秦)의 장수가 되어 남쪽으로 가서 영도(郢都, 호북성 강릉현)를 뽑고 북쪽으로는 조괄(趙括)을 묻었는데, 섬개(纖芥, 겨불)같은 허물로 두우(杜郵)에서 죽음을 내렸더니[58] 진(秦)의 백성들이 그를 가련하게 생각하고 눈물을 흘리지 않는 사람이 없었습니다.

지금 진탕은 친히 부월(斧鉞)을 잡고 만 리 밖에서 석권(席卷)하고 피를 뿌렸고 그 공로를 조상의 사당에 바치고 상제(上帝)에게도 보고 하였으며, 갑옷을 입은 병사들은 그 뜻을 사모하지 않는 사람이 없습니다. 사건을 말한 것으로 죄를 삼은 것이지 뚜렷한 악은 없습니다.

군사를 이끌고 가버렸으며, 질도가 죽은 후에도 감히 안문에 가까이 오지를 못하였다. 위상은 운중 태수였으며, 이 사건은 문제 14년(기원전 166년)에 있었고, 그 내용은 《자치통감》 권15에 실려 있다.

57 손톱이나 이빨을 말하는 것이지만 사나운 것을 의미하며, 주로 목숨을 걸고 전투하는 사람을 가리키는 말이다.

58 이 사건은 주 난왕 58년(기원전 257년)의 일이다.

《주서(周書)》에서 말하였습니다. '다른 사람의 공로를 기억하고, 다른 사람의 허물을 잊어버린다면 마땅히 군주가 될 사람이다.' 무릇 개나 말이라도 다른 사람에게 수고를 하였다면 오히려 장막으로 덮어서 보답을 해주는데,[59] 하물며 나라의 공신(功臣)에게 있어서이겠습니까?

가만히 생각하건대 폐하께서 북을 치는 소리를 소홀히 생각하시고, 《주서(周書)》의 뜻을 살피지 않고, 장막으로 덮는 시혜를 잊을까 두려우니, 보통의 신하로 진탕을 대우하셔서 끝내 이(吏, 형리)의 논의를 좇으신다면 백성들로 하여금 걱정하며 진(秦)의 백성들이 가졌던 한(恨)을 갖게 할 것이니, 죽음과 곤란을 무릅쓴 신하를 격려하는 것이 되지 않습니다."

편지가 상주되자 처자는 진탕을 내보내고 작위를 빼앗고 사오(士伍)로 삼았다.

마침 서역도호 단회종(段會宗)이 오손(烏孫)의 병사들에게 포위되어, 역마로 편지를 올리고, 성곽(城郭)과 돈황(敦煌)의 병사를 징발하여 스스로 구원하기를 원하였는데, 승상 왕상(王商)[60]과 대장군 왕봉(王鳳) 그리고 백관들이 며칠 동안 의논하였는데 결정하지 못하였다.

왕봉이 말하였다.

"진탕은 계책이 많고 외국에 관한 일을 익히고 있으니 물어볼 수 있습니다."

황상이 부르니 진탕이 선실(宣室)[61]에 나타났다. 진탕은 질지를 공격

---

59 자기 집에게 키우던 개가 죽으면 버리지 않고 장막으로 덮어서 묻어 준다는 말이다. 《예기》에 '찢어진 장막을 버리지 마라, 두었다가 죽은 말을 매장할 것이다. 해진 삼태기를 버리지 마라, 두었다가 죽은 개를 묻는데 쓸 것이다.'라는 말이 있다.

60 태후의 집안사람이 아니다.

할 때에 찬바람을 맞아서 두 어깨에 병이 들어 굽혔다 폈다 하지 못하
자, 진탕이 들어가서 알현하는데 조서를 내려서 절을 하지 말게 하고
단회종의 상주문을 보였다.

진탕이 대답하였다.

"신은 이것은 반드시 걱정할 만한 것이 없다고 생각합니다."

황상이 말하였다.

"어찌하여 그렇게 말하는가?"

진탕이 말하였다.

"무릇 호(胡, 흉노)의 병사 다섯이 한(漢)의 병사 한 명을 감당합니다.
왜입니까? 병사의 칼은 무디고 궁노(弓弩)는 날카롭지 않습니다. 이제
듣건대 자못 저들이 한의 기교를 얻었다고 하지만 그러나 오히려 셋
이 하나를 감당할 것입니다. 또《병법》에 '객병(客兵)은 배이고 주인(主
人)[62]은 반이고 그런 다음에야 대적한다.'고 하였습니다. 지금 단종회
를 포위하고 있는 사람의 무리는 단종회를 이기기에는 부족하니 오직
폐하께서는 걱정하지 마십시오.

또 군사들은 가볍게 가도 50리이고, 무겁게 가면 30리인데, 지금 단
종회가 성곽과 돈황의 군사들을 징발하고자 하지만 시간이 지나야 도
착하게 되며, 이른바 보복하는 군사이지 급한 것을 구원하는 용도는 되
지 못할 것입니다."

황상이 말하였다.

---

61 미앙궁에 있는 방이다.

62 객병이란 다른 곳에서 온 군사를 말하며, 따라서 공격하러 온 군사를 말한다.
    주인은 자기 지역을 지키는 군사를 말한다.

"어떻게 해야 하는가? 그곳이 풀리는 것이 분명할 수 있는가? 어느 때에 풀릴지 헤아려 보라."

진탕은 오손은 와합(瓦合)[63]이어서 오래 공격할 수 없으니 그러므로 일이 며칠에 지나지 않을 것임을 알고서 이어서 대답하였다.

"이미 포위가 풀렸습니다."

손가락을 굽혀서 날짜를 계산하고서 말하였다.

"닷새를 넘기지 아니하여 마땅히 좋은 소식이 들릴 것입니다."

나흘을 있으니 군서(軍書)가 도착하여 이미 포위가 풀렸다고 말하였다. 대장군 왕봉이 종사중랑(從事中郞)[64]으로 삼게 해달라고 상주하고는 막부의 일은 모두 진탕에게서 결정하도록 하였다.

성제 하평 원년(癸巳, 기원전 28년)

1   봄에 두흠(杜欽)이 건위(犍爲, 사천성 宜賓市) 사람 왕연세(王延世)를 왕봉에게 천거하여서 둑이 터진 황하를 막게 하였다. 왕봉은 왕세연을 하제사자(河隄使者)[65]로 삼았다. 왕연세는 대나무로 길이가 4장(丈)이 되는 것을 만들어 놓았는데, 그 크기는 아홉 둘레였고, 작은 돌을 꽉 채워 넣고 두 척의 배로 이것을 끼워서 실어다가 이를 내려놓았

---

63 기왓장을 모아 놓은 것을 말하는데, 이는 군대로 말하면 오합지졸을 말한다.

64 한대에 대장군부에는 종사중랑이 두 명 있었는데, 녹질은 600석이며 참모의 직책이었다.

65 황하의 제방을 책임진 사자라는 말로, 황하의 치수감독에 해당하는 직책이다.

다. 36일에 황하의 제방이 완성되었다.

3월, 조서를 내려서 왕연세를 광록대부로 삼고, 녹질을 중이천석으로 하며 작위로 관내후를 내리고 황금 100근을 주었다.

2 여름, 4월 그믐 기해일에 일식이 있었다. 공경과 백관들에게 조서를 내려서 과실을 진술하게 하였는데, 거리끼는 것이 없이 하게 하고, 천하를 크게 사면하였다.

광록대부 유향(劉向)이 대답하였다.

"4월에서 5월로 넘어가는 때이니, 달은 효혜제 시대와 같고,[66] 날짜는 효소제 때와 같으니, 그 점괘로는 아마도 후사(後嗣)에 해가 되는 것일까 두렵습니다."

이때에 허황후만이 오직 총애를 받고 있어서 후궁들은 나아가 알현할 기회가 드물었고, 안팎의 모든 사람들이 모두 황상이 후사를 잇지 못할까 걱정하였으니, 그러므로 두흠과 곡영과 유향이 대답한 것에서는 모두 이를 언급하였다.

황상은 이에 초방(椒房, 황후의 방)과 액정(掖庭)의 씀씀이를 줄이고 어복(御服)과 수레와 가마 가운데 여러 관서에서 징발한 것과 만든 것을 외가(外家)와 여러 신첩(臣妾)에게 하사하는 것은 모두 경녕(竟寧) 이전의 옛날대로 하게 하였다.

---

66 혜제 7년(기원전 181년) 5월 정묘일(29일)에 일식이 있었는데, 그믐보다 하루 전이었으며, 지금은 4월 기해일이어서 그믐에 일식이 있었으니, 그러므로 4월에서 5월로 접어들어서 달은 효혜제와 같다고 하였고, 효소제 원년(기원전 80일) 7월 그믐(30일) 기해일에 일식이 있었으니, 그러므로 날짜는 효소제 때와 같다고 하였다. 두 황제는 모두 안가(晏駕)한 후에 후사가 없었다.

황후가 편지를 올려서 스스로의 생각을 진술하였다.

"시절과 시대에 따라서 제도도 다르고, 장점과 단점은 서로 보충하는데, 한(漢)의 제도를 벗어나지 않을 뿐이고, 아주 작은 것 사이에서도 반드시 같아야 되는 것이 아닙니다. 만약에 경녕 이전이라면 황룡(黃龍)이전[67]과 어찌 서로 모방하였겠습니까?

가리(家吏)들이 알지를 못하는데, 지금 이 같은 조서를 한 번 받으니 또한 첩(妾)[68]으로 하여금 손을 움직이려고 하여도 둘 수가 없게 하였습니다. 첩이 어떤 병풍을 어떤 곳에 펴놓으려고 하지만 '옛일에 없습니다.'라고 하여 혹은 할 수 없게 되니 반드시 조서를 가지고 첩을 묶게 될 것입니다. 이것은 진실로 실행될 수 없는 것이니, 오직 폐하께서 살펴주시기를 바랍니다.

옛날에 특우(特牛)를 가지고 할아버지 대후(戴侯)와 경후(敬侯)[69]에게 제사를 지냈다가 모두 황상의 은혜를 입어서 태뢰(太牢)[70]로 제사를 지냈는데, 지금은 마땅히 일률적으로 옛날처럼 하여야 하게 되었으니, 오직 폐하께서 이를 애달프게 보아 주십시오.

지금 관리들이 처음으로 조서를 받아서 읽고 바로 미리 황후로 하여

---

67 경녕은 원제 때의 연호인데 기원전 33년에서 시작하고, 황룡은 선제 때의 연호인데 기원전 49년에서 시작한다.

68 허황후가 스스로를 낮추어서 지칭한 것이다.

69 평은대후(平恩戴侯) 허광한(許廣漢)과 평은경후(平恩敬侯) 허연수(許延壽)는 허황후의 할아버지이다. 허황후의 아버지 허가(許嘉)는 허연수의 아들로 허광한의 뒤를 이었기 때문에 허황후에게는 두 사람이 다 할아버지가 된다.

70 제사 때에 소만 사용하는 것은 특우이고 소와 돼지, 그리고 양을 동시에 사용하는 것을 태뢰라고 한다.

금 이를 알게 하면서 다시는 사사로운 창고에서 갖고 있는 것처럼 할 수가 없게 하였습니다. 그 싹이 첩을 제약하기 위한 것이지만 아마도 사람의 도리를 잃어버릴까 두렵습니다. 오직 황제께서 깊이 살펴 주십시오.”

황상은 이에 곡영과 유향이 말한바 재이(災異)의 허물이 모두 후궁에 있다는 뜻을 채택하여서 이를 알려 주고 또한 말하였다.

“관리들이 법에 구속되는 것 역시 어찌 충분히 허물이 되겠소? 대개 굽어진 것을 고쳐서 곧게 지나게 하는 것은 옛날이나 오늘날이나 똑같소. 또 재물을 절약하여 특우로 제사 지내게 한 것인데 그것이 황후에게 있어서는 부조하는 아름다운 덕행이 되어서 화려한 찬양을 받을 것이오. 허물되는 뿌리를 제거하지 않으면 재이와 변고가 서로 이어서 닥치니 조종(祖宗)은 또 혈식(血食)[71]을 받지 못할 형편인데, 어찌 대후(戴侯)이겠소? 전하여지는 것에 말하지 않았소? ‘절약함으로써 이를 실수하는 사람은 아주 적다.’[72] 황후를 살피건대 그 사치함을 좇으려는 것이오?

짐(朕)은 또 마땅히 효무황제를 본받겠는데, 이와 같이 한다면 감천(甘泉, 감천궁)과 건장(建章, 건장궁)은 다시 일으킬 수 있을 것이오. 효문황제는 짐의 스승이오. 황태후는 황후의 만들어진 법도요. 설사 태후가 그 시절에는 직분대로 지내지를 못하였다[73]고 하지만 지금 가깝고 후한 대접을 받고 있는데 또한 어찌하여 그 정도를 뛰어넘으려고 하시오! 황후는 마음에 새기고 덕을 갖도록 하며 겸손하고 절약하는 것을 우선

---

71 고대에는 희생의 피를 취하여 제사를 지냈다.

72 《논어》에 나오는 말이다.

73 지금의 황태후인 왕정군은 황후 때에 원제에게 총애를 받지 못하였다.

으로 하여 내려주어 여러 첩실들에게 모범을 보여서 본받게 하시오."

3   급사중인 평릉(平陵, 섬서성 함양시) 사람 평당(平當)이 말씀을 올렸다.

"태상황(太上皇, 유방의 아버지인 劉執嘉)은 한의 시조인데, 그 침묘원(寢廟園)을 철폐한 것[74]은 옳지 않습니다."

황상 역시 뒤를 이을 후사가 없어서 드디어 평당의 말을 받아 들였다. 가을, 9월에 태상황의 침묘원을 복구하였다.

4   조서를 내려서 말하였다.

"지금 대벽의 형(刑)은 1천여 조목이나 되어 율령(律令)이 번잡하고 많아 1백여만 글자이다. 기청(奇請)과 타비(他比)[75]가 날로 증가하여 더욱 많아지고 있다. 스스로 훤히 법을 익힌 사람도 말미암은 것을 모르니, 많은 서인들에게 알리려고 한다 하여도 역시 어렵지 아니한가?

근본인 백성들을 걸리게 하여 죄 없이 일찍 끊어버리게 하니 어찌 슬프지 아니한가? 그러니 사형을 줄이고 없애고 생략하고 줄여서 비교하여 쉽게 알 수 있도록 논의하여 조문을 만들어서 상주하라."

그때에 유사(有司)들은 황상의 뜻을 넓게 이해할 수 없어서 헛되이 미세한 것을 가지고 몇 가지 일을 조금 들어내서 조서를 막으려고

---

74 이 일은 원제 경녕 원년(기원전 33년)에 있었고, 그 내용은 《자치통감》권29에 실려 있다.

75 기청이라는 말은 법률상 명문 규정이 없어서 처벌할 수 없는데, 주관하는 사람이 따로 청하여 정죄(定罪)하는 것이며, 타비는 다른 법률 조문을 갖다가 붙여서 죄를 씌우는 것이다.

하였을 뿐이다.

5   흉노(匈奴)의 선우가 우고림왕(右皐林王) 이야막연(伊邪莫演) 등을 파견하여 헌물을 받들고 와서 정월에 조하(朝賀)하였다.

성제 하평 2년(甲午, 기원전 27년)

1   봄에 이야막연이 마치고[76] 돌아가게 되자 스스로 말하였다.

  "항복하고 싶은데 바로 나를 받아주시지 않으면 나는 자살하겠으며 끝내 귀환하지 않겠습니다."

  사자(使者)가 보고하였고 공경(公卿)들에게 내려 보내어 의논하게 하였다. 의논하는 사람 가운데 어떤 사람은 말하였다.

  "의당 옛날의 사건처럼 그의 항복을 받아들여야 합니다."

  광록대부 곡영과 의랑(議郎) 두흠이 생각하였다.

  "한(漢)이 일어나고 나서 흉노는 자주 변경을 해쳤는데, 그러므로 금(金)과 작위(爵位)로 상주는 것을 마련하고 항복하는 사람들을 기다려 왔습니다. 지금 선우가 몸을 굽혀서 칭신하고 늘어서서 북방(北方)의 번속(藩屬)이 되고 사신을 파견하여 조하를 하였으니 두 마음을 품지 아니하였는데, 한가(漢家, 한 왕조)에서 그들을 맞이하는 것은 의당 지난 때와는 달라야 합니다.

  지금 이미 선우가 보낸 보빙(報聘)과 조공(朝貢)의 정성을 향유하고

---

76 한에 와서 조현(朝見)하고 이를 마쳤다는 말이다.

서 다시 그들의 도망한 신하를 받아들인다면 이는 한 지아비를 얻으려고 탐을 냈다가 한 나라의 마음을 잃게 되는 것이며, 죄를 지은 신하를 옹호(擁護)하다가 의로움을 흠모하는 임금과의 관계를 끊는 것입니다.

가령 선우가 처음 즉위하여서는 자신을 중국에 위탁하려고 하지만 이로울지 해로울지를 모르겠으므로 사사롭게 이야막연으로 하여금 거짓으로 항복하여 길흉(吉凶)을 점치려고 한 것이라면 이를 받아들이면 덕과 선(善)을 훼손할 것이고, 선우로 하여금 스스로 멀게 하고 변방에 있는 관리와 친하지 않는 것입니다. 어떤 사람은 반간(反間, 간첩)을 만들어 놓아서 이어 틈을 만들어 놓으려하는데, 이를 받아들이면 그들의 정책에 딱 맞아 들어가 굽은 것으로 돌아가게 하고 곧은 것으로 책임지게 할 것이니,[77] 이는 진실로 변경의 안위(安危)의 근원이며, 사려(師旅, 군대)가 움직일지 조용할지의 첫 머리이니 반드시 자세히 알아보아야 합니다. 안 받아서 해나 달과 같은 신의를 밝혀 속이려는 꾀를 억누르고 가까이하고 붙으려는 마음을 품어주게 하여 편하게 하는 것과 같지 않습니다."

주문을 대하고서 천자가 이를 좇았다.

중랑장 왕순(王舜)을 파견하여 항복하고자 하는 상황을 묻게 하였더니, 이야막연이 말하였다.

"나는 미친병이 들어서 망령된 말을 하였을 뿐입니다."

떠내 보냈다. 돌아갔는데, 관직의 지위는 옛날과 같았으며 한의 사절을 보려고 하지 아니하였다.

---

77 안사고는 '한에게 굽은 나라라고 하고, 곧고 의로움으로 와서 책망하게 하는 것이다.'라고 해석하였다.

2   여름, 4월에 초국(楚國, 감소성의 남부지역)에 우박이 떨어졌는데, 크기가 솥만 하였다.

3   산양왕(山陽王) 유강(劉康)을 옮겨서 정도왕(定陶王)으로 삼았다.

4   6월, 황상이 여러 외삼촌들을 모두 책봉하였는데, 왕담(王譚)은 평아후(平阿侯)로 삼고, 왕상(王商)은 성도후(成都侯)로 삼고, 왕립(王立)은 홍양후(紅陽侯)로 삼고, 왕근(王根)은 곡양후(曲陽侯)로 삼고, 왕봉시(王逢時)는 고평후(高平侯)로 삼았다. 다섯 명을 같은 날에 책봉하니, 그러므로 세상에서는 그들을 '오후(五侯)'라고 말하였다.

태후의 어머니인 이씨(李氏)는 다시 시집가서 하내(河內) 사람 구빈(苟賓)의 처가 되어서 아들 구참(苟參)을 낳았는데, 태후는 전분(田蚡)[78]의 예로 그에게 봉작(封爵)하고자 하였다. 황상이 말하였다.

"전씨(田氏)에게 봉작한 것은 바르지 않습니다."

구참을 시중·수형도위(水衡都尉)[79]로 삼았다.

---

78 전분과 효경황후는 동모이부(同母異父)의 관계였는데, 무제 때에 이로 인하여 봉작되었다.

79 수리시설에 관한 책임을 지는 직책이다.

왕존과 진립의 서이 평정

5 　어사대부 장충(張忠)이 경조윤(京兆尹) 왕존(王尊)은 포학하고 오만하다고 상주하여 왕존이 연루되어 면직되었는데, 이민(吏民)들은 대부분 그를 칭찬하고 애석하게 생각하였다.

호(湖, 하남성 靈寶縣의 북쪽)의 삼로(三老)인 공승흥(公乘興)[80] 등이 편지를 올려서 변호하였다.

"왕존이 경조(京兆)를 다스리면서 심하고 혼란한 것을 정리하고 포학한 것을 주살하고 사악한 것을 금지시키자 모두가 전에 바라던 것이었고 명장(名將)이 미치지 못하였던 것인데, 비록 벼슬을 받은 것이 진짜이지만 왕존 자신에게 아직 특별한 포상을 더하지 아니하였습니다.

지금 어사대부가 왕존은 '음양을 상하게 하여 해치고 국가의 걱정거리가 되며 조서를 이어 사용할 뜻을 갖고 있지 않으니 잘 다스리는 말을 하여 공손한 것 같으나 하늘을 속입니다.'라고 상주하였습니다.

원래 그 까닭은 어사승(御史丞) 양보(楊輔)에게서 나온 것인데, 평소

---

80 삼로는 교육담당관이고, 공승은 본래 13급의 작위 이름인데, 선조가 이 작위를 받은 후에 이것을 성으로 사용하였다.

에 왕존과 사사로운 원한[81]을 갖고 있어서 겉으로 공적인 일에 의거하여 계획을 세워 이러한 의론을 만들어내서 상주문을 붙이고 점점 무고를 하게 된 것이니, 신들은 가만히 아파하며 다쳤습니다.

왕존은 몸을 닦아 자기를 깨끗이 하고 절도를 벼려 공적인 일을 우선 수행하여 충고하고 찌르는 것에서는 장군이나 재상도 꺼리지 않으며, 악한 것을 주살하는 것에서는 호강(豪强)이라도 피하지를 아니하고, 통제되지 않는 도적을 주살하여 국가의 걱정거리를 해소시켰으니, 공로가 드러나고 직책을 잘 수행하여 위신(威信)이 없어지지 아니하였으므로 진실로 국가의 조아(爪牙) 같은 관리이며 절충(折衝)의 신하입니다.

지금 하루아침에 죄가 없이 원수의 손에 통제되고, 방해하고 속이는 글에서 손상을 받으니 위로는 공로로 죄를 제거할 수 없고, 아래로는 극목(棘木)[82]에서의 소리를 입을 수 없으며, 다만 원수의 치우쳐진 상주문에 가려서 공공(共工)[83]의 커다란 악행(惡行)을 하였다고 뒤집어

---

81 양보는 음험한 사람으로 법률조문을 이용하여 사람을 해치는 인물이었는데 왕존의 비서를 지낸 일이 있다. 한 번은 양보가 수레를 타고 왕존의 노복을 방문한 일이 있었는데, 이때에 두 사람이 충돌하게 되어 그 노복이 화가 나서 양보의 머리카락을 쥐고서 그의 뺨을 때렸다. 이때에 왕존의 조카인 왕굉(王閎)이 패도를 꺼내어 그를 죽이고자 하였다. 이로 인하여 양보는 그 화를 왕존에게 옮겨서 반드시 보복하고자 하였다. 왕존의 노복과 조카가 왜 양보에게 그렇게 무례한 일을 하였는지는 알 수 없으나, 여러 신분적 여건으로 보아서 양보가 그들에게 대단히 심한 일을 하였을 것으로 보인다.

82 《주례》에 보면 중요한 범죄는 극목 아래서 공경들이 상의하는 제도가 있었는데, 이를 말한다.

83 요임금 시절에 순(舜)이 공공을 공격하였는데, 그 죄목은 겉으로는 좋은 말을 하는데 행동은 악행을 한다는 것이었다.

썼으니, 원통한 죄를 진술할 수도 없습니다.

　왕존은 경사(京師)가 부서지고 혼란하여 여러 도적들이 함께 일어나니 현명한 사람으로 뽑혀 징발되어 쓰여서 집을 일으켜서 경(卿)까지 되었고, 도적들의 혼란은 이미 제거되었으나 힘 있는 교활한 무리들이 죄로 잡혀서 바로 간사함으로서 쫓겨났습니다. 왕존 한 사람의 몸으로 3년 동안 잠깐 현명하다가 잠깐 간사하다고 하니 어찌 심하지 않습니까?

　공자가 말하였습니다. '그를 아끼면 그를 살리고자 하고, 그를 미워하면 그를 죽이고자 하는데, 이것이 미혹이다.' '물이 침투하듯 참소하여서도 시행되지 않으면 밝음이라고 말할 수 있다.'[84] 바라건대 공경(公卿), 대부(大夫), 박사(博士), 의랑(議郞)들에게 내려 보내어 왕존의 평소의 행적을 조사하게 하십시오.

　무릇 신하 된 사람이 '음양을 상해하게 하였다'면 죽을죄를 지은 것이고, '잘 다스리는 말을 하지만 실제로 어겼다'면 방축되어 주살될 형벌입니다. 살펴보아서 만약에 어사대부의 상주문과 같다면 왕존은 마침내 관궐(觀闕) 아래 엎드려 주살되어야 하고, 아무도 안사는 지역으로 방축된다고 하여도 진실로 면죄될 수 없을 것인데, 왕존을 보장하고 추천한 사람은 마땅히 뽑아서 천거한 죄를 얻는데서 단지 그칠 것이 아닐 것입니다.

　바로 상주문과 같지 않다면 문장을 수식하는 것으로 깊이 비방하여 죄 없는 사람을 참소한 것도 또한 의당 주살되어야 하니, 참소하는 도

---

84 '그를 아끼면 그를 살리고자 하고, 그를 미워하면 그를 죽이고자 하는데, 이것이 미혹이다.'라는 말은 《논어(論語)》에 나오는 말로 번지(樊遲)에 대한 대답에 나와 있고, '물이 침투하듯 참소하여서도 시행되지 않으면 밝음이라고 말할 수 있다.'라는 말은 자장(子張)의 말에 대한 대답이다.

적의 입을 징계하여 속이는 길을 끊어주어야 합니다. 오직 밝으신 주군께서 상세하게 참작하시어 흑백(黑白)을 구별하여 주십시오."

상주문이 올라간 뒤에 천자는 다시 왕존을 서주 자사(徐州 刺史)로 삼았다.

6   야랑왕(夜郎王) 흥(興) · 구정왕(鉤町王) 우(禹) · 누와후(漏臥侯)[85] 유(兪)가 다시 병사를 일으켜서 서로 공격하였다. 장가(牂柯, 귀주성 평월현) 태수가 병사를 발동하여 흥(興) 등을 주살하게 해달라고 청하였다.

의논하였던 사람들은 길이 멀기 때문에 칠 수가 없다고 생각하고서 마침내 태중대부인 촉군(蜀郡, 사천성 성도시)의 장광(張匡)을 파견하여 지절(持節)을 가지고 화해시키게 하였다. 흥 등이 명령을 따르지 않고 나무에다 한의 관리처럼 새겨서 길옆에 세워 놓고 그것을 활로 쏘았다.

두흠이 대장군 왕봉에게 유세하였다.

"만이(蠻夷)의 왕후(王侯)는 한(漢)의 사절을 가벼이 보고 있어서 나라의 위엄을 거리끼지 않은데, 아마도 의논하는 사람들은 나약하여 다시 화해정책을 지키려고 할까 걱정이며, 태수가 움직임을 살펴서 변화가 있으면 마침내 보고할 것입니다. 이와 같이 하면 다시 한 계절을 허비하게 될 것이고, 왕후들은 그 무리들을 모아 수렵할 수 있게 되어 그들의 모의를 굳게 펴게 되고, 무리지어 돕는 것이 많게 되면 각기 분함을 이기지 못하여 반드시 서로 서로 죽일 것입니다.[86]

---

85 야랑은 귀주성 동재현(桐梓縣)이고, 구정은 운남성 통해현(通海縣)이며, 누와는 운남성 나평현(羅平縣)인데, 이 세 곳은 장가 태수에게 소속되어 있다.

86 이 지역도 한의 관리 하에 있기 때문에 자기들끼리 다투어도 한의 죄가 된다.

스스로 죄가 만들어진 것을 알게 되면 미친 듯이 태수(太守)와 도위
(都尉)를 범하게 되고, 멀리 따뜻하고 더운 독초(毒草)들이 있는 황무
지에 숨으니 비록 손무(孫武)와 오기(吳起) 같은 장수가 있고, 맹분(孟
賁)과 하육(夏育)[87] 같은 용사(勇士)가 있다 하더라도 만약에 물이나
불 속으로 들어간다면 반드시 타 죽거나 물에 빠져 죽을 것이니, 지혜
와 용기는 사용해 볼 곳이 없을 것입니다. 둔전(屯田)하여 이것을 지킨
다고 하여도 비용은 헤아릴 수 없는 양(量)이 될 것입니다.

마땅히 그 죄악이 아직 완성되지 아니하고, 한가(漢家)에서 주살하
려 한다는 의심을 품지 아니한 것을 통하여 몰래 그 옆의 군수(郡守)와
도위(都尉)에게 병사와 병마를 훈련시키게 명령하고, 대사농(大司農)
은 미리 요해처(要害處)에 곡식을 조달하여 쌓아 놓게 하고, 맡을 태수
를 선발하여 직책을 맡겨 가게 하는데, 가을이 되어 서늘해질 때에 들
어가서 그들 왕후 가운데 아주 불궤(不軌)한 사람을 주살하십시오.

바로 불모의 땅이고, 써먹을 수 없는 백성들이라고 생각된다면 성스
러운 임금께서는 중국을 수고시키지 마시고, 마땅히 군(郡)을 철폐하
고 그 백성들을 버리시며 그 왕후들과는 단절하고 다시 왕래하지 마십
시오. 만약에 먼저 돌아가신 황제께서 여러 세대를 걸쳐서 세워 두셨던
공로이어서 떨어뜨려 훼손시킬 수 없다면 역시 마땅히 그 싹 트는 것
을 이용하여 일찍 그것을 자르는데, 이미 형체가 만들어진 다음에 전투
하는 군사에 미친다면 많은 백성들이 해를 입습니다."

이에 왕봉은 금성(金城, 감숙성 蘭州市)의 사마(司馬)[88]인 임공(臨邛,

---

87 맹획과 하육은 고대의 대단한 용사이다.

88 한대에는 군의 태수와 도위 아래에 장사(長史)와 사마(司馬)를 두었는데, 사

사천성 工峽縣) 사람 진립(陳立)을 천거하여 장가(牂柯, 귀주성 平越縣) 태수로 삼았다.

진립이 장가에 이르러서 야랑왕 홍에게 유시(諭示)하여 알렸으나, 홍이 명령을 좇지 아니하자, 진립은 그를 주살하게 해달라고 청하였는데, 아직 회보하지 아니하였다. 마침내 수종하는 관리 수십 명과 나아가서 각 현을 순시하다가 홍(興)의 나라인 차동정(且同亭)[89]에 도착하여 홍을 불렀다. 홍은 수천 명을 거느리고 가서 차동정에 이르렀고, 읍군(邑君)[90] 수십 명을 따르게 하고 들어와서 진립을 만나 보았다.

진립은 죄를 헤아리며 나무라고 이어서 머리를 잘랐다. 읍군들이 말하였다.

"장군께서 형편없는 상황을 저지른 사람을 주살하여 백성들을 위하여 해로움을 제거하셨으니, 바라건대 나가서 병사들에게 알리겠습니다."

홍의 머리를 그들에게 보여 주니 모두 무기를 풀어놓고 항복하였다. 구정왕 우와 누와후인 유가 떨리고 두려워서 곡식 1천 곡(斛)과 소와 양을 들여보내어 이사(吏士)들을 위로하였다. 진립은 다시 군(郡, 장가군)으로 돌아왔다.

홍의 장인인 옹지(翁指)가 그의 아들인 야무(邪務)와 더불어 남은 병사들을 모으고, 이웃하는 22개의 읍을 협박하여 반란을 일으켰다. 겨울이 되자 진립은 여러 이적을 모집하게 하여달라고 상주문을 올리고

마는 군사에 관한 업무를 담당하는 직책이다.

89 야랑에 속된 정(亭)으로 귀주성 동재현(桐梓縣) 근처에 있다.

90 읍이란 사람들의 취락을 말하고 그곳의 우두머리를 읍군이라고 한 것이다.

도위(都尉)와 장사(長史)와 더불어 나누어 장차 옹지 등을 공격하려고
하였다. 옹지가 험한 곳에 보루를 쌓으니, 진립이 기습병으로 하여금
그들의 양도(糧道)를 끊게 하고 반간을 풀어놓아 그 무리들을 유인하
였다.

도위 만년(萬年)이 말하였다.

"군사는 오래 되어도 결판나지 않고 비용도 공급할 수 없습니다."

병사들을 이끌고 홀로 진격하였다가 패주하여 진립의 진영으로 향
하여 왔다. 진립이 화가 나서 휘하의 병사들을 질책하고 그들을 몽둥이
로 치게 하였다. 도위는 다시 돌아가서 싸웠고 진립은 그들을 구원하였
다. 그때는 큰 가뭄이 들어서 진립은 그들의 물길을 공격하여 잘랐다.
만이들이 함께 옹지를 참수하여 머리를 가지고 나와서 항복하니, 서이
(西夷)는 드디어 평정되었다.

성제 하평 3년(乙未, 기원전 26년)

1   봄, 정월에 초왕(楚王) 유효(劉囂)[91]가 와서 조현하였다. 2월 을
해일(11일)에 조서를 내려서 유효는 평소의 행실이 순수하고 넉넉하여
특히 색다른 것을 드러내고 그의 아들인 유훈(劉勳)을 책봉하여 광척
후(廣戚侯)로 하였다.

2   병술일(22일)에 건위(犍爲, 사천군 宜賓市)에 지진이 일어나서 산

---

91 선제의 아들이며, 이때의 황제인 성제의 숙부이다.

이 무너져 장강(長江)의 물을 막자 물이 거꾸로 흘렀다.

3   가을, 8월 그믐 을묘일에 일식이 있었다.

4   황상은 중비서(中秘書, 궁중에 보관된 비밀도서)가 거의 흩어지고 없어져서 알자(謁者) 진농(陳農)으로 하여금 천하에 현재 남겨진 책을 찾게 하였다. 광록대부 유향(劉向)에게 조서를 내려서 경전(經傳)·제자(諸子)·시부(詩賦)를 교정(校正)하게 하고, 보병교위 임굉(任宏)은 병서(兵書)를 교정하게 하며, 태사령 윤함(尹咸)은 수술(數術)을 교정하게 하고, 시의(侍醫) 이주국(李柱國)은 방기(方技)⁹²를 교정하게 하였다. 매 하나의 책이 끝날 때마다 유향이 번번이 그 편목(篇目)을 정리하고 그 가리키는 뜻을 총괄하고, 이를 기록하여 상주하였다.·

5   유향은 왕씨(王氏)의 권위가 대단히 강성하고, 황상이 바야흐로 《시(詩)》와 《서(書)》 등의 고문(古文)에 관심을 가지니, 유향은 마침내 《상서홍범(尙書洪範)》을 통하여 상고시대부터 춘추시대·6국시대를 거쳐서 진(秦)·한대(漢代)의 상서로웠던 일과 재이(災異)에 관한 기록을 다 모으고, 진행된 상황을 추적하고 이어진 화복(禍福)을 덧붙여 놓았으며, 그 점의 들어맞음을 들어내어서 비슷한 것끼리 함께 늘어놓고 각기 조목을 만드니, 무릇 11개 편(篇)인데, 이름을 《홍범오행전론(洪範五行傳論)》이라고 하여 이를 상주하였다.

천자는 마음으로 유향의 충성심과 정성을 아니, 그러므로 왕봉의 형

---

92 수술은 점복(占卜)에 관한 책을 말하며, 방기는 의약에 관한 책을 말한다.

제들 때문에 이 책을 시작하였으나 끝내 왕씨들의 권한을 빼앗을 수는 없었다.

6   하(河, 황하)가 다시금 평원(平原, 산동성 평원현)에서 터져서 물이 제남(濟南, 산동성 歷城縣)과 천승(千乘, 산동성 高苑縣)으로 들어갔고, 파괴된 것은 건시(建始) 연간[93]의 반이었다. 다시 왕연세(王延世)와 승상사(丞相史) 양언(楊焉) 그리고 장작대장(將作大匠)[94] 허상(許商)·간대부(諫大夫) 승마연년(乘馬延年)을 파견하여 함께 처리하도록 하였다.

6개월에 마침내 완성하였다. 다시 왕연세에게 황금 100근을 하사하였다. 황하를 치수하였던 졸병으로 평고(平賈)를 받지 못한 사람은 외요(外繇) 6개월로 저록하였다.[95]

성제 하평 4년(丙申, 기원전 25년)

1   봄, 정월에 흉노의 선우가 와서 조현(朝見)하였다.

2   천하의 도형(徒刑)에 처해진 사람들을 사면하였다.

---

93 3년 전인 건시 4년(기원전 29년) 가을에 황하가 범람하였다.

94 승상사는 승상부의 비서직이며, 장작대장은 건축을 담당하는 직책이다.

95 평고(平賈)란 전(錢)으로 다른 사람을 사서 졸병 노릇을 하게 하는 것으로 그 당시의 고용의 평가를 고려한 것이며, 설에 의하면 평고 1개월에 2천 전을 준다고 되어 있으며, 외요(外繇)는 수변(戍邊) 즉 변방에 수자리를 서는 것을 말한다.

3 3월 초하루 계축일에 일식이 있었다.

4 낭아(琅邪, 산동성 諸城縣) 태수 양융(楊肜)이 왕봉과 혼인을 맺었는데, 그 군(郡, 낭야군)에 재해(災害)가 있자, 승상 왕상(王商)[96]이 이를 살펴 물었다. 왕봉이 청탁을 하였으나 왕상은 들어주지 않고 끝내는 양융을 면직시키도록 주청을 하였지만, 주문은 결과적으로 잠자고 내려가지 아니하였다.[97]

왕봉은 이것으로 왕상을 원망하였으며 몰래 그의 단점을 찾았고, 빈양(頻陽, 섬서성 富平縣) 사람 경정(耿定)으로 하여금 편지를 올리게 하여 말하였다.

"왕상은 그 아버지가 친하게 지내는 비녀(婢女)와 간통을 하였으며, 여동생과 음란하기에 이르렀고, 노복(奴僕)은 그녀의 간부(姦夫)를 죽였는데, 의심하건대 왕상이 가르쳐서 시킨 것입니다."

천자는 이것은 증명하기 어려운 허물이며, 대신(大臣)을 다치게 하기에는 부족한 것이라고 생각하였다. 왕봉이 굳게 다투니 그 사건을 사예(司隷)교위에게 내려 보내게 하였다. 태중대부(太中大夫)인 촉군(蜀郡, 사천성 成都市)의 장광(張匡)은 평소에 아첨하고 교묘하여 다시 편지를 올려서 왕상을 지나친 말로 비난하였다. 유사(有司)가 왕상을 불러서 조옥(詔獄)에 가게 해달라고 주청하였다. 황상은 평소에 왕상을 존중하였고, 이 장광의 말은 대부분 험담으로 알았으므로 제(制)로 말

---

96 성제의 어머니인 왕정군의 친가쪽 사람이 아니고, 현재 황제의 할아버지인 선제의 어머니 친정계통의 사람이다.

97 정상적인 상태라면 재상이 어떤 관원을 탄핵하면 즉시 비답(批答)이 내려오게 되어 있다.

하였다.

"치죄(治罪)하지 마라."

왕봉은 굳게 이것을 주장하였다.

여름, 4월 임인일(20일)에 조서를 내려서 왕상의 승상 인수(印綬)를 거두어들였다. 왕상이 승상에서 면직되고 사흘 만에 병이 나서 피를 토하며 죽으니, 시호(諡號)를 여후(戾侯)라고 하였다. 그러나 왕상의 자제와 친척들로 부마도위(駙馬都尉)·시중·중상시(中常侍)·제조(諸曹)·대부(大夫)·낭이(郎吏)[98]였던 사람들은 모두 내보내어 관리로 보임되고 급사(給事)와 숙위(宿衛)로 남을 수 있게 된 사람은 없었다. 유사(有司)가 국읍(國邑)[99]을 없애기를 주청하니, 조서를 내렸다.

"맏아들 왕안(王安)은 작위(爵位)를 이어받아서 낙창후(樂昌侯)로 하라."

5 황상이 태자가 되면서 연작(蓮勺, 섬서성 渭南縣의 동북쪽) 사람 장우(張禹)에게 《논어(論語)》를 배웠는데, 즉위하게 되자 작위를 하사하여 관내후로 하고, 벼슬을 주어 제리(諸吏)·광록대부로 하고 녹질은 중이천석으로 하며, 급사중(給事中)으로 하며, 영상서사(領尙書事)[100]로

---

98 이 직함들은 거의 황제 주변에서 일을 보는 것이었다. 부마도위은 황제의 어마를 관리하는 직책이고, 시중은 궁중에서 황제를 수종하는 직책이며, 제조는 궁정 사무의 각 분과를 책임지는 자리이며, 중상시는 황제의 침궁의 수종관이다. 그 외에 대부는 국무회의에 참여하는 사람이고, 낭이도 하급직이지만 궁중에서 일을 하는 직책이다.

99 작위를 받은 사람은 그 작위에 따라서 국(國) 또는 읍(邑)을 하사 받는 것이다.

100 영직(領職)이다. 본직을 가지고 있으면서 다른 업무를 관장하도록 하는 관리 임용 방법인데, 이 경우에는 상서들의 업무를 총괄하는 직책이다.

하였다.

　장우는 왕봉과 나란히 상서(尙書)의 일을 관장하게 되니, 속으로 스스로 편안하지 아니하여 자주 병이 났는데, 편지를 올려서 해골(骸骨)하기를 빌어서 물러나서 왕봉에게 피하고자 하였으나 황상은 허락하지 아니하고 위무하고 더욱 후하게 대우하였다. 6월 병술일(5일)에 장우를 승상으로 삼고 창안후(安昌侯)로 책봉하였다.

6　경술일(29일)에 초의 효왕(孝王)인 유효(劉囂)가 죽었다.

7　애초에, 무제(武帝)가 서역과 왕래할 때 계빈(罽賓)[101]은 스스로 멀리 떨어져 있어서 한(漢)의 군사가 갈 수가 없자 홀로 복종하지 아니하고 자주 한의 사절을 겁탈하고 죽였다. 오래 지나서 한의 사자(使者)인 문충(文忠)과 용굴왕(容屈王)의 아들인 음말부(陰末赴)가 합쳐서 모의하여 그 왕을 공격하여 죽이고 음말부를 세워서 계빈왕으로 삼았다.

　뒤에 군후(軍侯) 조덕(趙德)이 계빈에 사절로 갔다가 음말부와 뜻이 서로 잘 맞지가 않자 음말부는 조덕을 오래 가두고 부사(副使) 이하 70여 명을 죽이고 사절을 파견하여 편지를 올리고 사과하였다. 효원제는 그곳이 동떨어진 먼 지역이어서 받지 아니하고 그들의 사자를 현도(縣度, 파키스탄과 중국의 경계)로 방축(放逐)하고 단절하고 왕래하지 아니하였다.

　황제[현 황제인 성제]가 즉위하게 되자 다시 사절을 파견하여 사죄하

101　인도와 파키스탄의 중간에 있는 나라이다. 히말라야 산과 카라쿨론 산의 남쪽, 즉 카시미르 지역이다. 따라서 이곳에서 서안까지는 직선거리로 약 3천km 정도 떨어져 있다.

였다. 한에서는 사절을 파견하여 그 사절들을 호송하려고 하였다.

두흠(杜欽)이 왕봉에게 말하였다.

"전에 계빈왕 음말부는 본래 한(漢)에서 세웠는데, 뒤에 가서 갑자기 반역하였습니다. 무릇 은덕에는 나라를 가지고 백성을 자식으로 생각하는 것보다 더 큰 것은 없고, 죄는 사절을 죽이는 것보다 더 큰 것이 없는데,[102] 은덕에 보답하지 아니하고 주살될 것을 두려워하지 않은 까닭은 스스로는 멀리 떨어져 있어서 군사가 그곳에 도착하지 못할 것이라고 알기 때문입니다.

구할 것이 있으면 말을 낮추고, 바랄 것이 없으면 교만하여져서 끝내 품어 복종시킬 수 없습니다. 무릇 중국이 만이(蠻夷)들과 왕래를 하면서 후하게 해 주고 그들이 구하는 것을 만족시켜 주는 것은 영토와 가까이 있어서 침구(侵寇)하기 때문입니다. 지금 현도의 험함은 계빈이 넘을 수 있는 곳이 아니고, 그들이 흠모한다고 하여도 서역을 안정시키기에는 부족하며, 비록 귀부하지 않는다고 하여도 성곽(城郭)을 위험하게 할 수 없습니다.[103]

전에 친히 사절을 거역하고 악함을 서역에 폭로하였으니, 그러므로 끊고 왕래하지 아니하였는데, 지금에 허물을 후회하고서 왔지만 친속(親屬)이나 귀인(貴人)이 없고 물건을 받들어 바치는 사람도 모두 장사하는 천인(賤人)들이어서 물건을 교환하고 사고팔고자 하며 바친다는 것을 명목으로 하는 것이니, 그러므로 사절들을 번거롭게 하여 호송하

---

102 음말부를 한에서 계빈의 임금으로 옹립하였는데, 한의 사절을 죽였으므로 음말부는 가장 큰 은덕을 입고도 가장 큰 죄악을 범하였다는 뜻이다.

103 중국의 서부 지역과 계빈국 사이에는 교통로가 험하기 때문에 피차간의 왕래가 불가능하므로 피차 영향을 줄 수 있는 처지가 아니라는 뜻이다.

여 현도까지 보내면, 실속을 잃고 속임을 당할까 걱정입니다.

무릇 사절을 파견하여 손님을 호송하는 것은 노략질 당하는 피해를 방지하고 보호하려고 하는 것입니다. 피산(皮山, 신강 피산현)에서 시작하여 남쪽으로는 다시 한에 복속하지 않은 나라가 네댓이 있는데, 척후병사(斥候兵士) 100여 명을 5개조로 나누어 밤에 조두(刁斗)[104]를 두드리며 스스로 지키지만 오히려 때로 침입하여 도둑질 당하고 있습니다.

나귀에 양식을 실어 가지고 여러 나라가 식량을 공급하기를 기다려야 스스로 충족할 수 있습니다. 나라가 혹 가난하고 작아서 먹을 것을 공급할 수 없고, 혹 사나워서 공급하려고 하지 아니하니, 강력한 한의 부절(符節)을 가지고도 산골짜기에서 배를 주리다가 구걸을 하고, 구걸을 하려고 하여도 얻어먹을 것이 없게 되니, 떠나서 10~20일이면 사람과 가축도 황야에서 버리고 덜어내어 돌아오지 못합니다.

또 대두통산(大頭痛山)과 소두통산(小頭痛山)을 지나고 적토(赤土)와 신열(身熱)의 비탈길을 거치면 사람들은 몸에 열이 나고 얼굴에는 색도 없고 두통과 구토를 하게 되는데 나귀도 모두 그러합니다. 또 삼지반(三池盤)과 석판도(石阪道)[105]가 있어서, 좁은 곳은 1자[尺] 6~7촌(寸)이고, 긴 곳은 길이가 30리(里)이고 깊고 험한데 다가가면 헤아리기가 어렵게 깊으니, 가는 사람은 말과 걸어가는 사람이 서로 의지를 하고 끈을 묶어서 서로 이끌면서 2천여 리를 가야 현도[카라코롬

---

104 쟁개비와 징을 겸한 군용도구이다. 또는 놋쇠로 만든 한말들이 그릇으로 낮에는 취사도구로 쓰고 밤에는 진의 경계를 위하여 두드린다.

105 대두통산·소두통산·적토·신열 그리고 삼지반과 석판도는 모두 지명인데, 카라코롬 산맥을 통과하는 길에서 그 특색에 따라서 붙여진 것이다. 예컨대 두통산이란 고산지대여서 공기가 희박하여 머리가 아프기 때문에 붙여진 것 같다.

산의 입구]에 도착하게 됩니다.

짐승이 떨어지면 골짜기의 반을 못 가서 몸이 다 부서지고, 사람이 떨어지면 그 형편은 그 모습을 찾아볼 수가 없게 되니, 험하고 막혀서 위험하고 해롭기가 말로 다할 수 없습니다.

성스러운 왕(王)께서는 9주(州)로 나누고, 5복(服)[106]을 만들어서 안을 번성하게 하는데 힘쓰고 밖에서 구하려고 하지 아니하였지만, 지금 사자를 파견하여 지극히 존귀하신 분의 명령을 받들고 만이(蠻夷)의 상인을 호송하며 이사(吏士)의 무리를 수고하게 하며 위험하고 어려운 길을 건너서 믿을 만한 사람들을 피폐하게 하여 쓸데없는 것들을 섬기는 것[107]은 장구한 계책이 아닙니다. 사절이 이미 부절(符節)을 받았으니, 피산에 이르렀다가 돌아오면 좋을 것입니다."

이에 왕봉은 두흠의 말을 좇았다.

계빈에서는 실제로 내려 주는 것과 장사하는 것을 이로움으로 생각하여 그 사절은 몇 년에 한 번씩 이르겠다고 말하였다.

---

106 하대(夏代)에 전국을 9개의 주로 나누어서 다스렸다고 하는데, 기주(冀州)·연주(兗州)·예주(豫州)·청주(靑州)·서주(徐州)·형주(荊州)·양주(揚州)·양주(梁州)·옹주(雍州)이며, 오복은 수도를 중심으로 500리씩 원형으로 구분하여, 안으로부터 전복(甸服)·후복(侯服)·수복(綏服)·요복(要服)·황복(荒服)이 그것이다.

107 믿을 만한 사람이라는 것은 중국의 관원을 말하는 것이고, 쓸데없는 사람들이란 계빈에서 사절로 온 상인들을 말한다.

왕봉을 제거하려다 오히려 죽은 왕장

성제 양삭 원년(丁酉, 기원전 24년)

1   봄, 2월 그믐 정미일에 일식이 있었다.

2   3월에 천하의 형도(刑徒)들을 사면하였다.

3   겨울에 경조윤(京兆尹)인 태산(泰山, 산동성 태안현) 사람 왕장(王章)이 하옥되어 죽었다.

그때에 대장군 왕봉이 용사(用事)하였고, 황상은 겸손하고 양보하면서 오로지하는 바가 없었다. 좌우에서 일찍이 광록대부 유향의 어린 아들인 유흠(劉歆)이 통달하고 특이한 재주가 있다고 추천하자 황상이 불러서 보았는데, 유흠이 시부(詩賦)를 읽어 외우니 이를 대단히 기뻐하여 중상시(中常侍)[108]로 삼고 싶어서 불러서 관복과 관모를 가져오게 하여 임석하여 벼슬을 주려고 하였는데, 좌우에서 모두 말하였다.

---

108 황제의 침소에서 수종을 드는 관리이다.

"아직 대장군이 모르고 있습니다."

황상이 말하였다.

"이것은 작은 일인데 어떻게 반드시 대장군이 관여한단 말인가?"

좌우에서는 머리를 조아리고 이를 가지고 굳게 다투자 황상은 왕봉에게 말하였고, 왕봉이 안 된다고 생각하니, 마침내 중지하였다.

왕씨(王氏)[109]의 자제들은 모두 경(卿)·대부(大夫)·시중(侍中)·제조(諸曹)가 되어 나누어서 권세 있는 관직을 점거하여 조정에 꽉 찼다. 두흠은 왕봉이 정치를 오로지하는 것이 너무 무겁다고 보고서 이를 경계하여 말하였다.

"바라건대 장군께서는 주공(周公)이 겸손하며 두려워하였던 것으로 말미암으시고, 양후(穰侯)와 같은 위엄을 덜어내며, 무안후(武安侯)와 같은 욕심을 버리셔서 범휴(范睢)[110]와 같은 무리들이 그 말 중간에 끼어들게 하지 마십시오."

왕봉은 듣지 아니하였다.

이때에 황상은 뒤를 이을 후사가 없었고, 몸은 항상 편안치가 아니하였다. 정도공왕(定陶共王)[111]이 와서 조현하는데, 태후와 황상은 돌아가신 황제의 뜻을 이어서 공왕(共王)을 아주 후하게 대우하며, 상을

---

109 성제의 외가인 왕씨 집안을 말한다.

110 주 때에 주공은 성왕의 삼촌으로 성왕을 도와서 정치를 하면서 겸손하면서도 두려워하였다. 양후는 위염(魏冉)으로 진(秦)시대에 10년 동안이나 정권을 잡고 있었다. 무안후는 전분(田蚡)으로 무제 때 재상을 지내면서 탐욕을 부렸다. 또한 범휴는 위에서 곤욕을 치르다가 진으로 와서 재상이 되어 위를 보복하였다. 양후와 범휴의 사건은 주 난왕 49년(기원전 266년)의 일이고, 전분에 관한 사건은 무제 건원 6년(기원전 135년)에 있었다.

111 현재의 황제인 성제의 이복동생인 유강(劉康)이고, 공왕은 그의 시호이다.

내려 주는 것도 다른 왕보다 10배였고, 과거의 일[112]을 가지고 터럭만큼도 개의함이 없었으며, 그를 경사(京師)에 머물게 하여 그의 봉국(封國, 정도국)으로 가게 하지 아니하였다.

황상이 공왕에게 말하였다.

"나는 아직 아들이 없는데 사람의 운명은 기휘(忌諱)할 것이 없는 것이어서 어느 날 아침에 다른 것[晏駕]이 있게 되면 또 다시 서로 만나보지 못할 것이니, 그대는 오래 이곳에 머물면서 내 옆에 있으시오."

그 다음에 천자의 질병이 조금 나아졌는데, 공왕은 국저(國邸)[113]에 머물면서 아침저녁으로 황상을 모셨고, 황상은 그를 아주 친밀하고 중하게 생각하였다.

대장군 왕봉(王鳳)은 마음으로 공왕이 경사(京師)에 있는 것을 불편하게 생각하였는데, 마침 일식이 있자, 이를 이용하여 왕봉이 말하였다.

"일식은 음기(陰氣)가 성한 것을 상징합니다. 정도왕(定陶王)은 비록 가깝지만 예(禮)에서는 마땅히 번국(藩國)을 받들어 그 나라에 있어야 하는데, 지금 경사에서 모시고 있어서 올바른 것을 어기고 비정상이 되었으니, 그러므로 하늘이 경계함을 보여준 것이며, 마땅히 왕(王, 공왕)을 보내어 번국으로 가게 하십시오."

황상은 부득이하여 왕봉에게 이것을 허락하였다. 공왕이 인사를 하고 가는데 황상이 더불어 서로 마주 보며 눈물을 흘리면서 이별을 하였다.

---

112 원제가 원제 경녕 원년(기원전 33년)에 유강을 태자였던 지금의 황제 대신 태자로 삼으려 하였었다.

113 각 제후국들은 황제나 중앙정부와 연락할 일이 있어서 경사에 오는 사람을 위하여 각 봉국별로 장안에 저택을 마련해 두었다.

왕장(王章)은 평소에 강직하여서 용감하게 말을 하였는데, 비록 왕봉이 천거하였지만, 왕봉이 권력을 오로지하는 것을 비난하고, 왕봉을 가까이하여 붙지 아니하고 마침내는 봉사(封事)[114]를 상주하여 말하였다.

"일식의 허물은 모두 왕봉이 권력을 오로지하며 군주를 가리고 있는 허물입니다."

황상이 왕장을 불러서 접견하고 일을 계속 물었다.

왕장이 대답하였다.

"하늘은 귀 밝고 눈 밝아서 착한 것을 돕고 악한 것에게 재앙을 내리며 상서로움의 호응으로 보여주었습니다. 지금 폐하께서는 아직 뒤를 이을 후사가 없어서 정도왕을 가까이 이끌고 있는데, 종묘를 이어받고 사직(社稷)을 두텁게 하기 위한 것이고, 위로는 하늘의 뜻에 순응하고 아래로는 백성들을 편안하게 하고자 한 것이니, 이는 바로 좋은 일을 의논하시는 것이어서 마땅히 상서로운 현상이 나타날 것인데, 어찌하여 재이(災異)가 나타난단 말입니까!

재이가 나타난 것은 대신(大臣)이 정치를 오로지하고 있기 때문입니다. 지금 듣건대 대장군[115]은 일식의 허물을 정도왕에 돌리고 그를 그의 봉국으로 보내야 한다고 건의하였는데, 진실로 천자로 하여금 위에서 고립되게 하고, 조정의 일을 멋대로 하여 그의 사사로움을 편하게 하려는 것이니, 충성스러운 신하가 아닙니다.

또 일식은 음기(陰氣)가 양기(陽氣)를 침범한 것이고, 신하가 군주의 권한을 오로지한 허물입니다. 지금 정사(政事)는 크건 작건 모두 왕봉

---

[114] 밀봉하여 황제가 직접 뜯어보게 한 상주문을 말한다.

[115] 왕봉의 직위가 대장군이므로 그를 가리키는 것이다.

에게서 나오니, 천자께서는 일찍이 손도 한 번 들어보지 못하는데, 왕봉은 반성하여 책임지는 것을 받아들이지 아니하고 도리어 착한 사람에게 허물을 돌리어 정도왕을 멀리 밀어냅니다.

또 왕봉이 무고하고 속이며 불충한 것은 한 가지 일만이 아닙니다. 전에 승상이었던 낙창후(樂昌侯) 왕상(王商)은 본래 먼저 돌아가신 황제의 외가 식구[116]로 안으로 행실이 돈독하고 위엄과 중후함을 갖고 있었고, 지위로는 장상(將相)을 역임하였던 국가의 기둥과 같은 신하였고, 그의 사람됨은 올바른 것을 지키고 절개를 굽혀 왕봉의 굽어진 태도를 좇으려 하지 아니하다가 끝내 규문(閨門)의 일을 이용하여 왕봉에게 파출(罷黜)되었고, 그 몸은 걱정을 하다가 죽었으니, 많은 사람들이 그것을 민망하게 생각하였습니다.

또 왕봉은 그의 첩의 동생인 장미인(張美人)이 이미 일찍이 다른 사람에게 시집갔었다는 것을 알았으니 예(禮)에 의하면 마땅히 지극히 높으신 분께 배우자(配偶者)로 보내어서는 아니 될 것인데, 그녀가 의당 아들을 낳을 것이라는 말로 그를 후궁(後宮)으로 받아들이게 하였으니, 진실로 그의 처제(妻弟)를 사사롭게 처리한 것이지만, 듣건대 장미인은 아직도 일찍이 임신을 하여 관사(館舍)에 가지 못하였다고 합니다.[117]

또 강족(羌族)과 호족(胡族)들은 제일 먼저 태어난 아들을 죽여서 '창자를 청소하여야 후계를 바로잡는데',[118] 하물며 천자에게 있어서

---

116 선제의 외삼촌인 왕무(王武)의 아들이다.

117 왕봉의 말이 거짓이었다는 뜻이다. 후궁이 임신하면 출산하기 위하여 다른 관사로 가도록 되어 있다.

이미 출가하였던 여자를 가까이함에 있어서이겠습니까?

이 세 가지는 모두 큰일이니, 폐하께서 스스로 보신 바이고 그 나머지를 알아서 다른 보이지 않는 것에 충분히 이를 수 있을 것입니다. 왕봉은 오래 일을 맡게 할 수는 없고, 마땅히 물러나 집에 가 있게 하여야 하고, 충성스럽고 현명한 사람을 뽑아서 그를 대신하게 하여야 합니다."

왕봉이 왕상을 파출해야 한다고 말하고서 다음에 정도왕을 보내면서 황상은 평안할 수가 없었고, 왕장이 말을 듣게 되자 천자는 깨달아서 그 말을 받아들이고, 왕장에게 말하였다.

"경조윤(京兆尹)의 직언이 없었더라면 나는 사직의 계책을 듣지 못하였을 것이오. 또 오직 현명한 사람이 현명한 사람을 아는 것이니, 그대가 시험 삼아 짐을 위하여 스스로 보필할 만한 사람을 구해 보시오."

이에 왕장은 봉사(封事)로 상주하여 신도왕(信都王)[119]의 외삼촌인 낭야(琅邪, 산동성 諸城縣) 태수 풍야왕(馮野王)이 충성스럽고 믿음이 있고 소박하고 곧은 사람이며, 지혜와 모의에서도 여유가 있는 사람이라고 추천하였다.

황상은 태자가 되었을 때부터 자주 풍야왕의 명성을 들었으므로 바야흐로 의지하여 왕봉을 대신하게 하려고 하였다. 왕장이 불려 가서 알현할 때마다 황상은 번번이 좌우를 물리쳤다. 그때에 태후의 사촌동생의 아들인 시중(侍中) 왕음(王音)이 홀로 옆에서 들어서 왕장이 말하는 것을 다 알고서 왕봉에게 말하였다. 왕봉이 이 말을 듣고는 아주 깊이

---

118 새로 시집 온 여자가 낳은 첫 번째의 아이는 그 혈통이 다른 사람의 혈통인지를 모르기 때문에 이를 죽임으로써 혈통의 순수성을 유지하려고 하였다.

119 유흥(劉興)으로 현재 황제인 성제의 배다른 형제이다.

걱정하고 두려워하였다.

두흠이 왕봉으로 하여금 나가서 집에 가서 상소하여 해골하기를 빌게 하였는데, 그 말씨와 가리키는 것이 아주 애통하였다. 태후가 이를 듣고 그를 위하여 눈물을 흘리면서 식사하려 하지 않았다. 황상은 어려서 친히 왕봉에 의지하여서 차마 폐출하지 못하고 마침내 왕봉에게 우대하는 조서를 보내어 그를 억지로 일어나게 하니, 이에 왕봉이 일어나서 일을 보았다.

황상은 상서로 하여금 왕장을 탄핵하는 상주문을 올리게 하였다.

"풍야왕이 전에 왕의 외삼촌으로서 나아가 관리로 보임되었다는 것을 알면서 사사롭게 그를 천거하여 조정에 있게 하고자 하여 제후(諸侯)에게 아부하였고, 또 장미인은 몸으로 이미 지극히 높으신 분에게 갔음을 알았으나, 망령되게 강족(羌族)과 호족(胡族)이 아들을 죽여서 창자를 깨끗이 한다는 말을 인용하였으니 마땅히 해서는 안 되는 말입니다."

왕장을 옥리에게 내려 보냈다.

정위(廷尉)는 그를 대역죄에 이르게 하고 말하였다.

"황상을 이적(夷狄)에게 비교하여 후사를 이을 수 있는 실마리를 잘라버렸으니, 천자를 배반한 것이며, 사사롭게 정도왕을 위한 것입니다."

왕장은 끝내 옥중에서 죽었고, 그의 처자들은 합포(合浦)로 귀양 갔다. 이로부터 공경들이 왕봉을 보면서 곁눈으로 보았다.

풍야왕은 두렵고 스스로 불안하여서 드디어 병이 되었고 3개월을 채우자 고(告)[120]하도록 하사하여 처자와 더불어 두릉(杜陵, 섬서성 서

---

120 관리가 휴가를 가기를 보고하는 것이고, 병가(病暇)에 해당하는 일이며, 이

안시)으로 돌아가서 의사와 약으로 치료하게 하였다.¹²¹ 대장군 왕봉은 어사중승에게 넌지시 일러서 탄핵하는 상주문을 올리게 하였다.

"풍야왕은 고(告)함을 하사받아 병을 요양하게 하였는데, 사사롭게 스스로 편하게 호부(虎符)를 가지고 경계선을 넘어서 집으로 돌아갔으니, 조서를 받드는 것이 불경(不敬)한 것입니다."

두흠이 왕봉에게 주기(奏記)하여서 말하였다.

"이천석(石)이 병이 들어서 고(告)함을 하사받아 돌아갈 수 있는 것은 옛날에도 있었고, 원래의 군(郡)을 떠날 수 없다는 것이 법령에 드러난 것은 없습니다. 전하여 오는 말에는 '상을 주는데 의심이 생기면 주는 것을 좇는다.'고 하였으니, 은혜를 널리 베풀어 공을 세우라고 권고하는 것이고, '벌을 주면서 의심하면 주지 마라.'¹²²고 하였으니 형벌을 신중하게 내리고 알기 어려운 것을 없애려는 것입니다. 지금 법령과 고사(故事)를 풀어서 불경(不敬)의 법을 비는 것은 '의심이 가는 처벌은 하지 않는다.'는 뜻을 심하게 어기는 것입니다.

바로 이천석으로 1천 리의 땅을 지키게 하고, 병마(兵馬)의 중책을 맡겼으니 마땅히 군(郡)을 떠나서는 안 되지만 장차 형을 만들어서 뒤에 법으로 적용하려고 한다 하여도 풍야왕의 죄는 법령이 만들어지기 이전에 만들어진 것입니다. 형벌과 상은 국가의 커다란 신의(信義)일

는 직책을 그대로 유지할 수 있다.

121 두릉은 풍야왕의 고향인데, 풍야왕은 낭야 태수였으므로 그의 임지는 산동성 제성현에서 보면 정반대 방향으로 간 것이다.

122 '상을 주는데 의심이 생기면 주는 것을 좇는다.'는 말은 상을 줄 충분한 근거가 의심스럽더라도 상을 주라는 뜻이고, '벌을 주면서 의심하면 주지 마라.'는 말은 벌을 주려고 하는데 그 근거에 의심이 있으면 벌을 주지 말라는 말이다.

것이니, 반드시 신중하게 처리하여야 합니다."

왕봉은 듣지 않고 끝내 풍야왕을 면직시켰다.

그때에 많은 사람들은 왕장이 조정을 비난한 것을 억울하다 하였는데, 두흠이 그의 허물을 구해주고자 하여 다시 왕봉에게 유세하였다.

"경조윤 왕장이 연루되었던 일은 비밀이어서 경사(京師)에서도 알지 못하는데, 하물며 먼 곳에서이겠습니까? 아마도 천하에서는 왕장이 실제로 죄를 지었다는 것을 알지 못하고 말한 것에 연루되었다고 생각합니다. 이와 같다면 간쟁(諫爭)하는 근원을 막게 되어 관대하고 분명한 덕을 쌓는 것을 덜어냅니다.

저 두흠은 어리석으나 마땅히 왕장의 일을 통하여 직언(直言)하고 극간(極諫)하는 사람을 천거하게 하고, 아울러 낭이(郞吏)와 종관(從官)들을 보고 그들의 의견을 펼쳐 보이게 하는데, 이전보다 많이 격려하여 사방에 밝게 보여서 천하로 하여금 모두 주상(主上)의 성스러운 밝음이 말하는 것에는 죄를 주지 않는다는 것을 알게 하십시오. 만약에 이와 같이 한다면 유언비어는 사라지고 의혹도 분명히 드러나게 될 것입니다."

왕봉은 그 정책을 알리고 시행하였다.

4   이 해에 진류(陳留, 하남성 진류현) 태수 설선(薛宣)을 좌풍익(左馮翊)으로 삼았다. 설선이 군수가 되니 이르는 곳마다 명성과 업적이 있었다. 설선의 아들인 설혜(薛惠)는 팽성(彭城, 강소성 徐州市) 현령이었는데, 설선은 일찍이 그 현(縣)을 지나가면서 마음으로 설혜는 할 수 없다고 생각하고 이사(吏事)를 묻지도 아니하였다.

어떤 사람이 설선에게 물었다.

"어찌하여 이직(吏職)을 가지고 설혜를 가르쳐 경계하지 않습니까?"

설선이 웃으면서 말하였다.

"이도(吏道)는 법령을 스승으로 삼으면 되고 또 물으면 알 수 있는 것이고, 할 수 있는지 할 수 없는지에 있어서는 스스로 재질을 갖고 있는 법인데 어떻게 배울 수 있단 말이오?"

많은 사람들이 전하며 칭찬하니 설선의 말을 그렇다고 하였다.[123]

성제 양삭 2년(戊戌, 기원전 23년)

1   봄, 3월에 천하를 크게 사면하였다.

2   어사대부 장충(張忠)이 죽었다.

3   여름, 4월 정묘일(27일)에 시중·태복(太僕)인 왕음(王音)을 어사대부로 삼았다. 이에 왕씨 집안은 더욱 번성하여서 군국(郡國)의 수상(守相)[124]과 자사(刺史)가 모두 그 집안의 문하에서 나왔다. 5후(侯)[125]의 여러 동생들은 다투어 사치를 하며 뇌물로 진귀한 보배를

---

123 이사(吏事)는 관리로서 해야 할 일을 말하고, 이직(吏職)은 관리의 직분을 말하며, 이도(吏道)는 관리로서의 도리를 말한다.

124 군수와 재상이라는 말이고, 여기서 재상이란 봉국의 재상이다. 봉국의 제후 왕은 실제로 행정을 담당하지 않고, 그 재상이 담당하는데, 보통 봉국은 군 정도여서 군의 태수와 봉국의 재상은 같은 급이어서 이를 병렬하여 쓴 것이다.

125 왕씨의 형제는 8명이었다. 황태후인 왕정군(王政君)과 같은 어머니를 가진

남기는 것이 사방에서 도착하였는데, 모두 인사(人事)에 관통하여 민첩하였고, 선비를 좋아하고 똑똑한 사람을 기르고 재산을 기울여서 다른 사람에게 주는 것을 서로 고상하다고 하니, 빈객(賓客)들이 문에 가득하고, 다투어 이를 위하여 소리 높여 칭송하였다.

유향(劉向)이 진탕(陳湯)에게 말하였다.

"오늘날 재앙과 이변(異變)이 이와 같은데, 외가(外家)가 날로 번성하니, 그것은 점차로 반드시 유씨(劉氏)를 위태롭게 할 것입니다. 나는 다행히 같은 성의 말속(末屬)[126]이어서 여러 세대에 걸쳐서 한(漢)의 두터운 은혜를 입었는데, 몸은 종실의 늙은 신하이며 세 명의 황제[127]를 모셨습니다. 황상은 내가 먼저 돌아가신 황제의 옛날 신하여서 나아가서 알현할 때마다 늘 두터운 예의를 베풀어 주셨습니다. 내가 이야기하지 않으면 누가 말하는 일을 담당하겠소?"

드디어 봉사(封事)를 올려서 극간(極諫)을 하여 말하였다.

"신(臣)이 듣건대 임금이란 안정을 바라지 않는 사람이 없었지만 그러나 항상 위험하였으며, 남아 있기를 바라지 않는 사람은 없었지만 그러나 항상 멸망해 버렸는데, 신하를 통제하는 방법을 잊어버려서입니다. 무릇 대신이 권력의 자루를 조종하고서 나라의 정사를 유지해 나가

형제 왕봉(王鳳)·왕숭(王崇)은 일찍 후작으로 책봉되었고, 황태후의 배다른 형제는 왕만(王曼)·왕담(王譚)·왕상(王商)·왕립(王立)·왕근(王根)·왕봉시(王逢時) 등 6명이었는데, 왕만은 먼저 죽고 나머지 5명은 같은 날 후작으로 책봉되어서 세상에서는 5후라고 불렀다.

126 지파(支派)를 말하는 것으로 겸사이다. 이는 황제의 친족으로 따져볼 때에 멀리 있는 족속이라는 말이다.

127 선제·원제·성제를 말한다.

면서 해를 끼치지 않은 사람은 아직 없었습니다.

그러므로《서경(書經)》에서 말하였습니다. '신하가 위엄을 만들고 복을 주면 네 집에는 해를 끼치고 네 국가에는 재앙이다.'[128] 공자는 말하였습니다. '녹봉(祿俸) 주는 일이 공실(公室)을 떠나고 정치는 대부(大夫)의 손에 달려 있게 되니'[129] 위험하고 멸망할 징조입니다.

지금 왕씨라는 한 개의 성을 가진 사람으로 붉은 바퀴와 화려한 채색의 비단을 두른 수레를 타는 사람이 23명이며, 푸른색·자주색·담비꼬리와 매미무늬[130]도 궁궐 내에 가득 차서 물고기의 비늘 같이 좌우에 늘어서 있습니다. 대장군은 일을 잡고 권력을 사용하며 다섯 후작은 교만하고 사치하기가 분수를 넘어 대단하고, 아울러 위엄과 복락을 만들며 공격하고 잘라버리는 것을 자기 멋대로 하고 행동은 더러운데 통치하는 것에 기탁하고, 몸은 사사로운 일을 하는데 공적인 것에 의탁하고 동궁(東宮)[131]의 높은 지위에 의지하고, 생질과 외삼촌이라는 가까운 관계[132]를 빌어서 무거운 권위를 가졌습니다.

상서(尙書)·구경(九卿)·주목(州牧)·군수(郡守)는 모두 그들의 문하

128《상서》〈주서(周書)〉의 홍범(洪範)에 있다.

129《논어(論語)》에 있는 말이다. '녹봉을 주는 것이 공실을 떠나 5세(世)가 되고 정치가 대부에게 미치는 것이 4세(世)이다.'라고 하였다.

130 한대의 제도를 보면 이천석 이상의 관원이 탈 수 있는 수레를 주륜화곡(朱輪華轂)이라 하였고, 또한 후작의 인수는 자색이고 이천석은 청색의 인수를 찼다. 그리고 황제와 접촉할 수 있는 시중과 중상시 등만이 모자에 초미로 표시를 하고 선(蟬)의 수를 놓을 수가 있었다.

131 한대에 동궁에는 태후가 거처하였다.

132 황제인 성제와 외삼촌인 왕봉 등을 말한다.

에서 나오고, 추기(樞機)를 관장하여 쥐고 붕당들이 즐비하여 칭찬하는 사람들은 등용되어 진급하고 거스르고 원한을 산 사람들은 주살되거나 다치며, 놀러 다니며 말하는 사람들은 그들을 도와서 말을 하고, 정치를 잡은 사람들은 그들을 위하여 말을 합니다.

종실(宗室)을 배척하여 공족(公族)을 외롭고 약하게 하니, 그 가운데 지혜와 능력이 있는 사람이 있으면 더욱 비난하고 훼손하여 나아가지 못하게 하며, 종실의 책임을 멀리 떨어지게 하여 조정에서 일을 하지 못하게 하니 아마도 그것은 자기들과 권한을 나누어 갖게 될까 걱정하는 것이며, 자주 연왕(燕王)과 개주(蓋主) 이야기[133]를 하여서 황상의 마음에 의심이 가게 하고, 여후(呂后)나 곽씨(霍氏) 등의 이야기[134]는 피하고 꺼리면서 말하지 않습니다.

속으로는 관숙(管叔)과 채숙(蔡叔)의 싹을 갖고 밖으로는 주공(周公)[135]의 논리를 빌어서 형제를 중요한 자리를 점거하게 하고, 종족(宗族)들은 서로 반석처럼 단단하게 뿌리를 박고 있으니, 상고시대부터 진(秦)과 한(漢)을 거치면서 외척으로 참칭(僭稱)하여 귀(貴)하게 된 것은 왕씨(王氏)와 같은 경우는 없었습니다.

사물이 번성하면 반드시 비정상적인 변화가 먼저 나타나는데, 그 사

---

133 소제 때에 황족으로 모반하였던 사건이다. 이는 소제 원봉 원년(기원전 80년)의 일이다.

134 여후의 친정식구인 여산(呂産)과 여록(呂祿)이 전권을 행사한 것은 고후 8년(기원전 180년)에 실려 있고, 곽광의 아들과 조카, 그리고 사위가 반역한 사건은 선제 지절 4년(기원전 66년)에 실려 있다.

135 주대에 성왕이 열두 살에 즉위하자 주공이 그를 보좌하여 정치를 하였으며, 이때에 그의 형제인 관숙과 채숙이 반란을 일으켰다.

람의 미미한 형상이 됩니다. 효소제(孝昭帝) 시절에 태산(泰山)에서 맨 위에 있는 돌이 일어섰고, 상림(上林)에서 죽은 버드나무가 일어났고,[136] 그리고 효선제(孝宣帝)가 즉위하였습니다.

지금 왕씨의 선조의 분묘가 제남(濟南, 산동성 歷城縣)에 있는데, 그 대들보와 기둥에서 가지와 잎이 나오고, 부축하여 트여 나와서 땅에 뿌리를 내렸으니, 비록 돌이 일어서고, 버드나무가 일어났다고 하나 이것을 지나치는 분명한 것이 없습니다. 일이나 세력은 두 개로 커지지 않으니, 왕씨와 유씨가 역시 병립(竝立)하는 것은 아니며, 마치 아래로 태산의 안정됨을 가졌다 하여도 위에 달걀을 쌓아 놓은 위태로움을 가진 것과 같습니다.

폐하께서 다른 사람의 자손으로 태어나서 종묘를 지키고 유지하셔야 하는데, 나라의 운명을 외가(外家)에게 옮겨주고 비천(卑賤)한 노예로 강등될 것이니, 설사 자신을 위하지 않으려고 한다 하여도 종묘(宗廟)는 어찌하겠습니까? 부인(婦人)은 지아비의 집안을 받아들이고 부모의 집안을 밖으로 내쳐야 하는데, 이는 역시 황태후[137]의 복이 아닙니다.

효선황제(孝宣皇帝)는 외삼촌인 평창후(平昌侯, 王無故)에게 권력을 주지 아니하였는데, 그를 안전하게 하기 위함이었습니다. 무릇 밝은 사람은 형체가 없는 곳에서 복을 만들고, 아직 그리 되지 않은 데서 걱정거리를 없애니, 마땅히 밝은 조서를 내리고 덕스러운 소리를 토하여 종실에 속한 사람들을 원조하고 가까이 하고 친하며 신의로 받아들이며,

---

136 이 일은 소제 원봉 3년(기원전 79년)에 일어났고, 그 내용은 《자치통감》 권 23에 실려 있다.

137 유씨 집안으로 시집 온 왕씨 집안의 왕정군을 말한다.

외척을 쫓아내서 멀리하고 정권을 주지 말며, 모두 파직시켜서 자기 집으로 돌아가게 하여 먼저 돌아가신 황제가 실행하셨던 것을 본받아서 외척을 두텁고 편안하게 하여서 그의 종족을 안전하게 하는 것이 진실로 동궁(東宮)의 뜻이며, 외가의 복입니다.

왕씨는 영원히 남아있어서 그 작위와 녹봉을 보존하게 하고, 유씨(劉氏)는 오랫동안 평안하여 사직을 잃지 않는 것은 외가와 친가의 성(姓)을 화목하게 하기 위한 것이며, 자자손손이 무강(無彊)하게 되는 계책입니다. 만약에 이러한 계책을 시행하지 아니하면 전씨(田氏)[138] 같은 사람들이 지금에도 다시 나타날 것이며, 6경(卿)[139]과 같은 사람들이 한(漢)에서도 나타날 것이니, 후사를 위하여 걱정되는 것은 밝고 밝아 아주 분명합니다. 오직 폐하께서 성스러우신 생각을 깊이 유념하십시오."

글이 상주되니 천자가 유향을 불러 보고 그의 마음을 탄식하고 비통해 하면서 말하였다.

"그대는 또 좀 쉬고 있으면 내가 장차 이를 생각하겠소."

그러나 끝내 그 말을 채용할 수 없었다.

4   가을에 관동(關東, 함곡관 이동)에 홍수가 났다.

---

138 춘추시대에 전씨(田氏)들이 진(陳)에서 제(齊)로 도망왔는데 결국 기원전 378년에 제의 정권을 탈취하였다.

139 춘추시대 말기에 진(晉)은 제후왕의 지위가 낮아지고 대부인 지씨(智氏)·범씨(范氏)·중행씨(中行氏)·한씨(韓氏)·위씨(魏氏)·조씨(趙氏) 등 6명의 대부가 연합하여 통제하다가 자기들끼리 병합하는 과정을 거쳐서 결국 진은 한·위·조 세 나라로 나뉘었다.

5   8월 갑신일(10일)에 정도공왕(定陶共王) 유강(劉康)이 죽었다.

6   이 해에 신도왕(信都王) 유흥(劉興)을 옮겨서 중산왕(中山王)으로
삼았다.*

원문

資治通鑑　卷025

【漢紀十七】

起閼逢攝提格(甲寅)　盡屠維協洽(己未)　凡六年

❖ 中宗孝宣皇帝上之下 地節 3年(甲寅, 紀元前 67年)

1　　春 三月 詔曰 "蓋聞有功不賞 有罪不誅 雖唐 · 虞不能以
化天下. 今膠東相王成 勞來不怠 流民自占八萬餘口 治有異等
之效. 其賜成爵關內侯 秩中二千石." 未及徵用 會病卒官. 後
詔使丞相 · 御史問郡 · 國上計長史 · 守丞以政令得失. 或對言
"前膠東相成僞自增加以蒙顯賞 是後俗吏多爲虛名" 云.

2　　夏 四月 戊申 立子奭爲皇太子 以丙吉爲太傅 太中大夫疏
廣爲少傅. 封太子外祖父許廣漢爲平恩侯. 又封霍光兄孫中郎
將雲爲冠陽侯.

　　霍顯聞立太子 怒恚不食 歐血 曰 "此乃民間時子 安得立 !
卽后有子 反爲王邪 !" 復敎皇后令毒太子. 皇后數召太子賜

食 保 · 阿輒先嘗之 后挾毒不得行.

3　　五月 甲申 丞相賢以老病乞骸骨 賜黃金百斤 · 安車 · 馴馬 罷就第. 丞相致仕自賢始.

4　　六月 壬辰 以魏相爲丞相. 辛丑 丙吉爲御史大夫 疏廣爲太子太傅 廣兄子受爲少傅.
　　太子外祖父平恩侯許伯 以爲太子少 白使其弟中郎將舜監護太子家. 上以問廣 廣對曰 "太子 國儲副君 師友必於天下英俊 不宜獨親外家許氏. 且太子自有太傅 · 少傅 官屬已備 今復使舜護太子家 示陋 非所以廣太子德於天下也." 上善其言 以語魏相 相免冠謝曰 "此非臣等所能及." 廣由是見器重.

5　　京師大雨雹 大行丞東海蕭望之上疏 言大臣任政 一姓專權之所致. 上素聞望之名 拜爲謁者. 時上博延賢俊 民多上書言便宜 輒下望之問狀 高者請丞相 · 御史 次者中二千石試事滿歲以狀聞 下者報聞 罷. 所白處奏皆可.

6　　冬 十月 詔曰 "乃者九月壬申地震 朕甚懼焉. 有能箴朕過失 及賢良方正直言極諫之士 以匡朕之不逮 毋諱有司. 朕既不德 不能附遠 是以邊境屯戍未息. 今復飭兵重屯 久勞百姓 非所以綏天下也. 其罷車騎將軍 · 右將軍屯兵." 又詔 "池籞未御幸者 假與貧民. 郡國宮館勿復修治. 流民還歸者 假公田 貸種

食 且勿算事."

7　　霍氏驕侈縱橫. 太夫人顯 廣治第室 作乘輿輦 加畫 繡絪
馮 黃金塗 韋絮薦輪 侍婢以五采絲輓顯游戲第中 與監奴馮子
都亂. 而禹·山亦並繕治第宅 走馬馳逐平樂館. 雲當朝請 數
稱病私出 多從賓客 張圍獵黃山苑中 使倉頭奴上朝謁 莫敢譴
者. 顯及諸女晝夜出入長信宮殿中 亡期度.

　帝自在民間 聞知霍氏尊盛日久 內不能善. 旣躬親朝政 御
史大夫魏相給事中. 顯謂禹·雲·山"女曹不務奉大將軍餘業
今大夫給事中 他人壹間女 能復自救邪！"後兩家奴爭道 霍
氏奴入御史府 欲蹋大夫門 御史爲叩頭謝 乃去. 人以謂霍氏
顯等始知憂.

　會魏大夫爲丞相 數燕見言事 平恩侯與侍中金安上等徑出入
省中. 時霍山領尚書 上令吏民得奏封事 不關尚書 羣臣進見
獨往來 於是霍氏甚惡之. 上頗聞霍氏毒殺許后而未察 乃徙光
女壻度遼將軍·未央衛尉·平陵侯范明友爲光祿勳 出次壻諸
吏·中郎將·羽林監任勝爲安定太守. 數月 復出光姊壻給事
中·光祿大夫張朔爲蜀郡太守 羣孫壻中郎將王漢爲武威太守.
頃之 復徙光長女壻長樂衛尉鄧廣漢爲少府. 戊戌 更以張安世
爲衛將軍 兩宮衛尉·城門·北軍兵屬焉. 以霍禹爲大司馬 冠
小冠 亡印綬 罷其屯兵官屬 特使禹官名與光俱大司馬者. 又收
范明友度遼將軍印綬 但爲光祿勳 及光中女壻趙平爲散騎·騎
都尉·光祿大夫 將屯兵 又收平騎都尉印綬. 諸領胡·越騎·

羽林及兩宮衛將屯兵 悉易以所親信許·史子弟代之.

8　　初 孝武之世 徵發煩數 百姓貧耗 究民犯法 姦軌不勝 於
是使張湯·趙禹之屬 條定法令 作見知故縱·監臨部主之法
緩深·故之罪 急縱·出之誅. 其後姦猾巧法轉相比況 禁罔浸
密 律令煩苛 文書盈於几閣 典者不能徧睹. 是以郡國承用者駁
或罪同而論異 姦吏因緣爲市 所欲活則傳生議 所欲陷則予死
比 議者咸冤傷之.

廷尉史巨鹿路溫舒上書曰“臣聞齊有無知之禍而桓公以興
晉有驪姬之難而文公用伯. 近世趙王不終 諸呂作亂 而孝文爲
太宗. 繇是觀之 禍亂之作 將以開聖人也. 夫繼變亂之後 必有
異舊之恩 此賢聖所以昭天命也. 往者昭帝卽世無嗣 昌邑淫亂
乃皇天所以開至聖也. 臣聞《春秋》正卽位·大一統而愼始也.
陛下初登至尊 與天合符 宜改前世之失 正始受命之統 滌煩文
除民疾 以應天意. 臣聞秦有十失 其一尙存 治獄之吏是也. 夫
獄者 天下之大命也 死者不可復生 絶者不可復屬.《書》曰‘與
其殺不辜 寧失不經.’今治獄吏則不然 上下相毆 以刻爲明 深
者獲公名 平者多後患 故治獄之吏皆欲人死 非憎人也 自安之
道在人之死. 是以死人之血 流離於市 被刑之徒 比肩而立 大
辟之計 歲以萬數. 此仁聖之所以傷也 太平之未洽 凡以此也.
夫人情 安則樂生 痛則思死 箠楚之下 何求而不得！ 故囚人
不勝痛 則飾辭以示之 吏治者利其然 則指導以明之 上奏畏卻
則鍛練而周內之. 蓋奏當之成 雖皋陶聽之 猶以爲死有餘辜.

何則？ 成練者衆 文致之罪明也. 故俗語曰'畫地爲獄 議不入 刻木爲吏 期不對.'此皆疾吏之風 悲痛之辭也. 唯陛下省法制 寬刑罰 則太平之風可興於世."上善其言.

9　十二月 詔曰"間者吏用法巧文寖深 是朕之不德也. 夫決 獄不當 使有罪興邪 不辜蒙戮 父子悲恨 朕甚傷之！ 今遣廷 史與郡鞫獄 任輕祿薄 其爲置廷尉平 秩六百石 員四人. 其務 平之 以稱朕意！"於是每季秋後請讞時 上常幸宣室 齋居而 決事 獄刑號爲平矣.

涿郡太守鄭昌上疏言"今明主躬垂明聽 雖不置廷平 獄將自 正 若開後嗣 不若刪定律令. 律令一定 愚民知所避 姦吏無所 弄矣. 今不正其本 而置廷平以理其末 政衰聽怠 則廷平將召權 而爲亂首矣."

10　昭帝時 匈奴使四千騎田車師. 及五將軍擊匈奴 車師田者 驚去 車師復通於漢 匈奴怒 召其太子軍宿 欲以爲質. 軍宿 焉 耆外孫 不欲質匈奴 亡走焉耆 車師王更立子烏貴爲太子. 及烏 貴立爲王 與匈奴結婚姻 敎匈奴遮漢道通烏孫者.

是歲 侍郎會稽鄭吉與校尉司馬憙 將免刑罪人田渠犂 積穀 發城郭諸國兵萬餘人與所將田士千五百人共擊車師 破之 車 師王請降. 匈奴發兵攻車師 吉·憙引兵北逢之 匈奴不敢前. 吉·憙卽留一候與卒二十人留守王 吉等引兵歸渠犂. 車師王 恐匈奴兵復至而見殺也 乃輕騎奔烏孫. 吉卽迎其妻子 傳送長

安. 匈奴更以車師王昆弟兜莫爲車師王 收其餘民東徙 不敢居故地 而鄭吉始使吏卒三百人往田車師地以實之.

11　　上自初卽位 數遣使者求外家 久遠 多似類而非是. 是歲求得外祖母王媼及媼男無故 · 武. 上賜無故 · 武爵關內侯. 旬月間 賞賜以鉅萬計.

❖ 中宗孝宣皇帝上之下 地節 4年(乙卯, 紀元前 66年)

1　　春 二月 賜外祖母號爲博平君 封舅無故爲平昌侯 武爲樂昌侯.

2　　夏 五月 山陽 · 濟陰雹如雞子 深二尺五寸 殺二十餘人 飛鳥皆死.

3　　詔 "自今子有匿父母 · 妻匿夫 · 孫匿大父母 皆勿治."

4　　立廣川惠王孫文爲廣川王.

5　　霍顯及禹 · 山 · 雲自見日侵削 數相對啼泣自怨. 山曰 "今丞相用事 縣官信之 盡變易大將軍時法令 發揚大將軍過失. 又 諸儒生多竆人子 遠客飢寒 喜妄說狂言 不避忌諱 大將

軍常儶之. 今陛下好與諸儒生語 人人自書對事 多言我家者.
嘗有上書言我家昆弟驕恣 其言絶痛 山屛不奏. 後上書者益黠
盡奏封事 輒使中書令出取之 不關尙書 益不信人. 又聞民間
讙言'霍氏毒殺許皇后'寧有是邪？"顯恐急 卽具以實告禹·
山·雲. 禹·山·雲驚曰"如是 何不早告禹等！縣官離散·
斥逐諸壻 用是故也. 此大事 誅罰不小 奈何？"於是始有邪謀
矣.

雲舅李竟民善張赦 見雲家卒卒 謂竟曰"今丞相與平恩侯
用事 可令太夫人言太后 先誅此兩人. 移徙陛下 在太后耳."
長安男子張章告之 事下廷尉·執金吾 捕張赦等. 後有詔 止
勿捕. 山等愈恐 相謂曰"此縣官重太后 故不竟也. 然惡端已
見 久之猶發 發卽族矣 不如先也."遂令諸女各歸報其夫 皆曰
"安所相避！"

會李竟坐與諸侯王交通 辭語及霍氏 有詔"雲·山不宜宿衛
免就第."山陽太守張敞上封事曰"臣聞公子季友有功於魯 趙
衰有功於晉 田完有功於齊 皆疇其庸 延及子孫. 終後田氏篡
齊 趙氏分晉 季氏顓魯. 故仲尼作《春秋》迹盛衰 譏世卿最甚.
乃者大將軍決大計 安宗廟 定天下 功亦不細矣. 夫周公七年
耳 而大將軍二十歲 海內之命斷於掌握. 方其隆盛時 感動天地
侵迫陰陽. 朝臣宜有明言曰'陛下襃寵故大將軍以報功德足矣.
間者輔臣顓政 貴戚太盛 君臣之分不明 請罷霍氏三侯皆就第
及衛將軍張安世 宜賜几杖歸休 歸存問召見 以列侯爲天子師.'
明詔以恩不聽 羣臣以義固爭而後許之 天下必以陛下爲不忘功

德而朝臣爲知禮 霍氏世世無所患苦. 今朝廷不聞直聲 而今明詔自親其文 非策之得者也. 今兩侯已出 人情不相遠 以臣心度之 大司馬及其枝屬必有畏懼之心. 夫近臣自危 非完計也. 臣敢願於廣朝白發其端 直守遠郡 其路無由. 唯陛下省察."上甚善其計 然不召也.

禹・山等家數有妖怪 擧家憂愁. 山曰"丞相擅減宗廟羔・莵・黿 可以此罪也."謀令太后爲博平君置酒 召丞相・平恩侯以下 使范明友・鄧廣漢承太后制引斬之 因廢天子而立禹. 約定 未發 雲拜爲玄莵太守 太中大夫任宣爲代郡太守. 會事發覺 秋 七月 雲・山・明友自殺 顯・禹・廣漢等捕得 禹要斬 顯及諸女昆弟皆棄市 與霍氏相連坐誅滅者數十家. 太僕杜延年以霍氏舊人 亦坐免官. 八月 己酉 皇后霍氏廢 處昭臺宮 乙丑 詔封告霍氏反謀者男子張章・期門董忠・左曹楊惲・侍中金安上・史高皆爲列侯. 惲 丞相敞子 安上 車騎將軍日磾弟子高 史良娣兄子也.

初 霍氏奢侈 茂陵徐生曰"霍氏必亡. 夫奢則不遜 不遜必侮上. 侮上者 逆道也 在人之右 衆必害之. 霍氏秉權日久 害之者多矣. 天下害之 而又行以逆道 不亡何待!"乃上疏言"霍氏泰盛 陛下卽愛厚之 宜以時抑制 無使至亡."書三上 輒報聞. 其後霍氏誅滅 而告霍氏者皆封 人爲徐生上書曰"臣聞客有過主人者 見其竈直突 傍有積薪 客謂主人'更爲曲突 遠徙其薪 不者且有火患.'主人嘿然不應. 俄而家果失火 鄰里共救之 幸而得息. 於是殺牛置酒 謝其鄰人 灼爛者在於上行 餘各以功次

坐 而不錄言曲突者. 人謂主人曰'鄉使聽客之言 不費牛酒 終亡火患. 今論功而請賓 曲突徙薪無恩澤 焦頭爛額爲上客邪?'主人乃寤而請之. 今茂陵徐福 數上書言霍氏且有變 宜防絶之. 鄉使福說得行 則國無裂土出爵之費 臣無逆亂誅滅之敗. 往事旣已 而福獨不蒙其功 唯陛下察之 貴徙薪曲突之策 使居焦發灼爛之右."上乃賜福帛十匹 後以爲郎.

帝初立 謁見高廟 大將軍光驂乘 上內嚴憚之 若有芒刺在背. 後車騎將軍張安世代光驂乘 天子從容肆體 甚安近焉. 及光身死而宗族竟誅 故俗傳霍氏之禍萌於驂乘. 後十二歲 霍后復徙雲林館 乃自殺.

❖ 班固贊曰

霍光受襁褓之托 任漢室之寄 匡國家 安社稷 擁昭 立宣 雖周公·阿衡何以加此! 然光不學亡術 闇於大理 陰妻邪謀 立女爲后 湛溺盈溢之欲 以增顚覆之禍 死財三年 宗族誅夷 哀哉!

❖ 臣光曰

霍光之輔漢室 可謂忠矣 然卒不能庇其宗 何也? 夫威福者 人君之器也. 人臣執之 久而不歸 鮮不及矣. 以孝昭之明 十四而知上官桀之詐 固可以親政矣 況孝宣

十九卽位 聰明剛毅 知民疾苦 而光久專大柄 不知避去
多置私黨 充塞朝廷 使人主蓄憤於上 吏民積怨於下 切
齒側目 待時而發 其得免於身幸矣 況子孫以驕侈趣之
哉！ 雖然 曏使孝宣專以祿秩賞賜富其子孫 使之食大
縣 奉朝請 亦足以報盛德矣 乃復任之以政 授之以兵 及
事叢釁積 更加裁奪 遂至怨懼以生邪謀 豈徒霍氏之自
禍哉？ 亦孝宣醞釀以成之也. 昔鬪椒作亂於楚 莊王滅
其族而赦箴尹克黃 以爲子文無後 何以勸善. 夫以顯‧
禹‧雲‧山之罪 雖應夷滅 而光之忠勳不可不祀 遂使家
無噍類 孝宣亦少恩哉！

6 九月 詔減天下鹽賈. 又令郡國歲上繫囚以掠笞若瘐死者
所坐縣‧名‧爵‧里 丞相‧御史課殿最以聞.

7 十二月 淸河王年坐內亂廢 遷房陵.

8 是歲 北海太守廬江朱邑以治行第一入爲大司農 勃海太守
龔遂入爲水衡都尉. 先是 勃海左右郡歲饑 盜賊並起 二千石不
能禽制. 上選能治者 丞相‧御史擧故昌邑郎中令龔遂 上拜爲
勃海太守. 召見 問“何以治勃海 息其盜賊？”對曰“海瀕遐
遠 不沾聖化 其民困於飢寒而吏不恤 故使陛下赤子盜弄陛下
之兵於潢池中耳. 今欲使臣勝之邪 將安之也？”上曰“選用賢
良 固欲安之也.”遂曰“臣聞治亂民猶治亂繩 不可急也 唯緩

之 然後可治. 臣願丞相·御史且無拘臣以文法 得一切便宜從事." 上許焉 加賜黃金贈遣. 乘傳至勃海界 郡聞新太守至 發兵以迎. 遂皆遣還. 移書敕屬縣 "悉罷逐捕盜賊吏 諸持鉏·鉤·田器者皆爲良民 吏毋得問 持兵者乃爲賊." 遂單車獨行至府. 盜賊聞遂敎令 卽時解散 棄其兵弩而持鉤·鉏 於是悉平民安土樂業. 遂乃開倉廩假貧民 選用良吏尉安牧養焉. 遂見齊俗奢侈 好末技 不田作 乃躬率以儉約 勸民務農桑 各以口率種樹畜養. 民有帶持刀劍者 使賣劍買牛 賣刀買犢 曰 "何爲帶牛佩犢!" 勞來循行 郡中皆有畜積 獄訟止息.

9   烏孫公主女爲龜茲王絳賓夫人. 絳賓上書言 "得尙漢外孫 願與公主女俱入朝."

❖ 中宗孝宣皇帝上之下 元康 元年(丙辰, 紀元前65年)

1   春 正月 龜茲王及其夫人來朝 皆賜印綬 夫人號稱公主 賞賜甚厚.

2   初作杜陵. 徙丞相·將軍·列侯·吏二千石·訾百萬者杜陵.

3 　三月 詔以鳳皇集泰山 · 陳留 甘露降未央宮 赦天下.

4 　有司復言悼園宜稱尊號曰皇考 夏 五月 立皇考廟.

5 　冬 置建章衛尉.

6 　趙廣漢好用世吏子孫新進年少者 專厲強壯蠭氣 見事風生 無所迴避 率多果敢之計 莫爲持難 終以此敗. 廣漢以私怨論殺 男子榮畜 人上書言之 事下丞相 · 御史按驗. 廣漢疑丞相夫人 殺侍婢 欲以此脅丞相 丞相按之愈急. 廣漢乃將吏卒入丞相府 召其夫人跪庭下受辭 收奴婢十餘人去. 丞相上書自陳 事下廷 尉治 實丞相自以過譴笞傅婢 出至外第乃死 不如廣漢言. 帝惡 之 下廣漢廷尉獄. 吏民守闕號泣者數萬人 或言“臣生無益縣 官 願代趙京兆死 使牧養小民!”廣漢竟坐要斬. 廣漢爲京兆 尹 廉明 威制豪強 小民得職 百姓追思歌之.

7 　是歲 少府宋疇坐議“鳳皇下彭城 未至京師 不足美”貶爲 泗水太傅.

8 　上選博士 · 諫大夫通政事者補郡國守相 以蕭望之爲平原 太守. 望之上疏曰“陛下哀愍百姓 恐德之不究 悉出諫官以補 郡吏. 朝無爭臣 則不知過 所謂憂其末而忘其本者也.”上乃徵 望之入守少府.

9　　東海太守河東尹翁歸 以治郡高第入爲右扶風. 翁歸爲人
公廉明察 郡中吏民賢·不肖及姦邪罪名盡知之. 縣縣各有記
籍 自聽其政 有急名則少緩之. 吏民小解 輒披籍. 取人必於秋
冬課吏大會中及出行縣 不以無事時. 其有所取也 以一警百.
吏民皆服 恐懼 改行自新. 其爲扶風 選用廉平疾姦吏以爲右職
接待以禮 好惡與同之 其負翁歸 罰亦必行. 然溫良謙退 不以
行能驕人 故尤得名譽於朝廷.

10　　初 烏孫公主少子萬年有寵於莎車王. 莎車王死而無子 時
萬年在漢 莎車國人計 欲自托於漢 又欲得烏孫心 上書請萬年
爲莎車王. 漢許之 遣使者奚充國送萬年. 萬年初立 暴惡 國人
不說.

上今羣臣擧可使西域者 前將軍韓增擧上黨馮奉世以衛候使
持節送大宛諸國客至伊循城. 會故莎車王弟呼屠徵與旁國共殺
其王萬年及漢使者奚充國 自立爲王. 時匈奴又發兵攻車師城
不能下而去. 莎車遣使揚言 "北道諸國已屬匈奴矣" 於是攻劫
南道 與歃盟畔漢 從鄯善以西皆絶不通. 都護鄭吉·校尉司馬
憙皆在北道諸國間 奉世與其副嚴昌計 以爲不亟擊之 則莎
車日強 其勢難制 必危西域 遂以節諭告諸國王 因發其兵 南
北道合萬五千人 進擊莎車 攻拔其城. 莎車王自殺 傳其首詣長
安 更立他昆弟子爲莎車王. 諸國悉平 威振西域 奉世乃罷兵以
聞. 帝召見韓增曰 "賀將軍所擧得其人."

奉世遂西至大宛. 大宛聞其斬莎車王 敬之異於他使 得其名

馬象龍而還. 上甚說 議封奉世. 丞相·將軍皆以爲可 獨少府
蕭望之以爲 "奉世奉使有指 而擅制違命 發諸國兵 雖有功效
不可以爲後法. 卽封奉世 開後奉使者利以奉世爲比 爭逐發兵
要功萬里之外 爲國家生事於夷狄 漸不可長. 奉世不宜受封."
上善望之議 以奉世爲光祿大夫.

❖ 中宗孝宣皇帝上之下 元康 2年(丁巳, 紀元前 64年)

1　　春 正月 赦天下.

2　　上欲立皇后 時館陶主母華倢伃及淮陽憲王母張倢伃·楚
孝王母衛倢伃愛幸. 上欲立張倢伃爲后 久之 懲艾霍氏欲害皇
太子 乃更選後宮無子而謹愼者. 二月 乙丑 立長陵王倢伃爲皇
后 令母養太子 封其父奉光爲邛成侯. 后無寵 希得進見.

3　　五月 詔曰 "獄者 萬民之命. 能使生者不怨 死者不恨 則
可謂文吏矣. 今則不然. 用法或持巧心 析律貳端 深淺不平 奏
不如實 上亦亡由知 四方黎民將何仰哉! 二千石各察官屬 勿
用此人. 吏或擅興徭役 飾廚傳 稱過使客 越職踰法以取名譽
譬如踐薄冰以待白日 豈不殆哉! 今天下頗被疾疫之災 朕甚愍
之 其令郡國被災甚者 毋出今年租賦."

4   又曰"聞古天子之名 難知而易諱也 其更諱詢."

5   匈奴大臣皆以爲"車師地肥美 近匈奴 使漢得之 多田積
穀 必害人國 不可不爭"由是數遣兵擊車師田者. 鄭吉將渠犛
田卒七千餘人救之 爲匈奴所圍. 吉上言"車師去渠犛千餘里
漢兵在渠犛者少 勢不能相救 願益田卒."上與後將軍趙充國
等議 欲因匈奴衰弱 出兵擊其右地 使不得復擾西域.

魏相上書諫曰"臣聞之 救亂誅暴 謂之義兵 兵義者王. 敵加
於己 不得已而起者 謂之應兵 兵應者勝 爭恨小故 不忍憤怒
者 謂之忿兵 兵忿者敗 利人土地・貨寶者 謂之貪兵 兵貪者
破 恃國家之大 務民人之衆 欲見威於敵者 謂之驕兵 兵驕者
滅. 此五者 非但人事 乃天道也. 間者匈奴嘗有善意 所得漢民
輒奉歸之 未有犯於邊境 雖爭屯田車師 不足致意中. 今聞諸將
軍欲興兵入其地 臣愚不知此兵何名者也！今邊郡困乏 父子共
犬羊之裘 食草萊之實 常恐不能自存 難以動兵. '軍旅之後 必
有凶年'言民以其愁苦之氣傷陰陽之和也. 出兵雖勝 猶有後憂
恐災害之變因此以生. 今郡國守相多不實選 風俗尤薄 水旱不
時. 按今年子弟殺父兄・妻殺夫者凡二百二十二人 臣愚以爲
此非小變也. 今左右不憂此 乃欲發兵報纖介之忿於遠夷 殆孔
子所謂'吾恐季孫之憂不在顓臾而在蕭牆之內也.'"上從相言
止遣長羅侯常惠將張掖・酒泉騎往車師 迎鄭吉及其吏士還渠
犛. 召故車師太子軍宿在焉者 立以爲王 盡徙車師國民令居
渠犛 遂以車師故地與匈奴. 以鄭吉爲衛司馬 使護善阜善以西

南道.

6 魏相好觀漢故事及便宜章奏 數條漢興已來國家便宜行事
及賢臣賈誼 · 鼂錯 · 董仲舒等所言 奏請施行之. 相勅掾史按
事郡國 及休告 從家還至府 輒白四方異聞. 或有逆賊 · 風雨災
變 郡不上 相輒奏言之. 與御史大夫丙吉同心輔政 上皆重之.

  丙吉爲人深厚 不伐善. 自曾孫遭遇 言絶口不道前恩 故朝廷
莫能明其功也. 會掖庭宮婢則令民夫上書 自陳嘗有阿保之功
章下掖庭令考問 則辭引使者丙吉知狀. 掖庭令將則詣御史府
以視吉 吉識 謂則曰"汝嘗坐養皇曾孫不謹 督笞汝 汝安得有
功！獨渭城胡組 · 淮陽郭徵卿有恩耳." 分別奏組等共養勞苦
狀. 詔吉求組 · 徵卿 已死 有子孫 皆受厚賞. 詔免則爲庶人 賜
錢十萬. 上親見問 然後知吉有舊恩而終不言 上大賢之.

7 帝以蕭望之經明持重 議論有餘 材任宰相 欲詳試其政事
復以爲左馮翊. 望之從少府出爲左遷 恐有不合意 即移病. 上
聞之 使侍中成都侯金安上諭意曰"所用皆更治民以考功. 君
前爲平原太守日淺 故復試之於三輔 非有所聞也."望之卽起
視事.

8 初 掖庭令張賀數爲弟車騎將軍安世稱皇曾孫之材美及徵
怪 安世輒絶止 以爲少主在上 不宜稱述曾孫. 及帝卽位而賀已
死 上謂安世曰"掖庭令平生稱我 將軍止之 是也."上追思賀

恩 欲封其冢爲恩德侯 置守冢二百家. 賀有子蚤死 子安世小男
彭祖. 彭祖又小與上同席研書指 欲封之 先賜爵關內侯. 安世
深辭賀封 又求損守冢戶數 稍減至三十戶. 上曰"吾自爲掖庭
令 非爲將軍也."安世乃止 不敢復言.

9   上心忌故昌邑王賀 賜山陽太守張敞璽書 令謹備盜賊 察
往來過客 毋下所賜書. 敞於是條奏賀居處 著其廢亡之效曰
"故昌邑王爲人 靑黑色 小目 鼻末銳卑 少須眉 身體長大 疾痿
行步不便. 臣敞嘗與之言 欲動觀其意 卽以惡鳥感之曰'昌邑
多梟.'故王應曰'然. 前賀西至長安 殊無梟 復來 東至濟陽 乃
復聞梟聲.'察故王衣服·言語·跪起 清狂不惠. 臣敞前言'哀
王歌舞者張脩等十人無子 留守哀王園 請罷歸.'故王聞之曰
'中人守園 疾者當勿治 相殺傷者當勿法 欲令瘱死. 太守奈何
而欲罷之?'其天資喜由亂亡 終不見仁義如此."上乃知賀不
足忌也.

❖ 中宗孝宣皇帝上之下 元康 3年(戊午, 紀元前 63年)

1   春 三月 詔封故昌邑王賀爲海昏侯.

2   乙未 詔曰"朕微眇時 御史大夫丙吉 中郎將史曾·史
玄·長樂衛尉許舜·侍中·光祿大夫許延壽 皆與朕有舊恩

及故掖庭令張賀 輔導朕躬 修文學經術 恩惠卓異 厥功茂焉.《詩》不云乎'無德不報'封賀所子弟子侍中・中郎將彭祖爲陽都侯 追賜賀諡曰陽都哀侯 吉爲博陽侯 曾爲將陵侯 玄爲平臺侯 舜爲博望侯 延壽爲樂成侯."賀有孤孫霸 年七歲 拜爲散騎・中郎將 賜爵關內侯. 故人下至郡邸獄復作嘗有阿保之功者 皆受官祿・田宅・財物 各以恩深淺報之.

吉臨當封 病 上憂其不起 將使人就加印紱而封之 及其生存也. 太子太傅夏侯勝曰"此未死也！臣聞有陰德者必饗其樂以及子孫. 今吉未獲報而疾甚 非其死疾也."後病果愈.

張安世自以父子封侯 在位太盛. 乃辭祿 詔都內別藏張氏無名錢以百萬數. 安世謹愼周密 每定大政 已決 輒移病出. 聞有詔令 乃驚 使吏之丞相府問焉. 自朝廷大臣 莫知其與議也. 嘗有所薦 其人來謝 安世大恨 以爲"舉賢達能 豈有私謝邪！"絕弗復爲通. 有郎功高不調 自言安世 安世應曰"君之功高 明主所知 人臣執事何長短 而自言乎！"絕不許. 已而郎果遷. 安世自見父子尊顯 懷不自安 爲子延壽求出補吏 上以爲北地太守 歲餘 上閔安世年老 復徵延壽爲左曹・太僕.

3　夏 四月 丙子 立皇子欽爲淮陽王. 皇太子年十二 通《論語》・《孝經》. 太傅疏廣謂少傅受曰"吾聞'知足不辱 知止不殆.'今仕宦至二千石 官成名立 如此不去 懼有後悔."卽日 父子俱移病 上疏乞骸骨. 上皆許之 加賜黃金二十斤 皇太子贈以五十斤. 公卿故人設祖道供張東都門外 送者車數百兩. 道路觀

者皆曰"賢哉二大夫!"或歎息爲之下泣.

廣·受歸鄉里 日令其家賣金共具 請族人·故舊·賓客 與相娛樂. 或勸廣以其金爲子孫頗立產業者 廣曰"吾豈老誖不念子孫哉! 顧自有舊田廬 令子孫勤力其中 足以共衣食 與凡人齊. 今復增益之以爲贏餘 但敎子孫怠墮耳. 賢而多財 則損其志 愚而多財 則益其過. 且夫富者衆之怨也 吾旣無以敎化子孫 不欲益其過而生怨. 又此金者 聖主所以惠養老臣也 故樂與鄉黨·宗族共饗其賜 以盡吾餘日 不亦可乎!"於是族人悅服.

4　　潁川太守黃霸使郵亭·鄉官皆畜雞·豚 以贍鰥·寡·貧·窮者 然後爲條敎 置父老·師帥·伍長 班行之於民間 勸以爲善防姦之意 及務耕桑·節用·殖財·種樹·畜養 去浮淫之費. 其治 米鹽靡密 初若煩碎 然霸精力能推行之. 吏民見者語次尋繹 問他陰伏以相參考 聰明識事 吏民不知所出 咸稱神明 豪釐不敢有所欺. 姦人去入他郡 盜賊日少. 霸力行敎化而後誅罰 務在成就全安長吏. 許丞老 病聾 督郵白欲逐之. 霸曰"許丞廉吏 雖老 尙能拜起送迎 正頗重聽何傷! 且善助之 毋失賢者意!"或問其故 霸曰"數易長吏 送故迎新之費 及姦吏因緣 絕簿書 盜財物 公私費耗甚多 皆當出於民. 所易新吏又未必賢 或不如其故 徒相益爲亂. 凡治道 去其泰甚者耳."霸以外寬內明 得吏民心 戶口歲增 治爲天下第一 徵守京兆尹. 頃之 坐法 連貶秩 有詔復歸潁川爲太守 以八百石居.

1 　春 正月 詔 "年八十以上 非誣告 · 殺傷人 他皆勿坐."

2 　右扶風尹翁歸卒 家無餘財. 秋 八月 詔曰 "翁歸廉平鄕正
治民異等. 其賜翁歸子黃金百斤 以奉祭祀."

3 　上令有司求高祖功臣子孫失侯者 得槐里公乘周廣漢等
百三十六人 皆賜黃金二十斤 復其家 令奉祭祀 世世勿絶.

4 　丙寅 富平敬侯張安世薨.

5 　初 扶陽節侯韋賢薨 長子弘有罪繫獄 家人矯賢令 以次子
大河都尉玄成爲後. 玄成深知其非賢雅意 卽陽爲病狂 臥便利
妄笑語 昏亂. 旣葬 當襲爵 以狂不應召. 大鴻臚奏狀 章下丞
相 · 御史案驗. 案事丞相史迺與玄成書曰 "古之辭讓 必有文
義可觀 故能垂榮於後. 今子獨壞容貌 蒙恥辱爲狂癡 光曜晻而
不宣 微哉子之所托名也! 僕素愚陋 過爲宰相執事 願少聞風
聲 不然 恐子傷高而僕爲小人也." 玄成友人侍郎章亦上疏言
"聖王貴以禮讓爲國 宜優養玄成 勿枉其志 使得自安衡門之
下." 而丞相 · 御史遂以玄成實不病 劾奏之 有詔勿劾 引拜 玄
成不得已 受爵. 帝高其節 以玄成爲河南太守.

6　　車師王烏貴之走烏孫也 烏孫留不遣. 漢遣使責烏孫 烏孫
送烏貴詣闕.

7　　初 武帝開河西四郡 隔絶羌與匈奴相通之路 斥逐諸羌. 不
使居湟中地. 及帝卽位 光祿大夫義渠安國使行諸羌 先零豪言
"願時度湟水北 逐民所不田處畜牧."安國以聞. 後將軍趙充國
劾安國奉使不敬. 是後羌人旁緣前言 抵冒渡湟水 郡縣不能禁.
　既而先零與諸羌種豪二百餘人解仇 · 交質 · 盟詛. 上聞之
以問趙充國 對曰"羌人所以易制者 以其種自有豪 數相攻撃
勢不壹也. 往三十餘歲西羌反時 亦先解仇合約攻令居 與漢相
距 五六年乃定. 匈奴數誘羌人 欲與之共撃張掖 · 酒泉地 使羌
居之. 間者匈奴困於西方 疑其更遣使至羌中與相結. 臣恐羌變
未止此 且復結聯他種 宜及未然爲之備."後月餘 羌侯狼何果
遣使至匈奴藉兵 欲撃鄯善阜善 · 敦煌以絶漢道. 充國以爲"狼
何勢不能獨造此計 疑匈奴使已至羌中 先零 · 罕 · 幵乃解仇作
約. 到秋馬肥 變必起矣. 宜遣使者行邊兵 豫爲備敕 視諸羌毋
令解仇 以發覺其謀."於是兩府復白遣義渠安國行視諸羌 分
別善惡.

8　　是時 比年豐稔 穀石五錢.＊

資治通鑑 卷026

【漢紀十八】

起上章涒灘(庚申) 盡玄黓閹茂(壬戌) 凡三年.

❖ 中宗孝宣皇帝中 神爵 元年 (庚申, 紀元前 61年)

1　　春 正月 上始行幸城甘泉 郊泰畤 三月 行幸河東 祠后土.
上頗脩武帝故事 謹齋祀之禮 以方士言增置神祠 聞益州有金
馬·碧雞之神 可醮祭而致 於是遣諫大夫蜀郡王褒使持節而求
之.

　初 上聞褒有俊才 召見 使爲《聖主得賢臣頌》. 其辭曰 "夫賢
者 國家之器用也. 所任賢 則趨舍省而功施普 器用利 則用力
少而就效衆. 故工人之用鈍器也 勞筋苦骨 終日矻矻 及至巧冶
鑄干將 使離婁督繩 公輸削墨 雖崇臺五層·延袤百丈而不湎
者 工用相得也. 庸人之御駑馬 亦傷吻·敝策而不進於行 及至
駕齧膝·驂乘旦 王良執靶 韓哀附輿 周流八極 萬里一息 何
其遼哉？ 人馬相得也. 故且絺綌之涼者 不苦盛暑之鬱燠 襲貂

狐之煥者 不憂至寒寒之悽愴. 何則？有其具者易其備. 賢人‧
君子 亦聖王之所以易海內也. 昔周公躬吐捉之勞 故有圉空之
隆 齊桓設庭燎之禮 故有匡合之功 由此觀之 君人者勤於求賢
而逸於得人. 人臣亦然 昔賢者之未遭遇也 圖事揆策 則君不用
其謀 陳見悃誠 則上不然其信 進仕不得施效 斥逐又非其愆.
是故伊尹勤於鼎俎 太公困於鼓刀 百里自鬻 甯子飯牛 離此患
也. 及其遇明君‧遭聖主也 運籌合上意 諫諍卽見聽 進退得關
其忠 任職得行其術 剖符錫壤而光祖考. 故世必有聖知之君 而
後有賢明之臣. 故虎嘯而風冽 龍興而致雲 蟋蟀俟秋唫 蜉蝣
出以陰.《易》曰'飛龍在天 利見大人.'《詩》曰'思皇多士 生此
王國.'故世平主聖 俊艾將自至. 明明在朝 穆穆布列 聚精會神
相得益章 雖伯牙操遞鍾 逢門子彎烏號 猶未足以喻其意也. 故
聖主必待賢臣而弘功業 俊士亦俟明主以顯其德. 上下俱欲 驩
然交欣 千載壹合 論說無疑 翼乎如鴻毛遇順風 沛乎如巨魚縱
大壑. 其得意若此 則胡禁不止 曷令不行 化溢四表 橫被無窮.
是以聖王不徧窺望而視已明 不殫傾耳而聽已聰 太平之責塞
優游之望得 休徵自至 壽考無疆 何必偓仰屈伸若彭祖 呴噓呼
吸如僑‧松 眇然絕俗離世哉！"是時上頗好神仙 故褒對及
之.

　京兆尹張敞亦上疏諫曰"願明主時忘車馬之好 斥遠方士之
虛語 游心帝王之術 太平庶幾可興也."上由是悉罷尚方待詔
初 趙廣漢死後 爲京兆尹者皆不稱職 唯敞能繼其迹 其方略‧
耳目不及廣漢 然頗以經術儒雅文之.

2　　上頗脩飾 宮室·車服盛於昭帝時 外戚許·史·王氏貴寵. 諫大夫王吉上疏曰"陛下躬聖質 總萬方 惟思世務 將興太平 詔書每下 民欣然若更生. 臣伏而思之 可謂至恩 未可謂本務也. 欲治之主不世出 公卿幸得遭遇其時 言聽諫從 然未有建萬世之長策 舉明主於三代之隆也. 其務在於期會·簿書·斷獄·聽訟而已 此非太平之基也. 臣聞民者 弱而不可勝 愚而不可欺也. 聖主獨行於深宮 得則天下稱誦之 失則天下咸言之 故宜謹選左右 審擇所使. 左右所以正身 所使所以宣德 此其本也. 孔子曰'安上治民 莫善於禮'非空言也. 王者未制禮之時 引先王禮宜於今者而用之. 臣願陛下承天心 發大業 與公卿大臣延及儒生 述舊禮 明王制 毆一世之民躋之仁壽之域 則俗何以不若成·康 壽何以不若高宗! 竊見當世趨務不合於道者 謹條奏 唯陛下財擇焉."吉意以爲"世俗聘妻·送女無節 則貧人不及 故不舉子. 又 漢家列侯尚公主 諸侯則國人承翁主 使男事女 夫屈於婦 逆陰陽之位 故多女亂. 古者衣服·車馬 貴賤有章 今上下僭差 人人自制 是以貪財誅利 不畏死亡. 周之所以能致治刑措而不用者 以其禁邪於冥冥 絶惡於未萌也." 又言"舜·湯不用三公·九卿之世而舉皋陶·伊尹 不仁者遠. 今使俗吏得任子弟 率多驕驁 不通古今 無益於民 宜明選求賢除任子之令 外家及故人 可厚以財 不宜居位. 去角抵 減樂府 省尚方 明示天下以儉. 古者工不造琱瑑 商不通侈靡 非工·商之獨賢 政敎使之然也."上以其言爲迂闊 不甚寵異也. 吉遂謝病歸.

3 　義渠安國至羌中　召先零諸豪三十餘人　以尤桀黠者皆斬之 縱兵擊其種人　斬首千餘級. 於是諸降羌及歸義羌侯楊玉等怨 怒　無所信鄕　遂劫略小種　背畔犯塞　攻城邑　殺長吏. 安國以騎 都尉將騎二千屯備羌　至浩亹　爲虜所擊　失亡車重‧兵器甚衆. 安國引還　至令居　以聞.

　時趙充國年七十餘　上老之　使丙吉問誰可將者. 充國對曰 "無踰於老臣者矣!"　上遣問焉　曰"將軍度羌虜何如?　當用 幾人?"充國曰"百聞不如一見. 兵難遙度　臣願馳至金城　圖 上方略. 羌戎小夷　逆天背畔　滅亡不久　願陛下以屬老臣　勿以 爲憂!"上笑曰"諾."乃大發兵詣金城. 夏　四月　遣充國將之 以擊西羌.

4 　六月　有星孛於東方.

5 　趙充國至金城　須兵滿萬騎　欲渡河　恐爲虜所遮　卽夜遣三 校銜枚先渡　渡　輒營陳　會明畢　遂以次盡渡. 虜數十百騎來　出 入軍傍　充國曰"吾士馬新倦　不可馳逐　此皆驍騎難制　又恐其 爲誘兵也. 擊虜以殄滅爲期　小利不足貪!"令軍勿擊. 遣騎候 四望峽中無虜　夜　引兵上至落都　召諸校司馬謂曰"吾知羌虜 不能爲兵矣!　使虜發數千人守杜四望峽中　兵豈得入哉!"

　充國常以遠斥候爲務　行必爲戰備　止必堅營壁　尤能持重　愛 士卒　先計而後戰. 遂西至西部都尉府　日饗軍士　士皆欲爲用. 虜數挑戰　充國堅守. 捕得生口　言羌豪相數責曰"語汝無反　今

天子遣趙將軍來 年八九十矣 善爲兵 今請欲壹鬭而死 可得
邪！"初 罕·幵豪靡當兒使弟雕庫來告都尉曰"先零欲反."
後數日 果反. 雕庫種人頗在先零中 都尉卽留雕庫爲質. 充國
以爲無罪 乃遣歸告種豪"大兵誅有罪者 明白自別 毋取幷滅.
天子告諸羌人 犯法者能相捕斬 除罪 仍以功大小賜錢有差 又
以其所捕妻子·財物盡與之."充國計欲以威信招降罕·幵及
劫略者 解散虜謀 徼其疲劇 乃擊之.

時上已發內郡兵屯邊者合六萬人矣. 酒泉太守辛武賢奏言
"郡兵皆屯備南山 北邊空虛 勢不可久. 若至秋冬乃進兵 此虜
在境外之冊. 今虜朝夕爲寇 土地寒苦 漢馬不耐冬 不如以七月
上旬齎三十日糧 分兵出張掖·酒泉 合擊罕·幵在鮮水上者.
雖不能盡誅 但奪其畜産 虜其妻子 復引兵還. 冬復擊之 大兵
仍出 虜必震壞."天子下其書充國 令議之. 充國以爲"一馬自
負三十日食 爲米二斛四斗 麥八斛 又有衣裝·兵器 難以追逐.
虜必商軍進退 稍引去 逐水草 入山林. 隨而深入 虜卽據前險
守後阸 以絶糧道 必有傷危之憂 爲夷狄笑 千載不可復. 而武
賢以爲可奪其畜産 虜其妻子 此殆空言 非至計也. 先零首爲畔
逆 他種劫略 故臣愚冊 欲捐罕·幵闇昧之過 隱而勿章 先行
先零之誅以震動之 宜悔過反善 因赦其罪 選擇良吏知其俗者
拊循和輯. 此全師保勝安邊之冊."

天子下其書 公卿議者咸以爲"先零兵盛而負罕·幵之助 不
先破罕·幵 先零未可圖也."上乃拜侍中許延壽爲強弩將軍
卽拜酒泉太守武賢爲破羌將軍 賜璽書嘉納其冊. 以書敕讓充

國曰 "今轉輸並起 百姓煩擾 將軍將萬餘之衆 不早及秋共水草之利 爭其畜食 欲至冬 虜皆當畜食 多臧匿山中 依險阻 將軍士寒 手足皸瘃 寧有利哉! 將軍不念中國之費 欲以歲數而勝敵 將軍誰不樂此者! 今詔破羌將軍武賢等將兵 以七月擊罕羌. 將軍其引兵並進 勿復有疑!"

充國上書曰 "陛下前幸賜書 欲使人諭罕 以大軍當至 漢不誅罕 以解其謀. 臣故遣罕豪雕庫宣天子至德 罕·开之屬皆聞知明詔. 今先零羌楊玉阻石山木 候便爲寇 罕羌未有所犯 乃置先零 先擊罕 釋有罪 誅無辜 起壹難 就兩害 誠非陛下本計也. 臣聞兵法'攻不足者守有餘.'又曰'善戰者致人 不致於人.'今罕羌欲爲敦煌·酒泉寇 宜飭兵馬 練戰士 以須其至. 坐得致敵之術 以逸擊勞 取勝之道也. 今恐二郡兵少 不足以守 而發之行攻 釋致虜之術而從爲虜所致之道 臣愚以爲不便. 先零羌欲爲背畔 故與罕·开解仇結約 然其私心不能無恐漢兵至而罕·开背之也. 臣愚以爲其計常欲先赴罕·开之急以堅其約. 先擊罕羌 先零必助之. 今虜馬肥·糧食方饒 擊之恐不能傷害 適使先零得施德於罕羌 堅其約 合其黨. 虜交堅黨 合精兵二萬餘人 迫脅諸小種 附著者稍衆 莫須之屬不輕得離也. 如是 虜兵寖多 誅之用力數倍. 臣恐國家憂累 由十年數 不二三歲而已. 於臣之計 先誅先零已 則罕·开之屬不煩兵而服矣. 先零已誅而罕·开不服 涉正月擊之 得計之理 又其時也. 以今進兵 誠不見其利." 戊申 充國上奏. 秋 七月 甲寅 璽書報 從充國計焉.

充國乃引兵至先零在所. 虜久屯聚 懈弛 望見大軍 棄車重

欲渡湟水 道阨陜 充國徐行驅之. 或曰"逐利行遲." 充國曰
"此窮寇 不可迫也. 緩之則走不顧 急之則還致死." 諸校皆曰
"善." 虜赴水溺死者數百 降及斬首五百餘人. 虜馬·牛·羊十
萬餘頭 車四千餘兩. 兵至罕地 令軍毋燔聚落·芻牧田中. 罕
羌聞之 喜曰"漢果不擊我矣！" 豪靡忘使人來言"願得還復
故地." 充國以聞 未報. 靡忘來自歸 充國賜飲食 遣還諭種人.
護軍以下皆爭之曰"此反虜 不可擅遣！" 充國曰"諸君但欲
便文自營 非爲公家忠計也！" 語未卒 璽書報 令靡忘以贖論.
後罕竟不煩兵而下.

上詔破羌·強弩將軍詣屯所 以十二月與充國合 進擊先零.
時羌降者萬餘人矣 充國度其必壞 欲罷騎兵 屯田以待其敝. 作
奏未上 會得進兵璽書 充國子中郎將印懼 使客諫充國曰"誠
今兵出 破軍殺將 以傾國家 將軍守之可也. 即利與病 又何足
爭？ 一旦不合上意 遣繡衣來責將軍 將軍之身不能自保 何國
家之安！" 充國歎曰"是何言之不忠也！ 本用吾言 羌虜得至
是邪！ 往者舉可先行羌者 吾舉辛武賢 丞相御史復白遣義渠
安國 竟沮敗羌. 金城·湟中穀斛八錢 吾謂耿中丞'糴三百萬
斛穀 羌人不敢動矣！' 耿中丞請糴百萬斛 乃得四十萬斛耳 義
渠再使且費其半. 失此二冊 羌人致敢爲逆. 失之毫釐 差以千
里 是旣然矣. 今兵久不決 四夷卒有動搖 相因而起 雖有知者
不能善其後 羌獨足憂邪？ 吾固以死守之 明主可爲忠言."

遂上屯田奏曰"臣所將吏士·馬牛食所用糧穀·茭藁 調度
甚廣 難久不解 徭役不息 恐生他變 爲明主憂 誠非素定廟勝

之冊. 且羌易以計破 難用兵碎也 故臣愚心以爲擊之不便！ 計
度臨羌東至浩亹 羌虜故田及公田 民所未墾 可二千頃以上 其
間郵亭多壞敗者. 臣前部士入山 伐林木六萬餘枚 在水次. 臣
願罷騎兵 留步兵萬二百八十一人 分屯要害處 冰解漕下 繕鄉
亭 浚溝渠 治湟陜以西道橋七十所 令可至鮮水左右. 田事出
賦人三十晦 至四月草生 發郡騎及屬國胡騎各千 就草爲田者
遊兵 以充入金城郡 益積畜 省大費. 今大司農所轉穀至者 足
支萬人一歲食 謹上田處及器用簿."

上報曰"卽如將軍之計 虜當何時伏誅？ 兵當何時得決？
孰計其便 復奏."

充國上狀曰"臣聞帝王之兵 以全取勝 是以貴謀而賤戰.'百
戰而百勝 非善之善者也 故先爲不可勝以待敵之可勝.'蠻夷習
俗雖殊於禮義之國 然其欲避害就利 愛親戚 畏死亡 一也. 今
虜亡其美地薦草 愁於寄托 遠遁 骨肉心離 人有畔志. 而明主
班師罷兵 萬人留田 順天時 因地利 以待可勝之虜 雖未卽伏
辜 兵決可期月而望. 羌虜瓦解 前後降者萬七百餘人 及受言
去者凡七十輩 此坐支解羌虜之具也. 臣謹條不出兵留田便宜
十二事 步兵九校・吏士萬人留屯 以爲武備 因田致穀 威德並
行 一也. 又因排折羌虜 令不得歸肥饒之地 貧破其衆 以成羌
虜相畔之漸 二也. 居民得並田作 不失農業 三也. 軍馬一月之
食 度支田士一歲 罷騎兵以省大費 四也. 至春 省甲士卒 循
河・湟漕穀至臨羌 以示羌虜 揚威武 傳世折衝之具 五也. 以
閒暇時 下先所伐材 繕治郵亭 充入金城 六也. 兵出 乘危徼幸

不出 今反畔之虜竄於風寒之地 離霜露·疾疫·瘃墮之患 坐
得必勝之道 七也. 無經阻·遠追·死傷之害 八也. 內不損威
武之重 外不令虜得乘間之勢 九也. 又亡驚動河南大开使生他
變之憂 十也. 治隍陜中道橋 令可至鮮水以制西域 伸威千里
從枕席上過師 十一也. 大費既省 繇役豫息 以戒不虞 十二也.
留屯田得十二便 出兵失十二利 唯明詔采擇！"

上復賜報曰"兵決可期月而望者 謂今冬邪 謂何時也？ 將
軍獨不計虜聞兵頗罷 且丁壯相聚 攻擾田者及道上屯兵 復殺
略人民 將何以止之？ 將軍孰計復奏！"

充國復奏曰"臣聞兵以計爲本 故多算勝少算. 先零羌精兵
今餘不過七八千人 失地遠客分散 飢凍畔還者不絕. 臣愚以爲
虜破壞可日月冀 遠在來春 故曰兵決可期月而望. 竊見北邊自
敦煌至遼東萬一千五百餘里 乘塞列地有吏卒數千人 虜數以
大眾攻之而不能害. 今騎兵雖罷 虜見屯田之士精兵萬人 從今
盡三月 虜馬羸瘦 必不敢捐其妻子於他種中 遠涉山河而來爲
寇 亦不敢將其累重 還歸故地. 是臣之愚計所以度虜且必瓦解
其處 不戰而自破之冊也. 至於虜小寇盜 時殺人民 其原未可卒
禁. 臣聞戰不必勝 不苟接刃 攻不必取 不苟勞眾. 誠令兵出 雖
不能滅先零 但能令虜絕不爲小寇 則出兵可也. 卽今同是 而
釋坐勝之道 從乘危之勢 往終不見利 空內自罷敝 貶重以自損
非所以示蠻夷也. 又大兵一出 還不可復留 湟中亦未可空 如是
徭役復更發也. 臣愚以爲不便. 臣竊自惟念 奉詔出塞 引軍遠
擊 窮天子之精兵 散車甲於山野 雖亡尺寸之功 媮得避嫌之便

而亡後咎餘責 此人臣不忠之利 非明主社稷之福也！"

充國奏每上 輒下公卿議臣. 初是充國計者什三 中什五 最後什八. 有詔詰前言不便者 皆頓首服. 魏相曰"臣愚不習兵事利害. 後將軍數畫軍冊 其言常是 臣任其計必可用也."上於是報充國 嘉納之 亦以破羌‧強弩將軍數言當擊 以是兩從其計 詔兩將軍與中郎將卬出擊. 強弩出 降四千餘人 破羌斬首二千級中郎將卬斬首降者亦二千餘級 而充國所降復得五千餘人. 詔罷兵 獨充國留屯田.

6　大司農朱邑卒. 上以其循吏 閔惜之 詔賜其子黃金百斤 以奉其祭祀.

7　是歲 前將軍‧龍頟侯韓增爲大司馬‧車騎將軍.

8　丁令比三歲鈔盜匈奴 殺略數千人. 匈奴遣萬餘騎往擊之無所得.

❖ 中宗孝宣皇帝中 神爵 2年（辛酉, 紀元前 60年）

1　春 二月 以鳳皇‧甘露降集京師 赦天下.

2　夏 五月 趙充國奏言"羌本可五萬人軍 凡斬首七千六百

級 降者三萬一千二百人 溺河湟‧餓死者五六千人 定計遺脫
與煎鞏‧黃羝俱亡者不過四千人. 羌靡忘等自詭必得 請罷屯
兵！"奏可. 充國振旅而還.

所善浩星賜迎說充國曰 "衆人皆以破羌‧強弩出擊 多斬
首‧生降 虜以破壞. 然有識者以爲虜勢窮困 兵雖不出 必自服
矣. 將軍卽見 宜歸功於二將軍出擊 非愚臣所及. 如此 將軍計
未失也."充國曰"吾年老矣 爵位已極 豈嫌伐一時事以欺明主
哉！ 兵勢 國之大事 當爲後法. 老臣不以餘命壹爲陛下明言兵
之利害 卒死 誰當復言之者！"卒以其意對. 上然其計 罷遣辛
武賢歸酒泉太守 官充國復爲後將軍.

秋 羌若零‧離留‧且種‧兒庫共斬先零大豪猶非‧楊玉首
及諸豪弟澤‧陽雕‧良兒‧靡忘皆帥煎鞏‧黃羝之屬四千餘
人降. 漢封若零‧弟澤二人爲帥衆王 餘皆爲侯‧爲君. 初置金
城屬國以處降羌.

詔舉可護羌校尉者. 時充國病 四府舉辛武賢小弟湯. 充國遽
起 奏"湯使酒 不可典蠻夷. 不如湯兄臨衆."時湯已拜受節 有
詔更用臨衆. 後臨衆病免 五府復舉湯. 湯數醉酗羌人 羌人反
畔 卒如充國之言. 辛武賢深恨充國 上書告中郎將卬泄省中語
下吏 自殺.

3　司隸校尉魏郡蓋寬饒 剛直公淸 數干犯上意. 時上方用刑
法 任中書官 寬饒奏封事曰"方今聖道浸微 儒術不行 以刑餘
爲周‧召 以法律爲《詩》‧《書》."又引《易傳》言"五帝官天下

三王家天下. 家以傳子孫 官以傳賢聖."書奏 上以爲寬饒怨
謗 下其書中二千石. 時執金吾議 以爲"寬饒旨意欲求禪 大逆
不道!"諫大夫鄭昌愍傷寬饒忠直憂國 以言事不當意而爲文
吏所詆挫 上書訟寬饒曰"臣聞山有猛獸 藜藿爲之不采 國有
忠臣 姦邪爲之不起. 司隷校尉寬饒 居不求安 食不求飽 進有
憂國之心 退有死節之義 上無許·史之屬 下無金·張之托 職
在司察 直道而行 多仇少與. 上書陳國事 有司劾以大辟. 臣幸
得從大夫之後 官以諫爲名 不敢不言!"上不聽. 九月 下寬饒
吏. 寬饒引佩刀自剄北闕下 衆莫不憐之.

4   匈奴虛閭權渠單于將十餘萬騎旁塞獵 欲入邊爲寇. 未至
會其民題除渠堂亡降漢言狀 漢以爲言兵鹿奚鹿盧侯 而遣後將
軍趙充國將兵四萬餘騎 屯緣邊九郡備虜. 月餘 單于病歐血 因
不敢入 還去 卽罷兵. 乃使題王都犁胡次等入漢請和親 未報.
會單于死. 虛閭權渠單于始立 而黜顓渠閼氏. 顓渠閼氏卽與右
賢王屠耆堂私通 右賢王會龍城而去. 顓渠閼氏語以單于病甚
且勿遠. 後數日 單于死 用事貴人郝宿王刑未央使人號諸王 未
至 顓渠閼氏與其弟左大將且渠都隆奇謀 立右賢王爲握衍朐鞮
單于. 握衍朐鞮單于者 烏維單于耳孫也.
握衍朐鞮單于立 兇惡 殺刑未央等而任用都隆奇 又盡免虛
閭權渠子弟近親而自以其子弟代之. 虛閭權渠單于子稽侯狦旣
不得立 亡歸妻父烏禪幕. 烏禪幕者 本康居·烏孫間小國 數見
侵暴 率其衆數千人降匈奴 狐鹿姑單于以其弟子日逐王姊妻之

使長其衆 居右地. 日逐王先賢撣 其父左賢王當爲單于 讓狐鹿姑單于 狐鹿姑單于許立之. 國人以故頗言日逐王當爲單于. 日逐王素與握衍朐鞮單于有隙 卽帥其衆欲降漢 使人至渠犁 與騎都尉鄭吉相聞. 吉發渠犁·龜茲諸國五萬人迎日逐王口萬二千人·小王將十二人 隨吉至河曲 頗有亡者 吉追斬之 遂將詣京師. 漢封日逐王爲歸德侯.

　吉旣破車師 降日逐 威震西域 遂幷護車師以西北道 故號都護. 都護之置 自吉始焉. 上封吉爲安遠侯. 吉於是中西域而立莫府 治烏壘城 去陽關二千七百餘里. 匈奴益弱 不敢爭西域 僮僕都尉由此罷. 都護督察烏孫·康居等三十六國動靜 有變以聞 可安輯 安輯之 不可者誅伐之 漢之號令班西域矣.

　握衍朐鞮單于更立其從兄薄胥堂爲日逐王.

5　　烏孫昆彌翁歸靡因長羅侯常惠上書 "願以漢外孫元貴靡爲嗣 得令復尙漢公主 結婚重親 畔絶匈奴." 詔下公卿議 大鴻臚蕭望之以爲 "烏孫絶域 變故難保 不可許." 上美烏孫新立大功 又重絶故業 乃以烏孫主解憂弟相夫爲公主 盛爲資送而遣之 使常惠送之至敦煌. 未出塞 聞翁歸靡死 烏孫貴人共從本約 立岑娶子泥靡爲昆彌 號狂王. 常惠上書 "願留少主敦煌." 惠馳至烏孫 責讓不立元貴靡爲昆彌 還迎少主. 事下公卿 望之復以 "烏孫持兩端 難約結. 今少主以元貴靡不立而還 信無負於夷狄 中國之福也. 少主不止 繇役將興." 天子從之 徵還少主.

1　　春 三月 丙辰 高平憲侯魏相薨. 夏 四月 戊辰 丙吉爲丞相. 吉上寬大 好禮讓 不親小事 時人以爲知大體.

2　　秋 七月 甲子 大鴻臚蕭望之爲御史大夫.

3　　八月 詔曰 "吏不廉平 則治道衰. 今小吏皆勤事而俸祿薄 欲無侵漁百姓 難矣！其益吏百石已下俸十五."

4　　是歲 東郡太守韓延壽爲左馮翊. 始 延壽爲潁川太守 潁川承趙廣漢搆會吏民之後 俗多怨讐. 延行改更 教以禮讓 召故老 與議定嫁娶·喪祭儀品 略依古禮 不得過法. 百姓遵用其敎. 賣偶車馬·下里僞物者 棄之市道. 黃霸代延壽居潁川 霸因其迹而大治. 延壽爲吏 上禮義 好古敎化 所至必聘其賢士 以禮待 用廣謀議 納諫爭 表孝弟有行 修治學官 春秋鄕射 陳鐘鼓·管弦 盛升降·揖讓 及都試講武 設斧鉞·旌旗 習射·御之事 治城郭 收賦租 先明佈告其日 以期會爲大事. 吏民敬畏 趨鄕之. 又置正·五長 相率以孝弟 不得舍姦人 閭里阡陌有非常 吏輒聞知 姦人莫敢入界. 其始若煩 後吏無追捕之苦 民無箠楚之憂 皆便安之. 接待下吏 恩施甚厚而約誓明. 或欺負之者 延壽痛自刻責 "豈其負之 何以至此！" 吏聞者自傷悔 其縣尉至自刺死. 及門下掾自剄 人救不殊 延壽涕泣 遣吏醫治視

厚復其家. 在東郡三歲 令行禁止 斷獄大減 由是入爲馮翊.

　延壽出行縣至高陵 民有昆弟相與訟田 自言. 延壽大傷之 曰 "幸得備位 爲郡表率 不能宣明敎化 至今民有骨肉爭訟 旣傷風化 重使賢長吏·嗇夫·三老·孝弟受其恥 咎在馮翊 當先退." 是日 移病不聽事 因入臥傳舍 閉閤思過. 一縣莫知所爲 令·丞·嗇夫·三老亦皆自繫待罪. 於是訟者宗族傳相責讓 此兩昆弟深自悔 皆自髠 肉袒謝 願以田相移 終死不敢復爭. 郡中歙然 莫不傳相敕厲 不敢犯. 延壽恩信周徧二十四縣 莫敢以辭訟自言者. 推其至誠 吏民不忍欺紿.

5　　匈奴單于又殺先賢撣兩弟 烏禪幕請之 不聽 心恚. 其後左奧鞬王死 單于自立其小子爲奧鞬王 留庭. 奧鞬貴人共立故奧鞬子爲王 與俱東徙. 單于右丞相將萬騎往擊之. 失亡數千人不勝.＊

資治通鑑 卷027

【漢紀十九】
起昭陽大淵獻(癸亥) 盡玄黓涒灘(壬申)凡十年.

❖ 中宗孝宣皇帝下 神爵 4年(癸亥, 紀元前 58年)

1　春 二月 以鳳皇 · 甘露降集京師 赦天下.

2　潁川太守黃霸在郡前後八年 政事愈治 是時鳳皇 · 神爵數
集郡國 潁川尤多. 夏 四月 詔曰 "潁川太守霸 宣佈詔令 百姓
鄉化 孝子 · 弟弟 · 貞婦 · 順孫日以衆多 田者讓畔 道不拾遺
養視鰥寡 贍助貧窮 獄或八年亡重罪囚 其賜爵關內侯 · 黃金
百斤 · 秩中二千石." 而潁川孝 · 弟 · 有行義民 三老 · 力田皆
以差賜爵及帛. 後數月 徵霸爲太子太傅.

3　五月 匈奴單于遣弟呼留若王勝之來朝.

4　冬 十月 鳳皇十一集杜陵.

5　河南太守嚴延年爲治陰鷙酷烈 衆人所謂當死者一朝出之 所謂當生者詭殺之 吏民莫能測其意深淺 戰栗不敢犯禁. 冬月 傳屬縣囚會論府上 流血數里 河南號曰 "屠伯." 延年素輕黃霸 爲人 及比郡爲守 襃賞反在己前 心內不服. 河南界中又有蝗蟲 府丞義出行蝗 還 見延年. 延年曰 "此蝗豈鳳皇食邪?" 義年老 頗悖 素畏延年 恐見中傷. 延年本嘗與義俱爲丞相史 實親厚之 饋遺之甚厚. 義愈益恐 自筮 得死卦 忽忽不樂 取告至長安 上書言延年罪名十事 已拜奏 因飲藥自殺 以明不欺. 事下御史丞按驗 得其語言怨望 · 誹謗政治數事. 十一月 延年坐不道 棄市.

初 延年母從東海來 欲從延年臘 到洛陽 適見報囚 母大驚 便止都亭 不肯入府. 延年出至都亭謁母 母閉閤閣不見. 延年免冠頓首閤下 良久 母乃見之 因數責延年 "幸得備郡守 專治千里 不聞仁愛教化 有以全安愚民 顧乘刑罰 多刑殺人 欲以立威 豈爲民父母意哉!" 延年服罪 重頓首謝 因爲母御歸府舍. 母畢正臘 謂延年曰 "天道神明 人不可獨殺. 我不意當老見壯子被刑戮也! 行矣 去汝東歸 掃除墓地耳!" 遂去 歸郡見昆弟 · 宗人 復爲言之. 後歲餘 果敗 東海莫不賢智其母.

6　匈奴握衍朐鞮單于暴虐 好殺伐 國中不附. 及太子 · 左賢王數讒左地貴人 左地貴人皆怨. 會烏桓擊匈奴東邊姑夕王 頗

得人民 單于怒. 姑夕王恐 卽與烏禪幕及左地貴人共立稽侯狦
爲呼韓邪單于 發左地兵四五萬人 西擊握衍朐鞮單于 至姑且
水北. 未戰 握衍朐鞮單于兵敗走 使人報其弟右賢王曰"匈奴
共攻我 若肯發兵助我乎?"右賢王曰'若不愛人 殺昆弟·諸
貴人. 各自死若處 無來汙我!"握衍朐鞮單于恚 自殺. 左大
且渠都隆奇亡之右賢王所 其民衆盡降呼韓邪單于. 呼韓單于
歸庭 數月 罷兵 使各歸故地 乃收其兄呼屠吾斯在民間者 立
爲左谷蠡王 使人告右賢貴人 欲令殺右賢王 其冬 都隆奇與右
賢王共立日逐王薄胥堂爲屠耆單于 發兵數萬人東襲呼韓邪單
于 呼韓邪單于兵敗走. 屠耆單于還 以其長子都塗吾西爲左谷
蠡王 少子姑瞀樓頭爲右谷蠡王 留居單于庭.

1   春 正月 上幸甘泉 郊泰畤.

2   皇太子冠.

3   秋 匈奴屠耆單于使先賢撣兄右奧鞬王 與烏藉都尉各二萬
騎屯東方 以備呼韓邪單于. 是時西方呼揭王來與唯犁當戶謀
共讒右賢王 言欲自立爲單于. 屠耆單于殺右賢王父子 後知其
冤 復殺唯犁當戶. 於是呼揭王恐 遂畔去 自立爲呼揭單于. 右

奧鞬王聞之 卽自立爲車犂單于. 烏藉都尉亦自立爲烏藉單于.
凡五單于. 屠耆單于自將兵東擊車犂單于 使都隆奇擊烏藉. 烏
藉·車犂皆敗 西北走 與呼揭單于兵合爲四萬人. 烏藉·呼揭
皆去單于號 共幷力尊輔車犂單于. 屠耆單于聞之 使左大將·
都尉將四萬騎分屯東方 以備呼韓邪單于 自將四萬騎西擊車犂
單于. 車犂單于敗 西北走. 屠耆單于卽引兵西南留闟敦地.

　漢議者多曰"匈奴爲害日久 可因其壞亂 舉兵滅之."詔問御
史大夫蕭望之 對曰"《春秋》晉士匃帥師侵齊 聞齊侯卒 引師
而還 君子大其不伐喪 以爲恩足服孝子 誼足以動諸侯. 前單于
慕化鄉善 稱弟 遣使請求和親 海內欣然 夷狄莫不聞. 未終奉
約 不幸爲賊臣所殺 今而伐之 是乘亂而幸災也 彼必奔走遠遁.
不以義動 兵恐勞而無功. 宜遣使者弔問 輔其微弱 救其災患.
四夷聞之 咸貴中國之仁義. 如遂蒙恩得復其位 必稱臣服從 此
德之盛也."上從其議.

4　冬 十有二月 乙酉朔 日有食之.

5　韓延壽代蕭望之爲左馮翊. 望之聞延壽在東郡時放散官錢
千餘萬 使御史案之. 延壽聞知 卽部吏案校望之在馮翊時廩犧
官錢放散百餘萬. 望之自奏"職在總領天下 聞事不敢不問 而爲
延壽所拘持."上由是不直延壽 各令窮竟所考. 望之卒無事實.
而望之遣御史案東郡者 得其試騎士日奢僭踰制 又取官銅物 候
月食鑄刀劍 效尙方事 及取官錢私假徭使吏 及治飾車甲三百萬

以上. 延壽竟坐狡猾不道 棄市. 吏民數千人送到渭城 老小扶持 車轂 爭奏酒炙. 延壽不忍距逆 人人爲飮 計飮酒石餘. 使掾‧史分謝送者"遠苦吏民 延壽死無所恨!"百姓莫不流涕.

1   春 正月 上幸甘泉 郊泰畤.

2   車騎將軍韓增薨. 五月 將軍許延壽爲大司馬‧車騎大將軍.

3   丞相丙吉年老 上重之. 蕭望之意常輕吉 上由是不悅. 丞相司直奏望之遇丞相禮節倨慢 又使吏買賣 私所附益凡十萬三千 請逮捕繫治. 秋 八月 壬午 詔左遷望之爲太子太傅 以太子太傅黃霸爲御史大夫.

4   匈奴呼韓邪單于遣其弟右谷蠡王等西襲屠耆單于屯兵 殺略萬餘人. 屠耆單于聞之 卽自將六萬騎擊呼韓邪單于. 屠耆單于兵敗 自殺. 都隆奇乃與屠耆少子右谷蠡王姑瞀樓頭亡歸漢. 車犂單于東降呼韓邪單于. 冬 十一月 呼韓邪單于左大將烏厲屈與父呼遬累烏厲溫敦皆見匈奴亂 率其衆數萬人降漢 封烏厲屈爲新城侯 烏厲溫敦爲義陽侯. 是時李陵子復立烏藉都尉爲

單于 呼韓邪單于捕斬之 遂復都單于庭 然眾裁數萬人. 屠耆單于從弟休旬王自立爲閏振單于 在西邊 呼韓邪單于兄左賢王呼屠吾斯亦自立爲郅支骨都侯單于 在東邊.

5　　光祿勳平通侯楊惲 廉潔無私 然伐其行能 又性刻害 好發人陰伏 由是多怨於朝廷. 與太僕戴長樂相失. 人有上書告長樂罪 長樂疑惲敎人告之 亦上書告惲罪曰 "惲上書訟韓延壽 郎中丘常謂惲曰 '聞君侯訟韓馮翊 當得活乎？' 惲曰 '事何容易 脛脛者未必全也！ 我不能自保 眞人所謂 "鼠不容穴 衘竄數" 者也.' 又語長樂曰 '正月以來 天陰不雨 此《春秋》所記 夏侯君所言.'" 事下廷尉. 廷尉定國奏惲怨望 爲訞惡言 大逆不道. 上不忍加誅 有詔皆免惲 · 長樂爲庶人.

> ❖ 中宗孝宣皇帝下 五鳳 3年（丙寅, 紀元前 55年）

1　　春 正月 癸卯 博陽定侯丙吉薨.

> ❖ 班固贊曰

　　古之制名 必由象類 遠取諸物 近取諸身. 故《經》謂君爲元首 臣爲股肱 明其一體相待而成也. 是故君臣相配 古今常道 自然之勢也. 近觀漢相 高祖開基 蕭 · 曹爲冠

孝宣中興 丙·魏有聲. 是時黜陟有序 衆職修理 公卿多
稱其位 海內興於禮讓. 覽其行事 豈虛虜哉！

2　　二月 壬辰 黃霸爲丞相. 霸材長於治民 及爲丞相 功名損
於治郡. 時京兆尹張敞舍鶡雀飛集丞相府 霸以爲神雀 議欲以
聞. 敞奏霸曰 "竊見丞相請與中二千石·博士雜問郡·國上計
長史·守丞爲民興利除害 成大化 條其對. 有耕者讓畔 男女
異路 道不拾遺 及擧孝子·貞婦者爲一輩 先上殿 擧而不知其
人數者 次之 不爲條敎者在後. 叩頭謝丞相 口雖不言 而心欲
其爲之也. 長史·守丞對時 臣敞舍有鶡雀飛止丞相府屋上 丞
相以下見者數百人. 邊吏多知鶡雀者 問之 皆陽不知. 丞相圖
議上奏曰 '臣問上計長史·守丞以興化條 皇天報下神爵.' 後
知從臣敞舍來 乃止. 郡國吏竊笑丞相仁厚有知略 微信奇怪也.
臣敞非敢毀丞相也 誠恐羣臣莫白 而長史·守丞畏丞相指 歸
舍法令 各爲私敎 務相增加 澆淳散樸 並行僞貌 有名亡實 傾
搖解怠 甚者爲妖. 假令京師先行讓畔·異路·道不拾遺 其實
亡益廉貪·貞淫之行 而以僞先天下 固未可也. 卽諸侯先行之
僞聲軼於京師 非細事也. 漢家承敝通變 造起律令 所以勸善禁
姦 條貫詳備 不可復加. 宜令貴臣明飭長史·守丞 歸告二千石
擧三老·孝弟·力田·孝廉·廉吏 務得其人 郡事皆以法令爲
檢式 毋得擅爲條敎 敢挾詐僞以奸名譽者 必先受戮 以正明好
惡." 天子嘉納敞言 召上計吏 使侍中臨飭 如敞指意. 霸甚慚.
　　又 樂陵侯史高以外屬舊恩侍中 貴重 霸薦高可太尉. 天子使

尙書召問霸 "太尉官罷久矣. 夫宣明敎化 通達幽隱 使獄無冤刑 邑無盜賊 君之職也. 將相之官 朕之任焉. 侍中·樂陵侯高帷幄近臣 朕之所自親 君何越職而舉之？" 尙書令受丞相對 霸免冠謝罪 數日 乃決. 自是後不敢復有所請. 然自漢興 言治民吏 以霸爲首.

3 三月 上幸河東 祠后土. 減天下口錢 赦殊死以下.

4 六月 辛酉 以西河太守杜延年爲御史大夫.

5 置西河·北地屬國以處匈奴降者.

6 廣陵厲王胥使巫李女須祝詛上 求爲天子. 事覺 藥殺巫及宮人二十餘人以絶口. 公卿請誅胥.

❖ 中宗孝宣皇帝下 五鳳 4年 (丁卯, 紀元前 54年)

1 春 胥自殺.

2 匈奴單于稱臣 遣弟谷蠡王入侍. 以邊塞亡寇 減戍卒什二.

3 大司農中丞耿壽昌奏言 "歲數豐穰 穀賤 農人少利. 故

事 歲漕關東穀四百萬斛以給京師 用卒六萬人. 宜糴三輔·弘
農·河東·上黨·太原郡穀 足供京師 可以省關東漕卒過半."
上從其計. 壽昌又白"令邊郡皆築倉 以穀賤增其賈而糴 穀貴
時減賈而糶 名曰常平倉."民便之. 上乃下詔賜壽昌爵關內侯.

4　夏 四月 辛丑朔 日有食之.

5　楊惲既失爵位 家居治產業 以財自娛. 其友人安定太守西
河孫會宗與惲書 諫戒之 爲言"大臣廢退 當闔門惶懼 爲可憐
之意 不當治產業 通賓客 有稱譽."惲 宰相子 有材能 少顯朝
廷 一朝以晻昧語言見廢 內懷不服 報會宗書曰"竊自思念 過
已大矣 行已虧矣 常爲農夫以沒世矣 是故身率妻子 戮力耕
桑 不意當復用此爲譏議也！ 夫人情所不能止者 聖人弗禁 故
君·父至尊·親 送其終也 有時而既. 臣之得罪 已三年矣 田
家作苦 歲時伏臘 烹羊 炰羔 斗酒自勞 酒後耳熱 仰天拊缶呼
烏烏 其詩曰'田彼南山 蕪穢不治 種一頃豆 落而爲萁. 人生行
樂耳 須富貴何時？'誠淫荒無度 不知其不可也."又惲兄子安
平侯譚謂惲曰"侯罪薄 又有功 且復用！"惲曰"有功何益！
縣官不足爲盡力."譚曰"縣官實然. 蓋司隷·韓馮翊皆盡力吏
也 俱坐事誅."會有日食之變 騶馬猥佐成上書告"惲驕奢 不
悔過. 日食之咎 此人所致."章下廷尉 按驗 得所予會宗書 帝
見而惡之. 廷尉當惲大逆無道 要斬 妻子徙酒泉郡 譚坐免爲庶
人 諸在位與惲厚善者 未央衛尉韋玄成及孫會宗等 皆免官.

❖ 臣光曰

以孝宣之明 魏相‧丙吉爲丞相 于定國爲廷尉 而趙‧
蓋‧韓‧楊之死皆不厭衆心 其爲善政之累大矣！《周
官》司寇之法 有議賢‧議能. 若廣漢‧延壽之治民 可不
謂能乎！寬饒‧惲之剛直 可不謂賢乎！ 然則雖有死罪
猶將宥之 況罪不足以死乎！ 揚子以韓馮翊之愬蕭爲臣
之自失. 夫所以使延壽犯上者 望之激之也. 上不之察 而
延壽獨蒙其辜 不亦甚哉！

6　匈奴閏振單于率其衆東擊郅支單于. 郅支與戰 殺之 幷其
兵 遂進攻呼韓邪. 呼韓邪兵敗走 郅支都單于庭.

❖ 中宗孝宣皇帝下 甘露 元年 (戊辰, 紀元前 53年)

1　春 正月 行幸甘泉 郊泰畤.

2　楊惲之誅也 公卿奏京兆尹張敞 惲之黨友 不宜處位. 上惜
敞材 獨寢其奏 不下. 敞使掾絮舜有所案驗 舜私歸其家曰「五
日京兆耳 安能復案事！」敞聞舜語 卽部吏收舜繫獄 晝夜驗
治 竟致其死事. 舜當出死 敞使主簿持敎告舜曰「五日京兆竟
何如？ 冬月已盡 延命乎？」乃棄舜市. 會立春 行冤獄使者出

舜家載屍幷編敞教 自言使者. 使者奏敞賊殺不辜. 上欲令敞得
自便 卽先下敞前坐楊惲奏 免爲庶人. 敞詣闕上印綬 便從闕下
亡命. 數月 京師吏民解弛 枹鼓數起 而冀州部中有大賊 天子
思敞功效 使使者卽家在所召敞. 敞身被重劾 及使者至 妻子家
室皆泣 惶懼 而敞獨笑曰"吾身亡命爲民 郡吏當就捕. 今使者
來 此天子欲用我也." 裝隨使者 詣在公車上書曰"臣前幸得備
位列卿 待罪京兆 坐殺掾絮舜. 舜本臣敞素所厚吏 數蒙恩貸.
以臣有章劾當免 受記考事 便歸臥家 謂臣五日京兆. 背恩忘義
傷薄俗化. 臣竊以舜無狀 枉法以誅之. 臣敞賊殺不辜 鞫獄故
不直 雖伏明法 死無所恨!"天子引見敞 拜爲冀州刺史. 敞到
部 盜賊屛跡.

3   皇太子柔仁好儒 見上所用多文法吏 以刑繩下 常侍燕從
容言"陛下持刑太深 宜用儒生."帝作色曰"漢家自有制度 本
以霸王道雜之. 奈何純任德敎 用周政乎! 且俗儒不達時宜 好
是古非今 使人眩於名實 不知所守 何足委任!"乃歎曰"亂我
家者 太子也!"

❖ 臣光曰

    王霸無異道. 昔三代之隆 禮樂·征伐自天子出 則謂
之王. 天子微弱不能治諸侯 諸侯有能率其與國同討不庭
以尊王室者 則謂之霸. 其所以行之也 皆本仁祖義 任賢

使能 賞善罰惡 禁暴誅亂. 顧名位有尊卑 德澤有深淺 功
業有鉅細 政令有廣狹耳 非若白黑‧甘苦之相反也. 漢
之所以不能復三代之治者 由人主之不爲 非先王之道不
可復行於後世也. 夫儒有君子 有小人. 彼俗儒者 誠不足
與爲治也 獨不可求眞儒而用之乎？ 稷‧契‧皋陶‧伯
益‧伊尹‧周公‧孔子 皆大儒也 使漢得而用之 功烈豈
若是而止邪！ 孝宣謂太子儒而不立 闇於治體 必亂我家
則可矣 乃曰王道不可行 儒者不可用 豈不過哉！ 非所以
訓示子孫 垂法將來者也.

4 　淮陽憲王好法律 聰達有材 王母張婕仔尤幸. 上由是疏太
子而愛淮陽憲王 數嗟歎憲王曰“眞我子也！”常有意欲立憲
王 然用太子起於微細 上少依倚許氏 及卽位而許后以殺死 故
弗忍也. 久之 上拜韋玄成爲淮陽中尉 以玄成嘗讓爵於兄 欲以
感諭憲王. 由是太子遂安.

5 　匈奴呼韓邪單于之敗也 左伊秩訾王爲呼韓邪計 勸令稱
臣入朝事漢 從漢求助 如此 匈奴乃定. 呼韓邪問諸大臣 皆曰
“不可. 匈奴之俗 本上氣力而下服役 以馬上戰鬪爲國 故有威
名於百蠻. 戰死 壯士所有也. 今兄弟爭國 不在兄則在弟 雖死
猶有威名 子孫常長諸國. 漢雖強 猶不能兼幷匈奴. 奈何亂先
古之制 臣事於漢 卑辱先單于 爲諸國所笑！ 雖如是而安 何
以復長百蠻！”左伊秩訾曰“不然 強弱有時. 今漢方盛 烏孫

城郭諸國皆爲臣妾. 自且鞮侯單于以來 匈奴日削 不能取復 雖屈強於此 未嘗一日安也. 今事漢則安存 不事則危亡 計何以過此！”諸大人相難久之 呼韓邪從其計 引衆南近塞 遣子右賢王銖婁渠堂入侍. 郅支單于亦遣子右大將駒於利受入侍.

6　二月 丁巳 樂成敬侯許延壽薨.

7　夏 四月 黃龍見新豐.

8　丙申 太上皇廟火 甲辰 孝文廟火 上素服五日.

9　烏孫狂王復尙楚主解憂 生一男鴟靡 不與主和 又暴惡失衆. 漢使衛司馬魏和意·副侯任昌至烏孫. 公主言“狂王爲烏孫所患苦 易誅也.”遂謀置酒 使士拔劍擊之. 劍旁下 狂王傷上馬馳去. 其子細沈瘦會兵圍和意·昌及公主於赤谷城. 數月 都護鄭吉發諸國兵救之 乃解去. 漢遣中郎將張遵持醫藥治狂王 賜金帛. 因收和意·昌繫瑣 從尉犁檻車至長安 斬之.

初 肥王翁歸靡胡婦子烏就屠 狂王傷時 驚 與諸翎侯俱去 居北山中 揚言母家匈奴兵來 故衆歸之. 後遂襲殺狂王 自立爲昆彌. 是歲 漢遣破羌將軍辛武賢將兵萬五千人至敦煌 通渠積穀 欲以討之.

初 楚主侍者馮嫽 能史書 習事 嘗持漢節爲公主使 城郭諸國敬信之 號曰馮夫人 爲烏孫右大將妻. 右大將與烏就屠相愛 都

護鄭吉使馮夫人說烏就屠 以漢兵方出 必見滅 不如降. 烏就屠
恐 曰"願得小號以自處!"帝徵馮夫人 自問狀 遣謁者竺次‧
期門甘延壽爲副 送馮夫人. 馮夫人錦車持節 詔烏就屠詣長羅
侯赤谷城 立元貴靡爲大昆彌 烏就屠爲小昆彌 皆賜印綬. 破羌
將軍不出塞 還. 後烏就屠不盡歸諸翎侯人衆 漢復遣長羅侯將
三校屯赤谷 因爲分別其人民地界 大昆彌戶六萬餘 小昆彌戶
四萬餘 然衆心皆附小昆彌.

❖ 中宗孝宣皇帝下 甘露 2年 (己巳, 紀元前 52年)

1　春 正月 立皇子囂爲定陶王.

2　詔赦天下 減民算三十.

3　珠厓郡反. 夏 四月 遣護軍都尉張祿將兵擊之.

4　杜延年以老病免. 五月 己丑 廷尉于定國爲御史大夫.

5　秋 九月 立皇子宇爲東平王.

6　冬 十二月 上行幸萯陽宮‧屬玉觀.

7   是歲 營平壯武侯趙充國薨. 先是 充國以老乞骸骨 賜安車 · 駟馬 · 黃金 罷就弟. 朝廷每有四夷大議 常與參兵謀 · 問籌策焉.

8   匈奴呼韓邪單于款五原塞 原奉國珍 朝三年正月. 詔有司議其儀. 丞相 · 御史曰 "聖王之制 先京師而後諸夏 先諸夏而後夷狄. 匈奴單于朝賀 其禮儀宜如諸侯王 位次在下." 太子太傅蕭望之以爲 "單于非正朔所加 故稱敵國 宜待以不臣之禮 位在諸侯王上. 外夷稽首稱藩 中國讓而不臣 此則羈縻之誼 謙亨之福也.《書》曰 '戎狄荒服' 言其來服荒忽亡常. 如使匈奴後嗣卒有鳥竄鼠伏 闕於朝享 不爲畔臣 萬世之長策也." 天子采之 下詔曰 "匈奴單于稱北蕃 朝正朔. 朕之不德 不能弘覆. 其以客禮待之 令單于位在諸侯王上 贊謁稱臣而不名."

❖ 荀悅論曰

《春秋》之義 王者無外 欲一于天下也. 戎狄道理遼遠 人迹介絕 故正朔不及 禮敎不加 非尊之也 其勢然也.《詩》云 "自彼氐 · 羌 莫敢不來王." 故要 · 荒之君必奉王貢 若不供職 則有辭讓號令加焉 非敵國之謂也. 望之欲待以不臣之禮 加之王公之上 僭度失序 以亂天常 非禮也！ 若以權時之宜 則異論矣.

9　　詔遣車騎都尉韓昌迎單于 發所過七郡二千騎爲陳道上.

1　　春 正月 上行幸甘泉 郊泰畤.

2　　匈奴呼韓邪單于來朝 贊謁稱藩臣而不名. 賜以冠帶・衣
裳 黃金璽・盭綬 玉具劍・佩刀 弓一張 矢四發 棨戟十 安車
一乘 鞍勒一具 馬十五匹 黃金二十斤 錢二十萬 衣被七十七
襲 錦繡・綺縠・雜帛八千匹 絮六千斤. 禮畢 使使者道單于
先行宿長平. 上自甘泉宿池陽宮. 上登長平阪 詔單于毋謁 其
左右當戶皆得列觀 及諸蠻夷君長・王・侯數萬 咸迎於渭橋下
夾道陳. 上登渭橋 咸稱萬歲. 單于就邸長安. 置酒建章宮 饗賜
單于 觀以珍寶. 二月 遣單于歸國. 單于自請 "願留居幕南光
祿塞下 有急 保漢受降城." 漢遣長樂衛尉・高昌侯董忠・車
騎都尉韓昌將騎萬六千 又發邊郡士馬以千數 送單于出朔方雞
鹿塞. 詔忠等留衛單于 助誅不服 又轉邊穀米糒 前後三萬四千
斛 給贍其食. 先是 自烏孫以西至安息諸國近匈奴者 皆畏匈奴
而輕漢 及呼韓邪單于朝漢後 咸尊漢矣.
　上以戎狄賓服 思股肱之美 乃圖畫其人於麒麟閣 法其容
貌 署其官爵・姓名. 唯霍光不名 曰 "大司馬・大將軍・博陸
侯 姓霍氏." 其次張安世・韓增・趙充國・魏相・丙吉・杜延

年 · 劉德 · 梁丘賀 · 蕭望之 · 蘇武 凡十一人 皆有功德 知名當世 是以表而揚之 明著中興輔佐 列於方叔 · 召虎 · 仲山甫焉.

3   鳳皇集新蔡.

4   三月 己巳 · 建成安侯黃霸薨. 五月 甲午 于定國爲丞相 封西平侯. 太僕沛郡陳萬年爲御史大夫.

5   詔諸儒講五經同異 蕭望之等平奏其議 上帝稱制臨決焉. 乃立梁丘《易》 · 大 · 小夏侯《尙書》 · 《穀梁春秋》博士.

6   烏孫大昆彌元貴靡及鴟靡皆病死. 公主上書言 "年老土思 願得歸骸骨 葬漢地!" 天子閔而迎之. 冬 至京師 待之一如公主之制. 後二歲卒.
    元貴靡子星靡代爲大昆彌 弱. 馮夫人上書 "願使烏孫 鎭撫星靡." 漢遣之. 都護奏烏孫大吏大祿 · 大監皆可賜以金印紫綬 以尊輔大昆彌. 漢許之. 其後段會宗爲都護 乃招還亡叛 安定之. 星靡死 子雌栗靡代立.

7   皇太子所幸司馬良娣 病 且死 謂太子曰 "妾死非天命 乃諸娣妾 · 良人更祝詛殺我." 太子以爲然. 及死 太子悲恚發病 忽忽不樂. 帝乃令皇后擇後宮家人子可以娛侍太子者 得元城王政君 送太子宮. 政君 故繡衣御史賀之孫女也 見於丙殿. 壹

幸 有身. 是歲 生成帝於甲館畫堂 爲世適皇孫. 帝愛之 自名曰
驁 字大孫 常置左右.

❖ 中宗孝宣皇帝下 甘露 4年（辛未, 紀元前 50年）

1　夏 廣川王海陽坐禽獸行·賊殺不辜廢 徙房陵.

2　冬 十月 未央宮宣室閣火.

3　是歲 徙定陶王囂爲楚王.

4　匈奴呼韓邪·郅支兩單于俱遣使朝獻 漢待呼韓邪使有加焉.

❖ 中宗孝宣皇帝下 黃龍 元年（壬申, 紀元前 49年）

1　春 正月 上行幸甘泉 郊泰畤.

2　匈奴呼韓邪單于來朝 二月 歸國. 始 郅支單于以爲呼韓
邪兵弱 降漢 不能復自還 卽引其衆西 欲攻定右地. 又屠耆單
于小弟本侍呼韓邪 亦亡之右地 收兩兄餘兵 得數千人 自立爲
伊利目單于 道逢郅支 合戰 郅支殺之 幷其兵五萬餘人. 郅支

聞漢出兵穀助呼韓邪 卽遂留居右地 自度力不能定匈奴 乃益
西 近烏孫 欲與幷力 遣使見小昆彌烏就屠. 烏就屠殺其使 發
八千騎迎郅支. 郅支覺其謀 勒兵逢擊烏孫 破之 因北擊烏揭 ·
堅昆 · 丁令 幷三國. 數遣兵擊烏孫 常勝之. 堅昆東去單于庭
七千里 南去車師五千里 郅支留都之.

3   三月 有星孛於王良 · 閣道 入紫微□.

4   帝寢疾 選大臣可屬者 引外屬侍中樂陵侯史高 · 太子太傅
蕭望之 · 少傅周堪至禁中 拜高爲大司馬 · 車騎將軍 望之爲
前將軍 · 光祿勳 堪爲光祿大夫 皆受遺詔輔政 領尙書事. 冬
十二月 甲戌 帝崩於未央宮.

   ❖ 班固贊曰

   孝宣之治 信賞必罰 綜核名實. 政事 · 文學 · 法理之
   士 咸精其能. 至於技巧 · 工匠 · 器械 自元 · 成間鮮能
   及之. 亦足以知吏稱其職 民安其業也. 遭値匈奴乖亂 推
   亡固存 信威北夷 單于慕義 稽首稱藩. 功光祖宗 業垂後
   嗣 可謂中興 侔德殷宗 · 周宣矣！

5   癸巳 太子卽皇帝位 謁高廟 尊皇太后曰太皇太后 皇后曰
皇太后. ✽

資治通鑑 卷028

【漢紀二十】

起昭陽作噩(癸酉) 盡屠維單閼(己卯) 凡七年

❖ 孝元皇帝上 初元 元年 (癸酉, 紀元前 48年)

1   春 正月 辛丑 葬孝宣皇帝於杜陵 赦天下.

2   三月 丙午 立皇后王氏 封后父禁爲陽平侯.

3   以三輔‧太常‧郡國公田及苑可省者振業貧民 貲不滿千
錢者 賦貸種‧食.

4   封外祖平恩戴侯同產弟子中常侍許嘉爲平恩侯.

5   夏 六月 以民疾疫 令太官損膳 減樂府員 省苑馬 以振困
乏.

6   關東郡·國十一大水 饑 或人相食 轉旁郡錢穀以相救.

7   上素聞琅邪王吉·貢禹皆明經潔行 遣使者徵之. 吉道病
卒. 禹至 拜爲諫大夫. 上數虛已問以政事 禹奏言"古者人君
節儉 什一而稅 亡他賦役 故家給人足. 高祖·孝文·孝景皇帝
宮女不過十餘人 廏馬百餘匹. 後世爭爲奢侈 轉轉益甚 臣下亦
相放效. 臣愚以爲如太古難 宜少放古以自節焉. 方今宮室已定
無可奈何矣 其餘盡可減損. 故時齊三服官 輸物不過十笥 方今
齊三服官 作工各數千人 一歲費數巨萬 廏馬食粟將萬匹. 武
帝時 又多取好女至數千人 以塡後宮. 及棄天下 多藏金錢·財
物 鳥獸·魚鼈凡百九十物 又皆以後宮女置於園陵. 至孝宣皇
帝時 陛下惡有所言 羣臣亦隨故事 甚可痛也！ 故使天下承化
取女皆大過度 諸侯妻妾或至數百人 豪富吏民畜歌者至數十人
是以內多怨女 外多曠夫. 及眾庶葬埋 皆虛地上以實地下. 其
過自上生 皆在大臣循故事之罪也. 唯陛下深察古道 從其儉者.
大減損乘輿服御器物 三分去二 擇後宮賢者 留二十人 餘悉歸
之 及諸陵園女無子者 宜悉遣 廏馬可無過數十匹 獨舍長安城
南苑地 以爲田獵之圍. 方今天下饑饉 可無大自損減以救之稱
天意乎！ 天生聖人 蓋爲萬民 非獨使自娛樂而已也."天子納
善其言 下詔 令諸宮館希御幸者勿繕治 太僕減穀食馬 水衡省
肉食獸.

    ❖ 臣光曰

忠臣之事君也 責其所難 則其易者不勞而正 補其所短
則其長者不勸而遂. 孝元踐位之初 虛心以問禹 禹宜先
其所急 後其所緩. 然則優游不斷 讒佞用權 當時之大患
也 而禹不以爲言 恭謹節儉 孝元之素志也 而禹孜孜而
言之 何哉！ 使禹之智不足以知 烏得爲賢！ 知而不言
爲罪愈大矣！

8　匈奴呼韓邪單于復上書 言民衆困乏. 詔雲中 · 五原郡轉
穀二萬斛以給之.

9　是歲 初置戊己校尉 使屯田車師故地.

1　春 正月 上行幸甘泉 郊泰畤. 樂陵侯史高以外屬領尙書事
前將軍蕭望之 · 光祿大夫周堪爲之副. 望之名儒 與堪皆以師
傅舊恩 天子任之 數宴見 言治亂 陳王事. 望之選白宗室明經
有行散騎 · 諫大夫劉更生給事中 與侍中金敞並拾遺左右. 四
人同心謀議 勸導上以古制 多所欲匡正 上甚鄕納之. 史高充位
而已 由此與望之有隙.
　中書令弘恭 · 僕射石顯 自宣帝時久典樞機 明習文法 帝卽
位多疾 以顯久典事 中人無外黨 精專可信任 遂委以政 事無

小大 因顯白決 貴幸傾朝 百僚皆敬事顯. 顯爲人巧慧習事 能深得人主微指 內深賊 持詭辯 以中傷人 忤恨睚眦 輒被以危法 亦與車騎將軍高爲表裏 議論常獨持故事 不從望之等.

望之等患苦許・史放縱 又疾恭・顯擅權 建白以爲"中書政本 國家樞機 宜以通明公正處之. 武帝游宴後庭 故用宦者 非古制也. 宜罷中書宦官 應古不近刑人之義." 由是大與高・恭・顯忤. 上初卽位 謙讓 重改作 議久不定 出劉更生爲宗正.

望之・堪數薦名儒・茂材以備諫官 會稽鄭朋陰欲附望之 上書言車騎將軍高遣客爲姦利郡國 及言許・史弟子罪過. 章視周堪 堪白"令朋待詔金馬門." 朋奏記望之曰"今將軍規撫 云若管・晏而休 遂行日昃 至周・召乃留乎? 若管・晏而休 則下走將歸延陵之皋 沒齒而已矣. 如將軍興周・召之遺業 親日昃之兼聽 則下走其庶幾願竭區區奉萬分之一!"望之始見朋 接待以意 後知其傾邪 絶不與通. 朋 楚士 怨恨 更求入許・史 推所言許・史事 曰"皆周堪・劉更生敎我 我關東人 何以知此!"於是侍中許章白見朋. 朋出 揚言曰"我見言前將軍小過五 大罪一."待詔華龍行汙穢 欲入堪等 堪等不納 亦與朋相結.

恭・顯令二人告望之等謀欲罷車騎將軍 疏退許・史狀 候望之出休日 令朋・龍上之. 事下弘恭問狀 望之對曰"外戚在位多奢淫 欲以匡正國家 非爲邪也."恭・顯奏"望之・堪・更生朋黨相稱擧 數譖訴大臣 毀離親戚 欲以專擅權勢. 爲臣不忠 誣上不道 請謁者召致廷尉."時上初卽位 不省召致廷尉爲

下獄也 可其奏. 後上召堪·更生 曰"繫獄." 上大驚曰"非但廷尉問邪！"以責恭·顯 皆叩頭謝. 上曰"今出視事." 恭·顯因使史高言"上新卽位 未以德化聞於天下 而先驗師傅. 卽下九卿·大夫獄 宜因決免." 於是制詔丞相·御史"前將軍望之傅朕八年 無他罪過. 今事久遠 識忘難明 其赦望之罪 收前將軍·光祿勳印綬 及堪·更生皆免爲庶人."

2　二月 丁巳 立弟竟爲淸河王.

3　戊午 隴西地震 敗城郭·屋室 壓殺人衆.

4　三月 立廣陵厲王子霸爲王.

5　詔罷黃門乘輿狗馬 水衡禁囿·宜春下苑·少府佽飛外池·嚴蘱池田假與貧民. 又詔赦天下 舉茂材異等·直言極諫之士.

6　夏 四月 丁巳 立子驁爲皇太子. 待詔鄭朋薦太原太守張敞先帝名臣 宜傳輔皇太子. 上以問蕭望之 望之以爲敞能吏 任治煩亂 材輕 非師傅之器. 天子使使者徵敞 欲以爲左馮翊 會病卒.

7　詔賜蕭望之爵關內侯 給事中 朝朔望.

8   關東饑 齊地人相食.

9   秋 七月 己酉 地復震.

10   上復徵周堪·劉更生 欲以爲諫大夫 弘恭·石顯白 皆以
爲中郎.

　上器重蕭望之不已 欲倚以爲相 恭·顯及許·史子弟·侍
中·諸曹皆側目於望之等. 更生乃使其外親上變事 言"地震
殆爲恭等 不爲三獨夫動. 臣愚以爲宜退恭·顯以章蔽善之罰
進望之等以通賢者之路. 如此 則太平之門開 災異之願塞矣."
書奏 恭·顯疑其更生所爲 白請考姦詐 辭果服 遂逮更生繫獄
免爲庶人.

　會望之子散騎·中郎伋亦上書訟望之前事 事下有司 復奏
"望之前所坐明白 無譖訴者 而敎子上書 稱引亡辜之詩 失大
臣體 不敬 請逮捕." 弘恭·石顯等知望之素高節 不詘辱 建
白"望之前幸得不坐 復賜爵邑 不悔過服罪 深懷怨望 敎子上
書 歸非於上 自以託師傅 終必不坐 非頗屈望之於牢獄 塞其
怏怏心 則聖朝無以施恩厚."上曰"蕭太傅素剛 安肯就吏！"
顯等曰"人命至重 望之所坐 語言薄罪 必無所憂."上乃可其
奏. 冬 十二月 顯等封詔以付謁者 敕令召望之手付. 因令太常
急發執金吾車騎馳圍其第. 使者至 召望之. 望之以問門下生魯
國朱雲 雲者 好節士 勸望之自裁. 於是望之仰天歎曰"吾嘗備
位將相 年踰六十矣 老入牢獄 苟求生活 不亦鄙乎！"字謂雲

曰"游 趣和藥來 無久留我死！"竟飲鴆自殺. 天子聞之驚 拊
手曰"曩固疑其不就牢獄 果然殺吾賢傅！"是時 太官方上晝
食 上乃卻食 爲之涕泣 哀動左右. 於是召顯等責問 以議不詳
皆免冠謝 良久然後已. 上追念望之不忘 每歲時遣使者祠祭望
之冢 終帝之世.

◈ 臣光曰

　甚矣 孝元之爲君 易欺而難寤也！ 夫恭·顯之譖訴望
之 其邪說詭計 誠有所不能辨也. 至於始疑望之不肯就
獄 恭·顯以爲必無憂 已而果自殺 則恭·顯之欺亦明
矣. 在中智之君 孰不感動奮發以底邪臣之罰！ 孝元則
不然. 雖涕泣不食以傷望之 而終不能誅恭·顯 纔得其
免冠謝而已. 如此 則姦臣安所懲乎！是使恭·顯得肆其
邪心而無復忌憚者也.

11　是歲 弘恭病死 石顯爲中書令.

12　初 武帝滅南越 開置珠厓·儋耳郡 在海中洲上 吏卒皆中
國人 多侵陵之. 其民亦暴惡 自以阻絶 數犯吏禁 率數年壹反
殺吏 漢輒發兵擊定之. 二十餘年間 凡六反. 至宣帝時 又再反.
上卽位之明年 珠厓山南縣反 發兵擊之. 諸縣更叛 連年不定.
上博謀於羣臣 欲大發軍. 待詔賈捐之曰"臣聞堯·舜·禹之

聖德 地方不過數千里 西被流沙 東漸於海 朔南暨聲教 言欲
與聲教則治之 不欲與者不強治也. 故君臣歌德 含氣之物各得
其宜. 武丁·成王 殷·周之大仁也 然地東不過江·黃 西不過
氐·羌 南不過蠻荊 北不過朔方 是以頌聲並作 視聽之類咸樂
其生 越裳氏重九譯而獻 此非兵革之所能致也. 以至於秦 興兵
遠攻 貪外虛內而天下潰畔. 孝文皇帝偃武行文 當此之時 斷獄
數百 賦役輕簡. 孝武皇帝厲兵馬以攘四夷 天下斷獄萬數 賦煩
役重 寇賊並起 軍旅數發 父戰死於前 子鬬傷於後 女子乘亭
障 孤兒號於道 老母·寡婦飲泣巷哭 是皆廓地泰大 征伐不休
之故也. 今關東民眾久困 流離道路. 人情莫親父母 莫樂夫婦
至嫁妻賣子 法不能禁 義不能止 此社稷之憂也. 今陛下不忍悁
悁之忿 欲驅士眾擠之大海之中 快心幽冥之地 非所以救助饑
饉 保全元元也. 詩云'蠢爾蠻荊 大邦爲讎.'言聖人起則後服
中國衰則先畔 自古而患之 何況乃復其南方萬里之蠻乎！ 駱
越之人 父子同川而浴 相習以鼻飲 與禽獸無異 本不足郡縣置
也. 顓顓獨居一海之中 霧露氣濕 多毒草·蟲蛇·水土之害 人
未見虜 戰士自死. 又非獨珠厓有珠·犀·瑇瑁也. 棄之不足惜
不擊不損威. 其民譬猶魚鼈 何足貪也！ 臣竊以往者羌軍言之
暴師曾未一年 兵出不踰千里 費四十餘萬萬 大司農錢盡 乃以
少府禁錢續之. 夫一隅爲不善 費尚如此 況於勞師遠攻 亡士毋
功乎！ 求之往古則不合 施之當今又不便 臣愚以爲非冠帶之
國《禹貢》所及《春秋》所治 皆可且無以爲. 願遂棄珠厓 專用
恤關東爲憂."上以問丞相·御史. 御史大夫陳萬年以爲當擊

丞相于定國以爲 "前日興兵擊之連年 護軍都尉 · 校尉及丞凡
十一人 還者二人 卒士及轉輸死者萬人以上 費用三萬萬餘 尙
未能盡降. 今關東困乏 民難搖動 捐之議是" 上從之. 捐之 賈
誼曾孫也.

❖ 孝元皇帝上 初元 3年 (乙亥, 紀元前 46年)

1 　春 詔曰 "珠厓虜殺吏民 背畔爲逆. 今廷議者或言可擊 或
言可守 或欲棄之 其指各殊. 朕日夜惟思議者之言 羞威不行
則欲誅之 狐疑辟難 則守屯田 通於時變 則憂萬民. 夫萬民之
饑餓與遠蠻之不討 危孰大焉？且宗廟之祭 凶年不備 況乎辟
不嫌之辱哉！ 今關東大困 倉庫空虛 無以相贍 又以動兵 非
特勞民 凶年隨之. 其罷珠崖郡 民有慕義欲內屬 便處之 不欲
勿强."

2 　夏 四月 乙末晦 茂陵白鶴館災 赦天下.

3 　夏 旱.

4 　立長沙煬王弟宗爲王.

5 　長信少府貢禹上言 "諸離宮及長樂宮衛 可減其太半以寬

絲役." 六月 詔曰 "朕惟烝庶之饑寒 遠離父母妻子 勞於非業之作 衛於不居之宮 恐非所以佐陰陽之道也. 其罷甘泉·建章宮衛 令就農. 百官各省費. 條奏 毋有所諱."

6　是歲 上復擢周堪爲光祿勳 堪弟子張猛爲光祿大夫·給事中 大見信任.

❖ 孝元皇帝上 初元 4年 (丙子, 紀元前 45年)

1　春 正月 上行幸甘泉 郊泰畤. 三月 行幸河東 祠后土 赦汾陰徒.

❖ 孝元皇帝上 初元 5年 (丁丑, 紀元前 44年)

1　春 正月 以周子南君爲周承休侯.

2　上行幸雍 祠五畤.

3　夏 四月 有星孛于參.

4　上用諸儒貢禹等之言 詔太官毋日殺 所具各減半 乘輿秣

馬 無乏正事而已. 罷角抵 · 上林宮館希御幸者 · 齊三服官 ·
北假田官 · 鹽鐵官 · 常平倉. 博士弟子毋置員 以廣學者. 今民
有能通一經者. 皆復. 省刑罰七十餘事.

5   陳萬年卒. 六月 辛酉 長信少府貢禹爲御史大夫. 禹前後
言得失書數十上 上嘉其質直 多采用之.

6   匈奴郅支單于自以道遠 又怨漢擁護呼韓邪而不助己 困辱
漢使者乾江乃始等 遣使奉獻 因求侍子. 漢議遣衛司馬谷吉送
之 御史大夫貢禹 · 博士東海匡衡以爲 "郅支單于鄉化末醇 所
在絕遠 宜令使者送其子 至塞而還." 吉上書言 "中國與夷狄有
羈縻不絕之義 今旣養全其子十年 德澤甚厚 空絕而不送 近從
塞還 示棄捐不畜 使無鄉從之心 棄前恩 立後怨 不便. 議者見
前江乃無應敵之數 智勇俱困 以致恥辱 卽豫爲臣憂. 臣幸得
建強漢之節 承明聖之詔 宣諭厚恩 不宜敢桀. 若懷禽獸心 加
無道於臣 則單于長嬰大罪 必遁逃遠舍 不敢近邊. 沒一使以
安百姓 國之計 臣之願也. 願送到庭." 上許焉. 旣到 郅支單于
怒 竟殺吉等 自知負漢 又聞呼韓邪益強 恐見襲擊 欲遠去. 會
康居王數爲烏孫所困 與諸翁侯計 以爲 "匈奴大國 烏孫素服
屬之. 今郅支單于困阨在外 可迎置東邊 使合兵取烏孫而立之
長無匈憂矣." 卽使使到堅昆 通語郅支. 郅支素恐 又怨烏孫
聞康居計 大說 遂與相結 引兵而西. 郅支人衆中寒道死 餘財
三千人. 到康居 康居王以女妻郅支 郅支亦以女予康居王 康居

甚尊敬郅支 欲倚其威以脅諸國. 郅支數借兵擊烏孫 深入至赤
谷城 殺略民人 毆畜產去. 烏孫不敢追. 西邊空虛不居者五千
里.

7　冬 十二月 丁未 貢禹卒. 丁巳 長信少府薛廣德爲御史大
夫.

> ❖ 孝元皇帝上 永光 元年 (戊寅, 紀元前 43年)

1　春 正月 上行幸甘泉 郊泰畤. 視畢 因留射獵. 薛廣德上書
曰 "竊見關東困極 人民流離. 陛下日撞亡秦之鐘 聽鄭·衛之
樂 臣誠悼之. 今士卒暴露 從官勞倦 願陛下亟反宮 思與百姓
同憂樂 天下幸甚！"上卽日還.

2　二月 詔 "丞相·御史擧質樸·敦厚·遜讓·有行者 光祿
歲以此科第郎·從官."

3　三月 赦天下.

4　雨雪·隕霜 殺桑.

5　秋 上酎祭宗廟 出便門 欲御樓船. 薛廣德當乘輿車 免冠

頓首曰“宜從橋.”詔曰“大夫冠.”廣德曰“陛下不聽臣 臣自
刎 以血汙車輪 陛下不得入廟矣！”上不說. 先毆光祿大夫張
猛進曰“臣聞主聖臣直. 乘船危 就橋安 聖主不乘危. 御史大
夫言可聽.”上曰“曉人不當如是邪！”乃從橋.

6　　九月 隕霜殺稼 天下大饑. 丞相于定國 大司馬‧車騎將軍
史高 御史大夫薛廣德 俱以災異乞骸骨. 賜安車‧駟馬‧黃金
六十斤 罷. 太子太傅韋玄成爲御史大夫. 廣德歸 縣其安車 以
傳示子孫爲榮.

7　　帝之爲太子也 從太中大夫孔霸受《尚書》及卽位 賜霸爵關
內侯 號襃成君 給事中. 上欲致霸相位 霸爲人謙退 不好權勢
常稱“爵位泰過 何德以堪之！”御史大夫屢缺 上輒欲用霸 霸
讓位 自陳至于再三. 上深知其至誠 乃弗用. 以是敬之 賞賜甚
厚.

8　　戊子 侍中 衛尉王接爲大司馬‧車騎將軍.

9　　石顯憚周堪‧張猛等 數譖毀之. 劉更生懼其傾危 上書
曰“臣聞舜命九官 濟濟相讓 和之至也. 衆臣和於朝則萬物和
於野 故簫《韶》九成 鳳皇來儀. 至周幽‧厲之際 朝廷不和 轉
相非怨 則日月薄食 水泉沸騰 山谷易處 霜降失節. 由此觀之
和氣致祥 乖氣致異 祥多者其國安 異衆者其國危 天地之常經

古今之通義也. 今陛下開三代之業 招文學之士 優游寬容 使得並進. 今賢不肖渾殽 白黑不分 邪正雜糅 忠讒並進 章交公車 人滿北軍 朝臣舛午 膠戾乖剌 更相讒愬 轉相是非 所以營惑耳目 感移心意 不可勝載 分曹爲黨 往往羣朋將同心以陷正臣. 正臣進者 治之表也 正臣陷者 亂之機也 乘治亂之機 未知孰任 而災異數見 此臣所以寒心者也. 初元以來六年矣 按《春秋》六年之中 災異未有稠如今者也. 原其所以然者 由讒邪並進也 讒邪之所以並進者 由上多疑心 既已用賢人而行善政 如或譖之 則賢人退而善政還矣. 夫執狐疑之心者 來讒賊之口 持不斷之意者 開羣枉之門 讒邪進則衆賢退 羣枉盛則正士消. 故《易》有《否》·《泰》 小人道長 君子道消 則政日亂 君子道長 小人道消 則政日治. 昔者鯀·共工·驩兜與舜·禹雜處堯朝 周公與管·蔡並居周位 當是時 迭進相毀 流言相謗 豈可勝道哉! 帝堯·成王能賢舜·禹·周公而消共工·管·蔡 故以大治 榮華至今. 孔子與季·孟偕仕於魯 李斯與叔孫俱宦於秦 定公·始皇賢季·孟·李斯而消孔子·叔孫 故以大亂 汙辱至今. 故治亂榮辱之端 在所信任 信任既賢 在於堅固而不移.《詩》云'我心匪石 不可轉也'言守善篤也.《易》曰'渙汗其大號'言號令如汗 汗出而不反者也. 今出善令未能踰時而反 是反汗也 用賢未能三旬而退 是轉石也.《論語》曰'見不善如探湯.'今二府奏佞謟不當在位 歷年而不去. 故出令則如反汗 用賢則如轉石 去佞則如拔山 如此 望陰陽之調 不亦難乎! 是以羣小窺見間隙 緣飾文字 巧言醜詆 流言·飛文嘩於民間. 故《詩》云'憂心

悄悄 慍于羣小'小人成羣 誠足慍也. 昔孔子與顏淵‧子貢更
相稱譽 不爲朋黨 禹‧稷與皐陶傳相汲引 不爲比周 何則？
忠於爲國 無邪心也. 今佞邪與賢臣並交戟之內 合黨共謀 違善
依惡 歠歠訛訛 數設危險之言 欲以傾移主上 如忽然用之 此
天地之所以先戒 災異之所以重至者也. 自古明聖未有無誅而
治者也 故舜有四放之罰 孔子有兩觀之誅 然後聖化可得而行
也. 今以陛下明知 誠深思天地之心 覽《否》‧《泰》之卦 歷周‧
唐之所進以爲法 原秦‧魯之所消以爲戒 考祥應之福 災異之
禍 以揆當世之變 放遠佞邪之黨 壞散險詖之聚 杜閉羣枉之門
廣開衆正之路 決斷狐疑 分別猶豫 使是非炳然可知 則百異消
滅而衆祥並至 太平之基 萬世之利也."顯見其書 愈與許‧史
比而怨更生等.

　是歲 夏寒 日青無光 顯及許‧史皆言堪‧猛用事之咎. 上內
重堪 又患衆口之浸潤 無所取信. 時長安令楊興以材能幸 常稱
譽堪 上欲以爲助 乃見問興"朝臣斷斷不可光祿勳 何邪？"興
者 傾巧士 謂上疑堪 因順指曰"堪非獨不可於朝廷 自州里亦
不可也！ 臣見衆人聞堪與劉更生等謀毀骨肉 以爲當誅 故臣
前書言堪不可誅傷 爲國養恩也."上曰"然此何罪而誅？ 今宜
奈何？"興曰"臣愚以爲可賜爵關內侯 食邑三百戶 勿令典事.
明主不失師傅之恩 此最策之得者也."上於是疑之.

　司隸校尉琅邪諸葛豐始以特立剛直著名於朝 數侵犯貴戚 在
位多言其短. 後坐春夏繫治人 徙城門校尉. 豐於是上書告堪‧
猛罪 上不直豐 乃制詔御史"城門校尉豐 前與光祿勳‧光祿

大夫猛在朝之時 數稱言堪‧猛之美. 豐前爲司隸校尉 不順四時 修法度 專作苛暴以獲虛威 朕不忍下吏 以爲城門校尉. 不內省諸己 而反怨堪‧猛以求報舉 告按無證之辭 暴揚難驗之罪 毀譽恣意 不顧前言 不信之大也. 朕憐豐之耆老 不忍加刑 其免爲庶人！”又曰“豐言堪‧猛貞信不立 朕閔而不治 又惜其材能未有所效 其左遷堪爲河東太守 猛槐里令.”

❖ 臣光曰

諸葛豐之於堪‧猛 前譽而後毀 其志非爲朝廷進善而去姦也 欲比周求進而已矣. 斯亦鄭朋‧楊興之流 烏在其爲剛直哉！ 人君者 察美惡 辨是非 賞以勸善 罰以懲姦 所以爲治也. 使豐言得實 則豐不當黜 若其誣罔 則堪‧猛何辜焉！ 今兩責而俱棄之 則美惡‧是非果何在哉！

10　賈捐之與楊興善. 捐之數短石顯 以故不得官 稀復進見 興新以材能得幸. 捐之謂興曰“京兆尹缺 使我得見 言君蘭 京兆尹可立得.”興曰“君房下筆 言語妙天下 使君房爲尙書令 勝五鹿充宗遠甚.”捐之曰“令我得代充宗 君蘭爲京兆 京兆 郡國首 尙書 百官本 天下眞大治 士則不隔矣！”捐之復短石顯 興曰“顯方貴 上信用之 今欲進 第從我計 且與合意 卽得入矣！”捐之卽與興共爲薦顯奏 稱譽其美 以爲宜賜爵關內侯

引其兄弟以爲諸曹 又共爲薦興奏 以爲可試守京兆尹. 石顯聞知 白之上 乃下興·捐之獄 令顯治之 奏"興·捐之懷詐僞 更相薦譽 欲得大位 罔上不道！"捐之竟坐棄市 興髡鉗爲城旦.

❖ 臣光曰

君子以正攻邪 猶懼不克. 況捐之以邪攻邪 其能免乎！

11 徙淸河王竟爲中山王.

12 匈奴呼韓邪單于民衆益盛 塞下禽獸盡 單于足以自衛 不畏郅支 其大臣多勸單于北歸者. 久之 單于竟北歸庭 民衆稍稍歸之 其國遂定.

❖ 孝元皇帝上 永光 2年（己卯, 紀元前 42年）

1 春 二月 赦天下.

2 丁酉 御史大夫韋玄成爲丞相 右扶風鄭弘爲御史大夫.

3 三月 壬戌朔 日有食之.

4　夏 六月 赦天下.

5　上問給事中匡衡以地震日食之變 衡上疏曰“陛下躬聖德
開太平之路 閔愚吏民觸法抵禁 比年大赦 使百姓得改行自新
天下幸甚！ 臣竊見大赦之後 姦邪不爲衰止 今日大赦 明日犯
法 相隨入獄 此殆導之未得其務也. 今天下俗 貪財賤義 好聲
色 上侈靡 親戚之恩薄 婚姻之黨隆 苟合徼幸 以身設利 不改
其原 雖歲赦之 刑猶難使錯而不用也 臣愚以爲宜壹曠然大變
其俗. 夫朝廷者 天下之楨幹也. 朝有變色之言 則下有爭鬭之
患 上有自專之士 則下有不讓之人 上有克勝之佐 則下有傷害
之心 上有好利之臣 則下有盜竊之民 此其本也. 治天下者 審
所上而已. 教化之流 非家至而人說之也 賢者在位 能者布職
朝廷崇禮 百僚敬讓 道德之行 由內及外 自近者始 然後民知
所法 遷善日進而不自知也.《詩》曰‘商邑翼翼 四方之極.’今
長安 天子之都 親承聖化 然其習俗無以異於遠方 郡國來者無
所法則 或見侈靡而放效之 此教化之原本 風俗之樞機 宜先正
者也. 臣聞天人之際 精祲有以相蕩 善惡有以相推 事作乎下者
象動乎上 陰變則靜者動 陽蔽則明者晻 水旱之災隨類而至. 陛
下祗畏天戒 哀閔元元 宜省靡麗 考制度 近忠正 遠巧佞 以崇
至仁 匡失俗 道德弘於京師 淑問揚乎彊外 然後大化可成 禮
讓可興也.”上說其言 遷衡爲光祿大夫.

❖ 荀悅論曰

夫赦者 權時之宜 非常典也. 漢興 承秦兵革之後 大愚
之世 比屋可刑 故設三章之法 大赦之令 蕩滌穢流 與民
更始 時勢然也. 後世承業 襲而不革 失時宜矣. 若惠·
文之世 無所赦之. 若孝景之時 七國皆亂 異心並起 姦詐
非一 及武帝末年 賦役繁興 羣盜並起 加以太子之事 巫
蠱之禍 天下紛然 百姓無聊 及光武之際 撥亂之後 如此
之比 宜爲赦矣.

6　　秋 七月 隴西羌乡姐旁種反 詔召丞相韋玄成等入議. 是
時 歲比不登 朝廷方以爲憂 而遭羌變 玄成等漠然 莫有對者.
右將軍馮奉世曰 "羌虜近在竟內背畔 不以時誅 無以威制遠蠻
臣願帥師討之!" 上問用兵之數 對曰 "臣聞善用兵者 役不再
興 糧不三載 故師不久暴而天誅亟決. 往者數不料敵 而師至於
折傷 再三發調 則曠日煩費 威武虧矣. 今反虜無慮三萬人 法
當倍 用六萬人. 然羌戎 弓矛之兵耳 器不犀利 可用四萬人. 一
月足以決." 丞相·御史·兩將軍皆以爲 "民方收斂時未可多
發 發萬人屯守之 且足." 奉世曰 "不可. 天下被饑饉 士馬羸耗
守戰之備久廢不簡 夷狄有輕邊吏之心 而羌首難. 今以萬人分
屯數處 虜見兵少 必不畏懼. 戰則挫兵病師 守則百姓不救 如
此 怯弱之形見. 羌人乘利 諸種並和 相扇而起 臣恐中國之役
不得止於四萬 非財幣所能解也. 故少發師而曠日 與一舉而疾
決 利害相萬也." 固爭之 不能得. 有詔 益二千人. 於是遣奉世
將萬二千人騎 以將屯爲名 典屬國任立·護軍都尉韓昌爲偏

褲 到隴西 分屯三處. 昌先遣兩校尉與羌戰 羌衆盛多 皆爲所破 殺兩校尉. 奉世具上地形部衆多少之計 願益三萬六千人 乃足以決事. 書奏 天子大爲發兵六萬餘人. 八月 拜太常弋陽侯任千秋爲奮武將軍以助之. 冬 十月 兵畢至隴西 十一月 並進羌虜大破 斬首數千級 餘皆走出塞. 兵未決間 漢復發募士萬人拜定襄太守韓安國爲建威將軍 未進 聞羌破而還. 詔罷吏士 頗留屯田 備要害處.*

資治通鑑 卷029

【漢紀二十一】

起上章執徐(庚辰) 盡著雍困敦(戊子) 凡九年.

❖ 孝元皇帝下 永光 3年 (庚辰, 紀元前 41年)

1   春 二月 馮奉世還京師 更爲左將軍 賜爵關內侯.

2   三月 立皇子康爲濟陽王.

3   夏 四月 癸未 平昌考侯王接薨. 秋 七月 壬戌 以平恩侯許
嘉爲大司馬 · 車騎將軍.

4   冬 十一月 己丑 地震 雨水.

5   復鹽鐵官 置博士弟子員千人. 以用度不足 民多復除 無以
給中外繇役故也.

❖ 孝元皇帝下 永光 4年 (辛巳, 紀元前 40年)

1　春 二月 赦天下.

2　三月 上行幸雍 祠五畤.

3　夏 六月 甲戌 孝宣園東闕災.

4　戊寅晦 日有食之. 上於是召諸前言日變在周堪 · 張猛者 責問 皆稽首謝 因下詔稱堪 · 猛之美 徵詣行在所 拜爲光祿大 夫 秩中二千石 領尙書事 猛復爲太中大夫 · 給事中. 中書令石 顯管尙書 尙書五人皆其黨也 堪希得見 常因顯白事 事決顯口. 會堪疾瘖 不能言而卒. 顯誣譖猛 令自殺於公車.

5　初 貢禹奏言"孝惠 · 孝景廟皆親盡宜毀 及郡國廟不應古 禮 宜正定."天子是其議. 秋 七月 戊子 罷昭靈后 · 武哀王 · 昭哀后 · 衞思后 · 戾太子 · 戾后園 皆不奉祠 裁置吏卒守焉. 冬 十月 乙丑 罷祖宗廟在郡國者.

6　諸陵分屬三輔. 以渭城壽陵亭部原上爲初陵 詔勿置縣邑 及徙郡國民.

1   春 正月 上行幸甘泉 郊泰畤. 三月 幸河東 祠后土.

2   秋 潁川水流殺人民.

3   冬 上幸長楊射熊館 大獵.

4   十二月 乙酉 毀太上皇·孝惠皇帝寢廟園 用韋玄成等之議也.

5   上好儒術·文辭 頗改宣帝之政 言事者多進見 人人自以爲得上意. 又傅昭儀及子濟陽王康愛幸 逾於皇后·太子. 太子少傅匡衡上疏曰"臣聞治亂安危之機 在乎審所用心. 蓋受命之王 務在創業垂統 傳之無窮 繼體之君 心存於承宣先王之德而褒大其功. 昔者成王之嗣位 思述文·武之道以養其心 休烈盛美皆歸之二后 而不敢專其名 是以上天歆享 鬼神祐焉. 陛下聖德天覆 子愛海內 然陰陽未和·姦邪未禁者 殆議者未丕揚先帝之盛功 爭言制度不可用也 務變更之 所更或不可行而復復之 是以羣下更相是非 吏民無所信. 臣竊恨國家釋樂成之業而虛爲此紛紛也! 願陛下詳覽統業之事 留神於遵制揚功 以定羣下之心.《詩大雅》曰'無念爾祖 聿脩厥德.'蓋至德之本也.《傳》曰'審好惡 理情性 而王道畢矣.'治性之道 必審己之

所有餘而強其所不足 蓋聰明疏通者戒於太察 寡聞少見者戒於
壅蔽 勇猛剛強者戒於太暴 仁愛溫良者戒於無斷 湛靜安舒者
戒於後時 廣心浩大者戒於遺忘. 必審己之所當戒而齊之以義
然後中和之化應 而巧偽之徒不敢比周而望進. 唯陛下戒之 所
以崇聖德也！

臣又聞室家之道脩 則天下之理得 故《詩》始《國風》《禮》本
冠‧婚. 始乎《國風》原情性以明人倫也 本乎冠‧婚 正基兆以
防未然也. 故聖王必慎妃后之際 別適長之位 禮之於內也. 卑
不踰尊 新不先故 所以統人情而理陰氣也 其尊適而卑庶也 適
子冠乎阼 禮之用醴 眾子不得與列 所以貴正體而明嫌疑也. 非
虛加其禮文而已 乃中心與之殊異 故禮探其情而見之外也. 聖
人動靜游燕所親 物得其序 則海內自脩 百姓從化. 如當親者疏
當尊者卑 則佞巧之姦因時而動 以亂國家. 故聖人慎防其端 禁
於未然 不以私恩害公義.《傳》曰'正家而天下定矣！'"

6　　初 武帝既塞宣房 後河復北決於館陶 分爲屯氏河 東北入
海 廣深與大河等 故因其自然 不隄塞也. 是歲 河決於淸河靈
鳴犢口 而屯氏河絶.

❖ 孝元皇帝下 建昭 元年（癸未, 紀元前 38年）

1　　春 正月 戊辰 隕石於梁.

2 三月 上行幸雍 祠五畤.

3 冬 河間王元坐賊殺不辜廢 遷房陵.

4 罷孝文太后寢祠園.

5 上幸虎圈鬪獸 後宮皆坐. 熊逸出圈 攀檻欲上殿 左右・貴
人・傅倢伃等皆驚走. 馮倢伃直前 當熊而立. 左右格殺熊. 上
問"人情驚懼 何故前當熊?" 倢伃對曰"猛獸得人止 妾恐熊
至御坐 故以身當之." 帝嗟歎 倍敬重焉. 傅倢伃慚 由是與馮
倢伃有隙. 馮倢伃 左將軍奉世之女也.

❖ 孝元皇帝下 建昭 2年 (甲申, 紀元前 37年)

1 春 正月 上行幸甘泉 郊泰畤. 三月 行幸河東 祠后土.

2 夏 四月 赦天下.

3 六月 立皇子興爲信都王.

4 東郡京房學《易》於梁人焦延壽. 延壽常曰"得我道以亡身
者 京生也." 其說長於災變 分六十卦 更直日用事 以風雨寒溫

爲候 各有占驗. 房用之尤精 以孝廉爲郎 上疏屢言災異 有驗.
天子說之 數召見問. 房對曰"古帝王以功擧賢 則萬化成 瑞應
著 末世以毀譽取人 故功業廢而致災異. 宜令百官各試其功 災
異可息." 詔使房作其事 房奏考功課吏法. 上令公卿朝臣與房
會議溫室 皆以房言煩碎 令上下相司 不可許 上意鄕之. 時部
刺史奏事京師 上召見諸刺史 令房曉以課事 刺史復以爲不可
行. 唯御史大夫鄭弘 · 光祿大夫周堪初言不可. 後善之.

　是時 中書令石顯顓權 顯友人五鹿充宗爲尚書令 二人用事.
房嘗宴見 問上曰"幽 · 厲之君何以危？ 所任者何人也？"上
曰"君不明而所任者巧佞." 房曰"知其巧佞而用之邪 將以爲
賢也？"上曰"賢之." 房曰"然則今何以知其不賢也？"上
曰"以其時亂而君危知之." 房曰"若是 任賢必治 任不肖必亂
必然之道也. 幽 · 厲何不覺寤而更求賢 曷爲卒任不肖以至於
是？"上曰"臨亂之君 各賢其臣 令皆覺寤 天下安得危亡之
君！"房曰"齊桓公 · 秦二世亦嘗聞此君而非笑之 然則任豎
刁 · 趙高 政治日亂 盜賊滿山 何不以幽 · 厲卜之而覺寤乎？"
上曰"唯有道者能以往知來耳." 房因免冠頓首曰"《春秋》紀
二百四十二年災異 以示萬世之君. 今陛下卽位已來 日月失明
星辰逆行 山崩 泉湧 地震 石隕 夏霜 冬雷 春凋 秋榮 隕霜不
殺 水 · 旱 · 螟蟲 民人饑 · 疫 盜賊不禁 刑人滿市《春秋》所
記災異盡備. 陛下視今爲治邪 亂邪？"上曰"亦極亂耳 尚何
道！"房曰"今所任用者誰與？"上曰"然 幸其愈於彼 又以
爲不在此人也." 房曰"夫前世之君 亦皆然矣. 臣恐後之視今

猶今之視前也！”上良久 乃曰“今爲亂者誰哉？”房曰“明主
宜自知之.”上曰“不知也. 如知 何故用之！”房曰“上最所信
任 與圖事帷幄之中 進退天下之士者是矣.”房指謂石顯 上亦
知之 謂房曰“已諭.”房罷出 後上亦不能退顯也.

◈ 臣光曰

人君之德不明 則臣下雖欲竭忠 何自而入乎！ 觀京房
之所以曉孝元 可謂明白切至矣 而終不能寤 悲夫！《詩》
曰“匪面命之 言提其耳. 匪手攜之 言示之事.”又曰“誨
爾諄諄 聽我藐藐.”孝元之謂矣！

5　　上令房上弟子曉知考功・課吏事者 欲試用之. 房上“中
郎任良・姚平 願以爲刺史 試考功法 臣得通籍殿中 爲奏事
以防壅塞.”石顯・五鹿充宗皆疾房 欲遠之 建言 宜試以房爲
郡守. 帝於是以房爲魏郡太守 得以考功法治郡.

房自請“歲竟 乘傳奏事.”天子許焉. 房自知數以論議爲大
臣所非 與石顯等有隙 不欲遠離左右 乃上封事曰“臣出之後
恐爲用事所蔽 身死而功不成 故願歲盡乘傳奏事 蒙哀見許. 乃
辛巳 蒙氣復乘卦 太陽侵色 此上大夫覆陽而上意疑也. 己卯・
庚辰之間 必有欲隔絶臣 令不得乘傳奏事者.”

房未發 上令陽平侯王鳳承制詔房止無乘傳奏事. 房意愈恐.
秋 房去至新豐 因郵上封事曰“臣前以六月中言《遯卦》不效

法曰'道人始去 寒湧水爲災.'至其七月 湧水出. 臣弟子姚平
謂臣曰'房可謂知道 未可謂信道也. 房言災異 未嘗不中. 湧水
已出 道人當逐死 尙復何言！'臣曰'陛下至仁 於臣尤厚 雖
言而死 臣猶言也.'平又曰'房可謂小忠 未可謂大忠也. 昔秦
時趙高用事 有正先者 非刺高而死 高威自此成 故秦之亂 正
先趣之.'今臣得出守郡 自詭效功 恐未效而死 惟陛下毋使臣
塞湧水之異 當正先之死 爲姚平所笑."

房至陝 復上封事曰"臣前白願出任良試考功 臣得居內. 議
者知如此於身不利 臣不可蔽 故云'使弟子不若試師.'臣爲刺
史 又當奏事 故復云'爲刺史 恐太守不與同心 不若以爲太守.'
此其所以隔絶臣也. 陛下不違其言而遂聽之 此乃蒙氣所以不
解‧太陽無色者也. 臣去稍遠 太陽侵色益甚 願陛下毋難還臣
而易逆天意. 邪說雖安于人 天氣必變 故人可欺 天不可欺也
願陛下察焉."

房去月餘 竟徵下獄. 初 淮陽憲王舅張博 傾巧無行 多從王
求金錢 欲爲王求入朝. 博從京房學 以女妻房. 房每朝見 退輒
爲博道其語. 博因記房所說密語 今房爲王作求朝奏草 皆持束
與王 以爲信驗. 石顯知之 告"房與張博通謀 非謗政治 歸惡
天子 誹誤諸侯王."皆下獄 棄市 妻子徙邊. 鄭弘坐與房善 免
爲庶人.

6   御史中丞陳咸數毀石顯 久之 坐與槐里令朱雲善 漏洩省
中語 石顯微伺知之 與雲皆下獄 髡爲城旦.

石顯威權日盛　公卿以下畏顯　重足一迹. 顯與中書僕射牢梁·少府五鹿充宗結爲黨友　諸附倚者皆得寵位　民歌之曰"牢邪！石邪！五鹿客邪！印何纍纍　綬若若邪！"

顯內自知擅權　事柄在掌握　恐天子一旦納用左右耳目以間己乃時歸誠　取一信以爲驗. 顯嘗使至諸官　有所徵發　顯先自白"恐後漏盡宮門閉　請使詔吏開門." 上許之. 顯故投夜還　稱詔開門入. 後果有上書告"顯顓命　矯詔開宮門" 天子聞之　笑以其書示顯. 顯因泣曰"陛下過私小臣　屬任以事　羣下無不嫉妬欲陷害臣者　事類如此非一　唯獨明主知之. 愚臣微賤　誠不能以一軀稱快萬衆　任天下之怨. 臣願歸樞機職　受後宮掃除之役　死無所恨. 唯陛下哀憐財幸　以此全活小臣." 天子以爲然而憐之數勞勉顯　加厚賞賜　賞賜及賂遺訾一萬萬. 初　顯聞衆人匈匈言己殺前將軍蕭望之　恐天下學士訕己　以諫大夫貢禹明經箸節乃使人致意　深自結納　因薦禹天子　歷位九卿　禮事之甚備. 議者於是或稱顯　以爲不妒譖望之矣. 顯之設變詐以自解免　取信人主者　皆此類也.

❖ 荀悅曰

夫佞臣之惑君主也甚矣　故孔子曰"遠佞人."非但不用而已　乃遠而絶之　隔塞其源　戒之極也. 孔子曰"政者　正也." 夫要道之本　正己而已矣. 平直眞實者　正之主也. 故德必核其眞　然後授其位　能必核其眞　然後授其事　功必

核其眞 然後授其賞 罪必核其眞 然後授其刑 行必核其
眞 然後貴之 言必核其眞 然後信之 物必核其眞 然後用
之 事必核其眞 然後脩修之. 故衆正積於上 萬事實於下
先王之道 如斯而已矣！

7   八月 癸亥 以光祿勳匡衡爲御史大夫.

8   閏月 丁酉 太皇太后上官氏崩.

9   冬 十一月 齊·楚地震 大雨雪 樹折 屋壞.

❖ 孝元皇帝下 建昭 3年（乙酉. 紀元前 36年）

1   夏 六月 甲辰 扶陽共侯韋玄成薨.

2   秋 七月 匡衡爲丞相. 戊辰 衛尉李延壽爲御史大夫.

3   冬 使西域都護·騎都尉北地甘延壽·副校尉山陽陳湯共
誅斬郅支單于於康居.
    始 郅支單于自以大國 威名尊重 又乘勝驕 不爲康居王禮 怒
殺康居王女及貴人·人民數百 或支解投都賴水中. 發民作城
日作五百人 二歲乃已. 又遣使責闔蘇·大宛諸國歲遺 不敢不

予. 漢遣使三輩至康居 求谷吉等死 郅支困辱使者 不肯奉詔
而因都護上書 言"居困厄 願歸計強漢 遣子入侍." 其驕嫚如
此.

　湯爲人沈勇 有大慮 多策略 喜奇功 與延壽謀曰"夷狄畏服
大種 其天性也. 西域本屬匈奴 今郅支單于威名遠聞 侵陵烏
孫・大宛 常爲康居畫計 欲降服之 如得此二國 數年之間 城
郭諸國危矣. 且其人剽悍 好戰伐 數取勝 久畜之 必爲西域患.
雖所在絶遠 蠻夷無金城・強弩之守. 如發屯田吏士 敺從烏孫
衆兵 直指其城下 彼亡則無所之 守則不足自保 千載之功可一
朝而成也!" 延壽以爲然 欲奏請之. 湯曰"國家與公卿議 大
策非凡所見 事必不從." 延壽猶與不聽. 會其久病 湯獨矯制發
城郭諸國兵・車師戊已校尉屯田吏士. 延壽聞之 驚起 欲止焉.
湯怒 按劍叱延壽曰"大衆已集會 豎子欲沮衆邪!" 延壽遂從
之. 部勒行陳 漢兵・胡兵合四萬餘人. 延壽・湯上疏自劾奏
矯制 陳言兵狀 卽日引軍分行 別爲六校 其三校從南道踰葱領
徑大宛 其三校都護自將 發溫宿國 從北道入赤谷 過烏孫 涉
康居界 至闐池西. 而康居副王抱闐將數千騎寇赤谷城東 殺略
大昆彌千餘人 敺畜產甚多 從後與漢軍相及 頗寇盜後重. 湯縱
胡兵擊之 殺四百六十人 得其所略民四百七十人 還付大昆彌
其馬・牛・羊以給軍食. 又捕得抱闐貴人伊奴毒. 入康居東界
令軍不得爲寇. 間呼其貴人屠墨見之 諭以威信 與飲・盟 遣
去. 徑引行 未至單于城可六十里 止營. 復捕得康居貴人具色
子男開牟以爲導. 具色子 卽屠墨母之弟 皆怨單于 由是具知郅

支情. 明日 引行 未至城三十里 止營.

單于遣使曰 "漢兵何以來?" 應曰 "單于上書言'居困戹 願歸計強漢 身入朝見'天子哀閔單于 棄大國 屈意康居 故使都護將軍來迎單于妻子. 恐左右驚動 故未敢至城下." 使數往來相答報 延壽·湯因讓之 "我爲單于遠來 而至今無名王·大人見將軍受事者 何單于忽大計 失客主之禮也! 兵來道遠 人畜罷極 食度且盡 恐無以自還 願單于與大臣審計策."

明日 前至郅支城都賴水上 離城三里 止營傅陳. 望見單于城上立五采幡幟 數百人被甲乘城 又出百餘騎往來馳城下 步兵百餘人夾門魚鱗陳 講習用兵. 城上人更招漢軍曰 "鬪來!" 百餘騎馳赴營 營皆張弩持滿指之 騎引卻. 頗遣吏士射城門騎·步兵 騎·步兵皆入. 延壽·湯令軍 "聞鼓音 皆薄城下 四面圍城 各有所守 穿塹 塞門戶 鹵楯爲前 戟弩爲後 仰射城樓上人." 樓上人下走. 土城外有重木城 從木城中射 頗殺傷外人. 外人發薪燒木城 夜 數百騎欲出 外迎射 殺之.

初 單于聞漢兵至 欲去 疑康居怨己 爲漢內應 又聞烏孫諸國兵皆發 自以無所之. 郅支已出 復還 曰 "不如堅守. 漢兵遠來 不能久攻." 單于乃被甲在樓上 諸閼氏·夫人數十皆以弓射外人. 外人射中單于鼻 諸夫人頗死 單于乃下. 夜過半 木城穿 中人卻入土城 乘城呼. 時康居兵萬餘騎 分爲十餘處 四面環城亦與相應和. 夜 數奔營 不利 輒卻. 平明 四面火起 吏士喜 大呼乘之 鉦·鼓聲動地. 康居兵引卻 漢兵四面推鹵楯 並入土城中. 單于男女百餘人走入大內. 漢兵縱火 吏士爭入 單于被

創死. 軍候假丞杜勳斬單于首. 得漢使節二及谷吉等所齎帛書. 諸鹵獲以畀得者. 凡斬閼氏・太子・名王以下千五百一十八級 生虜百四十五人 降虜千餘人 賦予城郭諸國所發十五王.

❖ 孝元皇帝下 建昭 4年（丙戌, 紀元前 35年）

1 　春 正月 郅支首至京師. 延壽・湯上疏曰"臣聞天下之大 義當混爲一 昔有唐・虞 今有強漢. 匈奴呼韓邪單于已稱北藩 唯郅支單于叛逆 未伏其辜 大夏之西 以爲強漢不能臣也. 郅支 單于慘毒行於民 大惡通於天. 臣延壽 臣湯 將義兵 行天誅 賴 陛下神靈 陰陽並應 天氣精明 陷陳克敵 斬郅支首及名王以下 宜縣頭槀街蠻夷邸間 以示萬里 明犯強漢者 雖遠必誅！"丞 相匡衡等以爲"方春 掩骼・埋胔之時 宜勿縣."詔縣十日 乃 埋之. 仍告祠郊廟 赦天下. 羣臣上壽 置酒.

2 　六月 甲申 中山哀王竟薨. 哀王者 帝之少弟 與太子游學 相長大. 及薨 太子前弔. 上望見太子 感念哀王 悲不能自止. 太子既至前 不哀 上大恨曰"安有人不慈仁 而可以奉宗廟 爲 民父母者乎！"是時駙馬都尉・侍中史丹護太子家 上以責謂 丹 丹免冠謝曰"臣誠見陛下哀痛中山王 至以感損. 向者太子 當進見 臣竊戒屬 毋涕泣 感傷陛下 罪乃在臣 當死！"上以爲 然 意乃解.

3　藍田地震 山崩 壅霸水 安陵岸崩 壅涇水 涇水逆流.

1　春 三月 赦天下.

2　夏 六月 庚申 復戾園.

3　壬申晦 日有食之.

4　秋 七月 庚子 復太上皇寢廟園 · 原廟 · 昭靈后 · 武哀
王 · 昭哀后 · 衛思后園. 時上寢疾 久不平. 以爲祖宗譴怒 故
盡復之 唯郡國廟遂廢云.

5　是歲 徙濟陽王康爲山陽王.

6　匈奴呼韓邪單于聞郅支旣誅 且喜且懼 上書 願入朝見.

1　春 正月 匈奴呼韓邪單于來朝 自言願壻漢氏以自親. 帝以

後宮良家子王嬙字昭君賜單于. 單于驩喜 上書"願保塞上谷以西至敦煌 傳之無窮. 請罷邊備塞吏卒 以休天子人民."天子下有司議 議者皆以爲便. 郞中侯應習邊事 以爲不可許. 上問狀 應曰"周‧秦以來 匈奴暴桀 寇侵邊境 漢興 尤被其害. 臣聞北邊塞至遼東 外有陰山 東西千餘里 草木茂盛 多禽獸 本冒頓單于依阻其中 治作弓矢 來出爲寇 是其苑囿也. 至孝武世 出師征伐 斥奪此地 攘之於幕北 建塞徼 起亭隧 築外城 設屯戍以守之 然後邊境得用少安. 幕北地平 少草木 多大沙 匈奴來寇 少所蔽隱 從塞以南 徑深山谷 往來差難. 邊長老言'匈奴失陰山之後 過之未嘗不哭也.'如罷備塞吏卒 示夷狄之大利 不可一也. 今聖德廣被 天覆匈奴 匈奴得蒙全活之恩 稽首來臣. 夫夷狄之情 困則卑順 強則驕逆 天性然也. 前已罷外城 省亭隧 纔足以候望 通烽火而已. 古者安不忘危 不可復罷 二也. 中國有禮義之敎 刑罰之誅 愚民猶尙犯禁 又況單于 能必其衆不犯約哉！三也. 自中國尙建關梁以制諸侯 所以絶臣下之覬欲也. 設塞徼 置屯戍 非獨爲匈奴而已 亦爲諸屬國降民本故匈奴之人 恐其思舊逃亡 四也. 近西羌保塞 與漢人交通 吏民貪利 侵盜其畜產‧妻子 以此怨恨 起而背畔. 今罷乘塞 則生嫚易分爭之漸 五也. 往者從軍多沒不還者 子孫貧困 一旦亡出從其親戚 六也. 又邊人奴婢愁苦 欲亡者多 曰'聞匈奴中樂 無奈候望急何！'然時有亡出塞者 七也. 盜賊桀黠 羣輩犯法 如其窘急 亡走北出 則不可制 八也. 起塞以來百有餘年 非皆以土垣也 或因山巖‧石‧木‧溪谷‧水門 稍稍平之 卒徒築治

功費久遠 不可勝計. 臣恐議者不深慮其終始 欲以壹切省繇戍
十年之外 百歲之內 卒有他變 障塞破壞 亭隧滅絶 當更發屯
繕治 累世之功不可卒復 九也. 如罷戍卒 省候望 單于自以保
塞守禦 必深德漢 請求無已 小失其意 則不可測. 開夷狄之隙
虧中國之固 十也. 非所以永持至安 威制百蠻之長策也！"對
奏 天子有詔"勿議罷邊塞事."使車騎將軍嘉口諭單于曰"單
于上書願罷北塞吏士屯戍 子孫世世保塞. 單于鄉慕禮義 所以
爲民計者甚厚. 此長久之策也 朕甚嘉之. 中國四方皆有關梁
障塞 非獨以備塞外也 亦以防中國姦邪放縱 出爲寇害 故明法
度以專衆心也. 敬諭單于之意 朕無疑焉. 爲單于怪其不罷 故
使嘉曉單于."單于謝曰"愚不知大計 天子幸使大臣告語 甚
厚！"

　初 左伊秩訾爲呼韓邪畫計歸漢 竟以安定. 其後或讒伊秩訾
自伐其功 常鞅鞅 呼韓邪疑之 伊秩訾懼誅 將其衆千餘人降漢
漢以爲關內侯 食邑三百戶 令佩其王印綬. 及呼韓邪來朝 與伊
秩訾相見 謝曰"王爲我計甚厚 令匈奴至今安寧 王之力也 德
豈可忘！我失王意 使王去 不復顧留 皆我過也. 今欲白天子
請王歸庭."伊秩訾曰"單于賴天命 自歸於漢 得以安寧 單于
神靈 天子之祐也 我安得力！ 既已降漢 又復歸匈奴 是兩心
也. 願爲單于侍使於漢 不敢聽命！"單于固請 不能得而歸.

　單于號王昭君爲寧胡閼氏 生一男伊屠智牙師 爲右日逐王.

2　　皇太子冠.

3   二月 御史大夫李延壽卒.

4   初 石顯見馮奉世父子爲公卿著名 女又爲昭儀在內 顯心
欲附之 薦言"昭儀兄謁者逡脩敕 宜侍幄帷." 天子召見 欲以
爲侍中. 逡請間言事. 上聞逡言顯專權 大怒 罷逡歸郎官. 及御
史大夫缺 在位多舉逡兄大鴻臚野王 上使尙書選第中二千石
而野王行能第一. 上以問顯 顯曰"九卿無出野王者. 然野王
親昭儀兄 臣恐後世必以陛下度越衆賢 私後宮親以爲三公."
上曰"善 吾不見是!"因謂羣臣曰"吾用野王爲三公 後世必
謂我私後宮親屬 以野王爲比."三月 丙寅 詔曰"剛強堅固 確
然亡欲 大鴻臚野王是也. 心辨善辭 可使四方 少府五鹿充宗是
也. 廉潔節儉 太子少傅張譚是也. 其以少傅爲御史大夫."

5   河南太守九江召信臣爲少府. 信臣先爲南陽太守 後遷河
南 治行常第一. 視民如子 好爲民興利 躬勸耕稼 開通溝瀆 戶
口增倍. 吏民親愛 號曰"召父."

6   癸未 復孝惠皇帝寢廟園 · 孝文太后 · 孝昭太后寢園.

7   初 中書令石顯嘗欲以姊妻甘延壽 延壽不取. 及破郅支
還 丞相 · 御史亦惡其矯制 皆不與延壽等. 陳湯素貪 所鹵獲財
物入塞 多不法. 司隸校尉移書道上 繫吏士 按驗之. 湯上疏言
"臣與吏士共誅郅支單于 幸得禽滅 萬里振旅 宜有使者迎勞道

路. 今司隸反逆收繫按驗 是爲郅支報讎也！」上立出吏士 令
縣·道出酒食以過軍. 既至 論功 石顯·匡衡以爲「延壽·湯
擅興師矯制 幸得不誅 如復加爵土 則後奉使者爭欲乘危徼幸
生事於蠻夷 爲國招難.」帝內嘉延壽·湯功而重違衡·顯之議
久之不決.

故宗正劉向上疏曰「郅支單于囚殺使者·吏士以百數 事暴
揚外國 傷威毀重 羣臣皆閔焉. 陛下赫然欲誅之 意未嘗有忘.
西域都護延壽 副校尉湯 承聖指 倚神靈 總百蠻之君 攬城郭
之兵 出百死 入絶域 遂蹈康居 屠三重城 搴歙侯之旗 斬郅支
之首 縣旌萬里之外 揚威昆山之西 埽谷吉之恥 立昭明之功
萬夷懾伏 莫不懼震. 呼韓邪單于見郅支已誅 且喜且懼 鄉風馳
義 稽首來賓 願守北藩 累世稱臣. 立千載之功 建萬世之安 羣
臣之勳莫大焉. 昔周大夫方叔·吉甫爲宣王誅獫狁而百蠻從
其詩曰'嘽嘽焞焞 如霆如雷. 顯允方叔 征伐獫狁 蠻荊來威.'
《易》曰'有嘉折首 獲匪其醜.'言美誅首惡之人 而諸不順者皆
來從也. 今延壽·湯所誅震 雖《易》之折首《詩》之雷霆 不能及
也. 論大功者不錄小過 舉大美者不疵細瑕.《司馬法》曰'軍賞
不踰月'欲民速得爲善之利也. 蓋急武功 重用人也. 吉甫之歸
周厚賜之 其詩曰'吉甫燕喜 既多受祉. 來歸自鎬 我行永久.'
千里之鎬猶以爲遠 況萬里之外 其勤至矣. 延壽·湯既未獲受
祉之報 反屈捐命之功 久挫於刀筆之前 非所以勵有功 勸戎士
也. 昔齊桓前有尊周之功 後有滅項之罪 君子以功覆過而爲之
諱. 貳師將軍李廣利 捐五萬之師 靡億萬之費 經四年之勞 而

僅獲駿馬三十匹　雖斬宛王毋寡之首　猶不足以復費　其私罪惡
甚多　孝武以爲萬里征伐　不錄其過　遂封拜兩侯・三卿・二千
石百有餘人.　今康居之國　強於大宛　郅支之號　重於宛王　殺使
者罪　甚於留馬　而延壽・湯不煩漢士　不費斗糧　比於貳師　功
德百之.　且常惠隨欲擊之烏孫　鄭吉迎自來之日逐　猶皆裂土受
爵.　故言威武勤勞　則大於方叔・吉甫　列功覆過　則優於齊桓・
貳師　近事之功　則高於安遠・長羅.　而大功未著　小惡數布　臣
竊痛之！　宜以時解縣　通籍　除過勿治　尊寵爵位　以勸有功."
於是天子下詔赦延壽・湯罪勿治　令公卿議封焉.　議者以爲宜
如軍法捕斬單于令.　匡衡・石顯以爲"郅支本亡逃失國　竊號
絶域　非眞單于."　帝取安遠侯鄭吉故事　封千戶　衡・顯復爭.
夏　四月　戊辰　封延壽爲義成侯　賜湯爵關內侯　食邑各三百戶
加賜黃金百斤.　拜延壽爲長水校尉　湯爲射聲校尉.

　於是杜欽上疏追訟馮奉世前破莎車功.　上以先帝時事　不復
錄.　欽　故御史大夫延年子也.

　❖ 荀悅論曰

　　成其功義足封　追錄前事可也.《春秋》之義　毀泉臺則
惡之　舍中軍則善之　各由其宜也.　夫矯制之事　先王之所
愼也　不得已而行之.　若矯大而功小者　罪之可也　矯小而
功大者　賞之可也　功過相敵　如斯而已可也.　權其輕重而
爲之制宜焉.

8   初 太子少好經書 寬博謹愼 其後幸酒 樂燕樂 上不以爲能. 而山陽王康有材藝 母傅昭儀又愛幸 上以故常有意欲以山陽王爲嗣. 上晚年多疾 不親政事 留好音樂 或置鼙鼓殿下 天子自臨軒檻上 隤銅丸以擿鼓 聲中嚴鼓之節. 後宮及左右習知音者莫能爲 而山陽王亦能之 上數稱其材. 史丹進曰 "凡所謂材者 敏而好學 溫故知新 皇太子是也. 若乃器人於絲竹鼙鼓之間 則是陳惠 · 李微高於匡衡 可相國也!" 於是上嘿然而笑.

及上寢疾 傅昭儀 · 山陽王康常在左右 而皇后 · 太子希得進見. 上疾稍侵 意忽忽不平 數問尙書以景帝時立膠東王故事. 是時太子長舅陽平侯王鳳爲衛尉 · 侍中 與皇后 · 太子皆憂 不知所出. 史丹以親密臣得侍視疾 候上間獨寢時 丹直入臥內 頓首伏靑蒲上 涕泣而言曰 "皇太子以適長立 積十餘年 名號繫於百姓 天下莫不歸心臣子. 見山陽王雅素愛幸 今者道路流言 爲國生意 以爲太子有動搖之議. 審若此 公卿以下必以死爭 不奉詔. 臣願先賜死以示羣臣!" 天子素仁 不忍見丹涕泣 言又切至 意大感寤 喟然太息曰 "吾日困劣 而太子 · 兩王幼少 意中戀戀 亦何不念乎! 然無有此議. 且皇后謹愼 先帝又愛太子 吾豈可違指! 駙馬都尉安所受此語?" 丹卽卻 頓首曰 "愚臣妄聞 罪當死!" 上因納 謂丹曰 "吾病寖加 恐不能自還 善輔道太子 毋違我意." 丹噓唏而起 太子由是遂定爲嗣. 而右將軍 · 光祿大夫王商 中書令石顯亦擁佑太子 頗有力焉. 夏 五月壬辰 帝崩於未央宮.

❖ 班彪贊曰

臣外祖兄弟爲元帝侍中 語臣曰"元帝多材藝 善史書
鼓琴瑟 吹洞簫 自度曲 被歌聲 分刌節度 窮極幼眇. 少
而好儒 及卽位 徵用儒生 委之以政 貢‧薛‧韋‧匡迭
爲宰相. 而上牽制文義 優游不斷 孝宣之業衰焉. 然寬弘
盡下 出於恭儉 號令溫雅 有古之風烈."

9　匡衡奏言"前以上體不平 故復諸所罷祠 卒不蒙福. 案衛
思后‧戾太子‧戾后園 親未盡. 孝惠‧孝景廟 親盡 宜毀. 及
太上皇‧孝文‧孝昭太后‧昭靈后‧昭哀后‧武哀王祠 請悉
罷勿奉."奏可.

10　六月 己未 太子卽皇帝位 謁高廟. 尊皇太后曰太皇太后
皇后曰皇太后. 以元舅侍中‧衛尉‧陽平侯王鳳爲大司馬‧大
將軍‧領尙書事.

11　秋 七月 丙戌 葬孝元皇帝於渭陵.

12　大赦天下.

13　丞相衡上疏曰"陛下秉至孝 哀傷思慕 不絶於心 未有游
虞弋射之宴 誠隆於愼終追遠 無窮已也. 竊願陛下雖聖性得之

猶復加聖心焉！《詩》云'榮榮在疚'言成王喪畢思慕 意氣未能
平也. 蓋所以就文・武之業 崇大化之本也. 臣又聞之師曰'妃
匹之際 生民之始 萬福之原. 婚姻之禮正 然後品物遂而天命
全.'孔子論《詩》以《關雎》爲始 此綱紀之首 王敎之端也. 自上
世已來 三代興廢 未有不由此者也. 願陛下詳覽得失盛衰之效
以定大基 采有德 戒聲色 近嚴敬 遠技能. 臣聞《六經》者 聖人
所以統天地之心 著善惡之歸 明吉凶之分 通人道之正 使不悖
於其本性者也. 及《論語》・《孝經》聖人言行之要 宜究其意.
臣又聞聖王之自爲 動靜周旋 奉天承親 臨朝享臣 物有節文
以章人倫. 蓋欽翼祗栗 事天之容也 溫恭敬遜 承親之禮也 正
躬嚴恪 臨衆之儀也 嘉惠和說 饗下之顏也. 擧錯動作 物遵其
儀 故形爲仁義 動爲法則. 今正月初 幸路寢 臨朝賀 置酒以饗
萬方.《傳》曰'君子愼始.'願陛下留神動靜之節 使羣下得望盛
德休光 以立基楨 天下幸甚！"上敬納其言. *

資治通鑑 卷030

【漢紀二十二】

起屠維赤奮若(己丑) 盡著雍閹茂(戊戌) 凡十年.

❖ 孝成皇帝上之上 建始 元年 (己丑, 紀元前 32年)

1   春 正月 乙丑 悼考廟災.

2   石顯遷長信中太僕 秩中二千石. 顯旣失倚 離權 於是丞相‧御史條奏顯舊惡 及其黨牢梁‧陳順皆免官 顯與妻子徙歸故郡 憂懣不食 道死. 諸所交結以顯爲官者 皆廢罷 少府五鹿充宗左遷玄菟太守 御史中丞伊嘉爲鴈門都尉.

司隸校尉涿郡王尊劾奏"丞相衡‧御史大夫譚 知顯等顓權擅勢 大作威福 爲海內患害 不以時白奏行罰 而阿諛曲從 附下罔上 懷邪迷國 無大臣輔政之義 皆不道! 在赦令前. 赦後衡‧譚擧奏顯 不自陳不忠之罪 而反揚著先帝任用傾覆之徒 妄言'百官畏之 甚於主上'卑君尊臣 非所宜稱 失大臣體!"

於是衡慙懼 免冠謝罪 上丞相·侯印綬. 天子以新卽位 重傷大臣 乃左遷尊爲高陵令. 然輩下多是尊者. 衡嘿嘿不自安 每有水旱 連乞骸骨讓位. 上輒以詔書慰撫 不許.

3 立故河間王元弟上郡庫令良爲河間王.

4 有星孛於營室.

5 赦天下.

6 王子 封舅諸吏·光祿大夫·關內侯王崇爲安成侯 賜舅譚·商·立·根·逢時爵關內侯. 夏 四月 黃霧四塞 詔博問公卿大夫 無有所諱. 諫大夫楊興·博士駟勝等 皆以爲"陰盛侵陽之氣也. 高祖之約 非功臣不侯. 今太后諸弟皆以無功爲侯外戚未嘗有也 故天爲見異." 於是大將軍鳳懼 上書乞骸骨 辭職. 上優詔不許.

7 御史中丞東海薛宣上疏曰"陛下至德仁厚 而嘉氣尙凝 陰陽不和 殆吏多苛政. 部刺史或不循守條職 舉錯各以其意 多與郡縣事 至開私門 聽讒佞 以求吏民過 譴呵及細微 責義不量力 羣縣相迫促 亦內相刻 流至衆庶. 是故鄉黨闕於嘉賓之懽九族忘其親親之恩 飲食周急之厚彌衰 送往勞來之禮不行. 夫人道不通則陰陽否隔 和氣不興 未必不由此也.《詩》云'民之

失德 乾餱以愆.'鄙語曰'苛政不親 煩苦傷恩.'方刺史奏事時
宜明申敕 使昭然知本朝之要務."上嘉納之.

8   八月 有兩月相承 晨見東方.

9   冬 十二月 作長安南·北郊 罷甘泉·汾陰祠 及紫壇僞
飾·女樂·鸞路·駵駒·龍馬·石壇之屬.

❖ **孝成皇帝上之上 建始 2年 (庚寅, 紀元前 31年)**

1   春 正月 罷雍五畤及陳寶祠 皆從匡衡之請也. 辛巳 上始
郊祀長安南郊. 赦奉郊縣及中都官耐罪徒 減天下賦錢 算四十.

2   閏月 以渭城延陵亭部爲初陵.

3   三月 辛丑 上始祠后土于北郊.

4   丙午 立皇后許氏. 后 車騎將軍嘉之女也. 元帝傷母恭哀
后居位日淺而遭霍氏之辜 故選嘉女以配太子.

5   上自爲太子時 以好色聞 及卽位 皇太后詔采良家女以備
後宮. 大將軍武庫令杜欽說王鳳曰"禮 一娶九女 所以廣嗣重

祖也. 娣姪雖缺不復補 所以養壽塞爭也. 故后妃有貞淑之行
則胤嗣有賢聖之君 制度有威儀之節 則人君有壽考之福. 廢而
不由 則女德不厭 女德不厭 則壽命不究於高年. 男子五十 好
色未衰 婦人四十 容貌改前 以改前之容侍於未衰之年 而不以
禮爲制 則其原不可救而後徠異態 後徠異態 則正后自疑 而支
庶有間適之心 是以晉獻被納讒之謗 申生蒙無罪之辜. 今聖主
富於春秋 未有適嗣 方鄉術入學 未親后妃之議. 將軍輔政 宜
因始初之隆 建九女之制 詳擇有行義之家 求淑女之質 毋必有
聲色技能 爲萬世大法. 夫少戒之在色《小卞》之作 可爲寒心.
唯將軍常以爲憂！"鳳白之太后 太后以爲故事無有 鳳不能自
立法度 循故事而已. 鳳素重欽 故置之莫府 國家政謀常與欽慮
之 數稱達名士 裨正闕失 當世善政多出於欽者.

6　夏 大旱.

7　匈奴呼韓邪單于嬖左伊秩訾兄女二人 長女顓渠閼氏生二
子 長曰且莫車 次曰囊知牙斯 少女爲大閼氏 生四子 長曰雕
陶莫皋 次曰且麋胥 皆長於且莫車 少子咸・樂二人 皆小於囊
知牙斯. 又他閼氏子十餘人. 顓渠閼氏貴 且莫車愛 呼韓邪病
且死 欲立且莫車. 顓渠閼氏曰"匈奴亂十餘年 不絕如髮 賴蒙
漢力 故得復安. 今平定未久 人民創艾戰鬪. 且莫車年少 百姓
未附 恐復危國. 我與大閼氏一家共子 不如立雕陶莫皋."大閼
氏曰"且莫車雖少 大臣共持國事. 今舍貴立賤 後世必亂."單

于卒從顓渠閼氏計 立雕陶莫皋 約令傳國與弟. 呼韓邪死 雕陶莫皋立 爲復株累若鞮單于. 復株累若鞮單于以且麋胥爲左賢王 且莫車爲左谷蠡王 囊知牙斯爲右賢王. 復株累單于復妻王昭君 生二女 長女云爲須卜居次 小女爲當于居次.

❖ 孝成皇帝上之上 建始 3年 (辛卯, 紀元前 30年)

1   春 三月 赦天下徒.

2   秋 關內大雨四十餘日. 京師民相驚 言大水至 百姓奔走相蹂躪 老弱號呼 長安中大亂. 天子親御前殿 召公卿議. 大將軍鳳以爲 "太后與上及後宮可御船 今吏民上長安城以避水." 君臣皆從鳳議. 左將軍王商獨曰 "自古無道之國 水猶不冒城郭 今政治和平 世無兵革 上下相安 何因當有大水一日暴至 此必訛言也！不宜令上城 重驚百姓." 上乃止. 有頃 長安中稍定 問之 果訛言. 上於是美壯商之固守 數稱其議 而鳳大慚 自恨失言.

3   上欲專委任王鳳 八月 策免車騎將軍許嘉 以特進侯就朝位.

4   張譚坐選擧不實 免. 冬 十月 光祿大夫尹忠爲御史大夫.

5   十二月 戊申朔 日有食之. 其夜 地震未央宮殿中. 詔擧賢
良方正能直言極諫之士. 杜欽及太常丞谷永上對 皆以爲後宮
女寵太盛 嫉妒專上 將害繼嗣之咎.

6   越巂山崩.

7   丁丑 匡衡坐多取封邑四百頃 監臨盜所主守直十金以上
免爲庶人.

❖ 孝成皇帝上之上 建始 4年 (壬辰, 紀元前 29年)

1   春 正月 癸卯 隕石于亳四 隕于肥累二.

2   罷中書宦官. 初置尙書員五人.

3   三月 甲申 以左將軍樂昌侯王商爲丞相.

4   夏 上悉召前所擧直言之士 詣白虎殿對策. 是時上委政王
鳳 議者多歸咎焉. 谷永知鳳方見柄用 陰欲自托 乃曰 "方今四
夷賓服 皆爲臣妾 北無熏粥 · 冒頓之患 南無趙佗 · 呂嘉之難
三垂晏然 靡有兵革之警. 諸侯大者乃食數縣 漢吏制其權柄 不
得有爲 無吳 · 楚 · 燕 · 梁之勢. 百官盤互 親疏相錯 骨肉大臣

有申伯之忠 洞洞屬屬 小心畏忌 無重合·安陽·博陸之亂. 三
者無毛髮之辜 竊恐陛下舍昭昭之白過 忽天地之明戒 聽暗昧
之譖說 歸咎乎無辜 倚異乎政事 重失天心 不可之大者也. 陛
下誠深察愚臣之言 抗湛溺之意 解偏駁之愛 奮乾剛之威 平天
覆之施 使列妾得人人更進 益納宜子婦人 毋擇好醜 毋避嘗字
毋論年齒. 推法言之 陛下得繼嗣於微賤之間 乃反爲福 得繼嗣
而已 母非有賤也. 後宮女史·使令有直意者 廣求於微賤之間
以遇天所開右 慰釋皇太后之憂慍 解謝上帝之譴怒 則繼嗣蕃
滋 災異訖息！"杜欽亦仿此意. 上皆以其書示後宮 擢永爲光
祿大夫.

5   夏 四月 雨雪.

6   秋 桃·李實.

7   大雨水十餘日 河決東郡金隄. 先是淸河都尉馮逡奏言
"郡承河下流 土壤輕脆易傷 頃所以闊無大害者 以屯氏河通兩
川分流也. 今屯氏河塞 靈鳴犢口又益不利 獨一川兼受數河之
任 雖高增隄防 終不能泄. 如有霖雨 旬日不霽 必盈溢. 九河故
迹 今旣滅難明 屯氏河新絶未久 其處易浚 又其口所居高 於
以分殺水力 道里便宜 可復浚以助大河 泄暴水 備非常. 不豫
脩治 北決病四·五郡 南決病十餘郡 然後憂之 晩矣！"事下
丞相·御史 白遣博士許商行視 以爲"方用度不足 可且勿浚."

後三歲 河果決於館陶及東郡金隄 氾濫兗·豫及平原·千乘·
濟南 凡灌四郡·三十二縣 水居地十五萬餘頃 深者三丈 壞敗
官亭·室廬且四萬所.

　冬 十一月 御史大夫尹忠以對方略疏闊 上切責其不憂職 自
殺. 遣大司農非調調均錢穀河決所灌之郡 謁者二人發河南以
東船五百艘 徙民避水居丘陵九萬七千餘口.

8　　壬戌 以少府張忠爲御史大夫.

9　　南山羣盜傰宗等數百人爲吏民害. 詔發兵千人逐捕 歲餘
不能禽. 或說大將軍鳳 以"賊數百人在轂下 討不能得 難以示
四夷 獨選賢京兆尹乃可." 於是鳳薦故高陵令王尊 徵爲諫大
夫 守京輔都尉 行京兆尹事. 旬月間 盜賊淸 後拜爲京兆尹.

10　　上卽位之初 丞相匡衡復奏"射聲校尉陳湯以吏二千石奉
使 顯命蠻夷中 不正身以先下 而盜所收康居財物 戒官屬曰
'絕域事不覆校.' 雖在赦前 不宜處位."湯坐免.

　後湯上言"康居王侍子 非王子."按驗 實王子也. 湯下獄當
死. 太中大夫谷永上疏訟湯曰"臣聞楚有子玉得臣 文公爲之
仄席而坐 趙有廉頗·馬服 彊秦不敢窺兵井陘 近漢有郅都·
魏尙 匈奴不敢南鄉沙幕. 由是言之 戰克之將 國之爪牙 不可
不重也. 蓋君子聞鼓鼙之聲 則思將帥之臣. 竊見關內侯陳湯
前斬郅支 威震百蠻 武暢西海 漢元以來 征伐方外之將 未嘗

有也. 今湯坐言事非是 幽囚久繫 歷時不決 執憲之吏欲致之大辟. 昔白起爲秦將 南拔郢都 北坑趙括 以纖介之過 賜死杜郵 秦民憐之 莫不隕涕. 今湯親秉鉞席捲 喋血萬里之外 薦功祖廟 告類上帝 介冑之士靡不慕義. 以言事爲罪 無赫赫之惡. 《周書》曰'記人之功 忘人之過 宜爲君者也.'夫犬馬有勞於人尙加帷蓋之報 況國之功臣者哉! 竊恐陛下忽於鼕鼓之聲 不察《周書》之意 而忘帷蓋之施 庸臣遇湯 卒從吏議 使百姓介然有秦民之恨 非所以厲死難之臣也!"書奏 天子出湯 奪爵爲士伍.

會西域都護段會宗爲烏孫兵所圍 驛騎上書 願發城郭‧敦煌兵以自救 丞相商‧大將軍鳳及百僚議數日不決. 鳳言"陳湯多籌策 習外國事 可問."上召湯見宣室. 湯擊郅支時中寒 病兩臂不屈申 湯入見 有詔毋拜 示以會宗奏. 湯對曰"臣以爲此必無可憂也."上曰"何以言之?"湯曰"夫胡兵五而當漢兵一何者? 兵刃朴鈍 弓弩不利. 今聞頗得漢巧 然猶三而當一. 又《兵法》曰'客倍而主人半 然後敵.'今圍會宗者人衆不足以勝會宗. 唯陛下勿憂! 且兵輕行五十里 重行三十里 今會宗欲發城郭‧敦煌 歷時乃至 所謂報讎之兵 非救急之用也."上曰"奈何? 其解可必乎? 度何時解?"湯知烏孫瓦合 不能久攻故事不過數日 因對曰"已解矣!"屈指計其日 曰"不出五日當有吉語聞."居四日 軍書到 言已解. 大將軍鳳奏以爲從事中郎 莫府事壹決於湯.

1   春 杜欽薦犍爲王延世於王鳳 使塞決河. 鳳以延世爲河隄使者. 延世以竹落長四丈 大九圍 盛以小石 兩船夾載而下之. 三十六日 河隄成. 三月 詔以延世爲光祿大夫 秩中二千石 賜爵關內侯‧黃金百斤.

2   夏 四月 己亥晦 日有食之. 詔公卿百僚陳過失 無有所諱. 大赦天下. 光祿大夫劉向對曰 "四月交於五月 月同孝惠 日同孝昭 其占恐害繼嗣." 是時許皇后專寵 後宮希得進見 中外皆憂上無繼嗣 故杜欽‧谷永及向所對皆及之. 上於是減省椒房‧掖廷用度 服御‧輿駕所發諸官署及所造作 遺賜外家‧羣臣妾 皆如竟寧以前故事.

皇后上疏自陳 以爲 "時世異制 長短相補 不出漢制而已 纖微之間未必可同. 若竟寧前與黃龍前 豈相放哉! 家吏不曉 今壹受詔如此 且使妾搖手不得. 設妾欲作某屏風張於某所 曰 '故事無有.' 或不能得 則必繩妾以詔書矣. 此誠不可行 唯陛下省察! 故事 以特牛祠大父母 戴侯‧敬侯皆得蒙恩以太牢祠 今當率如故事 唯陛下哀之! 今吏甫受詔讀記 直豫言使后知之 非可復若私府有所取也. 其萌牙所以約制妾者 恐失人理. 唯陛下深察焉!"

上於是采谷永‧劉向所言災異咎驗皆在後宮之意以報之 且曰 "吏拘於法 亦安足過! 蓋矯枉者過直 古今同之. 且財幣之

省 特牛之祠 其於皇后 所以扶助德美 爲華寵也. 咎根不除 災變相襲 祖宗且不血食 何戴侯也! 傳不云乎'以約失之者鮮' 審皇后欲從其奢與? 朕亦當法孝武皇帝也. 如此 則甘泉·建章可復興矣. 孝文皇帝 朕之師也. 皇太后 皇后成法也. 假使太后在彼時不如職 今見親厚 又惡可以踰乎! 皇后其刻心秉德 謙約爲右 垂則列妾 使有法焉!"

3 給事中平陵平當上言"太上皇 漢之始祖 廢其寢廟園 非是."上亦以無繼嗣 遂納當言. 秋 九月 復太上皇寢廟園.

4 詔曰"今大辟之刑千有餘條 律令煩多 百有餘萬言 奇請他比 日以益滋. 自明習者不知所由 欲以曉喻衆庶 不亦難乎! 於以羅元元之民 夭絶無辜 豈不哀哉! 其議減死刑及可蠲除約省者 令較然易知 條奏!"時有司不能廣宣上意 徒鉤摭微細 毛擧數事 以塞詔而已.

5 匈奴單于遣右皋林王伊邪莫演等奉獻 朝正月.

❖ 孝成皇帝上之上 河平 2年（甲午, 紀元前 27年）

1 春 伊邪莫演罷歸 自言欲降"卽不受我 我自殺 終不敢還歸."使者以聞 下公卿議. 議者或言"宜如故事 受其降."光祿

大夫谷永·議郎杜欽以爲“漢興 匈奴數爲邊害 故設金爵之賞
以待降者. 今單于屈體稱臣 列爲北藩 遣使朝賀 無有二心. 漢
家接之 宜異於往時. 今旣享單于聘貢之質 而更受其逋逃之臣
是貪一夫之得而失一國之心 擁有罪之臣而絶慕義之君也. 假
令單于初立 欲委身中國 未知利害 私使伊邪莫演詐降以卜吉
兇 受之 虧德沮善 令單于自疏 不親邊吏 或者設爲反間 欲因
而生隙 受之 適合其策 使得歸曲而責直. 此誠邊境安危之原
師旅動靜之首 不可不詳也. 不如勿受 以昭日月之信 抑詐諼之
謀 懷附親之心 便!”對奏 天子從之. 遣中郎將王舜往問降狀
伊邪莫演曰“我病狂 妄言耳.”遣去. 歸到 官位如故 不肯令見
漢使.

2 夏 四月 楚國雨雹 大如釜.

3 徙山陽王康爲定陶王.

4 六月 上悉封諸舅 王譚爲平阿侯 商爲成都侯 立爲紅陽侯
根爲曲陽侯 逢時爲高平侯. 五人同日封 故世謂之“五侯.”太
后母李氏更嫁爲河內苟賓妻 生子參 太后欲以田蚡爲比而封
之. 上曰“封田氏 非正也.”以參爲侍中 · 水衡都尉.

5 御史大夫張忠奏京兆尹王尊暴虐倨慢 尊坐免官 吏民多稱
惜之. 湖三老公乘興等上書訟“尊治京兆 撥劇整亂 誅暴禁邪

皆前所希有 名將所不及 雖拜爲眞 未有殊絶襃賞加於尊身. 今
御史大夫奏尊‘傷害陰陽 爲國家憂 無承用詔書意‘靖言庸違
像龔滔天.’”源其所以 出御史丞楊輔 素與尊有私怨 外依公事
建畫爲此議 傅致奏文 浸潤加誣 臣等竊痛傷. 尊修身潔己 砥
節首公 刺譏不憚將相 誅惡不避豪強 誅不制之賊 解國家之憂
功著職脩 威信不廢 誠國家爪牙之吏 折衝之臣. 今一旦無辜制
於仇人之手 傷於詆欺之文 上不得以功除罪 下不得蒙棘木之
聽 獨掩怨讎之偏奏 被共工之大惡 無所陳冤愬罪. 尊以京師廢
亂 羣盜並興 選賢徵用 起家爲卿. 賊亂旣除 豪猾伏辜 卽以佞
巧廢黜. 一尊之身 三期之間 乍賢乍佞 豈不甚哉！孔子曰‘愛
之欲其生 惡之欲其死 是惑也.’‘浸潤之譖不行焉 可謂明矣.’
願下公卿‧大夫‧博士‧議郎定尊素行！ 夫人臣而‘傷害陰
陽’死誅之罪也‘靖言庸違’放殛之刑也. 審如御史章 尊乃當
伏觀闕之誅 放於無人之域 不得苟免 及任擧尊者 當獲選擧之
辜 不可但已. 卽不如章 飾文深詆以愬無罪 亦宜有誅 以懲讒
賊之口 絶詐欺之路. 唯明主參詳 使白黑分別！”書奏 天子復
以尊爲徐州刺史.

6　　夜郎王興‧鉤町王禹‧漏臥侯兪更擧兵相攻. 牂柯太守請
發兵誅興等. 議者以爲道遠不可擊 乃遣太中大夫蜀郡張匡持
節和解. 興等不從命 刻木象漢吏 立道旁 射之.
　杜欽說大將軍王鳳曰“蠻夷王侯輕易漢使 不憚國威 恐議者
選耎 復守和解 太守察動靜有變 乃以聞. 如此 則復曠一時 王

侯得收獵其衆 申固其謀 黨助衆多 各不勝忿 必相殄滅. 自知
罪成 狂犯守尉 遠臧溫暑毒草之地 雖有孫・吳將 賁・育士
若入水火 往必焦沒 智勇亡所施. 屯田守之 費不可勝量. 宜因
其罪惡未成 未疑漢家加誅 陰敕旁郡守尉練士馬 大司農豫調
穀積要害處 選任職太守往 以秋涼時入 誅其王侯尤不軌者. 卽
以爲不毛之地 無用之民 聖王不以勞中國 宜罷郡 放棄其民
絶其王侯勿復通. 如以先帝所立累世之功不可墮壞 亦宜因其
萌牙 早斷絶之 及已成形然後戰師 則萬姓被害.”於是鳳薦金
城司馬臨邛陳立爲牂柯太守.

立至牂柯 諭告夜郎王興 興不從命 立請誅之 未報. 乃從吏
數十人出行縣 至興國且同亭 召興. 興將數千人往至亭 從邑君
數十人入見立. 立數責 因斷頭. 邑君曰“將軍誅無狀 爲民除
害 願出曉士衆！”以興頭示之 皆釋兵降. 鉤町王禹・漏臥侯
俞震恐 入粟千斛・牛羊勞吏士. 立還歸郡.

興妻父翁指 與子邪務收餘兵 迫脅旁二十二邑反. 至冬 立
奏募諸夷 與都尉・長史分將攻翁指等. 翁指據阨爲壘 立使奇
兵絶其饟道 縱反間以誘其衆. 都尉萬年曰“兵久不決 費不可
共.”引兵獨進. 敗走 趨立營. 立怒 叱戲下令格之. 都尉復還
戰 立救之. 時天大旱 立攻絶其水道. 蠻夷共斬翁指 持首出降
西夷遂平.

1 　春 正月 楚王囂來朝. 二月 乙亥 詔以囂素行純茂 特加顯
異 封其子勳爲廣戚侯.

2 　丙戌 犍爲地震 山崩 壅江水 水逆流.

3 　秋 八月 乙卯晦 日有食之.

4 　上以中秘書頗散亡 使謁者陳農求遺書於天下. 詔光祿大
夫劉向校經傳 · 諸子 · 詩賦 步兵校尉任宏校兵書 太史令尹咸
校數術 侍醫李柱國校方技. 每一書已 向輒條其篇目 撮其指意
錄而奏之.

5 　劉向以王氏權位太盛 而上方嚮《詩》·《書》古文 向乃因
《尙書 洪範》集合上古以來 歷春秋 · 六國至秦 · 漢符瑞 · 災
異之記 推迹行事 連傳禍福 著其占驗 比類相從 各有條目 凡
十一篇 號曰《洪範五行傳論》奏之. 天子心知向忠精 故爲鳳兄
弟起此論也 然終不能奪王氏權.

6 　河復決平原 流入濟南 · 千乘 所壞敗者半建始時. 復遣王
延世與丞相史楊焉及將作大匠許商 · 諫大夫乘馬延年同作治
六月乃成. 復賜延世黃金百斤. 治河卒非受平賈者 爲著外繇六

月.

1   春 正月 匈奴單于來朝.

2   赦天下徒.

3   三月 癸丑朔 日有食之.

4   琅邪太守楊肜與王鳳連昏 其郡有災害 丞相王商按問之.
鳳以爲請 商不聽 竟奏免肜 奏果寢不下. 鳳以是怨商 陰求其
短 使頻陽耿定上書 言"商與父傅婢通 及女弟淫亂 奴殺其私
夫 疑商敎使."天子以爲暗昧之過 不足以傷大臣. 鳳固爭 下
其事司隷. 太中大夫蜀郡張匡 素佞巧 復上書極言詆毀商. 有
司奏請召商詣詔獄. 上素重商 知匡言多險 制曰"勿治!"鳳
固爭之. 夏 四月 壬寅 詔收商丞相印綬. 商免相三日 發病 歐
血薨 諡曰戾侯. 而商子弟親屬爲駙馬都尉・侍中・中常侍・
諸曹・大夫・郎吏者 皆出補吏 莫得留給事・宿衛者. 有司奏
請除國邑 有詔"長子安嗣爵爲樂昌侯."

5   上之爲太子也 受《論語》於蓮勺張禹 及卽位 賜爵關內侯

拜爲諸吏·光祿大夫 秩中二千石 給事中 領尙書事. 禹與王鳳
並領尙書 內不自安 數病 上書乞骸骨 欲退避鳳 上不許 撫待
愈厚. 六月 丙戌 以禹爲丞相 封安昌侯.

6　　庚戌 楚孝王囂薨.

7　　初 武帝通西域 罽賓自以絶遠 漢兵不能至 獨不服 數剽殺
漢使. 久之 漢使者文忠與容屈王子陰末赴合謀攻殺其王 立陰
末赴爲罽賓王. 後軍候趙德使罽賓 與陰末赴相失 陰末赴鎖琅
當德 殺副已下七十餘人 遣使者上書謝. 孝元帝以其絶域 不錄
放其使者於縣度 絶而不通.

　　及帝卽位 復遣使謝罪. 漢欲遣使者報送其使. 杜欽說王鳳曰
"前罽賓王陰末赴 本漢所立 後卒畔逆. 夫德莫大於有國子民
罪莫大於執殺使者 所以不報恩 不懼誅者 自知絶遠 兵不至也.
有求則卑辭 無慾則驕慢 終不可懷服. 凡中國所以爲通厚蠻夷
慊快其求者 爲壤比而爲寇. 今縣度之阨 非罽賓所能越也 其鄕
慕 不足以安西域 雖不附 不能危城郭. 前親逆節 惡暴西域 故
絶而不通 今悔過來 而無親屬·貴人 奉獻者皆行賈賤人 欲通
貨市買 以獻爲名 故煩使者送至縣度 恐失實見欺. 凡遣使送客
者 欲爲防護寇害也. 起皮山 南更不屬漢之國四·五 斥候士百
餘人 五分夜擊刁斗自守 尙時爲所侵盜. 驢畜負糧 須諸國稟食
得以自贍. 國或貧小不能食 或桀黠不肯給 擁強漢之節 餒山谷
之間 乞匃無所得 離一·二旬 則人畜棄捐曠野而不反. 又歷大

頭痛・小頭痛之山 赤土・身熱之阪 令人身熱無色 頭痛嘔吐 驢畜盡然. 又有三池盤・石阪道 陿者尺六七寸 長者徑三十里 臨峥嶸不測之深 行者騎步相持 繩索相引 二千餘里 乃到縣度. 畜墜 未半阬谷盡靡碎 人墮 勢不得相收視 險阻危害 不可勝言. 聖王分九州 制五服 務盛內 不求外 今遣使者承至尊之命 送蠻夷之賈 勞吏士之衆 涉危難之路 罷敝所恃以事無用 非久長計也. 使者業已受節 可至皮山而還."於是鳳白從欽言. 罽賓實利賞賜賈市 其使數年而壹至云.

❖ 孝成皇帝上之上 陽朔 元年 (丁酉, 紀元前 24年)

1 春 二月 丁未晦 日有食之.

2 三月 赦天下徒.

3 冬 京兆尹泰山王章下獄 死.
時大將軍鳳用事 上謙讓無所顓. 左右嘗薦光祿大夫劉向少子歆通達有異材 上召見歆 誦讀詩賦 甚悅之 欲以爲中常侍 召取衣冠 臨當拜 左右皆曰"未曉大將軍."上曰"此小事 何須關大將軍!"左右叩頭爭之 上於是語鳳 鳳以爲不可 乃止.
王氏子弟皆卿・大夫・侍中・諸曹 分據勢官 滿朝廷. 杜欽見鳳專政泰重 戒之曰"願將軍由周公之謙懼 損穰侯之威 放

武安之欲 毋使范雎之徒得間其說."鳳不聽.

時上無繼嗣 體常不平. 定陶共王來朝 太后與上承先帝意 遇共王甚厚 賞賜十倍於他王 不以往事爲纖介 留之京師 不遣歸國. 上謂共王"我未有子 人命不諱. 一朝有他 且不復相見 爾長留侍我矣!"其後天子疾益有瘳 共王因留國邸 旦夕侍上. 上甚親重之. 大將軍鳳心不便共王在京師 會日食 鳳因言"日食 陰盛之象. 定陶王雖親 於禮當奉藩在國 今留侍京師 詭正非常 故天見戒 宜遣王之國."上不得已於鳳而許之. 共王辭去 上與相對涕泣而決.

王章素剛直敢言 雖爲鳳所擧 非鳳專權 不親附鳳 乃奏封事言"日食之咎 皆鳳專權蔽主之過."上召見章 延問以事. 章對曰"天道聰明 佑善而災惡 以瑞應爲符效. 今陛下以未有繼嗣引近定陶王 所以承宗廟 重社稷 上順天心 下安百姓 此正議善事 當有祥瑞 何故致災異!災異之發 爲大臣顓政者也. 今聞大將軍猥歸日食之咎於定陶王 建遣之國 苟欲使天子孤立於上顓擅朝事以便其私 非忠臣也. 且日食 陰侵陽 臣顓君之咎. 今政事大小皆自鳳出 天子曾不壹擧手 鳳不內省責 反歸咎善人推遠定陶王. 且鳳誣罔不忠 非一事也. 前丞相樂昌侯商 本以先帝外屬 內行篤 有威重 位歷將相 國家柱石臣也 其人守正不肯屈節隨鳳委曲 卒用閨門之事爲鳳所罷 身以憂死 衆庶愍之. 又鳳知其小婦弟張美人已嘗適人 於禮不宜配御至尊 託以爲宜子 內之後宮 苟以私其妻弟 聞張美人未嘗任身就館也. 且羌·胡尙殺首子以蕩腸正世 況於天子 而近已出之女也! 此

三者皆大事 陛下所自見 足以知其餘及他所不見者. 鳳不可令久典事 宜退使就第 選忠賢以代之！"

自鳳之白罷商 後遣定陶王也 上不能平 及聞章言 天子感寤納之 謂章曰"微京兆尹直言 吾不聞社稷計. 且唯賢知賢 君試爲朕求可以自輔者." 於是章奏封事 薦信都王舅琅邪太守馮野王 忠信質直 知謀有餘. 上自爲太子時 數聞野王先帝名 方倚欲以代鳳. 章每召見 上輒辟左右. 時太后從弟子侍中音獨側聽 具知章言 以語鳳. 鳳聞之 甚憂懼. 杜欽令鳳稱病出就第 上疏乞骸骨 其辭指甚哀. 太后聞之 爲垂涕 不御食. 上少而親倚鳳 弗忍廢 乃優詔報鳳 強起之 於是鳳起視事.

上使尙書劾奏章"知野王前以王舅出補吏 而私薦之 欲令在朝 阿附諸侯 又知張美人體御至尊 而妄稱引羌胡殺子蕩腸 非所宜言." 下章吏. 廷尉致其大逆罪 以爲"比上夷狄 欲絶繼嗣之端 背畔天子 私爲定陶王." 章竟死獄中 妻子徙合浦. 自是公卿見鳳 側目而視.

馮野王懼不自安 遂病 滿三月 賜告 與妻子歸杜陵就醫藥. 大將軍鳳風御史中丞劾奏"野王賜告養病而私自便 持虎符出界歸家 奉詔不敬." 杜欽奏記於鳳曰"二千石病 賜告得歸 有故事 不得去郡 亡著令.《傳》曰'賞疑從予'所以廣恩勸功也 '罰疑從去'所以愼刑 闕難知也. 今釋令與故事而假不敬之法 甚違'闕疑從去'之意. 卽以二千石守千里之地 任兵馬之重 不宜去郡 將以制刑爲後法者 則野王之罪在未制令前也. 刑賞大信 不可不愼." 鳳不聽 竟免野王官.

時衆庶多冤王章譏朝廷者 欽欲救其過 復說鳳曰“京兆尹章
所坐事密 自京師不曉 況於遠方！恐天下不知章實有罪 而以
爲坐言事. 如是 塞爭引之原 損寬明之德. 欽愚以爲宜因章事
擧直言極諫 並見郎從官 展盡其意 加於往前 以明示四方 使
天下咸知主上聖明 不以言罪下也. 若此 則流言消釋 疑惑著
明.”鳳白行其策焉.

4　是歲 陳留太守薛宣爲左馮翊. 宣爲郡 所至有聲迹. 宣子
惠爲彭城令 宣嘗過其縣 心知惠不能 不問以吏事. 或問宣“何
不敎戒惠以吏職？”宣笑曰“吏道以法令爲師 可問而知 及能
與不能 自有資材 何可學也！”衆人傳稱 以宣言爲然.

❖ 孝成皇帝上之上 陽朔 2年（戊戌, 紀元前 23年）

1　春 三月 大赦天下.

2　御史大夫張忠卒.

3　夏 四月 丁卯 以侍中·太僕王音爲御史大夫. 於是王氏愈
盛 郡國守相·刺史皆出其門下. 五侯羣弟爭爲奢侈 賂遺珍寶
四面而至 皆通敏人事 好士養賢 傾財施予以相高尙 賓客滿門
競爲之聲譽. 劉向謂陳湯曰“今災異如此 而外家日盛 其漸必

危劉氏. 吾幸得以同姓末屬 累世蒙漢厚恩 身爲宗室遺老 歷
事三主. 上以我先帝舊臣 每進見 常加優禮. 吾而不言 孰當言
者！” 遂上封事極諫曰 “臣聞人君莫不欲安 然而常危 莫不欲
存 然而常亡 失御臣之術也. 夫大臣操權柄 持國政 未有不爲
害者也. 故《書》曰 ‘臣之有作威作福 害于而家凶于而國.’ 孔子
曰 ‘祿去公室 政逮大夫’ 危亡之兆也. 今王氏一姓 乘朱輪華轂
者二十三人 靑 · 紫 · 貂 · 蟬充盈幄內 魚鱗左右. 大將軍秉事
用權 五侯驕奢僭盛 並作威福 擊斷自恣 行汙而寄治 身私而
託公 依東宮之尊 假甥舅之親 以爲威重. 尙書 · 九卿 · 州牧 ·
郡守皆出其門 管執樞機 朋黨比周 稱譽者登進 忤恨者誅傷
游談者助之說 執政者爲之言. 排擯宗室 孤弱公族 其有智能者
尤非毀而不進 遠絕宗室之任 不令得給事朝省 恐其與己分權
數稱燕王 · 蓋主以疑上心 避諱呂 · 霍而弗肯稱. 內有管 · 蔡
之萌 外假周公之論 兄弟據重 宗族磐互 歷上古至秦 · 漢 外
戚僭貴未有如王氏者也. 物盛必有非常之變先見 爲其人微象.
孝昭帝時 冠石立於泰山 仆柳起於上林 而孝宣帝卽位. 今王氏
先祖墳墓在濟南者 其梓柱生枝葉 扶疏上出屋 根垂地中 雖立
石起柳 無以過此之明也. 事勢不兩大 王氏與劉氏亦且不並立
如下有泰山之安 則上有累卵之危. 陛下爲人子孫 守持宗廟 而
令國祚移於外親 降爲皂隸 縱不爲身 奈宗廟何！ 婦人內夫家
而外父母家 此亦非皇太后之福也. 孝宣皇帝不與舅平昌侯權
所以全安之也. 夫明者起福於無形 銷患於未然 宜發明詔 吐
德音 援近宗室 親而納信 黜遠外戚 毋授以政 皆罷令就弟 以

則效先帝之所行 厚安外戚 全其宗族 誠東宮之意 外家之福也.
王氏永存 保其爵祿 劉氏長安 不失社稷 所以褒睦外內之姓
子子孫孫無疆之計也. 如不行此策 田氏復見於今 六卿必起於
漢 爲後嗣憂 昭昭甚明. 唯陛下深留聖思！"書奏 天子召見向
歎息悲傷其意 謂曰"君且休矣 吾將思之."然終不能用其言.

4   秋 關東大水.

5   八月 甲申 定陶共王康薨.

6   是歲 徙信都王興爲中山王.＊

※ 황제 계보도

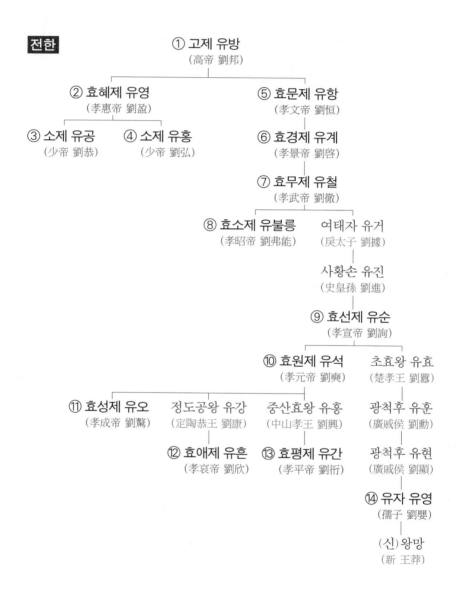

전한

① 고제 유방
(高帝 劉邦)

② 효혜제 유영
(孝惠帝 劉盈)

⑤ 효문제 유항
(孝文帝 劉恒)

③ 소제 유공
(少帝 劉恭)

④ 소제 유홍
(少帝 劉弘)

⑥ 효경제 유계
(孝景帝 劉啓)

⑦ 효무제 유철
(孝武帝 劉徹)

⑧ 효소제 유불릉
(孝昭帝 劉弗能)

여태자 유거
(戾太子 劉據)

사황손 유진
(史皇孫 劉進)

⑨ 효선제 유순
(孝宣帝 劉詢)

⑩ 효원제 유석
(孝元帝 劉奭)

초효왕 유효
(楚孝王 劉囂)

⑪ 효성제 유오
(孝成帝 劉驁)

정도공왕 유강
(定陶恭王 劉康)

중산효왕 유흥
(中山孝王 劉興)

광척후 유훈
(廣戚侯 劉勳)

⑫ 효애제 유흔
(孝哀帝 劉欣)

⑬ 효평제 유간
(孝平帝 劉衎)

광척후 유현
(廣戚侯 劉顯)

⑭ 유자 유영
(孺子 劉嬰)

(신) 왕망
(新 王莽)